20
24

COORDENADORES

Fabrício de **Souza Oliveira**

José Luiz de **Moura Faleiros Júnior**

DIREITO, GOVERNANÇA CORPORATIVA E *STARTUPS*

Amanda **Athayde**

Bárbara **Simões Narciso**

Caroline da **Rosa Pinheiro**

Clarisse **Stephan**

Débora Cristina **de Andrade Vicente**

Eduardo **Goulart Pimenta**

Eduardo **Silva Bitti**

Fabrício de **Souza Oliveira**

Fernanda **Valle Versiani**

Gabriela **Leoni**

Gladston **Mamede**

Henrique **Arake**

José Luiz de **Moura Faleiros Júnior**

Kone Prieto **Furtunato Cesário**

Luciano **B. Timm**

Marcello **Borio**

Marcelo **Lauar Leite**

Maria Elisabete **Ramos**

Marlon **Tomazette**

Matheus F. **Poletto Cardoso**

Nelson **Rosenvald**

Pedro Henrique **Saad Messias de Souza**

Pedro **Verga Matos**

Saulo de **Omena Michiles**

Yago Aparecido **Oliveira Santos**

Dados Internacionais de Catalogação na Publicação (CIP) de acordo com ISBD

D598

Direito, Governança Corporativa e Startups / Amanda Athayde ... [et al.] ; coordenado por Fabrício de Souza Oliveira, José Luiz de Moura Faleiros Júnior. - Indaiatuba, SP : Editora Foco, 2024.

344 p. : 16cm x 23cm.

Inclui bibliografia e índice.

ISBN: 978-65-6120-070-7

1. Direito. 2. Direito empresarial. 3. Governança Corporativa. 4. Startups. I. Athayde, Amanda. II. Narciso, Bárbara Simões. III. Pinheiro, Caroline da Rosa. IV. Stephan, Clarisse. V. Andrade, Débora Cristina de. VI. Pimenta, Vicente, Eduardo Goulart. VII. Bitti, Eduardo Silva. VIII. Oliveira, Fabrício de Souza. IX. Versiani, Fernanda Valle. X. Leoni, Gabriela. XI. Mamede, Gladston. XII. Arake, Henrique. XIII. Faleiros Júnior, José Luiz de Moura. XIV. Cesário, Kone Prieto Furtunato. XV. Timm, Luciano B. XVI. Borio, Marcello. XVII. Leite, Marcelo Lauar. XVIII. Ramos, Maria Elisabete. XIX. Tomazette, Marlon. XX. Cardoso, Matheus F. Poletto. XXI. Rosenvald, Nelson. XXII. Souza, Pedro Henrique Saad Messias de. XXIII. Matos, Pedro Verga. XXIV. Michiles, Saulo de Omena. XXV. Santos, Yago Aparecido Oliveira. XXVI. Título.

2024-622

CDD 346.07   CDU 347.7

Elaborado por Vagner Rodolfo da Silva – CRB-8/9410

Índices para Catálogo Sistemático:

1. Direito empresarial 346.07

2. Direito empresarial 347.7

COORDENADORES

Fabrício de
Souza Oliveira

José Luiz de **Moura Faleiros Júnior**

DIREITO, GOVERNANÇA CORPORATIVA E *STARTUPS*

Amanda
Athayde

Bárbara
Simões Narciso

Caroline da
Rosa Pinheiro

Clarisse
Stephan

Débora Cristina
de Andrade Vicente

Eduardo
Goulart Pimenta

Eduardo
Silva Bitti

Fabrício de
Souza Oliveira

Fernanda
Valle Versiani

Gabriela
Leoni

Gladston
Mamede

Henrique
Arake

José Luiz de
Moura Faleiros Júnior

Kone Prieto
Furtunato Cesário

Luciano
B. Timm

Marcello
Borio

Marcelo
Lauar Leite

Maria Elisabete
Ramos

Marlon
Tomazette

Matheus F.
Poletto Cardoso

Nelson
Rosenvald

Pedro Henrique
Saad Messias de Souza

Pedro
Verga Matos

Saulo de
Omena Michiles

Yago Aparecido
Oliveira Santos

2024 © Editora Foco

Coordenadores: Fabrício de Souza Oliveira e José Luiz de Moura Faleiros Júnior

Autores: Amanda Athayde, Bárbara Simões Narciso, Caroline da Rosa Pinheiro, Clarisse Stephan, Débora Cristina de Andrade Vicente, Eduardo Goulart Pimenta, Eduardo Silva Bitti, Fabrício de Souza Oliveira, Fernanda Valle Versiani, Gabriela Leoni, Gladston Mamede, Henrique Arake, José Luiz de Moura Faleiros Júnior, Kone Prieto Furtunato Cesário, Luciano B. Timm, Marcello Borio, Marcelo Lauar Leite, Maria Elisabete Ramos, Marlon Tomazette, Matheus F. Poletto Cardoso, Nelson Rosenvald, Pedro Henrique Saad Messias de Souza, Pedro Verga Matos, Saulo de Omena Michiles e Yago Aparecido Oliveira Santos

Diretor Acadêmico: Leonardo Pereira

Editor: Roberta Densa

Assistente Editorial: Paula Morishita

Revisora Sênior: Georgia Renata Dias

Capa Criação: Leonardo Hermano

Diagramação: Ladislau Lima e Aparecida Lima

Impressão miolo e capa: DOCUPRINT

DIREITOS AUTORAIS: É proibida a reprodução parcial ou total desta publicação, por qualquer forma ou meio, sem a prévia autorização da Editora FOCO, com exceção do teor das questões de concursos públicos que, por serem atos oficiais, não são protegidas como Direitos Autorais, na forma do Artigo 8º, IV, da Lei 9.610/1998. Referida vedação se estende às características gráficas da obra e sua editoração. A punição para a violação dos Direitos Autorais é crime previsto no Artigo 184 do Código Penal e as sanções civis às violações dos Direitos Autorais estão previstas nos Artigos 101 a 110 da Lei 9.610/1998. Os comentários das questões são de responsabilidade dos autores.

NOTAS DA EDITORA:

Atualizações e erratas: A presente obra é vendida como está, atualizada até a data do seu fechamento, informação que consta na página II do livro. Havendo a publicação de legislação de suma relevância, a editora, de forma discricionária, se empenhará em disponibilizar atualização futura.

Erratas: A Editora se compromete a disponibilizar no site www.editorafoco.com.br, na seção Atualizações, eventuais erratas por razões de erros técnicos ou de conteúdo. Solicitamos, outrossim, que o leitor faça a gentileza de colaborar com a perfeição da obra, comunicando eventual erro encontrado por meio de mensagem para contato@editorafoco.com.br. O acesso será disponibilizado durante a vigência da edição da obra.

Impresso no Brasil (3.2024) – Data de Fechamento (3.2024)

2024

Todos os direitos reservados à
Editora Foco Jurídico Ltda.
Rua Antonio Brunetti, 593 – Jd. Morada do Sol
CEP 13348-533 – Indaiatuba – SP

E-mail: contato@editorafoco.com.br
www.editorafoco.com.br

AGRADECIMENTOS

É inegável a intersecção entre governança corporativa e *startups*, uma temática emergente em meio a transformações no panorama dos negócios. Com base nessa premissa, idealizamos esta obra para avançar nas investigações sobre como as *startups*, com suas características únicas, desafiam e remodelam a governança tradicional e propiciam desafios jurídicos, consolidando trabalhos de altíssima qualidade, desenvolvidas pelas autoras e pelos autores que gentilmente aceitaram participar conosco do projeto. Expressamos a todos que contribuíram para a composição dessa coletânea nossos mais sinceros e profundos agradecimentos.

Agradecemos ao dileto amigo, professor Gladston Mamede, que além de contribuir com um capítulo, expressa sua generosidade como grande motivador para a produção das gerações mais jovens.

Também manifestamos nossa gratidão à Professora Rachel Sztajn, que prefaciou a obra e é uma inspiração para ex-orientandos e orientandos.

Ademais, expressamos nosso apreço à Editora Foco, por acreditar no projeto e materializá-lo com excelência editorial e grande esmero de sua destacada equipe!

E, por fim, nossos agradecimentos mais importantes são direcionados às leitoras e aos leitores da obra. Esperamos que o objetivo de lançar instigantes reflexões sobre os temas apresentados nesta obra a tornem importante fonte de pesquisa!

Muito obrigado!

Fabrício de Souza Oliveira
José Luiz de Moura Faleiros Júnior

PREFÁCIO

Desde logo importa destacar que os temas abordados pelos diferentes autores demonstram o que comercialistas sabem: agentes econômicos, notadamente comerciantes/empresários, foram e continuam a ser criativos na busca por soluções mais eficientes para desenvolver os negócios.

No que concerne a questões societárias, novos e relevantes horizontes avançam para além dos modelos/tipos societários, sua organização e os distintos objetivos requeridos como, sobretudo, focam a administração societária considerando a responsabilidade social das empresas, perspectiva que implica analisar não apenas a atividade, mas o comportamento de administradores e acionistas. Estes pelo fato de que a eles cabe, em última instância, não apenas eleger os administradores, mas assegurar que a estrutura de governança é adequada e respeitada.

Vale dizer que ao ensinamento de Berle e Means, da primeira metade do século passado sobre separação entre propriedade e controle, devem ser agregadas outras questões. Isto, por óbvio não implicar ter em mente o resultado da personalização de sociedades no que concerne à separação patrimonial e à alocação de riscos.

Tomando como centro a questão da governança societária, ou seja, as regras informais *(soft law)* a fim de que a atividade não apenas vise a obtenção de resultados econômico-financeiros, mas que as decisões sejam eficazes e eficientes. Não se trata simplisticamente de analisar diferentes estruturas organizacionais de sociedades, mas, sobretudo, de focar em demandas e efeitos de decisões internas dos administradores no plano externo.

A perspectiva atualizada dos autores está presente na discussão de diferentes aspectos da nova visão das relações entre sócios/acionistas e *stakeholders,* a comunidade em que a sociedade atua, nos quais a governança é o eixo ao redor do qual visões, de relevante interesse para estudiosos de direito societário, são apresentadas.

Questões como concorrência, vital para evitar que os consumidores finais sejam ou privados de bens ou paguem preços superiores aos do mercado concorrencial – sejam onerados com o que se denomina de "peso morto". Portanto comércio internacional, relação entre direito e economia, imputação de responsabilidade aos administradores, incluindo o conselho fiscal, órgão de existência não obrigatória salvo para companhias abertas, mas especialmente inovação, sustentabilidade, ESG são abordadas no conjunto de textos o que leva à conclusão de que não apenas acionistas, mas também *stakeholders*, devem ser considerados quando da tomada de decisões pelos executivos no que tange à atividade social.

Dentre os textos que compõem a obra de destacar a ênfase no que diz respeito a *startups* assim como informação e inovação. Informação é sinal enviado para outrem que deve compreendê-lo, sem o que não se pode considerar que o resultado da decisão tomada preenche o visado. Essa característica diante do que se denomina *fake news,* combinada com inovação, requer atenção dos operadores do Direito,

Dessas perspectivas a obra é, sem dúvida, inovadora e os temas de significativa relevância para operadores do Direito, bem assim economistas, financistas e contadores. Não estranha, pois, a participação de economistas entre os autores.

Mera leitura dos títulos dos capítulos e autores denotam o empenho em trazer para o debate o que há de mais atual no que concerne à questão central, a governança societária.

Parabenizo aos organizadores da obra e os autores, fazendo votos para que continuem ligados ao mundo real e se disponham a tratar de inovações fruto da criatividade dos agentes econômicos.

Rachel Sztajn

APRESENTAÇÃO

Nós, os coordenadores deste livro, pensamos no tema governança corporativa e *startups* impulsionados pelos movimentos mais recentes verificados na estruturação de negócios inovativos e disruptivos ou, mais especificamente, inquietados pela questão: como a governança corporativa é afetada por modelos de negócios inovadores?

Tradicionalmente, a governança corporativa enfatiza o "primado" dos acionistas (proprietários econômicos, jurídicos e morais de uma empresa), por meio de um modelo hierarquizado e centralizado. As medidas de governo das sociedades destinavam-se a proteger os interesses e o controle dos que se encontravam no "topo" da hierarquia (ou seja, os acionistas), e outras considerações eram de importância secundária. Entretanto, esse modelo acaba sendo questionado em função das características de negócios inovativos e da demanda social por empresas sustentáveis. Há uma influência do que a convenção denomina por capitalismo de *stakeholders*. Esse é o argumento central que aglutina todos os capítulos desta obra e que justifica a sua organização e publicação: entender esse movimento na atualidade.

Os autores, brasileiros e estrangeiros, se debruçam sobre os variados temas que emergem desse cenário, perspectivando a governança corporativa e as *startups*, seguindo um caminho que passa pelos fundamentos da governança corporativa, suas implicações para os tomadores de decisões, bem como pelos mecanismos de atração de investimentos, a proteção dos variados atores envolvidos no processo, indo até a eventual ocasião da venda do negócio. Textos atuais que tratam do papel da propriedade intelectual nos negócios inovadores e de *startups* sociais complementam o livro e o percurso do leitor por este caminho tão necessário e instigante: a influência de negócios inovadores sobre o que se pensa sobre governança corporativa na contemporaneidade.

Aqui, justificamos, também, a organização do sumário deste livro. Os capítulos, que passamos a apresentar brevemente, estão organizados e ajustados dentro dessa sequência.

Apresentando mais especificamente a obra, temos o capítulo inaugural, intitulado "*Doing well by doing good* e a governação societária", em que Maria Elisabete Ramos investiga as projeções do *corporate purpose*, tal como este é moldado na proposta de Colin Mayer, no direito societário português. Na sequência, temos o capítulo "Governança corporativa: gestão e sustentabilidade das empresas", em que

Fabrício de Souza Oliveira busca responder à questão: qual a função da gestão das companhias na promoção de empresas sustentáveis? Luciano B. Timm e Matheus F. Poletto Cardoso, no capítulo – "Governança corporativa e análise econômica do direito: ineficiência?" – questionam os motivos pelos quais grandes fraudes continuam acontecendo num ambiente cada vez mais regulado.

Amanda Athayde e Gabriela Leoni, no capítulo "Padrões privados voluntários de sustentabilidade relacionados a gênero na implementação de uma nova governança corporativa: uma nova barreira técnica ao comércio internacional com impactos concorrenciais?" assumem que políticas e instrumentos comerciais não são neutros em relação a gênero, e podem funcionar tanto para promover ou prejudicar a equidade de gênero e investigam se, para além dos elementos públicos, existem instrumentos privados de regulação do comércio internacional que tratem de equidade de gênero.

Fernanda Valle Versiani, em "O conselho fiscal em perspectiva", discorre sobre a função do conselho fiscal inserido na faceta fiscalizatória da governança corporativa. Esse capítulo é seguido por "Cálculo de quórum havendo interesse direto de sócio", em que Marcelo Lauar Leite critica decisão do STJ que autorizou a virtualização casuística do capital social. Bárbara Simões Narciso e Caroline da Rosa Pinheiro, em "ESG nas *startups*: materialidade como estratégia para negócios inovadores", exploram como o ESG (*Environmental, Social and Governance*) pode impactar as diferentes fases da estruturação de uma *startup*, influenciando o mapeamento de risco e a estratégia de sustentabilidade a longo prazo.

No capítulo "Eficácia jurídica de mecanismos de governança em *startups* sob investimento decorrente de contratos de mútuo ou de debêntures conversíveis", Eduardo Silva Bitti indaga: a existência de contratos de mútuo conversível e de debêntures conversíveis, como instrumentos de investimento em *startups*, retira a eficácia jurídica dos mecanismos de governança corporativa em tais sociedades empresárias? Gladston Mamede, em "Possibilidades Jurídicas Inovadoras para Engenharia de Capital e Gestão Empresarial: uma leitura das Leis Complementares 182/2021 e 123/2006", reflete: por definição, uma *startup* é algo que começa; daí, uma empresa que começa. Mas nem toda empresa que começa é uma *startup*. Qual é a diferença, então? Em "*Startups* e instrumentos jurídicos de captação de investimentos", Eduardo Goulart Pimenta cuida das diversas formas de se estabelecer juridicamente a relação entre capital e empresa/empresário, *venture capital*, *private equity*, "investidor anjo", "incubadoras", "aceleradoras" e "opções".

Marlon Tomazette, em "A prestação de contas na sociedade em conta de participação para investimentos em *startups*", enfrenta o problema da existência ou não do dever de a *startup* ou seus administradores prestarem contas aos investidores. Saulo de Omena Michiles e Pedro Henrique Saad Messias de Souza, em

"Limites e meios jurídicos de proteção aos interesses do investidor face à gestão de uma *startup*", investigam as especificidades de investimentos em *startup*s – de se viabilizarem por meio do financiamento por meio de operações de *private equity* e a emergência da indústria de venture capital, visando a proteção de investidores. Na sequência, Nelson Rosenvald, Fabrício de Souza Oliveira e José Luiz de Moura Faleiros Júnior analisam, em "Limitação de responsabilidade do investidor no Marco Legal das *Startups* e do Empreendedorismo Inovador", o alcance da regra definida no artigo 8º da Lei Complementar 182/2021, destacando sua teleologia e seus principais reflexos em matéria de responsabilidade civil.

Henrique Arake, em "Estratégias de *Startups* no Tabuleiro Legal: perspectivas da Teoria dos Jogos sobre os Instrumentos de Investimento em Inovação", realiza um exercício de prognose, ou seja, de previsão e estimativa das interações e das decisões estratégicas dos agentes do ecossistema das *startup*s e como eles deverão (não no sentido deontológico, mas ontológico) se portar diante das normas que emergiram no novo contexto legal (o marco legal das *startup*s, especialmente). Débora Cristina de Andrade Vicente e Kone Prieto Furtunato Cesário, no capítulo "Como *Startups* (não) se sobressaem pelo uso do Sistema de Propriedade Intelectual?", analisam as oportunidades e desafios do sistema de propriedade intelectual e de seus atores institucionais, como a governança corporativa da própria *startup*, para a configuração de um ambiente nacional propício e favorável ao desenvolvimento de *startup*s no país. José Luiz de Moura Faleiros Júnior, em "O 'direito das *startups*' no Brasil: assimetria contratual atípica, contratos relacionais e *vesting*", investiga os principais aspectos do fenômeno *startup*, anotando os seus principais desdobramentos jurídicos para, construtivamente, avançar rumo a uma teorização sobre o que seria o chamado 'direito das *startups*' e como o mesmo, sendo ou não uma categoria autônoma da dogmática jurídica, permitiria o fomento ao empreendedorismo de base tecnológica no Brasil com as estruturas jurídicas previstas no Código Civil de 2002.

Em "*Startups* sociais: estudos e contributos para o desenvolvimento de um ecossistema de inovação social", Clarisse Stephan, Pedro Verga Matos e Marcello Borio teorizam sobre as "*startup*s sociais", empreendimentos que, para além da inovação, trazem na sua própria constituição a intencionalidade, o propósito do atingimento de um impacto socioambiental positivo. Por fim, Yago Aparecido Oliveira Santos, em "Compra e venda de *startup*s: a relação pós-contratual entre vendedores e compradores, cláusula de *earn-out* e a função da governança corporativa", cuida da venda da *startup*, que integra a estratégia de *exit* para os fundadores e investidores das rodadas anteriores, ao permitir que, com a alienação das participações societárias, os sócios possam reaver os investimentos realizados ao longo dos anos, enquanto para o comprador, o M&A representa uma estratégia de integração com os negócios atualmente desenvolvidos, possibilitando que a *startup* possa aumentar a eficiência das demais empresas detidas pelo comprador, aprimorar seus produtos, ter acesso a uma tecnologia inovadora, adquirir novos talentos, dentre outros propósitos comerciais ligados aos benefícios de se ter uma *startup* no seu portifólio.

Em resumo, esse é o caminho que percorremos, nós organizadores e autores, em nossas pesquisas e atividades profissionais e que, agora, compartilhamos com o leitor.

Minas Gerais, Verão de 2024.

Fabrício de Souza Oliveira
José Luiz de Moura Faleiros Júnior

SUMÁRIO

AGRADECIMENTOS

Fabrício de Souza Oliveira e José Luiz de Moura Faleiros Júnior V

PREFÁCIO

Rachel Sztajn VII

APRESENTAÇÃO

Fabrício de Souza Oliveira e José Luiz de Moura Faleiros Júnior IX

"*DOING WELL BY DOING GOOD*" E A GOVERNAÇÃO SOCIETÁRIA

Maria Elisabete Ramos 1

GOVERNANÇA CORPORATIVA: GESTÃO E SUSTENTABILIDADE DAS EMPRESAS

Fabrício de Souza Oliveira 23

GOVERNANÇA CORPORATIVA E ANÁLISE ECONÔMICA DO DIREITO: INEFICIÊNCIA?

Luciano B. Timm e Matheus F. Poletto Cardoso.. 35

PADRÕES PRIVADOS VOLUNTÁRIOS DE SUSTENTABILIDADE RELACIONADOS A GÊNERO NA IMPLEMENTAÇÃO DE UMA NOVA GOVERNANÇA CORPORATIVA: UMA NOVA BARREIRA TÉCNICA AO COMÉRCIO INTERNACIONAL COM IMPACTOS CONCORRENCIAIS?

Amanda Athayde e Gabriela Leoni 57

O CONSELHO FISCAL EM PERSPECTIVA

Fernanda Valle Versiani... 87

CÁLCULO DE QUÓRUM HAVENDO INTERESSE DIRETO DE SÓCIO

Marcelo Lauar Leite.. 115

ESG NAS *STARTUPS*: MATERIALIDADE COMO ESTRATÉGIA PARA NEGÓCIOS INOVADORES

Bárbara Simões Narciso e Caroline da Rosa Pinheiro...................................... 125

EFICÁCIA JURÍDICA DE MECANISMOS DE GOVERNANÇA EM *STARTUPS* SOB INVESTIMENTO DECORRENTE DE CONTRATOS DE MÚTUO OU DE DEBÊNTURES CONVERSÍVEIS

Eduardo Silva Bitti... 143

POSSIBILIDADES JURÍDICAS INOVADORAS PARA ENGENHARIA DE CAPITAL E GESTÃO EMPRESARIAL: UMA LEITURA DAS LEIS COMPLEMENTARES 182/2021 E 123/2006

Gladston Mamede 157

STARTUPS E INSTRUMENTOS JURÍDICOS DE CAPTAÇÃO DE INVESTIMENTOS

Eduardo Goulart Pimenta 175

A PRESTAÇÃO DE CONTAS NA SOCIEDADE EM CONTA DE PARTICIPAÇÃO PARA INVESTIMENTOS EM *STARTUPS*

Marlon Tomazette 185

LIMITES E MEIOS JURÍDICOS DE PROTEÇÃO AOS INTERESSES DO INVESTIDOR ANTE A GESTÃO DE UMA *STARTUP*

Saulo de Omena Michiles e Pedro Henrique Saad Messias de Souza 197

LIMITAÇÃO DE RESPONSABILIDADE DO INVESTIDOR NO MARCO LEGAL DAS *STARTUPS* E DO EMPREENDEDORISMO INOVADOR

Nelson Rosenvald, Fabrício de Souza Oliveira e José Luiz de Moura Faleiros Júnior 215

ESTRATÉGIAS DE *STARTUPS* NO TABULEIRO LEGAL: PERSPECTIVAS DA TEORIA DOS JOGOS SOBRE OS INSTRUMENTOS DE INVESTIMENTO EM INOVAÇÃO

Henrique Arake 227

SUMÁRIO

COMO *STARTUPS* (NÃO) SE SOBRESSAEM PELO USO DO SISTEMA DE PROPRIEDADE INTELECTUAL

Débora Cristina de Andrade Vicente e Kone Prieto Furtunato Cesário........ 241

O "DIREITO DAS *STARTUPS*" NO BRASIL: ASSIMETRIA CONTRA-TUAL ATÍPICA, CONTRATOS RELACIONAIS E *VESTING*

José Luiz de Moura Faleiros Júnior 261

STARTUPS SOCIAIS: ESTUDOS E CONTRIBUTOS PARA O DESEN-VOLVIMENTO DE UM ECOSSISTEMA DE INOVAÇÃO SOCIAL

Clarisse Stephan, Pedro Verga Matos e Marcello Borio 285

COMPRA E VENDA DE *STARTUPS*: A RELAÇÃO PÓS-CONTRA-TUAL ENTRE VENDEDORES E COMPRADORES, CLÁUSULA DE *EARN-OUT* E A FUNÇÃO DA GOVERNANÇA CORPORATIVA

Yago Aparecido Oliveira Santos 313

"DOING WELL BY DOING GOOD" E A GOVERNAÇÃO SOCIETÁRIA

Maria Elisabete Ramos

Univ Coimbra, CeBER, *Faculty of Economics*, Av Dias da Silva 165, 3004-512 Coimbra. Professora Auxiliar com Agregação em Direito a exercer funções docentes na Faculdade de Economia da Universidade de Coimbra. E-mail: mgramos@fe.uc.pt

Orcid iD: 0000-0001-5376-4897

Sumário: 1. Introdução; 1.1 A velha interrogação: "for whom is the corporation managed"?; 1.2 Colin Mayer e o "purpose primacy" – 2. *Corporate purpose* e a indiferença do direito societário português; 2.1 *Corporate purpose*, objeto da sociedade e fim da sociedade; 2.2 *Corporate purpose* e estatutos da sociedade; 2.3 Qual é o órgão competente para captar o "corporate purpose"? – 3. Novos deveres fiduciários a cargo dos administradores? – 4. Conclusões – 5. Referências.

1. INTRODUÇÃO

1.1 A velha interrogação: "for whom is the corporation managed"?

Em 1919, no processo *Dodge v. Ford Motor Co.*, o Supremo Tribunal do Michigan afirmou que a "business corporation is organized and carried on primarily for the profit of the stockholders. The powers of the directors are to be employed for that end."[1]-[2]. A doutrina da época evidenciou que *Dodge v. Ford Motor Co.*

---

1. Neste contexto, *purpose* corresponde ao fim lucrativo. No *Revlon, Inc. v. MacAndrews & Forbes Holdings, Inc.* os tribunais do *Delaware* decidiram que, em casos de mudança de controlo, é exigido ao *board* que obtenha "'highest price for the benefit of the stockholders.' Outros casos, julgados, também pelos tribunais do *Delaware* reconhecem que o *board* pode incluir nas suas decisões os interesses de outros 'constituencies'. Para a discussão da jurisprudência do *Delaware* sobre o 'purpose' das sociedades, v. Jill E. Fisch/Steven Davidoff Solomon, 'Should corporations have a purpose?'", ECGI Working Paper Series in Law, Working Paper n. 510/2020 September 2021, https://papers.ssrn.com/sol3/papers.cfm?abstract_id=3561164#, p. 1324, ss. Estes autores, *ob. cit.*, p. 1319, ss., evidenciam, por um lado, as razões de eficiência económica que suportam a doutrina do "shareholder primacy" e, por outro, os argumentos que contestam esta doutrina. Em particular, sublinham que o *shareholder primacy* é indiferente às externalidades negativas produzidas pela maximização do lucro para os sócios.
2. Jill E. Fisch/Steven Davidoff Solomon, "Should corporations have a purpose?", cit., p. 1327, referem que a maioria dos Estados nos EUA adotam os chamados "constituency statutes" que são normas legais que autorizam os administradores a tomarem em consideração os interesses dos trabalhadores e outros *stakeholders*, mas sem que sejam criados quaisquer deveres legais a cargo dos administradores. O que produz o efeito, irónico, de proteger os administradores da litigância promovida pelos acionistas. Um dos exemplos de constituency statutes pode ser encontrado no *New York Business Corporation Law*, sec. 717(b). Também salientam este efeito Klaus Hotp/Patrick Leyens, *The Structure of the Board of Directors: Boards and Governance Strategies in the US, the UK and Germany*, cit., p. 34, na sequência

reafirmou um princípio jurídico estabelecido, mas é certo que o caso viria a tornar-se "a citação icónica"[3] na literatura académica quanto à orientação de que os conselhos de administração devem dar prioridade aos interesses dos acionistas. Ironicamente, a decisão do Supremo Tribunal do Michigan foi contra Henry Ford, o fundador e "força dominante" da Ford Motor Co. O tribunal considerou que Ford violou os deveres devidos à empresa porque utilizou o seu controlo sobre o conselho de administração para reduzir o pagamento de dividendos, de modo a garantir que a empresa tinha fundos suficientes para fabricar mais carros para vender a preços mais baratos, beneficiando assim tanto os empregados como consumidores[4].

Enquanto a jurisprudência do início do século XX relativa ao "corporate purpose" era orientada em torno dos lucros e dos acionistas, no final da década de 1920, os gestores de grandes sociedades abertas com uma participação acionista cada vez mais difusa, começou a instalar-se a convicção de que o executivo da empresa era um "public trustee"[5].

Nos anos 30, nas páginas da *Harvard Law Review*, assiste-se ao famoso debate entre Adolf Berle[6] e Merrick Dodd. Em 1931, Adolf Berle escreve que no contexto das sociedades, "powers granted to [...] management [...] are necessarily and at all times exercisable only for the ratable benefit of all the shareholders." A esta opinião, E. Merrick Dodd contrapõe que a "view of the business corporation as an economic institution which has a social service as well as a profit-making function." No artigo de 1932, Dodd chamou a atenção para "'a growing feeling' amongst 'some of our business leaders' 'that business has responsibilities to the community.'"[7]

1.2 Colin Mayer e o "purpose primacy"

Colin Mayer, Professor na Saïd Business School da Universidade de Oxoford, publicou em 2018 a obra intitulada *Properity. Better business makes the greater*

---

do estudo de Roberta Romano, *A Guide to Takeovers: Theory, Evidence, and Regulation*, Yale Journal of Regulation, 9 (1992), p. 119, 171. Também Marco Venturozzo, *Brief Remarks on "Prosperity" by Colin Mayer and the often Misunderstood Notion of Corporate Purpose*, cit., p. 10, escreve "Let us therefore be realistic: in many ways, a broad corporate purpose is a further empowerment of executives and CEOs, not a constraint on their actions". Jill E. Fisch/Steven Davidoff Solomon, *últ. ob. cit.*, p. 1334, explicam as razões pelas quais os "constituency statutes" tem escasso impacto na atividade das sociedades.

3. Cfr. Brian R. Cheffins, *The past, present and future of corporate purpose*, Working Paper N° 713/2023 September 2023, p. 11. Disponível em: https://www.ecgi.global/working-paper/past-present-and-future-corporate-purpose (consulta no dia 21.10.2023), p. 13.

4. Cfr. Brian R. Cheffins, *The past, present and future of corporate purpose*, cit., p. 13.

5. Cfr. Brian R. Cheffins, *The past, present and future of corporate purpose*, cit., p. 13.

6. A.A. Berle, Jr., "Corporate powers as powers in trust", *Harvard Law Review*, v. 44, n. 7, May, 1931.

7. Merrick Dodd, Jr., "For whom are corporate managers trustees?", *Harvard Law Review*, v. 45, n. 7, May, 1932, nota 66, p. 1153.

good[8], que proclama que "the purpose of the corporation is to do things that address the problems confronting us as customers and communities, suppliers and shareholders, employees and retirees. In the process it produces profits, but profits are not the purpose of corporations per se. They are the product of their purposes"[9]. Ou seja, a doutrina do *corporate purpose* propõe uma reorientação das sociedades que simultaneamente produzam lucros e benefícios sociais[10]. Colin Mayer propõe uma mudança de paradigma "from shareholder primacy to purpose primacy"[11].O *purpose* não coincide com as contingentes declarações da empresa sobre responsabilidade social, porque o que releva é o compromisso irreversível e profundo da empresa com o seu *purpose*[12].

A doutrina do *purpose* desafia tanto a gestão das empresas como o direito das sociedades. Mas só as projeções do *corporate purpose* neste último constituirão o objeto do presente estudo. Não sendo novo o tema da convergência/divergência dos interesses dos sócios com os interesses de *stakeholders* (em particular, os trabalhadores)[13], ele é reequacionado pela doutrina do *corporate purpose,* com implicações na afetação de recursos societários em situações em que, no longo prazo, não coincidem interesses de sócios e de *stakeholders*[14].

A proposta de Colin Mayer assenta no mote "Doing well by doing good"[15]. O principal *purpose* de uma *corporation* não é gerar lucros, mas criar soluções

---

8. Colin Mayer, *Prosperity. Better business makes the greater good*, Oxford: Oxford University Press, 2018, p. 40. V. também Alex Edmans, *Grow the pie: how great companies deliver both purpose and profit*, Cambridge: Cambridge University Press, 2020, Na imagem de Alex Edmans, o modelo de *corporate purpose* quer fazer crescer a "tarte" e não uma diferente divisão da tarte (como é o caso da responsabilidade social das empresas). E fazer crescer a "pie", segundo Edmans, consegue-se dirigindo as sociedades para a criação de valor para a sociedade como um todo.

9. Colin Mayer, *Prosperity,* cit., p. 40.

10. Jill E. Fisch/Steven Davidoff Solomon, "Should corporations have a purpose?", cit., p. 1341, mostram que a expressão *corporate purpose* pode assumir múltiplos sentidos: pode corresponder ao objeto social, ao fim social ou a declarações sobre valores que a organização prossegue ou, ainda, à missão da sociedade. Estes Autores, *últ. ob. cit.,* p. 1313, ss., situam a origem do "purpose" no sistema de "corporate chartering", nos séculos XVI e XVII, na Inglaterra, quando as sociedades necessitavam de autorização parlamentar ou real para exercer a sua atividade económica através de "corporate form". Este sistema foi também adotado nos EUA, tendo ramificações legais na doutrina do *ultra vires*. Sobre o passado do *corporate purpose,* v. Brian R. Cheffins, *The past, present and future of corporate purpose,* cit., p. 11.

11. Colin Mayer, *Prosperity,* cit., p. 230.

12. Colin Mayer, *Prosperity,* cit., p. 41.

13. Como mostram Marco Ventoruzzo, *Brief remarks on "Prosperity" by Colin Mayer and the often misunderstood notion of corporate purpose.* Disponível em: https://ssrn.com/abstract=3546139. p. 3; Holger Fleischer, *Corporate Purpose: a management concept and its implications for company law*, ECGI Working Paper Series in Law, Working Paper n° 561/2021, January 2021, p. 3.

14. Klaus Hopt/Patrick Leyens, *The structure of the board of directors: boards and governance strategies in the US, the UK and Germany*, ECGI Working Paper Series in Law, Working Paper n. 567/2021, March 2021, p. 32.

15. Colin Mayer, *Prosperity,* cit., p. 116. "Doing well by doing good" describes the process of making money (doing well) through benefiting others (doing good)" (*últ. ob. cit.,* p. 6).

para problemas que afetam o público em geral, como sejam a pobreza, iniquidade, desemprego e degradação ambiental[16]. *Corporate purpose* traduz-se na "reason for a company's existence"[17]. "The purpose of companies is to produce solutions to problems of people and planet and in the process to produce profits, but profits are not per se the purpose of companies"[18]. Distanciando-se da doutrina Friedman[19] e do *shareholder primacy*, Mayer defende que o "purpose of companies is to produce solutions to problems of people and planet and in the process to produce profits, but profits are not per se the purpose of companies"[20].

Simultaneamente, Colin Mayer rejeita que a regulação pública possa ser a resposta adequada para as falhas da empresa. A sua proposta repousa no direito privado e na *corporate governance* como formas de consolidar o "corporate purpose". De facto, Mayer defende que a regulação privada deve ser convocada a incluir nos estatutos o "corporate purpose" que deverá abranger *stakeholders* e interesses sociais gerais que superem o valor para os acionistas: trabalhadores, clientes, fornecedores, comunidade em geral e ambiente. Se o *purpose* define quem a sociedade é, porque e para que existe, ele deve ter uma aplicação efetiva, respondendo a uma necessidade não satisfeita. Além disso, deve ser autêntico, deve representar um valor acrescentado para a empresa, que seja mensurável[21]. Por fim, ele dever ser comunicado exteriormente e completamente incorporado na cultura da empresa[22].

Apesar do interesse que tem suscitado no mundo empresarial e na investigação universitária, paira sobre o *corporate purpose* uma nuvem de ceticismo[23] quanto ao seu efetivo impacto na transformação das práticas empresariais e na

---

16. Colin Mayer, *Prosperity*, p. 117. V. tb. Colin Mayer, *The future of the corporation and the economics of purpose*, ECGI Working Paper Series in Finance, Working Paper n° 710/2020, November 2020.
17. Colin Mayer, *Prosperity*, cit., p. 109.
18. Colin Mayer, *Prosperity*, cit., p. 109.
19. Considerando que várias propostas que se apresentam como alternativas à "Friedman's Doctrine", de facto não o são ("Enlightened shareholder value" ou as "BCorps", "Business Roundtable 2019 statement of corporate purpose" ou até as propostas que defendem uma mais intensa regulação protetora dos direitos dos trabalhadores), v. Colin Mayer, *The governance of corporate purpose*, ECGI Working Paper Series in Law, Working Paper N° 609/2021, September 2021, p. 4, ss.
20. Colin Mayer, *Prosperity*, cit., p. 109.
21. Sobre as questões de mensuração, v. Colin Mayer, *The governance of corporate purpose*, cit., p. 9, ss.
22. Sobre o relevo da comunicação do *corporate purpose*, v. Colin Mayer, *The governance of corporate purpose*, cit., p. 11. Sobre os oito princípios destinados orientar a reforma das empresas no sentido do *corporate purpose*, identificados em novembro de 2019 pela *British Academy Future of the Corporation*, liderada por Colin Mayer, v. Colin Mayer, *The future of the corporation and the economics of purpose*, cit., p. 12. Alex Edmans, *Grow the pie*, p. 201, ss, 208 e ss., que "A purpose is far more than a mission statement and must live in the enterprise. It must not only be *defined*, but also *communicated* externally and *embedded* internally".
23. Marco Ventoruzzo, *Brief remarks on "Prosperity" by Colin Mayer and the often misunderstood notion of corporate purpose*, cit., p. 6, defende que a consagração do "corporate purpose" nos estatutos da sociedade – – como propõe Colin Mayer – "will have limited, if any, legal relevance".

superação do *shareholder value*. Dê-se como exemplo o "Statement on the Purpose of a Corporation" pronunciado pelo *Business Roundtable* em 2019 e subscrito por 181 *CEO* das maiores sociedades estadunidenses[24]. Nesta declaração, são manifestados vários compromissos dos CEO signatários, sendo que um deles é o "long term-value for shareholders". Proclamam os CEO signatários que "Each of our stakeholders is essential. We commit to deliver value to all of them, for the future success of our companies, our communities and our country"[25].[26]

Em estudo datado de 2019, Lucian Bebchuk e Roberto Tallarita[27] revelam que uma vasta maioria dos *CEO* signatários subscreveu a *Declaração* sem ter obtido prévia autorização dos respetivos *boards*. Acresce que de modo contraditório com os compromissos proclamados no *Statement*, os *boards* aprovaram orientações que continuam a privilegiar claramente a *shareholder primacy*[28].

A prática empresarial internacional evidencia que os *corporate purposes* adotados pelas grandes sociedades são, invariavelmente, genéricos, vagos, sem objetivos nem metas concretamente definidos e comunicados em linguagem "crisp and catchy"[29]. Assim, aos administradores permite-se a escolha, designadamente, entre ganhos de curto prazo e o crescimento de longo prazo, entre a proteção dos credores e a rendibilidade para os acionistas, entre a satisfação dos clientes e o bem-estar dos trabalhadores; entre os interesses dos fornecedores e a proteção do ambiente[30]. Mas não se assegura que o *resultado* da decisão empresarial privilegie os interesses de não sócios. E, em rigor, não se pode assegurar tal resultado porque

---

24. Disponível em: https://www.businessroundtable.org/business-roundtable-redefines-the-purpose-o-f-a-corporation-to-promote-an-economy-that-serves-all-americans (consultado em 4 de outubro de 2021).

25. Cfr. Holger Fleischer, *Corporate purpose: a management concept and its implications for company law*, cit., p. 9, que também dá exemplos de várias declarações de *corporate purpose* adotadas por empresas do DAX 30. Segundo Klaus Hopt/Patrick Leyens, *The Structure of the Board of Directors: Boards and Governance Strategies in the US, the UK and Germany*, cit., p. 37, esta declaração foi fortemente influenciada pelo teor do art. 172 do *Companies Act* de 2006.

26. Não devemos, contudo, ignorar que em 1981 a Roundtable proclamava "(m)ore than ever, managers are expected to serve the public interest as well as private profit.": Business Roundtable, *Statement on corporate responsibility* (1981).

27. Lucian Bebchuk/Roberto Tallarita, *"Stakeholder" Capitalism Seems Mostly for Show*, Stakeholder Capitalism Seems Mostly for Show, Wall Street Journal, Aug. 6, 2020, http://www.law.harvard.edu/faculty/bebchuk/opeds/08-06-2020_wsj.pdf; Lucian Bebchuk/Roberto Tallarita, "The illusory promise of stakeholder governance", March, 2, 2020. Disponível em: https://corpgov.law.harvard.edu/2020/03/02/the-illusory-promise-of-stakeholder-governance/, p. 124, ss., que concluem "BRT statement should be viewed as mostly for show rather than the harbinger of a major change" (*últ. ob. cit.*, p. 126).

28. Jill E. Fisch/Steven Davidoff Solomon, "Should corporations have a purpose?", cit, p. 1338, ilustram esta discrepância entre os compromissos manifestados pelos CEO da Amazon, Cigna e Crevron e a manutenção de práticas empresariais ou laborais notoriamente desalinhadas de tais compromissos.

29. Holger Fleischer, *Corporate purpose: a management concept and its implications for company law*, cit., p. 12.

30. Marco Ventoruzzo, *Brief Remarks on "Prosperity" by Colin Mayer and the often Misunderstood Notion of Corporate Purpose*, cit., p. 5.

não são homogéneos os interesses dos diversos grupos de *stakeholders*, podendo, além disso, ser divergentes os interesses dentro do mesmo grupo de *stakeholders*. As declarações sobre *corporate purpose* não oferecem (nem querem oferecer) qualquer critério para a gestão da heterogeneidade dos interesses de diferentes grupos de *stakeholders*.

À luz do direito societário português, importa conhecer as projeções do *corporate purpose*, tal como este é moldado na proposta de Colin Mayer. O que pode ser sintetizado nas seguintes questões jurídico-societárias: *a*) qual o sentido de "corporate purpose", por referência aos requisitos legais do objeto e do fim da sociedade? *b*) qual é o órgão competente para determinar o "corporate purpose"; *c*) o "corporate purpose" pode/deve estar consagrado nos estatutos da sociedade? *d*) o "corporate purpose" implica novos deveres fiduciários dos administradores?

2. *CORPORATE PURPOSE* E A INDIFERENÇA DO DIREITO SOCIETÁRIO PORTUGUÊS

2.1 *Corporate purpose*, objeto da sociedade e fim da sociedade

O conceito empresarial de *corporate purpose*, tal como surge caraterizado no pensamento de Colin Mayer, não corresponde, no direito societário português[31], nem ao objeto (obrigatoriamente estipulado nos estatutos de sociedade comercial e civil em forma comercial (art. 9.º, 1, *d*), do CSC) nem ao fim lucrativo (arts. 6.º, 1, CSC, 980.º do CCivil)[32]-[33].

No direito societário português, o objeto social corresponde à(s) atividade(s) económica(s) indicada(s) nos estatutos que a sociedade exerce ou exercerá. Por força da lei, deve ser concreta e precisamente determinado o objeto social nos estatutos (art. 980.º do CCiv.)[34] e a indicação do objeto deve ser corretamente

---

31. Para uma visão geral da "corporate purpose legislation" tanto na União Europeia como na França e na Alemanha, v. Klaus Hopt, Corporate Purpose and Stakeholder Value – – Historical, Economic and Comparative Law Remarks on the Current Debate, Legislative Options and Enforcement Problem, ECGI Working Paper Series in Law, Working Paper n° 690/2023, March 2023, p. 17, ss. Disponível em: https://www.ecgi.global/working-paper/corporate-purpose-and-stakeholder-value-historical-economic-and-comparative-law.

32. Nesse sentido, para o direito alemão, v. Holger Fleischer, *Corporate purpose: a management concept and its implications for company law*, cit., p. 25. V. também Paulo de Tarso Domingues, *A vinculação societária. A estrutura piramidal da vinculação das sociedades*, Coimbra: Almedina, 2023, p. 39.

33. Rui Pereira Dias/Mafalda de Sá, "Deveres dos administradores e sustentabilidade", *Administração e governação das sociedades*, Coimbra: Almedina, 2020, p. 78, não tomam posição quanto à questão de saber se o "corporate purpose" corresponde ao fim social, tal como resulta do art. 6.º do CSC.

34. Na ordem jurídica portuguesa não é lícita a clausula estatutária que permita aos administradores exercer qualquer atividade permitida na lei. Jill E. Fisch/Steven Davidoff Solomon, "Should corporations have a purpose?", cit., p. 1316, referem que nos EUA "most corporate charters contain a generic statement that the purpose of the corporation is to engage in any lawful activity". Noutros casos, os estatutos são

redigida em português (art. 11.º, 1, CSC). Certamente que a indicação do objeto satisfaz os interesses dos sócios, acautelando que os recursos investidos nas sociedades sejam aplicados no exercício da(s) atividade(s) económica(s) em que o objeto social se traduz. Mas não só. Através da cláusula estatutária sobre o objeto social são satisfeitos os interesses dos credores sociais e interesses públicos (determinados objetos exigem a prévia obtenção de certas licenças/autorizações ou a classificação das atividades económicas através de um código CAE)[35]. A refração destes interesses nas normas jurídicas societárias sobre objeto social não é de molde a assimilá-lo ao *corporate purpose*.

Na categorização proposta por Colin Mayer, o objeto social, tal como surge caraterizado na lei portuguesa, corresponde ou aproxima-se do *"conceito positivo"* de *corporate purpose*. Consiste este último no "statement of what the company is there to do – to produce cheap consumer goods, reliable cars, or the largest social networks"[36]. O objeto social, tal como resulta do CSC, afasta-se do *"conceito normativo"* de *corporate purpose* que corresponde ao "statement of what the company should do – to look after its employees, to clean the environment, to enhance the well-being of its communities and societies within which it operates"[37].

O conceito normativo de *corporate purpose* não corresponde ao objeto social, enquanto atividade(s) económica(s) concretamente determinada(s) e identificada(s) nos estatutos[38]. Embora os *corporate purposes* tendam a ser comunicadas em inglês e a cláusula do objeto social deva ser redigida em português (art. 11.º, 1, do CSC), não é a diferença de idioma que nos deve impressionar. Nada impede que os *corporate purpose* sejam, também eles, redigidos em português. O que os distingue é a circunstância de o objeto social referir, *obrigatoriamente*, atividades económicas concretamente determinadas, enquanto o *corporate purpose* capta e comunica o(s) *desígnio(s)* da sociedade ligado(s) a preocupações sociais,

---

mais informativos, pois descrevem as várias atividades económicas que a sociedade exerce (são os casos mencionados do *Pepsi Co* e da *Ford Motor Company*). Seja como for, neste excerto, os Autores usam "purpose" como "objeto social" ou até como fim lucrativo. Os Autores, apoiados em vários exemplos retirados da experiência empresarial internacional, notam a distância entre a comunicação operada pelos *websites* de grandes empresas que especificam o *purpose* da sociedade e sua quase nula expressão nas atividades empresariais destas organizações. Outro aspeto interessante é que nos EUA, o *Supreme Court* interpretou cláusulas estatutárias que permitem à sociedade desenvolver qualquer atividade permitida por lei como o fundamento jurídico para que sociedade prossiga objetivos humanitários. Sobre esta jurisprudência, v. Jill E. Fisch/Steven Davidoff Solomon, "Should corporations have a purpose?", cit., p. 1327.

35. Cfr. Alexandre de Soveral Martins, "Artigo 11.º – Objeto", *Código das Sociedades Comerciais em comentário*, coord. de J. M. Coutinho de Abreu, v. I, 2. ed., Coimbra: Almedina, 2017, p. 243, s.

36. Colin Mayer, *Prosperity...*, cit., p. 110.

37. Coin Mayer, *Prosperity...*, cit., p. 110.

38. Atingindo a mesma conclusão, mas relativamente à ordem jurídica alemã, v. Holger Fleischer, *Corporate purpose: a management concept and its implications for company law*, cit., p. 16.

ambientais ou comunitárias e assume *uma natureza aspiracional*[39]; o objeto é, *imperativamente*, uma descrição de *precisa e concreta* de atividade(s) económica(s); o *corporate purpose* é, tipicamente, vago e genérico, de ações futuras não determinadas em metas ou ações concretizadas.

Colin Mayer, por intermédio do exemplo da empresa dinamarquesa Novo Nordisk, traça a distinção entre atividade económica (objeto) e o *corporate purpose*. Esta empresa produz insulina para pacientes que sofrem de diabetes tipo 2, mas este não é o *corporate purpose* desta empresa – "Its purpose was to help people treat Type 2 diabetes"[40]. E, mais tarde, a mesma empresa "appreciated that its purpose was not even to treat Type 2 diabetes but to help people to avoid getting diabetes. So, it partnered with health workers, local communities and national governments to identify the changes in lifestyle in different parts of the world that would help people avoid diabetes"[41].

Não é de afastar que, no futuro, a *praxis* empresarial, por pressão do mercado ou de outra origem, evolua para a incorporação de cláusulas estatutárias de *purpose* que sejam concretizadas em ações determinadas, com metas calendarizadas e objetivos específicos a serem cumpridos pelos administradores. De momento, no entanto, não é este o "estado da arte" do *corporate purpose*.

Se assim é (ou seja, se estamos cláusulas de natureza vaga, fluida e indeterminada), então ao *corporate purpose* não se aplicam, na ordem jurídica portuguesa, as normas jurídico-societárias relativas ao objeto social[42]. Por conseguinte, o *corporate purpose* estipulado nos estatutos não tem de ser redigido em português, nem tem de ser concretamente determinado – podendo ser comunicado em fórmulas vagas, de natureza aspiracional -, não releva para os efeitos do princípio da verdade da firma, não se lhe aplica o art. 6.º, 4, do CSC, nem o disposto no art. 192.º, 2, do CSC. Ainda que se deva defender, como veremos de seguida, que o *corporate purpose* estipulado nos estatutos deve ser respeitado pelos administradores, tal cláusula não tem os efeitos jurídicos próprios da cláusula sobre o objeto social (art. 6º, 4, do CSC).[43]

---

39. Também Jill E. Fisch/Steven Davidoff Solomon, "Should corporations have a purpose?", cit, p. 1336, através de vários exemplos evidenciam a natureza aspiracional das cláusulas estatutárias sobre a sustentável criação de valor e sobre o *corporate purpose* (que parecem deliberadamente estipuladas para evitar a responsabilização dos administradores). Concluem estes autores que os "corporate purpose statements" "are neither concrete nor enforceable" (*últ. ob. cit.,* p. 1337). Sublinhando a natureza aspiracional do *corporate purpose*, v. David Kershaw/Edmund Schuster, *The purposive transformation of corporate law*, ECGI Working Paper Series in Law, Working Paper Nº 616/2021, November 2021, p. 6.
40. Colin Mayer, *The future of corporation and the economics of purpose*, cit., p. 3.
41. Colin Mayer, *The future of corporation and the economics of purpose*, cit., p. 3.
42. Maria Elisabete Ramos, "Corporate purpose, sustentabilidade e gestão societária", *VI Congresso Direito das Sociedades em Revista*, Coimbra: Almedina, 2022, p. 379, ss.
43. Sobre a irrelevância do *corporate purpose* para efeitos de vinculação da sociedade, v. Paulo de Tarso Domingues, *A vinculação societária. A estrutura piramidal da vinculação das sociedades*, cit., p. 30, ss.

A doutrina do *corporate purpose* não nega o intuito lucrativo da sociedade, mas tece-o com interesses de diferentes *stakeholders*. Colin Mayer defende que a doutrina do *corporate purpose* – "it produces profitable solutions for problems of people and planet, not profiting from producing problems for either"[44] – reclama um novo conceito de *lucro*: "profit is not earned where it derives from imposing detriments on others because it is not an acceptable or legitimate profit even if it is not illegal or reputationally damaging."[45].

O *corporate purpose* também não corresponde ao *fim lucrativo* da sociedade (arts. 980.º do CCiv. e 6.º, 1, do CSC)[46], no sentido de que esta gera lucros no seu património destinados a serem distribuídos pelos sócios, seja periodicamente durante a vida da sociedade seja na fase da liquidação[47]. Acresce que a proposta económica de caraterização de lucro apresentada por Colin Mayer não está em sintonia com o sentido jurídico-societário vigente na ordem jurídica portuguesa, que admite que atividades lícitas provoquem impactos negativos em concorrentes, trabalhadores ou fornecedores. Considere-se, por exemplo, a lucrativa introdução de uma tecnologia de ponta, limpa e mais eficiente que torna dispensáveis postos de trabalho, torna desnecessário o fornecimento de certas matérias-primas poluentes e determina a eliminação de concorrentes. De facto, há um conjunto de impactos negativos que necessariamente a concorrência entre empresas, a transição energética e a descarbonização da economia causarão e, por isso, pode mostrar-se contraditório com a proposta sobre "corporate purpose", defender que não há lucro se ele resulta da imposição de um prejuízo ou de impacto negativo a outrem.

À luz da ordem jurídica portuguesa não é lícito que os sócios, contrariando o fim lucrativo que resulta da lei, moldem os estatutos da sociedade à luz do lema "In an exact inversion of the traditional ranking, purpose is primary and shareholder value derivative"[48]. Ainda que os sócios optem por incorporar o *corporate purpose* nos estatutos da sociedade, ainda assim, tal cláusula não tem qualquer efeito jurídico sobre a capacidade de gozo da sociedade (art. 6.º do CSC).

A ordem jurídica portuguesa distingue entre organizações que visam fins lucrativos – as sociedades – e entidades que estão vocacionadas para a prossecução de *interesses sociais, culturais ou o interesse público*. As cooperativas – que

---

44. Colin Mayer, *The governance of corporate purpose*, cit., p. 5.
45. Coin Mayer, *The governance of corporate purpose*, cit., p. 5.
46. V. Alexandre de Soveral Martins, "Artigo 6.º – Capacidade", *Código das Sociedades Comerciais em comentário*, coord. de J. M. Coutinho de Abreu, v. I, 2. ed., Coimbra: Almedina, 2017, p. 117, ss.
47. Atingindo a mesma conclusão, mas relativamente à ordem jurídica alemã, v. Holger Fleischer, *Corporate purpose: a management concept and its implications for company law*, cit., p. 16. Colin Mayer, *Prosperity*, cit., p. 113, afirma que "(…) corporate governance is not and should not be about enhancing shareholder value. It is about promoting corporate purpose and the two are not the same".
48. Colin Mayer, *Prosperity*, cit., p. 114.

não são sociedades[49] – "visam, sem fins lucrativos, a satisfação das necessidades e aspirações económicas, sociais ou culturais dos seus membros" (art. 2.º do Código Cooperativo). Um dos princípios cooperativos é o princípio do interesse pela comunidade que prescreve que as cooperativas trabalham para o desenvolvimento sustentável das suas comunidades, através de políticas aprovadas pelos membros" (art. 3.º do Código Cooperativo)[50]. As fundações e as associações estão vocacionadas para a prossecução de interesses sociais e as empresas públicas (societárias ou não) estão pensadas para a prossecução do interesse público[51]. As sociedades, pela sua natureza, estão vocacionadas para gerar lucros no seu património que se destinam, essencialmente, a ser repartidos pelos sócios, seja na veste de *lucros periódicos* seja na qualidade de *lucros finais*.

2.2   *Corporate purpose* e estatutos da sociedade

Uma das "policy proposals" de Colin Mayer sugere que "corporate laws should require companies and financial institutions to articulate their purposes, incorporate them in their articles of association, and demonstrate how their corporate structures and conduct promote their purposes"[52]. Com esta proposta, Colin Mayer pretende que os administradores possam ser responsabilizados por decisões empresariais que desrespeitem o *purpose* da sociedade e, além disso, ambiciona que os investidores institucionais também se comprometam (e, por isso, adequem as suas decisões e sentido de voto na sociedade) com o *purpose*. A inclusão de *corporate purposes* nos estatutos da sociedade tem, desde logo, um efeito *sinalizador* no mercado, comunica para o exterior o *desígnio* dessa mesma sociedade. Todavia, o caráter vago, aberto, aspiracional – já foram comparados a resoluções de Ano Novo[53] -, não quantificado e poroso destas proclamações, torna incerta ou improvável a responsabilização dos administradores.

O direito societário português é omisso quanto à estipulação do *corporate purpose* nos estatutos da sociedade[54]. Como já vimos, não devemos assimilar o

---

49. Cfr. Maria Elisabete Ramos, *Direito comercial e das sociedades – entre as empresas e o mercado*, Coimbra: Almedina, 2018, p. 157.

50. Sobre este princípio, v. Rui Namorado, "Artigo 3.º- Princípios cooperativos", *Código Cooperativo anotado*, coord. de Deolinda Meira e Maria Elisabete Ramos, Coimbra: Almedina, 2018, p. 27, ss.

51. Edward B. Rock, "Business purpose and the objective of the corporation", 2020. Disponível em: https://papers.ssrn.com/sol3/papers.cfm?abstract_id=3724710, p. 29, ss., discute qual é forma organizacional que melhor se adequa à proposta de Colin Mayer.

52. Colin Mayer, *Corporate Purpose...*, cit., p. 232.

53. Holger Fleischer, *Corporate purpose: a management concept and its implications for company law*, cit., p. 20.

54. Guido Ferrarini, "An alternative view of corporate purpose: Colin Mayer on Prosperity". Disponível em: https://papers.ssrn.com/sol3/papers.cfm?abstract_id=3552156, p. 20, defende "There is no need to specify the purpose of the corporation in its charter, even without considering the difficulties of such a definition and of its enforcement in practice. Several documents are periodically approved by the board

corporate purpose ao objeto social, cuja menção é obrigatória nos estatutos de sociedades comerciais e civis em forma comercial (art. 9.º, 1, *d*), do CSC). Tendo em conta o movimento internacional de *corporate purpose*, há que questionar se, à luz da ordem jurídica portuguesa, são lícitas cláusulas estatutárias dedicadas ao *corporate purpose*[55]. As normas legais vigentes sobre o contrato de sociedade ou estatutos não impedem que os sócios plasmem o *corporate purpose* da sociedade nos estatutos. O que pode ser feito ao abrigo da liberdade contratual, em particular, da liberdade de estipulação (art. 405.º do CCiv.), e no respeito pelas normas legais imperativas. Tal cláusula sobre *corporate purpose* não poderá substituir a imperativa cláusula sobre o objeto societário. De facto, as normas jurídico-societárias relativas aos "elementos do contrato"[56] ou ao "conteúdo do contrato" (art. 176.º, 199.º, 272.º, 466.º) não impedem que os sócios incorporem nos estatutos cláusulas não expressamente previstas na lei.

Por outro lado, se os sócios decidirem incorporar o *corporate purpose* em estatutos de sociedade já constituída, terá de ser respeitado o processo de alteração dos estatutos, pois, a inclusão de tal cláusula configura a alteração de contrato por "introdução de nova cláusula". Nestes casos, em regra, esta alteração deve ser deliberada pelos sócios, nos termos dos arts. 85.º, 1[57], 194.º, 246.º, 1, *h*), do CSC, 265.º, 383, 386.º, 3, 473.º, todos do CSC.

2.3 Qual é o órgão competente para captar o "corporate purpose"?

A avaliar pela experiência internacional – em particular as experiências alemã e francesa –, é de esperar que os estatutos, em particular de sociedades cotadas, sejam omissos sobre o *corporate purpose*. A mesma experiência internacional mostra que o silêncio dos estatutos de determinada sociedade sobre o *corporate purpose* não impede que a mesma sociedade o especifique e o comunique seja no

---

which clarify the purpose pursued by the company and its management, such as the strategic plans, the financial statements and the non-financial disclosure. Plenty of information is already published by corporations explaining their goals and the ways in which managers implement them. No doubt, though corporations could do more, no further stipulations are needed to specify their purpose. This is a task that the managers should perform, under the board's monitoring and in compliance with their fiduciary duties, while running the company."

55. Também nesse sentido, mas à luz da ordem jurídica alemã, v. Holger Fleischer, *Corporate purpose: a management concept and its implications for company law*, cit., p. 16, que acrescenta que não há, à data de janeiro de 2021, qualquer sociedade alemã que tenha incorporado o *corporate purpose* nos respetivos estatutos.

56. Sobre estes v. Maria Elisabete Ramos, "Artigo 9.º – Elementos do contrato", *Código das Sociedades Comerciais em comentário*, coord. de J. M. Coutinho de Abreu, v. I, 2. ed. Coimbra: Almedina, 2017, p. 177, ss.

57. Sobre as alterações contratuais abrangidas pelo regime legal de alteração dos estatutos, v. Paulo de Tarso Domingues, "Artigo 85.º – Deliberação de alteração", *Código das Sociedades Comerciais em comentário*, v. II, 3. ed. Coimbra: Almedina, 2021, p. 19, ss.

contexto da organização, seja para o exterior. Colin Mayer é enfático quanto ao relevo da comunicação do corporate purpose quando afirma: "The function of the leadership of a company is not simply to be commanders-in-chief but more significantly communicators-in-chief"[58].

Na ausência de qualquer cláusula estatutária sobre *corporate purpose*, na ordem jurídica portuguesa a que órgão compete a especificação/determinação do *corporate purpose*? A questão passa por determinar se a *lei* reserva aos sócios a competência para a determinação/especificação do *corporate governance*.

O art. 11.º, 3, do CSC atribui aos sócios (seja qual for o tipo societário) competência para "deliberar sobre as atividades compreendidas no objeto contratual que a sociedade efetivamente exercerá, bem como sobre a suspensão ou a cessação de uma atividade que venha sendo exercida". Por conseguinte, esta é uma matéria que, por força da lei, integra as competências deliberativas dos sócios. Parece-me que desta norma não se pode retirar que, em Portugal, a identificação do *corporate purpose* é da competência exclusiva dos sócios. De facto, em Portugal a cláusula sobre *corporate purpose* não deve ser assimilada a cláusula estatutária que elenca várias atividades económicas a serem exercidas em momento(s) futuro(s) da vida da sociedade, por serem cláusulas de distinta natureza. Como já vimos, um mesmo objeto pode estar o serviço de diferentes "purposes", como mostra o exemplo da empresa dinamarquesa que produz insulina para pacientes que sofrem de diabetes tipo 2. Por consequência, do art. 11.º, 3, CSC não pode ser retirado o resultado interpretativo de que a identificação do *corporate purpose* compete imperativamente à coletividade dos sócios.

Também não existem, é importante que se diga, quaisquer normas jurídico--societárias que imperativamente atribuam tal competência ao órgão de administração e de representação da sociedade. E, portanto, há que questionar se, nas sociedades anónimas, a competência para a definição do *corporate purpose* cai no elenco das matérias atribuídas aos sócios, por força do art. 373.º, 2, do CSC, parte final. Dir-se-ia que se a matéria da definição do *corporate purpose* não está "compreendida[s] nas atribuições de outros órgãos da sociedade" (art. 373.º, 2, do CSC), então cabe à coletividade dos sócios.

Não me parece que tal conclusão possa ser retirada do art. 373.º, 2, do CSC. Na verdade, não dizendo a identificação do *corporate purpose* diretamente respeito a relações de grupo (por domínio total e direção de grupos de sociedades) – matérias que alguma doutrina reserva à competência deliberativa dos sócios, por força da parte final do art. 373.º, 2, do CSC[59] –, ela parece cair no âmbito da atividade de gestão da

---

58. Colin Mayer, *The governance of corporate purpose*, cit., p. 12.
59. V. Augusta França, *A estrutura das sociedades anónimas em relação de grupo*, AAFDL,1990, p. 125, José Augusto Engrácia Antunes, *Os direitos dos sócios da sociedade-mãe na formação e direção dos grupos*

competência do órgão de administração e de representação da sociedade (art. 406.º, 1, do CSC)[60]. Essa é, aliás, a solução que, no *UK Corporate Governance*, resulta do *Principle B* – "The board should establish the company's purpose, values and strategy, and satisfy itself that these and its culture are aligned". O que está em sintonia com a proximidade entre o *corporate purpose* e a definição estratégia da missão, visão e valores que competem ao órgão de administração e de representação da sociedade.

Na ausência de qualquer estipulação estatutária sobre o *corporate purpose* e na ausência de qualquer norma que atribua aos sócios competências deliberativas sobre a especificação do *corporate purpose*, compete ao órgão de administração e de representação da sociedade especificá-lo, pois é este o órgão a quem compete decidir a afetação dos recursos da sociedade, no respeito pelo dever de lealdade[61]. E, no âmbito do espaço de discricionariedade que é reconhecido ao órgão de administração e de representação da sociedade – seja qual for o tipo societário escolhido pelos sócios – competirá ao órgão que administra a sociedade especificar o *corporate purpose* e decidir as medidas idóneas a cumpri-lo.

Mas nada impede que, na ausência de cláusula estatutária sobre corporate purpose, o órgão de administração de sociedade anónima envolva os sócios na identificação/determinação do *corporate purpose*, designadamente pedindo que o órgão de administração sobre ele delibere (art. 373.º, 3, do CSC).

3. NOVOS DEVERES FIDUCIÁRIOS A CARGO DOS ADMINISTRADORES?

Na ordem jurídica portuguesa, quer os estatutos incorporem cláusulas sobre o *corporate purpose* quer sejam omissos, não restam dúvidas que o art. 64.º, 1, *b*), do CSC determina que o órgão de administração atenda aos "interesses de longo prazo dos sócios e ponderando os interesses dos outros sujeitos relevantes para a sustentabilidade da sociedade, como os seus trabalhadores, clientes e credores". À luz do art. 64.º, 1, *b*), do CSC, os interesses dos vários grupos de *stakeholders* não são atendidos *per se*, mas sempre mediados pelo interesse da sociedade, numa espécie de compromisso entre o interesse dos acionistas na obtenção do lucro e

---

societários, Porto: UCP Editora, 1994, p. 44, J. M. Coutinho de Abreu, "Artigo 373.º-Forma e âmbito das deliberações", *Código das Sociedades Comerciais em comentário*, coord. de J. M. Coutinho de Abreu, v. VI, 2. ed., Coimbra: Almedina, 2019, p. 19, 20.

60. Em sentido diferente, v. Rui Cardinal, "Corporate purpose: revolução ou utopia no Direito societário?", *Direito das Sociedades em Revista*, v. 27, 2022, p. 162. A. Menezes Cordeiro, "Artigo 373.º – Forma e âmbito das deliberações", *Código das Sociedades Comerciais anotado*, coord. de António Menezes Cordeiro, 3. ed., Coimbra: Almedina, 2020, p. 1248, conclui que a competência residual, nas SA, recai sobre o conselho de administração e não sobre a assembleia.

61. Nesse sentido, v. Guido Ferrarini, "An alternative view of corporate purpose: Colin Mayer on Prosperity", cit., p. 20.

14 MARIA ELISABETE RAMOS

o relevo dos interesses dos vários grupos de *stakeholders*[62]. Acresce que também resulta do art. 64.º, 1, *b*), do CSC que a lei privilegiou a *vertente procedimental* dos interesses dos vários *stakeholders* aí referidos[63]. É, esse, parece o sentido do segmento normativo "ponderando os interesses dos outros sujeitos relevantes para a sustentabilidade da sociedade" (art. 64.º, 1, *b*), do CSC). Este segmento normativo diz respeito ao *processo* de tomada de decisão e não ao resultado da decisão empresarial. Do art. 64.º, 1, *b*), do CSC também se extrai o resultado interpretativo de que são leais os administradores que, no intuito de servir o interesse social, adotam medidas empresariais favoráveis a interesses de *stakeholders* mencionados neste preceito[64]. Que medidas, que recursos, em que circunstâncias, como que limites, são perguntas para as quais o art. 64.º, 1, *b*), do CSC não oferece resposta, pois essas são decisões a tomar no espaço de discricionariedade empresarial e, por isso, incluídas no perímetro da *business judgement rule* (art. 72.º, 2, do CSC).

As sociedades abrangidas pelo âmbito de aplicação da Diretiva CSR[65] – grandes empresas que sejam entidades de interesse público[66] –, que à data de encerramento do seu balanço excedam um número médio de 500 trabalhadores durante o exercício anual – devem incluir no seu relatório de gestão uma *demonstração não financeira*. Esta peça do relatório de gestão deve conter as "informações bastantes para uma compreensão da evolução, do desempenho, da posição e do impacto das suas atividades referentes, no mínimo, às questões ambientais, sociais e relativas aos trabalhadores, à igualdade entre mulheres e homens, à não discriminação, ao respeito dos direitos humanos, ao combate à corrupção[67] e às tentativas de

---

62. Guido Ferrarini, "An alternative view of corporate purpose: Colin Mayer on Prosperity", cit., p. 20.

63. Sobre a dimensão procedimental dos deveres de cuidado e de lealdade dos administradores, v. Maria Elisabete Ramos, *O seguro de responsabilidade civil dos administradores – entre a exposição ao risco e a delimitação da cobertura*, Coimbra: Almedina, 2010, p. 91, ss. No sentido de que o termo "consider", que, nos EUA, surge em "constituency statutes", "might reflect a process-based obligation, requiring advisors to analyze stakeholder interests and present that analysis to the board", v. Jill E. Fisch/Steven Davidoff Solomon, "Should corporations have a purpose?", cit., p. 1333.

64. Repare-se que, nos termos do art. 6.º do CSC, a sociedade tem capacidade de gozo para certos negócios jurídicos gratuitos.

65. Veja-se o art. 19.º-A da Diretiva 2013/34/EU, na redação dada pela Diretiva 2014/95/UE do Parlamento Europeu e do Conselho de 22 de outubro de 2014 que altera a Diretiva 2013/34/UE no que se refere à divulgação de informações não financeiras e de informações sobre a diversidade por parte de certas grandes empresas e grupos. Veja-se, ainda, a Diretiva (UE) 2022/2464 do Parlamento Europeu e do Conselho de 14 de dezembro de 2022 que altera o Regulamento (UE) n.o 537/2014, a Diretiva 2004/109/CE, a Diretiva 2006/43/CE e a Diretiva 2013/34/UE no que diz respeito ao relato de sustentabilidade das empresas.

66. Para a caraterização destes conceitos, v. o art. 66º-B, n.º 10, do CSC.

67. Sobre o regime jurídico-privatístico aplicável aos atos de corrupção praticados por gerentes e/ou administradores de sociedades, v. J. M. Coutinho de Abreu, "Corrupção ativa, bom governo, transparência e responsabilidade social das empresas (notas interrogativas)", *Estudo comemorativo dos 20 anos da Abreu Advogados*, Coimbra: Almedina, 2015, p. 389, ss,; Paulo de Tarso Domingues, "A sorte dos contratos objeto de corrupção celebrados entre agentes privados", *Estudos em honra de João Soares da Silva*, coord. de Carlos Osório de Castro, Coimbra/Lisboa, Almedina/Morais Leitão, 2021, p. 715, ss., em especial, p. 723 e ss.

suborno" (art. 66°-B, 2, do CSC). Assim, estas sociedades, quer tenham ou não previsto o seu propósito nos estatutos, estão obrigadas a divulgar esta informação ao mercado[68]. Publicada esta informação[69], espera-se que a pressão do mercado e dos vários grupos de interesses incentivem as melhores práticas empresariais.

Repare-se que o art. 66°-B, intitulado "demonstrações não financeiras" não exige que as sociedades identificadas no n.º 1 acautelam ou prossigam interesses de *stakeholders*. O que resulta desta norma, moldada no modelo *comply or explain*, é que "caso a empresa não aplique políticas em relação a uma ou mais questões referidas no número [2], deve apresentar uma explicação clara e fundamentada para o efeito" (art. 66°-B, 3, do CSC).

Chegados a este ponto, podemos concluir que o direito societário português confere capacidade de gozo à sociedade para a prática de certos atos gratuitos (art. 6.º) e que o dever de lealdade ao interesse social e à sociedade é compatível com decisões empresariais que afetem recursos financeiros necessários à prossecução de interesses de *stakeholders*. O que acaba de ser dito não corresponde que o direito societário português tenha acolhido o "stakeholderism", mas tão só que acolhe uma visão plural/institucional de interesse social[70].

A esta menção legislativa a interesses de não sócios está integrada no perímetro do dever de lealdade dos administradores perante a sociedade; não corresponde a direitos de não sócios nem a autónomos mecanismos de tutela de não sócios que torne juridicamente efetiva a narrativa do art. 64.º, 1, *b*), do CSC.

O advento da doutrina do *corporate purpose* relança o debate se será adequado evoluir para mecanismos jurídicos que de forma mais efetiva permitem que os não sócios responsabilizem os administradores que não respeitem o *corporate purpose* plasmado nos estatutos. O que poderia passar por reconhecer legitimidade processual ativa aos *stakeholders* para a responsabilização de administradores. Mas será este o caminho ajustado e equilibrado?

Uma tal proposta, se acaso viesse a ser acolhida legislativamente poderia causar outras "disfuncionalidades"[71] já qualificadas como uma verdadeira caixa

---

68. Gabriela Figueiredo Dias, Sustentabilidade. Grupos de interesses e propósito empresarial: um novo paradigma para a empresa e o mercado de capitais, *Cadernos do mercado de valores mobiliários, 20 anos do Código dos Valores Mobiliários*, Coimbra/Lisboa: CMVM/Almedina, 2021, p. 741, afirma que "é já imposto às empresas que se comprometem com um determinado propósito que demonstrem a sua efetiva prossecução".

69. Sobre as diversas limitações das demonstrações não financeiras, v. Rui Pereira Dias/Mafalda Sá, "Deveres dos administradores e sustentabilidade", cit., p. 64, ss.

70. J. M. Coutinho de Abreu, *Curso de direito comercial*, v. II. *Das sociedades*, 7. ed., Coimbra: Almedina, 2021, p. 294, fala em "institucionalismo moderado e inconsequente".

71. A expressão é usada por Holger Fleischer, *Corporate purpose: a management concept and its implications for company law*, cit., p. 21.

de Pandora[72]. As fragilidades de *enforcement* de cláusulas sobre *purpose* também não poderá passar por atribuir indiscriminadamente legitimidade processual ativa a qualquer *stakeholder* que se sinta insatisfeito com as decisões empresariais tomadas pelo órgão de administração da sociedade. A esta proposta Hopt e Leyens contrapõem que ela é ingénua porque desconsidera, perigosamente, que a litigância contra administradores pode ser usada como arma de chantagem, coerção ou como arma contra a economia de mercado[73]. "Providing stakeholders that do not have a clear relationship to the company with legal standing could attract plaintiffs from inside *and* outside the country"[74].

Outro dos problemas apresentados pelo estudo é a ausência de critério viável que permita distinguir entre grupos relevantes de *stakeholders* do público em geral[75].

4. CONCLUSÕES

O percurso até aqui trilhado permite concluir que o advento da doutrina *do corporate purpose*, na proposta de Colin Mayer, não provocou uma transformação no direito societário português[76]. Ao contrário do que acontece na experiência francesa, o direito societário não sofreu qualquer intervenção legislativa destinada a acolher *o corporate purpose*. E talvez se explique esta serenidade do direito societário português porque ele permite que decisões empresariais tomadas pelo órgão de administração incorporem interesses de não sócios e afetem recursos societários para a concretização de tais medidas. Por outro lado, é preciso não ignorar a regulação pública relativa aos direitos fundamentais, à igualdade de género e à paridade na composição de órgãos societários, às normas laborais, ambientais, que incorporam deveres legais que, no contexto da sociedade, devem ser cumpridos pela sociedade, vale por dizer, pelo órgão de administração.

Para além disso, as normas vigentes de direito societário não impedem que a sociedade inclua nos estatutos cláusulas estatutárias relativas ao *corporate purpose*

---

72. Holger Fleischer, *Corporate purpose: a management concept and its implications for company law*, cit., p. 21.
73. Klaus Hopt/Patrick Leyens, *The structure of the board of directors: boards and governance strategies in the US, the UK and Germany*, cit., p. 38.
74. Klaus Hopt/Patrick Leyens, *The structure of the board of directors: boards and governance strategies in the US, the UK and Germany*, cit., p. 38.
75. Klaus Hopt/Patrick Leyens, *The structure of the board of directors: boards and governance strategies in the US, the UK and Germany*, cit., p. 38.
76. Jill E. Fisch/Steven Davidoff Solomon, "Should corporations have a purpose?", cit., p. 1339, também contestam o anunciado efeito de transformação nas práticas empresariais – "But thrusting a high-minded purpose upon a corporation is unlikely to change behavior with which its critics disagree. Aspiring to promote societal value will not make Philip Morris's cigarettes safe, Chevron's emissions net-zero, or McDonald's hamburgers healthy".

ou, não alterando os estatutos, que o órgão de administração e de representação especifique e comunique o *corporate purpose*.

Já são proibidas pelo direito português cláusulas estatutárias que, de alguma forma, neguem o fim lucrativo das sociedades ou que, através de cláusulas estatutárias, substituam o intuito lucrativo pelo "purpose primacy". Mas, ainda, assim, poder-se-á dizer que as sociedades de direito português que queiram, em matéria de *corporate purpose*, alinhar as suas decisões com a experiência internacional não sofrerão significativos entraves legais.

O direito português não impede que os estatutos da sociedade especifiquem o *corporate purpose* e tracem metas específicas devidamente calendarizadas, nomeadamente em matéria de governação ESG. Deste modo, poderão ser previstos mecanismos que poderão avaliar em que medida as decisões da sociedade cumprem os objetivos ESG[77].

O nosso direito é compatível com uma compreensão "instrumental" de *corporate purpose*[78]. De facto, a inserção nos estatutos de cláusulas sobre o *corporate purpose* pode desempenhar uma função de *sinalização do mercado*[79], o que permite que consumidores, credores, investidores possam perceber se estão ou não alinhados com o *corporate purpose* e permite que os administradores tomem decisões alinhados com o *purpose* estatutário. Por fim, o *corporate purpose* plasmado nos estatutos pode ser um instrumento para moderar as expetativas dos sócios[80] e, dependendo de vários fatores, pode ser efetivado através das forças do mercado (mas, neste caso, dependerá delas)[81].

Dito isto, não se deve ignorar que a proposta de Colin Mayer sobre *corporate purpose* padece de várias fragilidades e não é inócua politicamente.

De facto, têm sido suscitadas dúvidas sobre se as cláusulas estatutárias sobre "corporate purpose" são adequados à mais eficaz vigilância e controlo do órgão de administração e de representação da sociedade[82]. As dúvidas suscitam-se porque, como a *praxis* em matéria de identificação de *corporate purpose* mostra, as formulações usadas são tipicamente vagas, genéricas e deliberadamente po-

---

77. Também nesse sentido, v. Jill E. Fisch/Steven Davidoff Solomon, "Should corporations have a purpose?", cit., p. 1345.
78. Propõem esta visão instrumental Jill E. Fisch/Steven Davidoff Solomon, "Should corporations have a purpose?", cit., p. 1344.
79. Jill E. Fisch/Steven Davidoff Solomon, "Should corporations have a purpose?", cit., p. 1344.
80. Jill E. Fisch/Steven Davidoff Solomon, "Should corporations have a purpose?", cit., p. 1339.
81. Jill E. Fisch/Steven Davidoff Solomon, "Should corporations have a purpose?", cit., p. 1339.
82. Também rejeitando este resultado, v. Guido Ferrarini, "An alternative view of corporate purpose: Colin Mayer on Prosperity", cit., p. 37; Marco Ventoruzzo *Brief remarks on "prosperity" by Colin Mayer and the often misunderstood notion of corporate purpose*, cit., p. 46.

rosas, permitindo as mais variadas interpretações[83]. A que acresce, não podemos esquecer, que a adoção de medidas destinadas a concretizar o *corporate purpose* depende de decisões empresariais, tomadas em espaço de discricionariedade empresarial, a beneficiar tipicamente da *business judgement rule*. O que permite concluir que o efeito prático de uma cláusula sobre *corporate purpose* pode, de facto, ser muito reduzido[84].

Acresce, ainda, que, em regra, que as decisões empresariais ilícitas resultantes do desrespeito da cláusula estatuária sobre "corporate purpose" (tendo em conta o caráter vago, impreciso, genérico) não é de molde, a permitir que os *stakeholders* acionem diretamente os administradores, por, em regra, não se encontrarem preenchidos os requisitos dos arts. 78.º, 1, ou 79.º, 1, do CSC.

Por outro lado, a multiplicação dos interesses que os administradores devem satisfazer nas suas decisões empresariais não tem necessariamente o efeito de diminuir a discricionariedade empresarial e de os tornar mais responsáveis, mas sim o efeito oposto de incrementar o espaço de discricionariedade, pois torna mais fácil a justificação das suas opções e, consequentemente, a não responsabilização. Assim, um *corporate purpose* alargado e amplo aumenta o poder os administradores e produz um efeito desresponsabilizador.

Reafirmo que as sociedades, enquanto o mais relevante agente económico das economias de mercado, são convocadas a respeitar os direitos humanos, a acautelar os interesses e os direitos dos trabalhadores, a combater as novas formas de escravatura, designadamente, nas cadeias de fornecimento, a escolherem um uso sustentável dos recursos naturais que são finitos, a privilegiarem medidas empresas alinhadas com o combate/mitigação das alterações climáticas, a adotarem padrões de "business ethics", a rejeitarem o suborno e a corrupção na suas interações com os poderes públicos. Sobre estes *standards of conduct* das empresas do século XXI não restam dúvidas.

Parece-me que a pergunta decisiva é esta: devem ser confiadas às *corporations* as escolhas em matéria ambiental, laboral, de direitos humanos, de sustentável afetação dos recursos naturais, enfim, o futuro do planeta? Colin Mayer manifesta fé nas sociedades, nos órgãos de administração e de representação da sociedade e no direito das sociedades como agentes de mudança social. Também acredita

---

83. Sublinha esta prática e oferece exemplos reveladores, Holger Fleischer, *Corporate purpose: a management concept and its implications for company law*, cit., p. 20. Comparando as cláusulas estatutárias sobre *corporate purpose* a "resoluções de ano novo", v. Jill E. Fisch/Steven Davidoff Solomon, "Should corporations have a purpose?", cit., p. 138: "something akin to a New Year's resolution – the corporation's identification of an area, in which, according to some baseline set of normative principles, it hopes to do better and an expression of its desire to do so."

84. Também nesse sentido. Holger Fleischer, *Corporate* Purpose: A Management Concept and its Implications for Company Law, cit., p. 20.

que o *corporate governance*, enquanto mediador de interesses conflituantes, pode funcionar como polo de escolhas coletivas. Por outro lado, Mayer parece desvalorizar a regra da regulação pública como o instrumento adequado para a tutela de consumidores, clientes, trabalhadores, segurança social, ambiente.

Ora, a defesa de bens como os direitos humanos, a sustentabilidade dos recursos naturais, a igualdade, o trabalho digno, não pode nem deve ficar à mercê de decisões de setores particulares da sociedade que, ainda que sejam económica e financeiramente relevantes, não estão legitimados para fazer as escolhas públicas em nome da comunidade. Temas de crucial importância como os direitos humanos, a igualdade de género, o ambiente, a igualdade social e de oportunidades, a gestão sustentável dos recursos não pode ficar à mercê das escolhas de agentes económicos, dos grupos de interesses que neles convergem e que são animados por agendas próprias.

As escolhas – certamente difíceis e complexas – que estes temas impõem devem resultar das escolhas democráticas, de modo a serem democraticamente legitimadas. O que, por conseguinte, torna imprescindível a regulação pública que enquadre a atuação das sociedades à luz das escolhas democraticamente feitas[85]. O que não obsta ao impacto positivo que o *corporate purpose* partilhado por todos os níveis da organização possa ser altamente benéfico e indutor de valor.

5. REFERÊNCIAS

ABREU, J. M. Coutinho de. "Corrupção ativa, bom governo, transparência e responsabilidade social das empresas (notas interrogativas)". *Estudo comemorativo dos 20 anos da Abreu Advogados*. Coimbra: Almedina, 2015.

ABREU, J. M. Coutinho de. "Artigo 373.º – Forma e âmbito das deliberações". *Código das Sociedades Comerciais em comentário*. ABREU, J. M. Coutinho de (Coord.). 2. ed., Coimbra: Almedina, 2019. v. VI.

ABREU, J. M. Coutinho de. *Curso de direito comercial. Das sociedades*. 7. ed. Coimbra: Almedina, 2021. v. II.

ANTUNES, José Augusto Engrácia. *Os direitos dos sócios da sociedade-mãe na formação e direção dos grupos societários*. Porto: UCP Editora, 1994.

BEBCHUK, Lucian; TALLARITA, Roberto. "*The illusory promise of stakeholder governance*", March, 2, 2020. Disponível em: https://corpgov.law.harvard.edu/2020/03/02/the-illusory-promise-of-stakeholder-governance/.

---

85. Também *Jill E. Fisch/Steven Davidoff Solomon*, Should corporations have a purpose?, cit., p. 1340, declaram-se "corporate purpose skeptics", atribuindo às proclamações estatutárias de corporate purpose o efeito de sinalizar, junto dos *stakeholders,* as prioridades e pode inspirar os membros da sociedade na tentativa de atingir tais objetivos. Na opinião destes autores, o corporate purpose é mais uma ferramenta de uso interno do que um instrumento de matriz regulatória. Os autores rejeitam uma visão normativa de corporate purpose e sustentam uma visão instrumental de corporate purpose.

BEBCHUK, Lucian; TALLARITA, Roberto. "Stakeholder" Capitalism Seems Mostly for Show. *Wall Street Journal*, Aug. 6, 2020. Disponível em: http://www.law.harvard.edu/faculty/bebchuk/opeds/08-06-2020_wsj.pdf.

BERLE, JR., A.A. "Corporate Powers as Powers in Trust". *Harvard Law Review*, v. 44, n. 7, May, 1931.

DODD, JR., Merrick. "For whom are corporate managers trustees?". *Harvard Law Review*, v. 45, n. 7, May, 1932.

BUSINESS Roundtable. *Statement on corporate responsibility*, 1981.

CARDINAL, Rui. "Corporate purpose: revolução ou utopia no Direito societário?". *Direito das Sociedades em Revista*, v. 27, 2022.

CHEFFINS, Brian. *The past, present and future of corporate purpose*, working paper, n. 713/2023, September 2023, p. 11. Disponível em: https://www.ecgi.global/working-paper/past-present-and-future-corporate-purpose. (Consulta no dia 21.10.2023).

CORDEIRO, A. Menezes. "Artigo 373.º – Forma e âmbito das deliberações". *Código das Sociedades Comerciais anotado*. CORDEIRO, António Menezes (Coord.). 3. ed. Coimbra: Almedina, 2020.

DIAS, Gabriela Figueiredo. "Sustentabilidade. Grupos de interesses e propósito empresarial: um novo paradigma para a empresa e o mercado de capitais". *Cadernos do mercado de valores mobiliários, 20 anos do Código dos Valores Mobiliários*, Coimbra/Lisboa: CMVM/Almedina, 2021.

DIAS, Rui Pereira; Sá, Mafalda. "Deveres dos administradores e sustentabilidade". *Administração e governação das sociedades*. Coimbra: Almedina, 2020.

DOMINGUES, Paulo de Tarso. "A sorte dos contratos objeto de corrupção celebrados entre agentes privados". *Estudos em honra de João Soares da Silva*. CASTRO, Carlos Osório de (Coord.). Coimbra/Lisboa, Almedina/Morais Leitão, 2021.

DOMINGUES, Paulo de Tarso. "Artigo 85.º – Deliberação de alteração". *Código das Sociedades Comerciais em comentário*. 3. ed., Coimbra: Almedina, 2021. v. II.

DOMINGUES, Paulo de Tarso. *A vinculação societária. A estrutura piramidal da vinculação das sociedades*. Coimbra: Almedina, 2023.

EDMANS, Alex, *Grow the pie*: how great companies deliver both purpose and profit. Cambridge: Cambridge University Press, 2020.

EUROPEAN Commission, Directorate-General for Justice and Consumers. *Study on directors' duties and sustainable corporate governance* – Final report, Publications Office, 2020. Disponível em: https://data.europa.eu/doi/10.2838/472901.

FISCH, Jill E.; SOLOMON, Steven Davidoff. "Should corporations have a purpose?", ECGI Working Paper Series in Law, Working Paper N° 510/2020 September 2021. Disponível em: https://papers.ssrn.com/sol3/papers.cfm?abstract_id=3561164#.

FERRARINI, Guido. "*An Alternative View of Corporate Purpose*: Colin Mayer on Prosperity". Disponível em: https://papers.ssrn.com/sol3/papers.cfm?abstract_id=3552156.

FLEISCHER, Holger. *Corporate purpose: a management concept and its implications for company law*. ECGI Working Paper Series in Law, Working Paper n. 561/2021, January 2021.

FRANÇA, Augusta. *A estrutura das sociedades anónimas em relação de grupo*, AAFDL,1990.

HOPT, Klaus; LEYENS, Patrick. *The structure of the board of directors*: boards and governance strategies in the US, the UK and Germany. ECGI Working Paper Series in Law, Working Paper n. 567/2021, March 2021.

HOPT, Klaus. *Corporate purpose and stakeholder value*: historical, economic and comparative law remarks on the current debate, legislative options and enforcement problem. ECGI Working Paper Series in Law, Working Paper n. 690/2023, March 2023. Disponível em: https://www.ecgi.global/working-paper/corporate-purpose-and-stakeholder-value-historical-economic-and-comparative-law.

KERSHAW, David; SCHUSTER, Edmund. *The purposive transformation of corporate law*. ECGI Working Paper Series in Law, Working Paper n. 616/2021, November 2021.

MARTINS, Alexandre de Soveral. "Artigo 6.º – Capacidade". *Código das Sociedades Comerciais em comentário*. ABREU, J. M. Coutinho de (Coord.). 2. ed. Coimbra: Almedina, 2017. v. I.

MARTINS, Alexandre de Soveral. "Artigo 11.º – Objeto", *Código das Sociedades Comerciais em comentário*. ABREU, J. M. Coutinho de (Coord.). 2. ed. Coimbra: Almedina, 2017. v. I.

MAYER, Colin. *Prosperity. Better business makes the greater good*. Oxford: Oxford University Press, 2018.

MAYER, Colin. *The future of the corporation and the economics of purpose*. ECGI Working Paper Series in Finance, Working Paper n. 710/2020, November 2020.

MAYER, Colin. *The Governance of Corporate Purpose*. ECGI Working Paper Series in Law, Working Paper n. 609/2021, September 2021.

NAMORADO, Rui. "Artigo 3.º – Princípios cooperativos". *Código Cooperativo anotado*. MEIRA, Deolinda e RAMOS, Maria Elisabete (Coord.). Coimbra: Almedina, 2018.

RAMOS, Maria Elisabete. "Artigo 9.º – Elementos do contrato". *Código das Sociedades Comerciais em comentário*. ABREU, J. M. Coutinho de (Coord.). 2. ed. Coimbra: Almedina, 2017. v. I.

RAMOS, Maria Elisabete. *Direito comercial e das sociedades*: entre as empresas e o mercado. Coimbra: Almedina, 2018.

RAMOS, Maria Elisabete. "Corporate purpose, sustentabilidade e gestão societária". *VI Congresso Direito das Sociedades em Revista*, Coimbra: Almedina, 2022.

ROCK, Edward B. "Business purpose and the objective of the corporation, 2020. Disponível em: https://papers.ssrn.com/sol3/papers.cfm?abstract_id=3724710.

ROMANO, Roberta. A Guide to Takeovers: Theory, Evidence, and Regulation. *Yale Journal of Regulation*, 9, 1992.

VENTORUZZO, Marco. *Brief remarks on "Prosperity" by Colin Mayer and the often misunderstood notion of corporate purpose*. Disponível em: https://ssrn.com/abstract=3546139.

GOVERNANÇA CORPORATIVA: GESTÃO E SUSTENTABILIDADE DAS EMPRESAS

Fabrício de Souza Oliveira

Professor adjunto de Direito Empresarial na UFJF. Pós-doutorando pela Faculdade de Direito da USP (Largo São Francisco). Doutor pela Faculdade de Direito da Universidade de Coimbra com diploma reconhecido pela UFMG. *Visiting researcher na Berkeley University* (EUA) no ano de 2015. Membro-fundador do IBERC, da Sociedade Tocqueville. Vice-presidente Acadêmico da Associação Mineira de Direito e Economia. Membro do Comitê de ESG da Camarb e parecerista da RSDE e da Revista Iberc. Autor de artigos premiados pelo Instituto de Cidadania Empresarial (ICE) e pela ASPI – Associação Paulista da Propriedade Intelectual. É líder no grupo de pesquisa em governança corporativa comparada Brasil-China. Atua, principalmente, nas áreas do Direito Societário e da Governança Corporativa.

Sumário: 1. Introdução – 2. A gestão das companhias e a sustentabilidade das empresas – 3. A necessária autonomia da gestão das companhias – 4. Conclusão – 5. Referências.

1. INTRODUÇÃO

Qual a função da gestão das companhias na promoção de empresas sustentáveis? Assumimos a premissa de que negócios devem ser orientados de maneira a produzir soluções positivas para os problemas das pessoas e do planeta. Por outro lado, não devem objetivar o lucro produzindo problemas para as pessoas e o planeta. Uma falha no cumprimento dessa segunda norma caracteriza uma falha na sustentabilidade.

Entretanto, não situamos o problema na controvérsia existente sobre os objetivos (propósitos) da companhia. Se ela deve atender apenas aos interesses de seus acionistas ou se deve atender aos interesses de seus acionistas e demais *stakeholders*. Concordamos com Stephen M. Bainbridge[1] quando afirma que tal dilema está contaminado por um olhar reificante da sociedade.

Assim, entendemos que a solução para o problema da sustentabilidade das empresas pode ser encontrada em pesquisas sobre a responsabilidade dos administradores, alternativamente a pesquisas que incidam sobre os objetivos da entidade.

Com esse objetivo geral, passamos a levantar algumas hipóteses teóricas para situar a responsabilidade dos gestores sociais.

---

1. BAINBRIDGE, Stephen M. A Critique of the American Law Institute's Draft Restatement of the Corporate Objective. UCLA School of Law, Law-Econ Research Paper, 2022, 07.

2. A GESTÃO DAS COMPANHIAS E A SUSTENTABILIDADE DAS EMPRESAS

A primeira hipótese. Olhar para as pessoas e não para as entidades é mais correto sob uma perspectiva teórica, a do contratualismo agencialista. Afinal, para essa abordagem, a companhia é uma ficção legal.[2]

Essa hipótese inicial possui como premissa a constatação de que a companhia só pode realizar os seus objetivos atuando por intermédio de agentes e é fundamentada na analogia das companhias com os *trusts*. A literatura, que examina a possibilidade dessa analogia no Direito Anglo-americano, caminhando de problema a problema, formula o seguinte argumento: as características fundamentais para o funcionamento da companhia estão, também, presentes no *trust*. São elas, a separação patrimonial, que protege o patrimônio da sociedade contra os credores dos sócios[3], a não exigibilidade do capital investido, que protege o patrimônio social contra as investidas dos sócios, dada a natureza do capital social ser a de passivo não exigível (*capital lock-in*), a responsabilidade limitada, que protege os sócios contra os credores da sociedade, a capacidade processual e a discricionariedade dos gestores e dos *trustees*. John Morley, a partir de estudo comparativo-histórico entre as duas formas, as companhias e os *trusts*, conclui que "(t)he trust offered almost all of the same doctrinal features as contemporaneous versions of the corporate form, and it did so in a package that was freely available to every English subject and American citizen."[4]

Entretanto, há, no nosso entender, um argumento que desafia a possibilidade do raciocínio analógico proposto. O direito societário adotou princípios que derivam do direito fiduciário. No entanto, as companhias são diferentes dos *trusts*.

---

2. JENSEN, Michael C.; MECKLING, William H. "Theory of the firm: Managerial behavior, agency costs and ownership structure." *Journal of financial economics*, v. 3, n. 4, 1976; GILSON, Ronald J., "From Corporate Law to Corporate Governance" (September 15, 2016). *Oxford Handbook of Corporate Law and Governance, Forthcoming, European Corporate Governance Institute (ECGI)* - Law Research Paper No. 324/2016, Stanford Law and Economics Olin Working Paper No. 497, Columbia Law and Economics Working Paper No. 564, Disponível em SSRN: https://ssrn.com/abstract=2819128 or http://dx.doi.org/10.2139/ssrn.2819128.

3. O atual conceito de *Entity Shield* é evidenciado no funcionamento das sociedades, como um fenômeno da organização, em texto de Henry Hansmann & Reinier Kraakman do ano de 2000: HANSMANN, Henry; KRAAKMAN, Reinier. The essential role of organizational law. *Yale LJ*, 2000, 110: 387. *The strong form of entity shielding available in modern corporations offers two features: priority and liquidation protection. That is, the creditors of a modern corporation enjoy both (a) priority of payment over the owners and their creditors and (b) the right to prevent the owners and their creditors from forcing the business to sell off its assets to pay their debts. The concept known as "capital lock-in" is an application of this principle of entity shielding. Capital lock-in allows a business to restrict its owners, as well as the owners' creditors, from taking away the business's property.* In MORLEY, John. The common law corporation: the power of the trust in Anglo-American business history. *Colum. L. Rev.*, 2016, 116: 2145.

4. MORLEY, John. The common law corporation: the power of the trust in Anglo-American business history. *Colum. L. Rev.*, 2016, 116: 2145.

Os gestores das sociedades têm o poder de gerir os bens sociais, mas não detêm a propriedade deles. Além disso, os gestores corporativos têm maior discricionariedade sobre o patrimônio social porque os objetivos das sociedades podem ser mais amplos, enquanto os dos *trusts* são, normalmente, mais específicos e descritos nos documentos fiduciários.[5]

A par desse problema, ainda enxergamos o descompasso no desenvolvimento histórico e nas formas de utilização do *trust* entre o espaço relativo ao Direito Anglo-americano e o nosso, o brasileiro. Se a literatura reporta ao uso significativo do *trust* para acomodar negócios na Inglaterra e nos EUA, não identificamos esse mesmo registro em relação ao Brasil, dificultando a analogia entre as características legais do *trust* negocial com as companhias brasileiras.

Uma segunda hipótese é levantada. Os acionistas são beneficiários indiretos das regras de responsabilização dos administradores, mas os administradores não devem ser considerados agentes dos acionistas. Essa impossibilidade é devida ao fato de que os deveres fiduciários seriam formalmente devidos à companhia e não aos seus acionistas. É uma hipótese derivada do institucionalismo e sintetizada por Eva Micheler desta forma: *the role of the directors is best conceptualized as serving the company as the legal operator for an organization rather than as requiring the maximization of returns for any particular constituency.*[6]

O problema relacionado a essa hipótese é tratado em três planos que evocam a tensão entre a abordagem do individualismo com a do coletivismo, tal como proposta por Anthony Quinton. Ontologicamente, ele pergunta o que são realmente estes objetos sociais, se, e em que sentido, podem ser chamados de "reais" atores no mundo social; metodologicamente, pergunta-se se os seus comportamentos e efeitos podem, em última análise, ser rastreados sem guardarem relações com as ações dos seres humanos vivos no aqui e agora ou, pelo contrário, se existe algum aspecto irredutível da sua existência ou funcionamento que só pode ser atribuída à própria organização; e ética ou normativamente, opõe-se aos interesses putativos e objetivos da própria organização aos dos homens e mulheres que a povoam ou entram em contato com ela, e pergunta-se se as organizações podem legitimamente exercer o poder ou têm direitos em seu próprio nome.[7]

---

5. FRANKEL, Tamar T. *Fiduciary law*. Oxford: Oxford university press, 2010. p. 96.
6. MICHELER, Eva. *Company Law*: A real entity theory. Oxford: Oxford University Press: 2022, p. 128. Para uma perspectiva histórica, ver em: Getzler, Joshua and Macnair, Mike, The Firm as an Entity Before the Companies Acts. ADVENTURES OF THE LAW: PROCEEDINGS OF THE SIXTEENTH BRITISH LEGAL HISTORY CONFERENCE, DUBLIN, 2003, P. Brand, K. Costello and W.N. Osborough, eds., pp. 267-288, Four Courts Press, Dublin, 2005, Oxford Legal Studies Research Paper No. 47/2006, Available at SSRN: https://ssrn.com/abstract=941231. Para uma perspectiva brasileira, ver em: SALOMÃO FILHO, Calixto. *O novo direito societário*. 4. ed. São Paulo: Malheiros, 2011.
7. ADELSTEIN, Richard. Firms as social actors. *Journal of Institutional Economics*, 2010, 6.3: 329-349.

Ainda, levantamos uma terceira hipótese, a do positivismo jurídico. Aqui, parte-se da compreensão da pessoa jurídica como realidade jurídica. A administração é exercida pelos órgãos competentes. Esses órgãos não representariam a sociedade, mas a presentariam. Nas palavras de Pontes de Miranda, *a pessoa jurídica tem capacidade de direito. Pois que não precisa de representação...* Quem pratica os atos são os órgãos componentes da estrutura da pessoa jurídica. *Órgão é órgão, não é representante voluntário, nem legal.*[8] Esse pensamento do positivismo jurídico fundamenta a posição majoritária existente na doutrina brasileira que adota o organicismo. No entanto, Pontes de Miranda, também, afirmava *se a pessoa ou pessoas que compõem o órgão atuam fora dos limites da competência, o ato não é ato do órgão; portanto, não é ato da pessoa jurídica.*"[9] Essa afirmação poderia nos conduzir em matéria de responsabilidade à defesa da doutrina *Ultra Vires*, eximindo a companhia de responsabilidade nos casos de gestão fora do objeto social. E, aqui, o problema se agravaria, já que explorar o objeto social é explorá-lo de maneira sustentável. Portanto, a teoria é mitigada. Nessa perspectiva, Rachel Sztajn *esclarece que a gestão das sociedades é a forma de fazer com que o objeto social se concretize.*[10] Lembramos que para Ascarelli a pluralidade corresponde à circunstância de que os vários interesses contrastantes devem ser unificados por meio da finalidade em comum.[11] Essa finalidade em comum manifesta-se no objeto social.

José Alexandre Tavares Guerreiro, ao elaborar um estudo sobre o ângulo formal e o substancial do objeto social, associa a noção de objeto social à causa do contrato de sociedade, para, após, relacioná-lo a outro aspecto importante do Direito Societário, o de interesse social. Seguindo o seu raciocínio, com suporte em Jaeger, afirma que a ênfase desse interesse toca o *exercício de uma atividade econômica por parte da sociedade, que é o instrumento para conseguir aquele resultado* (em referência ao lucro). Logo após, afirma *para realizar o objeto social, há que se enfrentar aquele problema que Zanelli referiu, dos sacrifícios e vantagens que o processo de crescimento de uma empresa comporta.*[12]

Aqui, subordinamos esse fim à sustentabilidade, que, nesse projeto, associamos ao problema dos custos sociais relacionados ao funcionamento das empresas no mercado. Abrimos três possibilidades de enfrentamento: custos sociais associa-

---

8. MIRANDA, Pontes de. *Tratado de direito privado*: parte especial. São Paulo: Revista dos Tribunais, 2012. p. 280-286.
9. MIRANDA, Pontes de. *Tratado de direito privado*: parte especial. São Paulo: Revista dos Tribunais, 2012. P. 290.
10. SZTAJN, Rachel. Diálogos estabelecidos com a autora por e-mail. Conteúdo não publicado.
11. ASCARELLI, Tullio. *O contrato Plurilateral*. Disponível em: <https://edisciplinas.usp.br/pluginfile. php/1877946/mod_resource/content/1/O%20Contrato%20Plurilateral%20-%20Ascarelli.pdf>. Acesso em: 28.02.2023
12. GUERREIRO, José Alexandre Tavares. Sobre a interpretação do objeto social. RDM, 1984, 54: 67-72.

dos às externalidades negativas (Pigou); custos sociais associados ao problema de inexistência de mercados (Coase); e custos sociais como um problema intrínseco ao capitalismo (K. William Kapp).[13]

Ao referir-se ao objeto social, Tavares Guerreiro coloca em causa o problema do crescimento (sacrifícios e vantagens). Logo, perguntamos, com suporte em Menezes Cordeiro,

> deve o administrador tender em cada momento às indicações dos sócios ou, pelo contrário, caber-lhe-á decidir com vista ao médio e ao longo prazo, de tal modo que o interesse objetivo da sociedade e dos sócios, definido na base do lucro, do crescimento ou do êxito empresariais, prevaleça sobre quaisquer outras bitolas?[14]

No mister da gestão – ao final, a concretização do objeto social subordinada à sustentabilidade – há que se observar requisitos procedimentais, impondo diretamente aos administradores deveres de diligência (*due diligence*), *prática crescente no campo das cadeias de valores mundiais, através de legislação cujo objetivo central é de cariz humanitário e mais impositivo do que as demonstrações não financeiras.*[15] Nesse espaço, indagamos quanto a possibilidade de colocar o dever de cuidado em movimento, redirecionando-o para normatizar a conduta dos administradores não apenas em benefício da sociedade e dos acionistas, mas da coletividade afetada pela empresa – é a funcionalização do dever de cuidado em prol da sustentabilidade, afinal empresas e acionistas podem lucrar com a exploração de negócios prejudiciais à coletividade (não sustentáveis). Jennifer Arlen, ao analisar três decisões recentes do Tribunal de *Dalaware*, nos EUA, (*Marchand v Barnhill; Teamsters Local 443 v Chou;* e *In re Boeing Company Derivative Litigation*), propõe que:

---

13. NEVES, Vítor. Custos sociais: Onde para o mercado? Disponível em: <https://journals.openedition.org/rccs/4368>. Acesso em: 28.02.2023. Colin Mayer, comentando sobre os propósitos das companhias, seus compromissos com a sustentabilidade, afirma que: trata-se de criação, desenvolvimento e inovação - como nós, indivíduos e sociedades, podemos construir juntos um mundo melhor para o benefício de todos, hoje e no futuro - e o objetivo da companhia é produzir soluções rentáveis para os problemas das pessoas e do planeta. Todos queremos contribuir para esse objetivo e a empresa é uma componente vital da nossa capacidade de o fazer. (MAYER, Colin. *Prosperity*: Better Business Makes the Greater Good. Oxford: Oxford University Press, 2018. Edição do Kindle. p. 12.).

14. CORDEIRO, António Menezes. Manual de direito das sociedades: Parte geral. Almedina, 2011. P. 691.

15. *Exemplarmente neste sentido, na União Europeia, o Regulamento (UE) 2017/821 do Parlamento Europeu e do Conselho, de 17 de maio de 2017, que estabelece as obrigações referentes ao dever de diligência na cadeia de aprovisionamento que incumbe aos importadores da União de estanho, de tântalo e de tungsténio, dos seus minérios, e de ouro, provenientes de zonas de conflito e de alto risco; no Reino Unido, o UK Modern Slavery Act de 2015; em França, o devoir de vigilance inscrito em 2017 no artigo L255-102-4 do Code de Commerce.* In DIAS, Rui Pereira; SÁ, Mafalda de. Deveres Dos Administradores E Sustentabilidade. Disponível em: <file:///C:/Users/fabri/Downloads/118025-Texto%20do%20artigo-486343-3-10-20210831.pdf> Acesso em: 01.03.2023.

> *Unlike other fiduciary duties, which are imposed to benefit the firm and its shareholders, directors should have duties to detect and terminate misconduct even when the firm profits from it. Thus, these duties should be used to create—rather than eliminate—an agency cost, by giving directors a personal incentive to implement measures likely to deter misconduct even when likely to reduce corporate profits.*[16]

Assim, há um argumento que deve ser desenvolvido, após o teste argumentativo das três hipóteses, o de que a gestão deve ocupar-se de interesses dos acionistas ou da entidade, a depender do referencial adotado, que sejam sustentáveis. O seu aspecto ético inspira-se em um dos objetivos presentes na chamada busca liberal, a fé de que os males sociais podem ser curados e a vida humana pode ser melhorada.[17] Essa consideração impõe aos gestores deveres éticos e de cuidados ambientais que podem estar para além do objetivo de sustentabilidade econômica no longo prazo. Logo, uma grande empresa petrolífera não poderia justificar a prática de danos ambientais, ainda que numa lógica de custo-benefício – compensatória -, maximizasse os seus ganhos no longo prazo.[18] Já no que toca o argumento jurídico, evoca-se a análise institucionalista feita por Rachel Sztajn e Milton Barossi Filho,

> (n)o campo do direito privado, comercialistas recorrem à ideia de governança para modelar as relações entre administração das sociedades e stakeholders, tal como o legislador de 1976, com a reforma da lei do anonimato, descreveu os deveres do acionista controlador para com a comunidade em que atua (relação externa), ampliando seu alcance de sorte a incluir os administradores da sociedade.[19]

Já no plano constitucional, Paula Forgioni, analisando a dimensão social do mercado, afirma que *(n)unca é demais lembrar que o art. 219 da Constituição do Brasil impõe que o incentivo ao mercado deve se dar de modo a viabilizar o desenvolvimento cultural e socioeconômico, o bem-estar da população e a autonomia tecnológica do País`*, para, após, destacar *orientando as políticas públicas.*[20]

---

16. ARLEN, Jennifer. How Directors' Oversight Duties and Liability under Caremark Are Evolving. Disponível em: https://clsbluesky.law.columbia.edu/2022/10/13/how-directors-oversight-duties-and-liability-under-caremark-are-evolving/ Acesso em: 04.03.2023.
17. FAWCETT, Edmund. *Liberalism*. Princeton University Press, 2018. P. XII.
18. ORTS, Eric W. *The ALI's Restatement of the Corporate Objective Is Flawed*. Disponível em: <https://clsbluesky.law.columbia.edu/2022/06/06/the-alis-restatement-of-the-corporate-objective-is-seriously-flawed/> Acesso em: 27.02.2023.
19. SZTAJN, Rachel; BAROSSI FILHO, Milton. Environment, Social and Corporate Governance: Qualidade de Vida e Mercados. In PINHEIRO, Caroline da Rosa (Org.). *Compliance*: entre a teoria e a prática. Indaiatuba: Editora Foco, 2022. p. 180.
20. FORGIONI, Paula Andrea. *Evolução do direito comercial brasileiro*: da mercancia ao mercado. 3. ed. rev. atual. e ampl. São Paulo: Ed. RT, 2016. p. 163.

3. A NECESSÁRIA AUTONOMIA DA GESTÃO DAS COMPANHIAS

Passados os aspectos fundamentais acerca do problema posto e das discussões sobre as hipóteses propostas para a sua solução, propõe-se entrar em aspecto da técnica societária. Lançamos, neste espaço, a hipótese de que a responsabilidade civil dos administradores das companhias deve ser pensada e estruturada ao lado de mecanismos que confiram maior independência a esses agentes. Se cuidarmos dos seus deveres e os orientarmos à sustentabilidade empresarial, precisamos dar-lhes mais autonomia na gestão.

Sob essa última perspectiva, consideramos, como hipótese, quatro fragilidade presentes no Direito brasileiro: a ausência de reserva de matéria para a gestão; a livre destituição dos administradores; a (controversa) ausência da positivação da *business judgment rule*; e a vinculação dos administradores eleitos em função de acordo de acionistas.

Todas essas fragilidades, entendemos, estão ancoradas no pressuposto de que as sociedades são contratos celebrados entre os sócios e que foi dominante na literatura especializada do séc. XIX. *Scholars in the nineteenth century viewed the company as a contract between the shareholders. Neither the directors nor any other participant in the company were part of the contract.*[21]

Esse pressuposto foi desafiado tanto pelas ideias contratualistas mais influentes na atualidade, que colocam os acionistas em posição preponderante (mas não exclusiva) nas sociedades, por expectarem pelo fluxo de caixa remanescente, como daquelas que, em outro sentido, enxergam a companhia como uma entidade jurídica, defendendo a sua atuação autônoma.

a) A ausência de reserva de matéria para a gestão. É da tradição do direito societário brasileiro a permissão para que os acionistas reunidos em assembleia geral possam deliberar sobre a generalidade dos negócios sociais. Assim estava prescrito no art. 87 do revogado Decreto-Lei 2.627 de 26 de setembro de 1940, assim está prescrito no art. 121 da Lei 6.404/1976. Não há reserva de competência para a gestão da sociedade. Enxergamos nesse espaço forte influência teórica da teoria contratualista do mandato que influenciou o direito societário nos oitocentos.

A par dos três problemas genéricos de agência decorrentes da forma em que é estruturada a empresa societária - problemas que envolvem o conflito entre os sócios e os administradores, problemas que envolvem o conflito entre os sócios que possuem o controle societário e sócios não controladores e problemas que envolvem o conflito entre a própria sociedade (incluindo, em particular, os seus

---

21. MICHELER, Eva. *Company Law*: A real entity theory. Oxford: Oxford University Press: 2022, p. 6.

sócios) e as outras partes com quem a sociedade estabelece relações, tais como os credores, empregados e clientes[22], utilizamos como experiência comparativa o Direito português, em relação às sociedades anônimas que adotam o modelo germânico, onde os sócios não podem imiscuir-se nos negócios sociais. Consideramos que são preponderantes nos dois modelos legais – o brasileiro e o português – problemas do segundo e do terceiro gênero e que tal regra (ou conjunto de regras) atenua a força do controlador sobre os interesses dos outros partícipes, reforçando a posição dos gestores como mediadores dos variados interesses afetados pela empresa.

b) A livre destituição dos administradores. A regra da livre destituição serve aos interesses (ao menos) dos acionistas controladores – não só dos atuais, também dos futuros (as tomadas de controle estão facilitadas pelo fato de se saber que é possível renovar imediatamente a administração).[23] Por meio do que denomina ser "o dilema dos administradores", o professor coimbrão provoca:

> (...) todos sabemos, as instruções (ordens, directivas, recomendações) vão sendo emitidas. Eis o dilema do administrador: ou obedece (embora saiba que não tem de obedecer e que o acatamento é contrário ao seu dever de diligência) e mantém-se no lugar, ou não acata as instruções e arrisca-se a ser destituído (apesar de sem justa causa) [...].[24]

c) Levantamos a hipótese secundária de que, no contexto prevalente no Brasil – que apresenta com mais força o segundo gênero de problemas de agência -, seria benéfica a positivação de regra prevendo a hipótese legal do direito de indenização por ato lícito para os casos em que os administradores são destituídos de suas funções sem a ocorrência de justa causa. Justa causa existiria nos casos de violação dos seus deveres fiduciários ou de incapacidade para o exercício de suas funções.

d) A (controversa) ausência da positivação da *business judgment rule*. A *business judgment rule* (regra de exclusão da responsabilidade civil dos administradores das sociedades) não é algo novo no direito comparado. A Teoria dos Custos de Transação (ou TCT), que compreende que as estruturas de governança são desenhadas para conter o comportamento oportunístico das partes envolvidas nas diversas transações que configuram uma organização a defendendo nos termos: a abdicação da autoridade regulatória pelos Tri-

---

22. ARMOUR, John; HANSMANN, Henry; KRAAKMAN, Reinier. Agency problems, legal strategies, and enforcement. 2009.
23. ABREU, Jorge Manuel Coutinho de. *Curso de Direito Comercial*. Vol. II. 4ª ed. Coimbra: Almedina, 2013, p. 630.
24. ABREU, Jorge Manuel Coutinho de. *Curso de Direito Comercial*. Vol. II. 4ª ed. Coimbra: Almedina, 2013, p. 630 e 631.

bunais por meio da *business judgment rule* pode bem ser a mais significativa contribuição da *common law* para a governança corporativa. *Tal afirmação é justificada na proposta teórica construída pelo autor, que compreende que a autoridade que caracteriza, em última análise, as empresas, estaria comprometida caso as desavenças existentes entre acionistas e administradores fossem adjudicadas pelos Tribunais, sem uma barreira que a preservasse.*[25]

e) No Brasil, ela, por vezes, é associada à norma prevista no artigo 159, § 6º, da Lei 6.404/1976, que estabelece a exclusão da responsabilidade dos administradores que agem de boa-fé e no interesse da companhia. Entretanto, há quem diga não se tratar esse dispositivo de hipótese de exclusão de responsabilidade, mas algo semelhante a um perdão judicial[26]. A análise seria posterior, depois de verificadas a ilicitude e a culpabilidade do agente, a fim de afastar o dever de indenizar.[27] Em outros casos, a *business judgment rule* é tida como presente no próprio *caput* do artigo 158 da Lei das Anônimas, quando afasta a responsabilidade dos administradores em relação aos atos regulares de gestão, desde que os deveres legais e estatutários tenham sido observados[28].

Em todo caso, o disposto no § 6º do art. 159 da Lei 6.404/1976, não incorpora no Direito brasileiro o que seria a *business judgment rule*, mas limita-se a trazer alguns de seus elementos.[29]

Diante da falta de clareza do texto legal que se traduz nas incertezas hermenêuticas expostas, levantamos como hipótese secundária a possibilidade da defesa da positivação de regra que determine que a responsabilidade dos administradores é excluída se provarem que atuaram em termos informados, livre de qualquer interesse pessoal e segundo critérios de racionalidade empresarial.[30]

---

25. OLIVEIRA, Fabrício de Souza e MOURA, George Schneider.
    Disponível em: <https://www.migalhas.com.br/coluna/migalhas-de-responsabilidade-civil/339861/a--business-judment-rule-na-responsabilidade-civil> Acesso em: 22.02.2023.
26. VON ADAMEK, Marcelo Vieira. *Responsabilidade Civil dos Administradores das S/A e as Ações Correlatas*. São Paulo: Saraiva, 2009.
27. VON ADAMEK, Marcelo Vieira. *Responsabilidade Civil dos Administradores das S/A e as Ações Correlatas*. São Paulo: Saraiva, 2009
28. RIBEIRO, Renato Ventura. *Dever de Diligência dos Administradores de Sociedades*. São Paulo: Quartier Latin, 2006.
29. OLIVEIRA, Fabrício de Souza e MOURA, George Schneider.
    Disponível em: <https://www.migalhas.com.br/coluna/migalhas-de-responsabilidade-civil/339861/a--business-judment-rule-na-responsabilidade-civil> Acesso em: 22.02.2023
30. OLIVEIRA, Fabrício de Souza e MOURA, George Schneider.
    Disponível em: <https://www.migalhas.com.br/coluna/migalhas-de-responsabilidade-civil/339861/a--business-judment-rule-na-responsabilidade-civil> Acesso em: 22.02.2023

f) A vinculação dos administradores eleitos em função de acordo de acionistas. A questão que colocamos em relação ao contexto institucional descrito é se os administradores eleitos em função do acordo de acionistas devem lealdade aos signatários do acordo ou se a devem à coletividade dos acionistas. O § 9º do art. 118 da Lei 6.404/1976[31] permite que um acionista signatário vote com as ações de signatário ausente ou omisso em conformidade com o sentido do voto verificado no acordo ou em reunião prévia. Esse mecanismo jurídico é uma forma de autotutela *interna corporis*. Ainda segundo a racionalidade do dispositivo legal em apreço, se um dos signatários do acordo de acionista comparece à assembleia e vota contrariamente ao decidido no acordo ou na reunião prévia, deve o presidente da assembleia geral desconsiderar o voto e permitir ao acionista prejudicado votar com as ações do acionista inadimplente.[32]

Há que se diferenciar para tanto o mecanismo jurídico que permite ao acionista prejudicado votar com as ações do signatário ausente ou inadimplente daquele outro que trata da vinculação dos administradores eleitos em razão de acordo de acionistas. O § 9º do art. 118 obriga o presidente do conselho de administração ou o diretor presidente a: não computar o voto proferido pelo conselheiro ou pelo diretor em desacordo com o direcionamento de voto dado pelo bloco de controle, bem como permite ao conselheiro ou ao diretor eleito em virtude de o acordo votar pelo administrador ausente ou abstinente.[33]

O argumento daqueles que defendem tal mecanismo pode ser sintetizado pela eficácia que ele confere ao acordo de acionista. Dito de outra forma, não haveria eficácia do acordo de acionista caso somente vinculasse os signatários nas assembleias de sócios e não vinculasse os administradores por eles eleitos nas decisões dos órgãos de administração. Além disso, argumentam que não há incompatibilidade entre esse dispositivo e o dever de independência do administrador previsto no § 1º do art. 154 da Lei das S/A[34] porque o acordo de voto em bloco deve visar à consecução do interesse social.

---

31. Art. 118 (...)

   "O não comparecimento à assembleia ou às reuniões dos órgãos de administração da companhia, bem como as abstenções de voto de qualquer parte de acordo de acionistas ou de membros do conselho de administração eleitos nos termos de acordo de acionistas, assegura à parte prejudicada o direito de votar com as ações pertencentes ao acionista ausente ou omisso e, no caso de membro do conselho de administração, pelo conselheiro eleito com os votos da parte prejudicada."

32. EIZIRIK, Nelson. *A Lei das SA Comentada*. 2º volume. São Paulo: Quartier Latin, 2011, p. 724/727.

33. EIZIRIK, Nelson. *A Lei das SA Comentada*. 2º volume. São Paulo: Quartier Latin, 2011. p. 728.

34. Art. 154 (...)

   § 1º "O administrador eleito por grupo ou classe de acionistas tem, para com a companhia, os mesmos deveres que os demais, não podendo, ainda que para defesa do interesse dos que o elegeram, faltar a esses deveres."

Pensamos, contudo, de forma diferente. A lealdade exigida do administrador não é compatível com a sua vinculação ao que for decidido pelos que o elegeram em função do acordo. Há uma imperfeição metodológica que envolve essa proposta com o dever de lealdade dos administradores e com a independência desses exigida pelo § 1º do art. 154 da Lei das S/A. Lealdade para a sociedade (entidade ou conjunto de contratos) e não para os acionistas que os elegeram. Dizer que o interesse social resolveria o dilema direcionando o sentido do voto não nos parece adequado ante a imprecisão do conceito. Independência necessária para que os administradores atuem como mediadores dos variados interesses afetados pela empresa.

4. CONCLUSÃO

A par das discussões sobre os objetivos das companhias – presentes entre nós há tempos, mas que ganham novo folego nos dias atuais – direcionamos o leitor para o benefício de se repensar as funções da gestão social, sua função na promoção da sustentabilidade dos negócios a partir de duas premissas: o redirecionamento de deveres fiduciários para a proteção não apenas da sociedade e de seus acionistas, mas, também, de outros *stakeholders;* além disso, defendemos uma arquitetura social que confira aos gestores, ao lado da ampliação dos seus deveres, maior autonomia em relação aos acionistas controladores, colocando-os como mediadores dos variados interesses presentes na empresa.

5. REFERÊNCIAS

ABREU, Jorge Manuel Coutinho de. *Curso de Direito Comercial.* 4ª ed. Coimbra: Almedina, 2013. v. II.

ADELSTEIN, Richard. Firms as social actors. *Journal of Institutional Economics*, 2010, 6.3: 329-349.

ARLEN, Jennifer. How Directors' Oversight Duties and Liability under Caremark Are Evolving. Disponível em: https://clsbluesky.law.columbia.edu/2022/10/13/how-directors-oversight-duties-and-liability-under-caremark-are-evolving/ Acesso em: 04.03.2023.

ARMOUR, John; HANSMANN, Henry; KRAAKMAN, Reinier. Agency Problems, Legal Strategies, and Enforcement (July 20, 2009). Oxford Legal Studies Research Paper No. 21/2009, Yale Law, Economics & Public Policy Research Paper No. 388, Harvard Law and Economics Research Paper Series n. 644, European Corporate Governance Institute (ECGI) - Law Working Paper n. 135/2009, Available at SSRN: https://ssrn.com/abstract=1436555.

ASCARELLI, Tullio. *O contrato Plurilateral.* Disponível em: <https://edisciplinas.usp.br/pluginfile. php/1877946/mod_resource/content/1/O%20Contrato%20Plurilateral%20-%20Ascarelli. pdf> Acesso em: 28.02.2023.

BAINBRIDGE, Stephen M. A Critique of the American Law Institute's Draft Restatement of the Corporate Objective. *UCLA School of Law*, Law-Econ Research Paper, 2022, 07.

CORDEIRO, António Menezes. *Manual de direito das sociedades:* Parte geral. Lisboa: Almedina, 2011.

DIAS, Rui Pereira; SÁ, Mafalda de. Deveres Dos Administradores E Sustentabilidade. Disponível em: <https://seer.ufrgs.br/index.php/ppgdir/article/view/118025>. Acesso em: 01.03.2023.

EIZIRIK, Nelson. *A Lei das SA Comentada*. 2. v. São Paulo: Quartier Latin, 2011.

FAWCETT, Edmund. *Liberalism*. Princeton University Press, 2018.

FORGIONI, Paula Andrea. *Evolução do direito comercial brasileiro*: da mercancia ao mercado. 3. ed. rev. atual. e ampl. São Paulo: Ed. RT, 2016.

FRANKEL, Tamar T. *Fiduciary law*. Oxford university press, 2010.

GETZLER, Joshua; MACNAIR, Mike, The Firm as an Entity Before the Companies Acts. Adventures of the Law: *Proceedings of the Sixteenth British Legal History Conference*, Dublin, 2003, P. Brand, K. Costello and W.N. Osborough, eds., pp. 267-288, Four Courts Press, Dublin, 2005, Oxford Legal Studies Research Paper n. 47/2006, Available at SSRN: https://ssrn.com/abstract=941231.

GILSON, Ronald J., "From Corporate Law to Corporate Governance" (September 15, 2016). *Oxford Handbook of Corporate Law and Governance, Forthcoming, European Corporate Governance Institute (ECGI)* - Law Research Paper n. 324/2016, Stanford Law and Economics Olin Working Paper No. 497, Columbia Law and Economics Working Paper No. 564, Disponível em SSRN: https://ssrn.com/abstract=2819128 or http://dx.doi.org/10.2139/ssrn.2819128.

GUERREIRO, José Alexandre Tavares. Sobre a interpretação do objeto social. *RDM*, 1984, 54: 67-72.

HANSMANN, Henry; KRAAKMAN, Reinier. The essential role of organizational law. *Yale LJ*, 2000, 110: 387.

JENSEN, Michael C.; MECKLING, William H. "Theory of the firm: Managerial behavior, agency costs and ownership structure." *Journal of financial economics*, v. 3, n. 4, 1976.

MAYER, Colin. *Prosperity*: Better Business Makes the Greater Good. Oxford: Oxford University Press, 2018. Edição do Kindle.

MICHELER, Eva. *Company Law*: A real entity theory. Oxford: Oxford University Press: 2022.

MIRANDA, Pontes de. *Tratado de direito privado*: parte especial. São Paulo: Ed. RT, 2012.

MORLEY, John. The common law corporation: the power of the trust in Anglo-American business history. *Colum. L. Rev.*, 2016, 116: 2145.

NEVES, Vítor. *Custos sociais: Onde para o mercado?* Disponível em: <https://journals.openedition.org/rccs/4368>. Acesso em: 28.02.2023.

OLIVEIRA, Fabrício de Souza e MOURA, George Schneider. Business Judgement Rule na responsabilidade civil. *Migalhas*. Disponível em: <https://www.migalhas.com.br/coluna/migalhas-de-responsabilidade-civil/339861/a-business-judment-rule-na-responsabilidade-civil>. Acesso em: 22.02.2023.

ORTS, Eric W. *The ALI's Restatement of the Corporate Objective Is Flawed*. Disponível em: <https://clsbluesky.law.columbia.edu/2022/06/06/the-alis-restatement-of-the-corporate-objective-is-seriously-flawed/>. Acesso em: 27.02.2023.

RIBEIRO, Renato Ventura. *Dever de Diligência dos Administradores de Sociedades*. São Paulo: Quartier Latin, 2006.

SALOMÃO FILHO, Calixto. *O novo direito societário*. 4. ed. São Paulo: Malheiros, 2011.

SZTAJN, Rachel; BAROSSI FILHO, Milton. Environment, Social and Corporate Governance: Qualidade de Vida e Mercados. In: PINHEIRO, Caroline da Rosa (Org.). *Compliance*: entre a teoria e a prática. Indaiatuba: Editora Foco, 2022.

VON ADAMEK, Marcelo Vieira. *Responsabilidade Civil dos Administradores das S/A e as Ações Correlatas*. São Paulo: Saraiva, 2009.

GOVERNANÇA CORPORATIVA E ANÁLISE ECONÔMICA DO DIREITO: INEFICIÊNCIA?

Luciano B. Timm

Possui graduação em Direito pela Pontifícia Universidade Católica do Rio Grande do Sul (1994), mestrado em Programa de Pós-graduação em Direito pela Universidade Federal do Rio Grande do Sul (1997) e doutorado em Programa de Pós-Graduação em Direito pela Universidade Federal do Rio Grande do Sul (2004). Atualmente é sócio da área de solução de disputas de Carvalho, Machado e Timm Advogados. Professor em tempo parcial da Fundação Getúlio Vargas, IDP e CEDES. Tem experiência na área de Direito, atuando principalmente nos seguintes temas: direito e economia, direito econômico, contratos, arbitragem, direito empresarial. Foi presidente Associação Brasileira de Direito e Economia e do Instituto de Direito e Economia do RS.

Matheus F. Poletto Cardoso

Advogado. Diretor Jurídico, de Risco e Compliance em Gestora de Recursos habilitada pela CVM. Mestre em Direito dos Negócios pela FGV Direito SP (Fundação Getúlio Vargas). Pós-graduado (L.LM.) em Direito Empresarial Aplicado pelas Faculdades da Indústria do Estado do Paraná (FIEP). Graduado em Direito pela Pontifícia Universidade Católica do Paraná (2017). Coordenador do Grupo Permanente de Discussão de Direito Comercial e Análise Econômica do Direito da OAB/PR (2019). Monitor do Grupo Permanente de Estudos de Direito Comercial da OAB / PR (2017-2018). Iniciou o Curso de Graduação em Ciências Contábeis pela FIPECAFI / USP, com posterior transferência para a Pontifícia Universidade Católica do Paraná (PUC / PR). Tem experiência profissional nas áreas de Mercado de Capitais, Direito Empresarial, Cível e Econômico, com ênfase em Societário, Contratual, Contencioso, Empresarial e Fundos de Investimento. Foi professor convidado da Pós-Graduação em Direito Empresarial e Análise Econômica do Direito das Faculdades da Indústria do Estado do Paraná.

Sumário: 1. Introdução – 2. Conceitos e premissas: análise econômica da regulação das relações fiduciárias – 3. Mecanismos de controle e fiscalização da governança corporativa – 4. Problemas de agência e conflitos de interesses – 5. Falhas no pilar regulativo das instituições – 6. Mitigando o risco de oportunismo – 7. Referências.

1. INTRODUÇÃO

Em meados dos anos 2000, diversas fraudes contábeis e financeiras tomaram conta dos noticiários – principalmente norte-americanos – e chamaram a atenção das autoridades para os riscos que os Stakeholders eram submetidos no mercado de capitais. Os casos Enron, WorldCom e Tyco são apenas alguns exemplos de companhias que, capitaneadas por indivíduos com pouco *"skin in the game"*, perpetraram lesões irreparáveis a diversos investidores, colaboradores e fornecedores.

Diante disso, o senado Norte Americano sancionou, em julho de 2002, a Sarbanes-Oxley Act ("SOx"), que tinha como intuito promover a responsabilidade e transparência no universo corporativo – e, claro, evitar a fuga de investidores céticos sobre a confiabilidade do mercado de capitais. Em síntese, a SOx determinou que os Diretores das Companhias certificassem a precisão das informações financeiras, estruturassem mecanismos de controle e fiscalização internos, divulgassem fatos relevantes, realizassem auditorias externas mais concretas, inclusive obrigando a criação de comitês de auditoria etc. Esse fato foi um marco importante para a evolução dos mecanismos de governança corporativa no mundo todo.

No Brasil, por sua vez, os órgãos (auto)reguladores dos mercados financeiro e de capitais também apresentaram evoluções significativas em relação às normas que regem os agentes econômicos. Especialmente após a sanção da Lei 13.874/2019, também conhecida como Lei da Liberdade Econômica ("LLE"), a Comissão de Valores Mobiliários ("CVM") vem apresentando constantes melhorias nas normas que devem ser seguidas para promover confiança ao mercado.

Em 2021, dentre diversas outras, houve a publicação da Resolução CVM n. 44, que dispõe sobre, dentre outras matérias, práticas de *Insider Trading* e *Insider Information*. Especificamente sobre esta Resolução, destaca-se a inclusão da norma de presunção de que os acionistas controladores, diretos ou indiretos, diretores, membros do conselho de administração e do conselho fiscal, e a própria companhia têm acesso a toda informação relevante ainda não divulgada. Não obstante, a norma também presume que a pessoa que negociou valores mobiliários durante o período anterior à divulgação o fez com base na informação privilegiada.

A Resolução 35, publicada no mesmo ano, previu diversas regras sobre controles internos e informações obrigatórias aos agentes de intermediação de operações em mercados regulados. Igualmente, a Resolução 21/2021 alterou as regras e impôs mais controles às entidades de administração de carteiras de valores mobiliários.

No entanto, o ano de 2023 foi palco de diversas agitações no mercado financeiro e de capitais. Com efeito, em 11 de janeiro a Americanas S.A. ("AMER3), empresa então listada no segmento "Novo Mercado" da Bolsa de Valores, divulgou Fato Relevante acerca de supostas fraudes contábeis. Não bastasse o suposto rombo de R$ 20 bilhões de reais, os ex-diretores, acusados como responsáveis pelos ilícitos, venderam a monta de R$ 244 milhões de reais em ações de sua titularidade ao final de 2022 – presumindo-se, conforme a norma, que possuíam conhecimento do fato posteriormente publicado.

Houve, ainda, notícia relativa à empresa 123milhas, que negocia(va) milhas de companhias áreas em um mercado criado para este fim, mas sem autorização legislativa para tanto. Não obstante as operações irregulares, supõe-se que existam aproximadamente R$ 350 milhões em dívidas por antecipação de recebíveis – leia-se securitização – somente com o Banco do Brasil. Destaca-se, ainda, o caso Magazine Luiza, sobre a qual a CVM instaurou, em 14 de novembro, um processo administrativo para investigar incorreções nos Balanços Patrimoniais.

Dito isso, o objetivo deste artigo é questionar os motivos pelos quais fraudes deste tipo continuam acontecendo num ambiente cada vez mais regulado. Ressalte-se que não pretendemos explorar os acontecimentos em casos específicos, ou generalizá-los para apontar uma conclusão sobre os mecanismos de controle e fiscalização que compõem a governança corporativa. Em vez disso, sugerimos que falhas no sistema podem estar correlacionadas à ausência de estudo e análise, pelos *policy makers*, dos desdobramentos da Economia no Direito.

Sobretudo, apesar da evolução tecnológica do tema, deixou-se de levar em consideração que os indivíduos são (limitadamente) racionais, buscam maximizar o próprio bem-estar, são aversos a riscos e, principalmente, reagem a incentivos. Defendemos que o desenvolvimento das normas e mecanismos de governança, de forma isolada, não são incentivos suficientes para desenvolver a mitigação efetiva de riscos de fraudes e gerenciamento de resultados, por parte dos agentes. Isso tudo deve vir acompanhado de *enforcement* de regras legais (administrativas e judiciais). Isso porque partimos da premissa inicial de qualquer formulação de políticas de fiscalização, que, como já dito por Murray[1], as pessoas respeitam incentivos e desincentivos (chicotes e cenouras funcionam!), e que elas não são intrinsecamente trabalhadoras ou morais – ausentes influências para tanto, evitarão o trabalho e serão amorais.

Passada esta introdução, abordaremos, inicialmente, os conceitos da Economia que serão utilizados para explicar as teses posteriores. Explicamos que analisar a governança corporativa sob a ótica da análise econômica do direito é fundamental para entender as relações entre os principais e os agentes, bem como o papel das instituições. A Análise Econômica do Direito e a Nova Economia Institucional oferecem ferramentas valiosas para entender essas relações e os incentivos em jogo.

No capítulo 3, destacamos a importância dos mecanismos de controle e fiscalização, que envolvem a criação de normas, o monitoramento do seu cumprimento e a aplicação de sanções ou recompensas. No entanto, esses mecanismos enfrentam desafios como a incompletude contratual, a divergência interpretativa, os custos de elaboração e a racionalidade humana.

---

1. MURRAY, Charles. *Losing Ground*: American Social Policy, 1950-1980. New York: Basic Books, 1984. p. 146.

Após, no capítulo 4, buscamos constatar que as falhas nos mecanismos de controle e fiscalização podem propiciar comportamentos oportunistas e práticas fraudulentas destaca a urgência em analisar pragmaticamente as estruturas regulatórias e de governança.

Por conseguinte, no capítulo 5, exploraremos criticamente as lacunas e desafios específicos presentes no sistema regulatório brasileiro. Analisaremos como as deficiências nos mecanismos de aplicação da lei e no monitoramento contribuem para vulnerabilidades no ambiente corporativo.

No capítulo 6 buscamos explicar como e porque devemos utilizar os mecanismos jurídicos e econômicos para analisar diretamente o indivíduo que possui as informações privilegiadas, não incorre em custos de monitoramento (eis que é *selfmade*) e pode utilizar o domínio da firma para auferir benefícios particulares.

2. CONCEITOS E PREMISSAS: ANÁLISE ECONÔMICA DA REGULAÇÃO DAS RELAÇÕES FIDUCIÁRIAS

A relação entre acionistas (principais) e diretores (agentes) é uma relação de agência caracterizada pela existência de um "contrato sobre o qual uma ou mais pessoas empregam uma outra pessoa para executar em seu nome um serviço que implique a delegação de algum poder de decisão ao agente"[2].

Essa delegação de poderes, alertaram-nos Berle e Means[3], caracterizada pela separação entre a propriedade e o controle dos ativos, representa um grande problema do negócio corporativo, eis a presunção de que os agentes estariam dispostos a obter benefícios particulares em detrimento da companhia ou de seus stakeholders.

A pressuposição se mostrou potencialmente correta: como veremos, grande parte das fraudes contábeis-financeiras têm como gatilho a intenção externada pelo agente em receber bonificações sobre lucros não realizados, por meio de gerenciamento de resultados e manipulação de demonstrações financeiras. Enfim, a relação de agência é uma entre diversas que se enquadram no conceito de "Relação Fiduciária". A própria etimologia da palavra é bastante para demonstrar seu fundamento. Em latim, *fidúcia* é o ato de acreditar, ou ter confiança.

Em uma relação fiduciária, portanto, uma parte deposita confiança sobre outra, crendo que esta agirá para beneficiá-la. *Exempli Gratia,* o indivíduo que possui dinheiro depositado em instituições financeiras possui uma relação fidu-

---

2. JENSEN, Michael C., MECKLING, William H. Theory of the Firm: Managerial Behavior, Agency Costs and Ownership Structure. University of Rochester. *Journal of Financial Economics* 3. 1976. p. 89.

3. BERLE JR., Adolf A.; MEANS, Gardiner C. *The Modern Corporation and Private Property*. New York: The Macmillan Company. 1933.

ciária com o banco, eis que acredita que os valores serão mantidos conforme o combinado, e estarão disponíveis quando necessário. Vale dizer que a Suprema Corte Australiana, no caso *Hospital Products Limited v. United States Surgical Corp.*, em 1984, firmou que na existência de uma relação fiduciária "uma pessoa empreende uma ação em relação a uma matéria particular em interesse de outrem", e que houve expressão de confiança de uma parte concedendo a outra "poder ou discrição para afetar os seus interesses de forma legal ou prática", o que, inclusive, coloca o "outrem em posição de vulnerabilidade"[4].

Passando-se, agora, à economia, ao tratar de uma relação fiduciária, composta por indivíduos, deve-se ter em mente que estamos tratando de agentes racionais que comparam os benefícios e os custos das opções de decisão lhes oferecidas – não só economicamente, mas também sob os vieses social e cultural. Explica-se pelo fato de que o processo decisório é sempre um conflito entre alternativas (*tradeoffs*), entre fazer ou não fazer algo. O agente racional, teoricamente, avaliará qual o custo, o bem-estar proporcionado e as externalidades ocasionadas por cada uma das decisões, seja entre cometer uma fraude ou ser honesto, por exemplo.

Como disseram Cooter e Ulen, "legisladores frequentemente perguntam: 'como uma sanção irá afetar o comportamento?' [...] Os advogados responderam a essas perguntas em 1960 da mesma maneira que o fizeram 2000 anos antes: consultando a intuição". Por outro lado, os economistas "elaboraram uma teoria científica para prever os efeitos das normas no comportamento". Para eles, "sanções são como preços e, presumivelmente, as pessoas respondem a elas tanto quanto aos preços"[5].

Justifica-se, portanto, a utilização da Análise Econômica do Direito ("AED") no estudo dessas relações: ela nos auxilia a prever qual será o comportamento das Partes de acordo com as regras do jogo. Como disseram Mackaay e Rousseau, a "Análise Econômica do Direito não se limita aos aspectos 'econômicos' em sentido estrito", mas busca "explicitar a lógica, nem sempre consciente de quem decide, e que não se traduz, expressamente, nos motivos das decisões[6]".

Dito isso, apesar de diversos estudos que buscam a explicar a Teoria da Agência e confabular sobre potenciais soluções para eventuais conflitos, poucos

---

4. GAUTREAU, J.R. Maurice. Demystifying the Fiduciary Mystique. London: *The Canadian Bar Review*. v. 68, n. 01. 1989. Disponível em: https://cbr.cba.org/index.php/cbr/article/view/3437. Acesso em: 18.01.2022. p. 04.

5. COOTER, Robert D.; ULEN, Thomas. Law and Economics, 6th Edition. *Berkeley Law Books*. Book 2. 2016. p. 03.

6. MACKAAY, Ejan. ROSSEAU, Stéphane. *Análise Econômica do Direito*. 2. ed. Trad. Rachel Sztajn. São Paulo: Editora Atlas, 2015. p. 07.

são aqueles que a analisam sob uma ótica racional-econômica, ou pragmática[7]. Muitos autores delegam a responsabilidade a um programa de compliance bem formulado ou a conselhos fiscais.

Por outro lado, defendemos, a raiz da problemática deve ser estudada à luz da análise econômica do direito e da nova economia institucional, eis que é na própria natureza humana e individualidade dos agentes econômicos que urgem os principais motivos para a existência de fraudes, conflitos de agência e desalinhamento de interesses, dentre eles: (i) a assimetria de informações, uma vez que os agentes frequentemente têm acesso privilegiado a essas informações em comparação aos principais; (ii) os custos de coordenação e monitoramento impostos aos agentes, caso queiram acessar essas informações; e (iii) a racionalidade das partes, que implica que os indivíduos tendem a buscar a maximização do seu próprio bem-estar, ponderando o retorno e o risco associados a cada decisão.

Além da economia como cadeira apta a explicar o comportamento humano com base nas regras – incentivos e desincentivos – e a auxiliar a previsão de potenciais comportamentos futuros (critérios positivo e prescritivo da AED), importa elaborar o auxílio da Nova Economia Institucional para o estudo ("NEI"). A NEI explica a importância das Instituições, tanto para a evolução socioeconômica da sociedade, como para prever e determinar padrões de comportamento individuais frente a diversas situações contratuais e sociais, em especial dentro da esfera da atividade econômica.[8] Portanto, a análise das relações entre principais e agentes deve ser realizada sob a ótica da matéria que estuda especificamente a evolução e desdobramentos das instituições: ela "nos permite analisar o padrão de comportamento esperado em determinados conjuntos de normas"[9].

Mais do que isso, como veremos, a Nova Economia Institucional demonstra que os conflitos de agenda nascem da deficiência do pilar regulatório das Insti-

---

7. Williamson levantou este ponto ao dizer que o "estudo das instituições econômicas do capitalismo nunca, no entanto, ocupou uma posição de importância na agenda de pesquisa das ciências sociais. Parte desta negligência pode ser explicada pela complexidade inerente destas instituições. No entanto, a complexidade pode e frequentemente serve como um incentivo e não como um impedimento. O nosso estado primitivo de conhecimento é, pelo menos, igualmente explicado por uma relutância em admitir que os detalhes da organização são importantes. A concepção generalizada da empresa como uma 'caixa preta' é a epítome da tradição de pesquisa não institucional (ou pré-microanalítica) (WILLIAMSON, Oliver. *The Economic Institutions of Capitalism*: Firms, Markets, Relational Contracting. Londres: Collier Macmillan Publishers, 1985. p. 15).

8. Segundo Douglass North, As normas que regulam a atuação dos agentes econômicos "são Instituições "que moldam e ordenam as interações entre indivíduos e grupos de indivíduos, produzindo padrões relativamente estáveis e determinados na operação do sistema econômico" (NORTH, Douglass. *Institutions, Institutional Change, and Economic Performance*. Cambridge: Cambridge University Press. 1991. p. 3).

9. CARDOSO, Matheus F. P. *Conflitos de Interesses nas Companhias*: Contratos e Incentivos nas Relações Fiduciárias. Rio de Janeiro: Lumen Juris, 2023.

tuições e que tais deficiências têm relação com os Custos de Agência, incorridos pelos principais, especialmente, segundo North, com relação aos "custos de mensurar as múltiplas margens que constituem a performance de um contrato" e aos custos da "realização do monitoramento e do *enforcement* contratual" das ações dos agentes[10].

Portanto, analisar a governança corporativa sob a ótima da análise econômica do direito é fundamental para entender as relações entre os principais e os agentes, bem como o papel das instituições. A Análise Econômica do Direito e a Nova Economia Institucional oferecem ferramentas valiosas para entender essas relações e os incentivos em jogo.

3. MECANISMOS DE CONTROLE E FISCALIZAÇÃO DA GOVERNANÇA CORPORATIVA

O Direito Societário e a Governança Corporativa, na forma de Instituições, surgiram pela necessidade de regular comportamentos e instigar a cooperação entre diferentes indivíduos. Em outras palavras, sua finalidade é a diminuição dos custos de transação, permitindo que os agentes econômicos negociem relações jurídicas com certa certeza do comportamento da outra parte.

Dentre as normas que regulam o direito societário e a governança, temos os deveres fiduciários impostos, legalmente, aos agentes. Tais normativas são dispostas, principalmente, no capítulo XII da Lei 6.404/1976 e demais normas legais dispersas, bem como pelas normas reguladoras e autorreguladoras, tais como códigos e políticas publicadas pela CVM, Anbima, B3, IBGC etc. Isso posto, a principal razão do direito societário se trata de uma "reação às três principais fontes de oportunismo endêmicas à forma de S.A.", que são os "conflitos entre administradores e acionistas", entre acionistas controladores e não controladores e entre a companhia e terceiros, tais como credores e funcionários.[11]

O Direito Societário, então, considerando a evolução da forma de atuação das grandes companhias (principalmente considerando o fato de que o principal delega funções decisórias), cria normas para proteger a relação de transparência e confiança dos players no mercado, determinando condutas leais, diligentes, informativas e fiduciárias aos principais.

A Governança Corporativa, por sua vez, possui a finalidade semelhante ou pelo menos complementar a do Direito Societário. Ora, se, segundo Kraakman[12],

---

10. *Ibidem.* p. 54.
11. KRAAKMAN, R., ARMOUR, John, et al. *A Anatomia do Direito Societário*: Uma Abordagem Comparada e Funcional. Trad. Mariana Pargendler. São Paulo: Editora Singular, 2018. p. 33.
12. *Ibidem.*

o Direito Societário facilita a negociação dos atores empresariais e reduz os "custos associados à condução do negócio" a governança, concedendo confiança às contrapartes, possui o mesmo condão. Estas instituições são necessárias para que o investidor tenha segurança e interesse em realizar aportes que gerarão riquezas.

Nacionalmente, um dos mais importantes órgãos autorreguladores - Instituto Brasileiro de Governança Corporativa ("IBGC") – conceitua a Governança Corporativa como "o sistema pelo qual as empresas e demais organizações são dirigidas, monitoradas e incentivadas, envolvendo os relacionamentos entre os sócios, Conselho de Administração, Diretoria, Órgãos de fiscalização e demais partes interessadas". Em seu "Código das Melhores Práticas de Governança Corporativa"[13], o Instituto pontua alguns órgãos de fiscalização e controle necessários para alinhar os interesses e impedir fraudes dentro das companhias. São eles: (i) comitê de Auditoria; (ii) conselho fiscal; (iii) auditoria independente; (iv) auditoria interna; e (v) *compliance*.

Estes mecanismos e estruturas fazem parte do pilar institucional regulativo das relações fiduciárias. Explica-se.

As instituições são formadas por três pilares principais: regulativo, normativo e cognitivo. Segundo Scott[14], em resumo, são caracterizados da seguinte forma:

Tabela 1. Pilares das Instituições

Pilar Normativo	Pilar Cognitivo	Pilar Regulativo
É representado por Valores e Normas. Valores são concepções do preferido ou do desejável. As normas especificam como do coisas devem ser feitas. O Pilar Normativo define metas, mas também os meios apropriados para alcançá-las	É representado pelas regras que estabelecem [para os atores relevantes] a natureza da realidade e as estruturas através das quais os significados são produzidos	O Pilar Regulativo envolve a capacidade de estabelecer regras, monitorar o seu cumprimento e impor sanções, recompensas ou punições na tentativa de influenciar o comportamento futuro.

A dimensão regulativa é particularmente relevante para este artigo, pois é nesse âmbito que, em conjunto, definem-se as normas de comportamento, monitora-se o seu cumprimento e aplicam-se sanções em caso de descumprimento.

Percebe-se que os mecanismos de controle e fiscalização surgem para compor dois dos desdobramentos dessa dimensão: a criação de normas que regem os deveres fiduciários e o monitoramento, que podem ser exercidos em conjunto entre o Estado (Leis e Resoluções de órgãos reguladores); instituições privadas (Códigos e Regulamentos de órgãos autorreguladores); e as próprias companhias

---

13. INSTITUTO BRASILEIRO DE GOVERNANÇA CORPORATIVA (IBGC). *Código das Melhores Práticas de Governança Corporativa*. 5. ed. São Paulo: IBGC, 2015. Disponível em: https://conhecimento. ibgc.org.br/Paginas/Publicacao.aspx?PubId=21138. Acesso em: 21.12.2021.
14. SCOTT, W. R. *Institutions and Organizations*. Thousand Oaks: SAGE Publications. 1995. pp. 33-45.

(manuais e códigos de conduta internos – que, aliás, devem obrigatoriamente existir em companhias reguladas pela CVM ou Banco Central, por exemplo). Destarte, a própria regulação responsabiliza brevemente os próprios participantes do mercado a monitorar ou fiscalizar os seus pares.

O enforcement, no entanto, traz à baila uma questão mais complicada. Dois são os principais motivos. Primeiro, as regras do jogo não são claras. Contratos ou constatações de fatos por meio de monitoramento são, por natureza, incompletos e falham em traduzir precisamente todas as circunstâncias que deram origem à discussão. Além disso, "os juízes discordam sobre a extensão com que devem executar os termos do contrato *ipsis litteris* ou impor soluções que possam reparar a relação contratual"[15]. Segundo, o *enforcement* também é composto pelos incentivos positivos, ou recompensas, mas os custos de elaboração dessas regras são altos, o que é motivado tanto pela incompletude contratual, quanto pela racionalidade humana (uma recompensa oferecida pode aumentar o risco de oportunismo em vez de mitigá-lo – ao oferecer bônus com base na melhora das demonstrações financeiras, por exemplo).

Dito isso, estamos lidando com um tripé de objetos que deve ser integralmente observado para garantir a eficácia do sistema. Não basta a observância da variável "estabelecer regras" sem o devido monitoramento e, principalmente, sem as devidas penalidades.

Como dissemos na introdução deste artigo, os reguladores do mercado vêm apresentando constantes melhorias nas normas e na tecnologia que devem ser seguidas para promover confiança ao mercado. Veja-se, no entanto, que essas melhorias são quase que integralmente englobadas à variável "normas" e poucas ao monitoramento e ao *enforcement.*

Como vimos, portanto, o Direito Societário e a governança corporativa são instituições que visam regular o comportamento dos agentes econômicos envolvidos nas relações societárias, buscando reduzir os custos de transação, aumentar a confiança e a cooperação, e mitigar os riscos de oportunismo e fraude. Para isso, essas instituições se baseiam em três pilares: regulativo, normativo e cognitivo, que definem as regras, os valores e as crenças que orientam as ações dos participantes do mercado.

Dentro do pilar regulativo, destacamos a importância dos mecanismos de controle e fiscalização, que envolvem a criação de normas, o monitoramento do seu cumprimento e a aplicação de sanções ou recompensas. No entanto, esses

---

15. COOTER, Robert D., SCHAFER, Hans-Bernd. *O Nó de Salomão*: Como o Direito Pode Erradicar a Pobreza das Nações. Org. e Trad. Magnum Eltz; Flavia Santinioni et al. Curitiba: CRV, 2017. p. 113.

mecanismos enfrentam desafios como a incompletude contratual, a divergência interpretativa, os custos de elaboração e a racionalidade humana.

No próximo capítulo, abordaremos os problemas de agência e os conflitos de interesses que podem surgir, por ocasião das falhas apontadas, nas relações fiduciárias, especialmente entre os administradores e os acionistas.

4. PROBLEMAS DE AGÊNCIA E CONFLITOS DE INTERESSES

Ronald Coase, em seu artigo "A Natureza da Firma" esclareceu que a organização econômica internalizada e vertical de um agente econômico possui como principal intuito a economia de custos de transação. Os custos prévios e posteriores incorridos na busca de bens e serviços no mercado, portanto, faz com que o agente econômico opte por internalizar a produção de determinadas atividades para aumentar a eficiência econômica.

No mercado, o agente econômico negocia como cada um dos fornecedores um acordo "especificando o preço, a quantidade, a qualidade, a data de entrega, as condições de crédito e a garantia pela performance", enquanto na firma ele "contrata um indivíduo para performar todas essas tarefas como seu empregado"[16]. Ocorre que quando essa contratação envolve a delegação de poderes relevantes, e considerando que envolve indivíduos racionais e maximizadores do próprio bem-estar, "a ideia de que os diretores e gerentes estão dispostos a sacrificar os interesses da companhia para promover seu próprio lucro é intuitiva e correta"[17].

Em resumo, ao optar pela firma em vez do mercado, o agente econômico está trocando custos de transação por custos de agência. Esta é justamente uma das principais explicações que nos leva a crer que, em um ambiente desregulado, o agente possui incentivos para agir de forma oportunista. O incentivo surge, principalmente: (i) dos custos potencialmente incorridos pelos principais para realizar o monitoramento do agente.[18]; e (ii) o monitoramento é, igualmente, feita por agentes.

Corroborando o exposto até aqui, Oliver Hart traçou um paralelo entre, justamente, o Direito e a Economia sobre a relação de agência. O autor cita a

---

16. POSNER, Richard A. *Economic Analysis of Law*. 9. ed. New York: Wolters Kluwer, 2014. p. 533.
17. ECKSTEIN, Asaf. PARCHOMOVSKY, Gideon. *The Agent's Problem*. Duhram: Duke Journal Law. v. 70. N. 07. Abril. 2021. p. 1511.
18. Jensen e Meckling afirmara que é "geralmente impossível ao principal, a custo zero, assegurar que o agente irá realizar decisões ótimas sob o ponto de vista do principal" e que "na maior parte das relações de agência as partes irão incorrer em custos de monitoramento e bonding costs positivos (não pecuniário e pecuniário)" (JENSEN, Michael C., Meckling, William H. Theory of the Firm: Managerial Behavior, Agency Costs and Ownership Structure. University of Rochester. *Journal of Financial Economics* 3. 1976, p. 308).

problemática jurídico-econômica da dispersão de propriedade da companhia e a delegação de poderes decisórios a um *board* de diretores que não são coproprie-tários das ações: (i) os principais (acionistas), "'donos da companhia', são muito pequenos e muito numerosos para exercer o controle em uma base diária", levan-do-os a delegar isto para "um *board* de diretores"; (ii) estes acionistas pulverizados "possuem um pequeno ou nenhum incentivo para monitorar a diretoria", o que se deve ao fato de que:

> O monitoramento é um bem público: se o monitoramento de um único acionista leva a empresa a uma melhor performance, todos os acionistas ganham. Dado que monitorar é custoso, cada um dos acionistas será um *free-rider* na esperança de que outros acionistas irão realizar este monitoramento.

Considerando que quase todos esses "pensam da mesma forma", o resultado é que "nenhum – ou quase nenhum – monitoramento será realizado"[19]. Igualmente, retomando a Teoria da Escolha Racional, o incentivo para a prática de fraudes se dá, também, pelo fato de que, considerando as variáveis acima, a escolha "racional", será a conduta oportunista, uma vez que "o agente prefere receber um benefício hoje que o mesmo benefício amanhã", eis que "nenhuma forma de cooperação é estável quando o futuro não é mais importante do que hoje"[20].

Em outras palavras, a aversão ao risco faz com que a fraude seja menos arriscada do que a honestidade num cenário em que os riscos sistemáticos de mercado não podem ser evitados. Eventual alteração imprevista nas condições mercadológicas, legislativas ou regulatórias pode fadar a empresa à bancarrota e, sabendo disso, o agente busca obter o máximo de vantagens no menor tempo possível. Considerando a dificuldade no monitoramento e a discricionariedade de-cisória do agente, boa parte das fraudes são concretizadas, por exemplo, por meio do mecanismo de Gerenciamento de Resultados, que consiste na manipulação dos dados expostos nas demonstrações financeiras das companhias, objetivando o colhimento de benefícios privados, como bônus por exemplo.

Em outras palavras, Healy e Wahlen asseveram que o Gerenciamento de Resultados ocorre quando "gerentes manipulam as demonstrações financeiras para enganar os *stakeholders* acerca do desempenho econômico da companhia, ou para influenciar contratos que dependam dos números contábeis relatados"[21]. No entanto, essas manipulações podem ser conduzidas através de *accruals*[22], por

---

19. HART, Oliver. *Firm, Contracts, and Financial Structure*. New York: Oxford University Press. 1995. p. 127.
20. AXELROD, Robert. *The Evolution of Cooperation*. New York: Basic Books, Inc., 1984. p. 126.
21. HEALY P. M; WAHLEN, J. M. A review of the earnings management literature and its implications for standard setting. *Accounting Horizons*, Sarasota, 365, 1999.
22. Em resumo, *accrual* é definido pela "diferença entre o lucro líquido e o fluxo de caixa operacional líquido", sendo, portanto, "todas aquelas contas de resultado que entraram no cômputo do lucro, mas

exemplo, que são mecanismos permitidos pelas normas contábeis, cujo propósito é efetuar ajustes nas demonstrações financeiras decorrentes do princípio da competência.

Portanto, a assimetria de informações somada às demais falhas do pilar regulativo e aos custos de agência impedem que o monitoramento seja exercido de maneira efetiva pelos principais. Fato que, por consequência, permite o exercício de "automonitoramento", o que é mais um incentivo ao comportamento oportunista. Essas são as principais fontes de oportunismo e fraudes nas relações fiduciárias, que podem prejudicar a eficiência econômica e a confiança dos investidores. Para evitar ou minimizar esses problemas, é necessário que haja mecanismos de efetivos controle e fiscalização que monitorem o comportamento dos agentes e apliquem sanções adequadas.

Em conclusão, a compreensão aprofundada dos problemas de agência e conflitos de interesses revela a complexidade subjacente às relações societárias. A constatação de que as falhas nos mecanismos de controle e fiscalização podem propiciar comportamentos oportunistas e práticas fraudulentas destaca a urgência em analisar pragmaticamente as estruturas regulatórias e de governança.

No próximo capítulo, exploraremos criticamente as lacunas e desafios específicos presentes no sistema regulatório brasileiro. Analisaremos como as deficiências nos mecanismos de aplicação da lei e no monitoramento contribuem para vulnerabilidades no ambiente corporativo.

5. FALHAS NO PILAR REGULATIVO DAS INSTITUIÇÕES

Reconhecemos a constante evolução tecnológica das normas que regulam os mecanismos de controle e fiscalização em companhias e fundos sujeitos às relações fiduciárias. Como dissemos no início deste artigo, a CVM, principalmente, atualizou e perfectibilizou diversas regras que tratam da transparência e lealdade no mercado de capitais. No entanto, não obstante a evolução dos mecanismos de fiscalização somada à crescente pressão regulatória do Estado e órgãos (auto) reguladores, não é raro que observemos "escandalosos episódios de desvios éticos, ocorridos em gigantes corporações multinacionais" que possuem "sistemas robustos de governança corporativa e de cumprirem com um complexo e extenso conjunto de obrigações legais e normativas"[23].

---

que não implicam necessária movimentação de disponibilidades" (MARTINEZ, Antonio Lopo. *Detectando Earning Management no Brasil*: Estimando os Accruals Discricionários. São Paulo: Revista de Contabilidade e Finanças da USP. v. 19. n. 46. jan-abr. 2008. p. 08).

23. ARDUIN, Ana Lúcia Alves da Costa. O Conselho Fiscal e sua Relevância para os Sistemas de Governança Corporativa. In. PITTA, Andre Grunspin et al. *Direito Societário e Outros Temas de Direito Empresarial Aplicado*. São Paulo: Quartier Latin. 2021. p. 26.

Em 2011, por exemplo, a CVM instaurou Processo Administrativo Sancionador ("PAS") em face do Banco Panamericano S.A. e seus diretores. O PAS teve como objeto a prática, pela diretoria, de fraudes nas demonstrações contábeis da companhia, com o intuito de receber vantagem pecuniária, acarretando conduta de descumprimento dos deveres fiduciários e abuso do poder de controle. Essa entidade possuía robustos mecanismos de controle e fiscalização, inclusive o Comitê de Auditoria, vez que era vinculado ao nível 01 de governança da Bolsa de Valores. As Americanas S.A. e a Magazine Luiza, ambas foco de alegados escândalos de fraudes em 2023, por sua vez, possuíam listagem no segmento "Novo Mercado", que, segundo a própria B3, "conduz as empresas ao mais elevado padrão de governança corporativa".[24]

Não obstante, segundo a Associação Brasileira de Jurimetria, dentre 4.236 (quatro mil, duzentos e trinta e seis) casos julgados pela CVM, envolvendo pessoas naturais, entre 25/01/2000 e 26/03/2019, 63,3% dos casos tem como fato gerador potenciais fraudes ou conflitos de interesses praticados pelos diretores, conselho de administração ou administradores no exercício de seus deveres fiduciários[25]. Esses fatos nos levam à discussão do primeiro problema da Governança Corporativa no Brasil que é, justamente, a falha no viés do monitoramento.

Alguns estudos demonstraram que não se pode constatar efetividade real dos mecanismos de fiscalização existentes nas companhias. Exemplificada e resumidamente citamos: (i) não se pode verificar que os comitês de auditoria apresentaram influência sobre o gerenciamento de resultados[26]; (ii) em análise de algumas empresas, 0% (zero por cento) das fraudes constatadas antes de serem efetivadas o foram por trabalhos da auditoria externa[27]; (iii) os principais destinatários dos relatórios realizados pela auditoria interna eram os gerentes ou diretores, ou seja, volta-se ao problema da "autofiscalização"; e (iv) as firmas de auditoria externa têm mais lucros prestando consultoria do que auditando – por exemplo, ele recebe um *incentive fee* pela qualidade de seu trabalho de consultoria – o que pode

---

24. Disponível em: https://www.b3.com.br/pt_br/produtos-e-servicos/solucoes-para-emissores/segmentos-de-listagem/novo-mercado/. Acesso em: 29.11.2023.
25. NUNES, Marcelo Guedes; BERGER, Renato. Observatório do Mercado de Capitais: Atividade Disciplinar da CVM. *Associação Brasileira de Jurimetria*. Relatório de 12 de novembro de 2020. Disponível em: https://abj.org.br/cases/obsmc/. p. 37.
26. CUNHA, Paulo Roberto da. Et al. Características do Comitê de Auditoria e o Gerenciamento de Resultados: Um Estudo nas Empresas Listadas na BM&FBOVESPA. São Paulo: *Revista de Contabilidade e Organizações USP*. pp.15-25. 2014, p. 24.
27. PEREIRA, Anísio C.; SOUZA, Wessley do Nascimento de. Um Estudo sobre a Atuação da Auditoria Interna na Detecção de Fraudes nas Empresas do Setor Privado no Estado de São Paulo. São Paulo: *Revista Brasileira de Gestão e Negócios da Fundação Escola de Comércio Álvares Penteado*. v. 7, n. 19. 2005, p. 54.

fazê-lo agir de maneira oportunista, maquiando dados ou colocando a empresa em riscos reputacionais[28].

Não podemos esquecer, ainda, que em diversas fraudes investigadas houve a participação dos auditores externos como potencialmente (co)responsáveis. O caso do Banco Panamericano, por exemplo, passou "pelo crivo de diversas instituições, em especial, empresas de auditoria, mas só foram descobertas [...] pelo Banco Central"[29]. Nesse mesmo caso, inclusive, ficou clara a atuação da auditora externa para encobrir as fraudes, uma vez que o problema "era de conhecimento de todos os diretores, do comitê de auditoria e da auditoria externa, que o mesmo diretor utilizava esse procedimento no intuito de atingir meta e, com isso, receber bônus"[30]

A complexidade do monitoramento, por sua vez, se dá pelas intrincadas estruturas utilizadas, por vezes, pelos agentes para a realização das fraudes.[31] Dado o grau de complexidade de alguns ilícitos, os conselheiros e membros dos comitês de fiscalização possuem muito pouco incentivos para investigar a fundo qualquer situação que lhes pareça "incomum", visto que é muito difícil que haja qualquer tipo de punição contra si, caso não haja envolvimento direto nos casos. Isto é, os danos causados por uma atuação não diligente não são pagos pelo conselheiro, mas pelos principais. Assim, o conselheiro que não empreende uma atuação diligente não "absorve o impacto de suas próprias ações"

No entanto, cientificamente não podemos comprovar ou deduzir que o monitoramento não melhorou ao longo da atualização das normas. Isso porque as estruturas de fiscalização servem exatamente para impedir novas fraudes e, consequentemente, não podemos quantificar quantas foram constatadas antes de serem efetivadas. No que diz respeito ao *enforcement*, no entanto, dados quantitativos podem auxiliar a análise de constatação de deficiência nesta faceta do tripé regulativo das instituições.

---

28. COFEE, John C. What Caused Enron? A Capsule Social and Economic History of the 1990´s. New York: *Columbia Law School*. Working Paper No. 214. 2003. p. 40.

29. Dados retirados do website "Transparência e Governança: Informação e Debate para Acionistas Minoritários", Caso Panamericano. Disponível em: http://www.transparenciaegovernanca.com.br/TG/index.php?option=com_content&view=article&id=134&Itemid=135&lang=br. Acesso em: 28.02.2022.

30. BRASIL, Comissão de Valores Mobiliários. *Extrato da Sessão de Julgamento do Processo Administrativo Sancionador CVM n. 01/2011*. Relator Henrique Balduino Machado Moreira. 27 de fevereiro de 2018.

31. Por exemplo, a Enron formou uma *joint-venture* com a Blockbuster para alugar filmes online. O negócio fracassou alguns meses depois". No entanto, "logo que o empreendimento foi formado, a Enron secretamente fez uma parceria com um banco canadense que essencialmente lhe emprestou 115 milhões de dólares." A contrapartida do empréstimo era a "troca de lucros futuros no negócio com a Blockbuster". Como cediço, o empreendimento jamais teve sucesso, mas "a Enron contabilizou o empréstimo como 'Lucro'" (MALKIEL, Burton G. *Um Passeio Aleatório por Wall Street*. Rio de Janeiro: Sextante. 2021. p. 78).

Becker[32], ganhador do prêmio Nobel de Economia, levantou a hipótese sobre os motivos pelos quais um indivíduo racional decide cometer, ou não, um ilícito econômico. Para o autor, o lucro do crime é a força que incentiva o indivíduo a praticá-lo, e a dor da punição é a força empregada para impedi-lo. Se o produto do crime for maior que a força da punição, o crime será cometido – a recíproca é verdadeira. Por conseguinte, os potenciais criminosos econômicos irão analisar três variáveis para tomar a decisão de praticar, ou não, determinada fraude: (i) benefício do crime; (ii) custos da severidade da pena; e (iii) probabilidade de aplicação desta pena.

Assim, "para que um crime seja cometido o resultado dessa análise custo--benefício terá que ser positivo"[33]. Por exemplo: $y(x) - p(x) * f(x) > 0$" – sendo (y = benefício do crime; f = severidade da pena; e p = probabilidade de aplicação da pena). Ressalva-se que a fórmula é diretamente aplicável a casos quantitativos, nos quais valores numéricos podem ser atribuídos às variáveis. Em situações qualitativas, onde a severidade da pena é expressa de forma subjetiva, como no exemplo da inabilitação do acusado, a análise se torna mais complexa devido à natureza dos termos, que não podem ser facilmente traduzidos em valores numéricos precisos.

Trazendo a análise numérica à realidade brasileira, as penas impostas pela CVM em casos de ilícitos praticados podem ser: absolvição, multa, advertência, inabilitação, proibição e suspensão (em ordem de severidade). Dentre 4.236 (quatro mil, duzentos e trinta e seis) casos julgados pela CVM, envolvendo pessoas naturais, entre 25/01/2000 e 26/03/2019, 46,8% foram absolvidas, 40,4% sofreram uma pena de multa, 6,1% advertência, 4,9% inabilitação, 1,3% proibição e 0,5% suspensão[34].

Atendo-se tão somente à análise custo-benefício relativamente às multas aplicadas, eis que se trata de sanções que podem ser monetariamente expressadas, observa-se que se a probabilidade de sofrer a aplicação de multa é de 40,4%, então $y(x) -0,404 * f(x) > 0$, ou seja, para qualquer valor de $y(x) > 0,404 * f(x)$, a inequação se mantém satisfeita, e a fraude compensaria. Como o intervalo específico de valores para $y(x)$ dependerá das magnitudes e relações entre $y(x)$ e $f(x)$, tomamos, aderindo ao contexto atual e a partir da mesma base de dados, a mediana de multas aplicadas em processos categorizados como "ilícitos de mercado

---

32. BECKER, Gary S. Crime and Punishment: An economic approach. In: *The economic dimensions of crime*. Palgrave Macmillan, London, 1968. p. 13-68.
33. COOTER, Robert. D.; ULEN, Thomas. *Direito e Economia*. Trad. SANDER, Luis Marcos; COSTA, Francisco A. 5. ed. Porto Alegre: Bookman, 2010. p. 463-467.
34. NUNES, Marcelo Guedes; BERGER, Renato. Observatório do Mercado de Capitais: Atividade Disciplinar da CVM. *Associação Brasileira de Jurimetria*. Relatório de 12 de novembro de 2020. Disponível em: https://abj.org.br/cases/obsmc/. p. 37.

e informacionais"[35], estabelecida em R$ 200.000,00. Neste cenário, conclui-se que qualquer valor de y(x) superior a R$ 80.800,00 resultaria em uma decisão favorável à prática de fraudes[36]. Percebemos que não é necessário um benefício teórico muito expressivo para que o resultado da análise custo-benefício seja positivo.

Em suma, a análise quantitativa das penas impostas pela CVM oferece uma perspectiva crucial sobre a eficácia do *enforcement* no ambiente regulatório brasileiro. A constatação de que uma porcentagem substancial de casos resulta em absolvição ou em penalidades monetárias relativamente modestas suscita questionamentos sobre a dissuasão efetiva dessas práticas ilícitas. O equilíbrio delicado entre o benefício percebido e os custos associados à severidade da pena e à probabilidade de aplicação cria um contexto propenso a decisões que favorecem o cometimento de fraudes.

No próximo capítulo, exploraremos estratégias e mecanismos destinados a fortalecer a governança corporativa e aprimorar os mecanismos de *enforcement* no contexto brasileiro. Abordaremos iniciativas para mitigar os incentivos ao oportunismo, promovendo práticas mais éticas e transparentes no mercado de capitais. A análise crítica dessas estratégias visa contribuir para o aprimoramento contínuo do ambiente regulatório e para a construção de relações fiduciárias mais sólidas e confiáveis.

6. MITIGANDO O RISCO DE OPORTUNISMO

Com base no que foi dito até agora, temos que dentre as variáveis que compõem o tripé da instituição da governança corporativa uma delas (normas) parece ter evoluído nos últimos anos e outra (monitoramento) não é possível quantificar seu avanço, apesar de inexistirem evidências que demonstrem que, em geral, sua eficiência tenha se deteriorado.

Por isso, devemos utilizar os mecanismos jurídicos e econômicos para analisar diretamente o indivíduo que possui as informações privilegiadas, não incorre em custos de monitoramento (eis que é *selfmade*) e pode utilizar o domínio da firma para auferir benefícios particulares – o agente.

Os casos recentes demonstram que a simples evolução dogmática da governança corporativa não possuirá o condão de surtir os efeitos desejados. Eis a importância da arguição radical dos fundamentos primitivos das instituições que

---

35. *Ibidem.*
36. Vale ressaltar que o cálculo é simplificado, desconsiderando diversas variáveis qualitativas, como a natureza da fraude em si, as penas aplicáveis, além de riscos de incorrer em custos reputacionais (variáveis que aumentariam o valor y(x)) e a probabilidade de eventual fraude ser efetivamente constatada posteriormente à sua concretização (variável que diminuiria o valor y(x)).

pretendemos analisar. Assim como Douglass North[37] afirmou em crítica à teoria econômica neoclássica, a premissa é igualmente verdadeira para justificar a nossa abordagem nesse artigo: como alguém poderia propor soluções aplicáveis para problemas recorrentes no ambiente econômico sem entender como a economia se desenvolve? O desenvolvimento da economia é intrinsecamente ligado à perfectibilização das instituições que a permeiam e vice-versa, por isso seus exames devem ser realizados em conjunto.

A primeira falha, portanto, encontrada na governança corporativa é que para ser sustentada por um tripé, cada um deles deve existir efetivamente na mesma medida. No entanto, a faceta do *enforcement* parece ter sido negligenciada. Apesar de que, como já dissemos, ele enfrenta desafios intrínsecos, considerando a incompletude informacional, a discordância dos julgadores acerca da extensão da aplicabilidade das normas e a falta de clareza nas regras do jogo.

Como, então, a Análise Econômica do Direito pode auxiliar na mitigação desse problema? Deve-se levar como premissa, como também já defendemos, que as normas e sanções afetam o comportamento dos agentes alterando o cálculo custo-benefício das condutas potencialmente praticadas.

Em regra, as normas que regulam os deveres fiduciários são *ex post*, ou seja, "deixam a determinação precisa de seu cumprimento aos julgadores depois do fato"[38]. A mitigação do risco de oportunismo, no entanto, prescinde da utilização do critério prescritivo da AED, visando elaborar instrumentos que não só prevejam condutas de comportamento e sanções – visto que seu monitoramento e *enforcement* são relativamente ineficientes – mas que adaptem a utilização de regras e *standards ex ante* e *ex post*, buscando não só o incentivo antioportunista pela ameaça de punição, mas também pelas recompensas.

Ora, se a relação de agência possui ambiente propício para o comportamento oportunista e conflitos de interesses. E, como são muitas disciplinas entrelaçadas nesse tipo de negócio (principalmente direito e economia, mas também ciências contábeis, administração, antropologia etc.), a análise jurídica pura da relação não é, nos parece, uma abordagem suficiente para resolver seus problemas. Como, então, resolver tais questões?

Para Pindyck e Rubenfild a resposta é simples: "precisamos encontrar mecanismos que alinhem melhor os interesses dos administradores e acionistas"[39]. A

---

37. NORTH, Douglass. *Institutions, Institutional Change and Economics Performance*. Nova Iorque: Cambridge Press, 1994.
38. KRAAKMAN, R., ARMOUR, John, et al. *A Anatomia do Direito Societário*: Uma Abordagem Comparada e Funcional. Trad. Mariana Pargendler. São Paulo: Editora Singular, 2018. p. 85.
39. PINDYCK, Robert. RUBINFELD, Daniel. *Microeconomia*. 8. ed. Trad. Daniel Vieira. São Paulo: Pearson. 2013. p. 639.

constatação de que "nenhuma forma de cooperação é estável quando o futuro não é mais importante do que o hoje"[40], nos permite confirmar a afirmação. Para estrategicamente resolver a questão, deve-se alterar incentivos e *payoffs* em decisões, e ter em mente que as duas principais formas para isso são, fazendo com que o que devir pareça mais importante do que o ser e tornar as interações mais duradouras e frequentes.

Em síntese, traçando um paralelo entre tudo o que foi dito, temos que os arranjos contratuais que evitam o conflito e diminuem os custos de agência devem ser formados por normas *ex ante* e *ex post*, estrategicamente colocadas, da mesma forma que incentivem o agente a agir de forma honesta, buscando os interesses do principal. Considerando a limitação extensiva deste trabalho, explanaremos os princípios da estratégia que assumimos como mais importante e efetiva: alinhamentos de incentivos.

Apesar de ser evidente, não é redundante afirmar que estas estratégias são firmadas, sempre, por contratos particulares. A consolidação de um *Trusteeship* – estratégia que determina o que o agente não pode fazer, ao invés de listar o que é permitido - por exemplo, tem como condão mitigar "os conflitos de interesses *ex ante*", garantindo-se que o "agente não obtenha ganho pessoal ao prejudicar seu representado."

Em outras palavras, a ausência de incentivos *"High Powered"*[41] fará com que o agente opte por "incentivos suaves", ou seja ele terá incentivo de trilhar o incentivo embasado na conservação da "consciência, orgulho e reputação"[42].Por um lado, esses incentivos possuem vantagens na criação de eficiência. Ora, na presença desses incentivos o indivíduo preferirá ganhar capital diretamente pela transação do que, meramente, aumentar suas chances de ganhar um aumento ou uma promoção. Por outro, "quando existe a oportunidade de comportamento desonesto, os incentivos *high-powered* não apenas induzem a uma maior desonestidade.[43].Os *Trusteeships* têm o condão de retirar do jogo os *high-powered incentives* e, portanto, têm o potencial de mitigar o risco de gerenciamento contábil e o lançamento de *accruals* oportunistas com vistas ao aumento do bônus por desempenho.

Já a estratégia de recompensa confunde-se com o pagamento de bônus por desempenho. No entanto, ela pode ser estruturada com base equilibrada ao *trusteeship*.

---

40. AXELROD, Robert. *The Evolution of Cooperation*. New York: Basic Books, Inc., 1984. p. 126.
41. incentivos High-powered são aqueles providos por transações econômicas, nas quais lucros dos "ganhos de eficiência seguem diretamente às partes relacionadas" (FRANT, Howard. High-Powered and Low--Powered Incentives in the Public Sector. Universidade do Arizona. *Journal of Public Administration Research and Theory*. 1996. Disponível em: https://academic.oup.com/jpart/article/6/3/365/908013. Acesso em: 30.10.2022, p. 367).
42. KRAAKMAN, R., ARMOUR, John, et al. *A Anatomia do Direito Societário*: Uma Abordagem Comparada e Funcional. Trad. Mariana Pargendler. São Paulo: Editora Singular, 2018. p. 89.
43. FRANT, Howard. High-Powered and Low-Powered Incentives in the Public Sector. Universidade do Arizona. *Journal of Public Administration Research and Theory*. 1996. Disponível em: https://academic. oup.com/jpart/article/6/3/365/908013. p. 367.

A chave para isso é, portanto, "garantir que os *trustees* sejam pagos o bastante para tornar seu papel atraente, mas não tanto de modo a alijar os 'incentivos suaves'"[44].

Neste sentido, Albert Choi encontrou uma fórmula de que a separação ótima entre benefícios privados pelo controle e direitos a bônus por fluxo de caixa ou desempenho contábil, pode incentivar o administrador a agir em benefício da companhia em longo prazo. Essa estratégia contratual é capaz de alinhar os interesses das partes principal-agente, uma vez que os benefícios privados do controle de decisões são "ilíquidos e não transferíveis" e, portanto, diferentemente dos bônus por desempenho, "eles podem promover um comprometimento em longo prazo pelos decisores"[45].

Considerações feitas, percebemos, novamente, que incentivos concedidos por intermédio de contratos entre os principais e os agentes possuem um condão de alinhamento de incentivos, enquanto as estruturas de controle e fiscalização concedem incentivos negativos, pautados no risco. (importante ressaltar que, apesar de que estas cláusulas também possam ser consideradas "mecanismos de governança", quando citamos o termo nos referimos às estruturas legais e (auto) regulatórias impostas, ou dispostas, pela Lei ou órgãos públicos ou privados).

Portanto, quando se alcança o ponto de equilíbrio entre distribuição de dividendos e ações ou quotas aos administradores, alinhando os interesses dos principais e dos agentes, a preocupação com o longo prazo da companhia é maior e, portanto, suas chances de eficiência econômica e faturamento, por intermédio de investimento em inovações aumentam. Por outro lado, a existência isolada de mecanismos de incentivos negativos, não acompanhadas de alinhamento de incentivos, tendem a incentivar os agentes, quando oportunistas, a perpetrar fraudes cada vez mais complexas, aumentando ainda mais o custo de monitoramento e exigindo a instituição de ainda mais estruturas de governança. Os custos para essas estruturações e monitoramento serão certamente incorridos pelos principais.

Assim, as estratégias contratuais, auxiliando os mecanismos de controle e fiscalização, aqui sugeridas podem mitigar os conflitos de interesses de forma satisfatória. No entanto, dado a incompletude contratual e a particularidade de cada caso e companhia específica, o operador do direito responsável por confeccionar os instrumentos contratuais deverá avaliar qual é o seu poder ótimo de monitoramento, distribuição de incentivos e benefícios de controle, de acordo com o caso concreto, bem como avaliar se os custos das estratégias não superam os custos de monitoramento e de agência.

---

44. KRAAKMAN, R., ARMOUR, John, et al. *A Anatomia do Direito Societário*: Uma Abordagem Comparada e Funcional. Trad. Mariana Pargendler. São Paulo: Editora Singular, 2018. p. 92.

45. CHOI, Albert H. Concentrated Ownership and Long-Term Shareholder Value. *Harvard Business Law Review* 53, Virginia Law and Economics Research Paper No. 19. 2018. Disponível em: https://ssrn.com/abstract=2619462. p. 83.

7. REFERÊNCIAS

ARDUIN, Ana Lúcia Alves da Costa. O Conselho Fiscal e sua relevância para os sistemas de governança corporativa. In: PITTA, Andre Grunspin et al. *Direito societário e outros temas de direito empresarial aplicado*. São Paulo: Quartier Latin. 2021. p. 26.

AXELROD, Robert. *The Evolution of Cooperation*. New York: Basic Books, Inc., 1984.

BECKER, Gary S. *Crime and punishment*: An economic approach. In: The economic dimensions of crime. Palgrave Macmillan, London, 1968. p. 13-68.

BERLE JR., Adolf A.; MEANS, Gardiner C. *The Modern Corporation and Private Property*. New York: The Macmillan Company. 1933.

BRASIL, Comissão de Valores Mobiliários. *Extrato da Sessão de julgamento do Processo Administrativo Sancionador CVM n. 01/2011*. Relator Henrique Balduino Machado Moreira. 27 de fevereiro de 2018. Disponível em: http://conteudo.cvm.gov.br/export/sites/cvm/sancionadores/sancionador/anexos/2018/012011_Banco_Panamericanocx.pdf. Acesso em: 24.11.2021.

CARDOSO, Matheus F. P. *Conflitos de interesses nas companhias*: contratos e incentivos nas relações fiduciárias. Rio de Janeiro: Lumen Juris, 2023.

CHOI, Albert H. Concentrated Ownership and Long-Term Shareholder Value. *Harvard Business Law Review* 53, Virginia Law and Economics Research Paper n. 19. 2018. Disponível em: https://ssrn.com/abstract=2619462. Acesso em: 19.01.2022.

COFEE, John C. *What Caused Enron?*: A Capsule Social and Economic History of the 1990´s. New York: Columbia Law School. Working Paper No. 214. 2003. Disponível em: https://papers.ssrn.com/sol3/papers.cfm?abstract_id=373581. Acesso em: 22.07.2020.

COOTER, Robert D., SCHAFER, Hans-Bernd. *O Nó de Salomão*: como o direito pode erradicar a pobreza das nações. ELTZ, Magnum; SANTINIONI, Flavia et al. (Org. e Trad.). Curitiba: CRV, 2017. p. 113.

COOTER, Robert. D.; ULEN, Thomas. *Direito e economia*. Trad. SANDER, Luis Marcos; COSTA, Francisco A. 5. ed. Porto Alegre: Bookman, 2010.

COOTER, Robert D.; ULEN, Thomas. *Law and Economics*. 6th Edition. Berkeley Law Books. Book 2. 2016.

CUNHA, Paulo Roberto da. et al. Características do comitê de auditoria e o gerenciamento de resultados: um estudo nas empresas listadas na BM&FBOVESPA. São Paulo: *Revista de Contabilidade e Organizações USP*. pp.15-25. 2014.

ECKSTEIN, Asaf. PARCHOMOVSKY, Gideon. *The Agent's Problem*. Duhram: Duke Journal Law. v. 70. n. 07. abr. 2021. pp. 1509-1567.

FRANT, Howard. High-Powered and Low-Powered Incentives in the Public Sector. Universidade do Arizona. *Journal of Public Administration Research and Theory*. 1996. Disponível em: https://academic.oup.com/jpart/article/6/3/365/908013. Acesso em: 30.10.2022.

GAUTREAU, J.R. Maurice. *Demystifying the Fiduciary Mystique*. London: The Canadian Bar Reviwe. v. 68, n. 01. 1989. Disponível em: https://cbr.cba.org/index.php/cbr/article/view/3437. Acesso em: 18.01.2022.

HART, Oliver. *Firm, Contracts, and Financial Structure*. New York: Oxford University Press. 1995.

HEALY P. M; WAHLEN, J. M. *A Review of the Earnings Management Literature and its Implications for Standard Setting*. Accounting Horizons: Sarasota. pp. 365-383, 1999.

INSTITUTO BRASILEIRO DE GOVERNANÇA CORPORATIVA (IBGC). *Código das Melhores Práticas de Governança Corporativa*. 5. ed. São Paulo: IBGC, 2015. Disponível em: https://conhecimento.ibgc.org.br/Paginas/Publicacao.aspx?PubId=21138. Acesso em: 21.12.2021.

JENSEN, Michael C., MECKLING, William H. Theory of the Firm: Managerial Behavior, Agency Costs and Ownership Structure. University of Rochester. *Journal of Financial Economics* 3. 1976.

MACKAAY, Ejan. ROSSEAU, Stéphane. *Análise econômica do direito*. 2. ed. Trad. Rachel Sztajn. São Paulo: Editora Atlas, 2015.

MALKIEL, Burton G. *Um passeio aleatório por Wall Street*. Rio de Janeiro: Sextante. 2021.

MARTINEZ, Antonio Lopo. *Detectando Earning Management no Brasil*: Estimando os Accruals Discricionários. São Paulo: *Revista de Contabilidade e Finanças da USP*. v. 19. n. 46. jan./abr. 2008. pp. 7-17. Disponível em: https://www.scielo.br/j/rcf/a/xLqmMnMfz6DbypmmcvLrjBx/?lang=pt&format=pdf. Acesso em: 26.02.2022.

MURRAY, Charles. *Losing Ground*: American Social Policy, 1950-1980. New York: Basic Books, 1984.

NORTH, Douglass. *Institutions, Institutional Change, and Economic Performance*. Cambridge: Cambridge University Press. 1991.

NUNES, Marcelo Guedes; BERGER, Renato. Observatório do Mercado de Capitais: Atividade Disciplinar da CVM. *Associação Brasileira de Jurimetria*. Relatório de 12 de novembro de 2020. Disponível em: https://abj.org.br/cases/obsmc/.

PEREIRA, Anísio C.; SOUZA, Wessley do Nascimento de. Um estudo sobre a atuação da auditoria interna na detecção de fraudes nas empresas do setor privado no Estado de São Paulo. São Paulo: *Revista Brasileira de Gestão e Negócios da Fundação Escola de Comércio Álvares Penteado*. v. 7, n. 19. 2005, pp. 46-56.

PINDYCK, Robert. RUBINFELD, Daniel. *Microeconomia*. 8. ed. Trad. Daniel Vieira. São Paulo: Pearson. 2013.

POSNER, Richard A. *Economic Analysis of Law*. 9. ed. New York: Wolters Kluwer, 2014.

SCOTT, W. R. *Institutions and Organizations*. Thousand Oaks: SAGE Publications. 1995.

WILLIAMSON, Oliver. *The Economic Institutions of Capitalism*: Firms, Markets, Relational Contracting. Londres: Collier Macmillan Publishers, 1985.

PADRÕES PRIVADOS VOLUNTÁRIOS DE SUSTENTABILIDADE RELACIONADOS A GÊNERO NA IMPLEMENTAÇÃO DE UMA NOVA GOVERNANÇA CORPORATIVA: UMA NOVA BARREIRA TÉCNICA AO COMÉRCIO INTERNACIONAL COM IMPACTOS CONCORRENCIAIS?

Amanda Athayde

Professora doutora adjunta de Direito Empresarial na UnB, bem como de Concorrência, Comércio Internacional e *Compliance*. Consultora no Pinheiro Neto Advogados nas práticas de Concorrencial, *Compliance* e, a partir de 2023, Comércio Internacional. Doutora em Direito Comercial pela USP, bacharel em Direito pela UFMG e em Administração de Empresas com habilitação em Comércio Exterior pela UNA. Ex-aluna da *Université* Paris I – Panthéon Sorbonne. Autora e organizadora de livros, autora de diversos artigos acadêmicos e de capítulos de livros na área de Direito Empresarial, Direito da Concorrência, Comércio Internacional, *Compliance*, Acordos de Leniência, Defesa Comercial e Interesse Público, Anticorrupção. As opiniões são pessoais e não necessariamente representam a percepção das instituições às quais esteja vinculada.

Gabriela Leoni

Especialista em Comércio e Gênero, dedicada ao estudo do fenômeno do *Genderwashing*. Mestre em Direito pela Universidade de Brasília (UnB), na linha de Transformações na Ordem Social e Regulação. Atua na equipe de Comércio e Integração Internacional da Confederação Nacional da Indústria (CNI), atualmente dedicada à coordenação do B20 Brasil.

Sumário: 1. Introdução – 2. A expansão da pauta de equidade de gênero no comércio internacional; 2.1 Gênero na agenda da ONU; 2.2 Gênero na agenda da OCDE; 2.3 Gênero na agenda da OMC; 2.4 Gênero nos acordos preferenciais de comércio – 3. Padrões privados voluntários de sustentabilidade relacionados a gênero na implementação de uma nova governança corporativa são uma nova barreira técnica ao comércio internacional?; 3.1 O que são padrões privados voluntários de sustentabilidade?; 3.2 Os padrões privados voluntários de sustentabilidade já consideram critérios de equidade de gênero? – 4. Conclusão – 5. Referências.

1. INTRODUÇÃO

A igualdade de gênero e o empoderamento de todas as mulheres e meninas constitui objetivo específico da Agenda das Nações Unidas de Desenvolvimento

Sustentável para 2030, o Objetivo de Desenvolvimento Sustentável 5 (ODS 5). A linguagem utilizada no ODS 5 é bastante ampla e interseccional em relação à gênero, com o objetivo assegurar que "ninguém seja deixado para trás" (GALIZA E SILVA, 2018, p. 5).

A eliminação das lacunas de gênero é fundamental, na medida em que mulheres e meninas representam metade da população mundial e, consequentemente, metade do potencial econômico global (GALIZA E SILVA, 2018, p. 9). Ademais, estudo da Oxfam International demonstrou que mulheres e meninas dedicam atualmente 12.5 bilhões de horas por dia de trabalho de cuidado não remunerado, o que representa uma contribuição de pelo menos 10.8 trilhões de dólares por ano para a economia mundial, como uma "engrenagem invisível" para que a economia continue girando (OXFAM INTERNATIONAL, 2020).

A preocupação com o tema do gênero vem gerando repercussões no comércio internacional, com a inclusão do ODS 5 agenda da Organização das Nações Unidas (ONU), indicadores de igualdade de gênero na Organização para Cooperação e Desenvolvimento Econômico (OCDE), o compromisso entre 118 membros da Organização Mundial do Comércio (OMC) através da Declaração de Buenos Aires sobre Comércio e Empoderamento Econômico das Mulheres, além da tendência de inclusão de cláusulas de gênero em Acordos Preferenciais de Comércio, muito embora frequentemente excluídas do mecanismo de solução de controvérsias.

Estes, porém, são instrumentos de natureza eminentemente pública. Existem instrumentos privados de regulação do comércio internacional que tratem de equidade de gênero? Os chamados padrões privados voluntários de sustentabilidade podem ser usados para promover a igualdade de gênero através do comércio internacional? Em caso positivo, tais instrumentos poderiam vir a se configurar como barreiras técnicas ao comércio internacional, impactando a concorrência no Brasil?

A hipótese inicial da presente pesquisa é de que a equidade de gênero já vem sendo considerada no bojo do que chamamos de padrões privados voluntários de sustentabilidade.[1] Em outras palavras, tais padrões privados consistem em requerimentos específicos estabelecidos para produtores, comerciantes ou prestadores de serviço (ou seja, requerimentos definidos por um agente econômico privado, não pelo poder público), funcionando como instrumentos para comunicar informações complexas de vendedor para comprador, apontando que determinado produto ou serviço foi desenvolvido de forma sustentável. Na prática, esses ins-

---

1. De acordo com o Fórum das Nações Unidas sobre Padrões de Sustentabilidade, em inglês "United Nations Forum on Sustainability Standards" ou "UNFSS", os Padrões Voluntários de Sustentabilidade, em inglês "Voluntary Sustainability Standards" ou "VSS", são regras especiais que garantem que os produtos não prejudiquem o meio ambiente e as pessoas que os fabricam. Mais informações: https://unfss.org/home/about-unfss/.

trumentos se traduzem em selos e certificações entre particulares, normalmente apresentadas na embalagem dos produtos.

Assim, caso exigidos por produtores, comerciantes ou prestadores de serviço que possuam fornecedores ou distribuidores em outros países, parte-se da hipótese de que é possível que tais Padrões privados voluntários de sustentabilidade relacionados a gênero na implementação de uma nova governança corporativa impactem o comércio internacional. Consequentemente, seria possível que houvesse repercussões na concorrência no Brasil, dada a restrição do fluxo comercial, a redução da rivalidade entre os agentes econômicos e a redução de opções aos consumidores brasileiros. Resta refletir, portanto, se e de que modo a advocacia da concorrência pode ponderar os efeitos de tais barreiras técnicas, tendo em vista os efeitos positivos à sociedade brasileira da promoção da equidade de gênero.

Para responder à pergunta de pesquisa e verificar a hipótese inicial, o trabalho está dividido em duas Seções. A Seção 2 apresenta breve digressão sobre como a pauta da equidade de gênero tem avançado no contexto do comércio internacional, com foco nas agendas da ONU (subseção 2.1), OCDE (subseção 2.2), OMC (subseção 2.3), e nos Acordos Preferenciais de Comércio (subseção 2.4). Em seguida, a Seção 3 investiga se Padrões privados voluntários de sustentabilidade relacionados a gênero na implementação de uma nova governança corporativa já configuram barreiras técnicas ao comércio, partindo da definição do que se entende por padrões privados voluntários de sustentabilidade (subseção 3.1), e seguindo com a análise concreta dos padrões disponíveis na base de dados do *International Trade Center* (subseção 3.2). Ao final, serão apresentadas as conclusões da pesquisa, com enfoque atual de aplicabilidade para o caso brasileiro.

2. A EXPANSÃO DA PAUTA DE EQUIDADE DE GÊNERO NO COMÉRCIO INTERNACIONAL

No âmbito do comércio internacional, cresce o entendimento fundamentado de que a eliminação de lacunas de gênero (*gender gaps*) é fundamental para o crescimento econômico e desenvolvimento, tanto a nível nacional, como a nível global (FONTOURA; PRATES, 2018). Cresce também o reconhecimento de que políticas e instrumentos comerciais não são neutros em relação a gênero, de forma que podem funcionar tanto para promover ou prejudicar a equidade de gênero (SMITH; BUSIELLO; TAYLOR; JONES, 2018, p. 9). Nessa conjuntura, a pauta de gênero está cada vez mais presente na governança e regulação do comércio internacional.

Esta seção se dedica, portanto, a observar como a pauta da equidade de gênero tem avançado no contexto do comércio internacional, passando pelas perspectivas multilateral, plurilateral e bilateral. Nesse intuito, a subseção 2.1 apresenta a pauta de gênero na ONU, com foco no ODS 5 da Agenda de Desenvolvimento Sustentável para 2030, que configura o marco multilateral que associa gênero a sustentabilidade. A subseção 2.2. se dedica à OCDE, organização que vem assumindo protagonismo na governança do comércio internacional, e produz uma gama de materiais sobre gênero. A subseção 2.3 apresenta o assunto na OMC, com o marco da Declaração de Buenos Aires sobre Comércio e Empoderamento das Mulheres em 2017. Por fim, a subseção 2.4 trata da inclusão crescente de cláusulas de gênero em Acordos Preferenciais de Comércio.

2.1   Gênero na agenda da ONU

Em 2015, os 193 membros da ONU – incluindo o Brasil – acordaram em seguir uma agenda de desenvolvimento sustentável para 2030, no intuito de assumirem esforços integrados em prol do benefício das pessoas, do planeta, e do desenvolvimento econômico global, compromisso que se traduziu em uma declaração com 17 Objetivos de Desenvolvimento Sustentável (ODS) e 169 metas para alcançar tais objetivos (GALIZA E SILVA, p. 1).

O ODS 5 visa a "alcançar a igualdade de gênero e empoderar todas as mulheres e meninas", e a primeira meta é a eliminação de todas as formas de discriminação contra todas as mulheres e meninas em todas as partes. Na perspectiva do Brasil, o Instituto de Pesquisa e Econômica Aplicada (IPEA) considerou pertinente adequar a linguagem da primeira meta para incluir importantes interseções:

> Eliminar todas as formas de discriminação de gênero, nas suas intersecções com raça, etnia, idade, deficiência, orientação sexual, identidade de gênero, territorialidade, cultura, religião e nacionalidade, em especial para as meninas e mulheres do campo, da floresta, das águas e das periferias urbanas. (IPEA, 2019)

No total, são 9 metas relacionadas ao ODS 5, que incluem questões como a eliminação de todas as formas de violência de gênero nas esferas pública e privada, o reconhecimento do trabalho de cuidado não remunerado, a participação plena e efetiva das mulheres e igualdade em oportunidades de liderança, a redução da taxa de mortalidade materna, o controle da mortalidade por câncer de mama e colo de útero, dentre outras.

A inclusão da pauta de gênero na Agenda da ONU para 2030 é um marco que associa igualdade de gênero a sustentabilidade. Fica reconhecido, a nível global, que o pleno potencial econômico e o desenvolvimento sustentável não serão alcançados enquanto direitos humanos e oportunidades continuarem a ser negados a metade da humanidade (GALIZA E SILVA, p. 4).

Muito embora não exista caráter vinculante na Agenda, o compromisso multilateral pela eliminação da desigualdade de gênero até 2030 gerou relevante repercussão, e a partir desse marco diversas políticas e instrumentos internacionais incorporaram o tema de gênero em suas agendas, como será abordado a seguir.

2.2 Gênero na agenda da OCDE

A é OCDE uma organização internacional de boas práticas regulatórias (THORSTENSEN, 2020, p. 4), como um "clube de boas práticas", que nasceu com caráter regional na União Europeia, e passou a expandir seus membros ao aderir países que voluntariamente solicitam sua acessão, com base em análise minuciosa de suas políticas públicas e práticas regulatórias. A Organização é dirigida por seus membros (*member driven organization*), e funciona como um fórum internacional para discussão e definição de políticas comerciais e uniformização de regras, visando proteger os bens, interesses e valores considerados relevantes para o desenvolvimento econômico.

A OCDE tem como base o compromisso de responsabilização mútua dos membros (*accountability*). Não há mecanismo de solução de controvérsias que garanta o cumprimento do compromisso, massa OCDE promove a revisão periódica de determinados indicadores dos países-membros (*peer reviews*), exercendo certa pressão política e comercial para que o país cumpra com o compromisso assumido voluntariamente.

A agenda da OCDE foi resinificada a partir da Agenda 2030 da ONU, incorporando um plano de ação para concretização dos ODS. A Organização passou a aplicar a lente dos ODS às suas estratégias, ferramentas e políticas, além de contribuir através de estudos e dados quantitativos e qualitativos relacionados aos ODS, fornecer apoio para formulação de políticas integradas, e avaliar maneiras de refletir os avanços para as comunidades externas à OCDE (THORSTENSEN, 2020, Tabela 2.2).

No que tange ao ODS 5, a OCDE analisa indicadores relacionados a equidade de gênero dentro do tema de governança. Em março de 2021, a OCDE publicou um relatório sobre comércio e gênero, apresentando uma análise estrutural de como as políticas comerciais afetam mulheres e homens de maneira diferente, com o objetivo de auxiliar os governos na implementação de políticas que possam reduzir as barreiras de gênero. A análise leva em consideração elementos como impactos do comércio sobre o emprego e salários femininos, participação de empresas de propriedade de mulheres no comércio e as barreiras relacionadas, e os efeitos das políticas comerciais sobre os preços para as consumidoras. É alertado que, no ritmo atual de mudanças, alcançar a paridade econômica global de gênero levará 257 anos (OCDE, 2021).

O Brasil apresentou pedido de acessão à OCDE em 2017, e já vem tomando medidas necessárias para passar pelo crivo dos membros no que diz respeito aos indicadores de sustentabilidade. Já é possível tangibilizar as mudanças decorrentes do processo de acessão do Brasil à OCDE, principalmente em relação à modernização da governança pública. Pode-se citar, por exemplo, o advento Nova Lei de Câmbio no Brasil (Lei 14.286/2021), publicada no final de 2021, com o objetivo de modernizar, simplificar e tornar mais eficiente o sistema cambial brasileiro.

No final de janeiro de 2022, o Conselho da OCDE finalmente decidiu dar início ao processo formal de acessão do Brasil na Organização (BRASIL, 2022). Sendo a equidade de gênero tema dos indicadores de governança da OCDE, espera-se que o processo de acessão do Brasil à OCDE proporcione maior engajamento da Administração Pública com a elaboração de normas e políticas mais efetivas em prol da equidade de gênero no país.

2.3 Gênero na agenda da OMC

Em 2017, durante a 11ª Conferência ministerial da OMC em Buenos Aires, 118 membros da OMC assinaram a Declaração de Buenos Aires sobre Comércio e Empoderamento das Mulheres, cujo objetivo é a adoção de medidas conjuntas para eliminação das barreiras ao empoderamento econômico das mulheres e expansão da participação das mulheres no comércio (FONTOURA; PRATES, 2018).

A Declaração faz referência expressa ao ODS 5, e se coloca como uma ferramenta para alcançar esse objetivo através das políticas comerciais. Através dos compromissos e grupos de trabalho, busca-se desenvolver regulações que reduzam as barreiras e lacunas de gênero no comércio (GALIZA E SILVA, 2018, p. 41). Apesar da importância para o avanço da pauta de gênero, o instrumento não tem natureza de Acordo Internacional, de forma que não há qualquer caráter vinculante para os países-membros que assinaram a Declaração.

Diferentemente da OCDE, que é dirigida por seus próprios membros através da responsabilização mútua, a OMC opera através da regra do consenso, que tem se mostrado impraticável com 164 membros. O principal fato que aponta a ineficácia da regra do consenso é a ausência de resultados multilaterais no âmbito da OMC nos últimos 20 anos, desde o insucesso da rodada Doha em 2001 (THORSTENSEN, 2001). O mecanismo de solução de controvérsias da OMC está também em crise, diante da paralisação do Órgão de Apelação em 2019 e o fenômeno da apelação no vazio (*appeal into the void*) (PAUWELYN, 2019).

Nesse contexto de crise, a OMC vem perdendo relevância quando se trata de novos temas de comércio internacional. Proliferam-se, assim, Acordos Preferenciais de Comércio, dentro e fora da OMC, que acabam por representar os verdadeiros fóruns de discussão e definição das regras atuais que regem o comércio entre fronteiras.

Sendo o tema de gênero relativamente novo – tomando como marco o ODS 5 estabelecido em 2015 – as relativas negociações e acordos não vem ocorrendo no âmbito multilateral na OMC, mas no âmbito bilateral, plurilateral e regional através de acordos preferenciais de comércio, como será comentado a seguir.

2.4   Gênero nos Acordos Preferenciais de Comércio

É crescente o número de Acordos Preferenciais de Comércio que contém cláusulas relacionadas a gênero. Pesquisa de 2018, conduzida por José Antônio Monteiro âmbito da Divisão de Pesquisa Econômica e Estatística da OMC, já aponta tendência crescente, identificando 74 acordos que incluem referência explicita a gênero em seu conteúdo, o que representa 25% do total (MONTEIRO, 2018). Essa pesquisa foi atualizada em janeiro de 2021, apontando que o universo de acordos com cláusulas de gênero está se expandindo, com 83 acordos que continham referência expressa, o que representa 9 acordos a mais em relação a 2018, e 27% do total (MONTEIRO, 2021).

O próprio Brasil é signatário de um Acordo Preferencial de Comércio com um capítulo inteiro dedicado a igualdade de gênero. O Acordo de Livre Comércio Brasil-Chile (ACL Brasil-Chile) foi assinado em 2018, e entrou em vigor em janeiro de 2022[2], processo que, passou pela rejeição de uma Emenda de Plenário específica às cláusulas de gênero contidas no acordo (EMP 2.0 – MSC 369/2019, de 16 de março de 2021, proposta pelo Deputado Federal Vitor Hugo – PSL).

Além do ACL Brasil-Chile, outros exemplos de Acordos Preferenciais de Comércio com capítulos dedicados a gênero são Chile-Canadá, Chile-Argentina e Chile-Uruguai, o que já vem configurando uma tendência (SAYEG; MARTES, 2021). No âmbito regional, há cláusulas de gênero contidas no Acordo entre o Mercosul e a Associação Europeia de Livre Comércio (Acordo Mercosul-EFTA), que foi assinado em 2019 e aguarda ratificação. Além disso, desde 2018 o Brasil participa das rodadas de negociação do Acordo Mercosul-Canadá, que aborda "Comércio e Gênero" e "Comércio Inclusivo"[3].

A tendência de inclusão do tema de gênero em acordos comerciais é um avanço importante para a pauta, mas ainda com natureza não vinculante (*soft law*), uma vez que se observa que as cláusulas de gênero estão normalmente excluídas do mecanismo de solução de controvérsias dos Acordos (WITCAST, 2022). O

---

2. O acordo entrou em vigor no Brasil a partir do Decreto 10.949/2022.

3. Para as negociações de acordos comerciais que o Brasil participa, ver o Anuário de Comércio Exterior, disponível em:<https://www.gov.br/produtividade-e-comercio-exterior/pt-br/assuntos/comercio-exterior/publicacoes-secex>. (Acesso em: 07.03.2022).

ACL Brasil-Chile é um exemplo disso, conforme o artigo 18.7[4]. Portanto, mais uma vez é possível observar que o tema de gênero no âmbito do Comércio Internacional ainda não se consolidou de forma vinculante, são poucas ou ausentes as ferramentas coercitivas dos Estados para garantir que os compromissos em prol da equidade de gênero sejam cumpridos, deixando incertezas em relação aos efeitos, na prática, para a redução da desigualdade de gênero.

O que acontece, então, na prática? Poderiam iniciativas privadas estabelecerem padrões relacionados a gênero, configurando barreiras efetivas ao comércio internacional? Este assunto é abordado na próxima seção.

3. PADRÕES PRIVADOS VOLUNTÁRIOS DE SUSTENTABILIDADE RELACIONADOS A GÊNERO NA IMPLEMENTAÇÃO DE UMA NOVA GOVERNANÇA CORPORATIVA SÃO UMA NOVA BARREIRA TÉCNICA AO COMÉRCIO INTERNACIONAL?

Nota-se que, apesar da relevância da oxigenação do tema a partir de instrumentos adotados por países no âmbito multilateral, plurilateral e bilateral (vide Seção 1), são poucas ou ausentes as ferramentas coercitivas dos Estados para garantir que os compromissos em prol da equidade de gênero sejam cumpridos. Os instrumentos observados até aqui são de natureza eminentemente pública.

Existem instrumentos privados de regulação do comércio internacional que tratem de equidade de gênero? Os chamados padrões privados voluntários de sustentabilidade podem ser usados para promover a igualdade de gênero através do comércio internacional? Em caso positivo, tais instrumentos poderiam vir a se configurar como barreiras técnicas ao comércio internacional, impactando a concorrência no Brasil?

Essa seção se dedica, portanto, a apresentar o que chamamos de padrões privados voluntários de sustentabilidade, que podem abarcar a pauta de equidade de gênero na governança internacional. Nesse intuito, a subseção 3.1. apresenta o que são os padrões privados voluntários de sustentabilidade, para em seguida a seção 3.2. analisar se tais padrões privados voluntários de sustentabilidade já consideram critérios de equidade de gênero em seu bojo.

3.1 O que são padrões privados voluntários de sustentabilidade?

De acordo com o *United Nations Forum on Sustainability Standards* (UNFSS), os Padrões Voluntários de Sustentabilidade, em inglês *Voluntary Sustainability*

---

4. O ACL Brasil-Chile, no Capítulo 18 (Comércio e Gênero), Artigo 18.7, estabelece: "Nenhuma das Partes poderá recorrer ao mecanismo de solução de controvérsias previsto no Capítulo 22 (Solução de Controvérsias) a respeito de qualquer assunto derivado deste Capítulo".

Standards (VSS), são regras especiais que garantem que os produtos não prejudiquem o meio ambiente e as pessoas que os fabricam (UNFSS, 2019). No âmbito das relações privadas, trata-se de requerimentos específicos estabelecidos para produtores, comerciantes ou prestadores de serviço, funcionando como instrumentos para comunicar informações complexas de vendedor para comprador, apontando que determinado produto ou serviço foi desenvolvido de forma sustentável.

Do ponto de vista do mercado, as iniciativas de sustentabilidade se inserem no contexto do Capitalismo de Stakeholders e expansão da pauta denominada *Environmental, Social and Corporate Governance* (ESG). Estes temas foram o eixo condutor do Manifesto de Davos de 2020 acerca do propósito das empresas. O Manifesto defende transformações no mercado para harmonizar os interesses de diferentes partes interessadas (stakeholders), desde funcionários, clientes, fornecedores, comunidades locais, até o meio ambiente e a sociedade em geral (FRAZÃO, 2020).

Estudo no âmbito da UNFSS em 2012 já identificou o crescimento de padrões de sustentabilidade, apontando como foco os setores de exploração florestal, agrícola, mineira ou pesqueira. O estudo também identificou que o conteúdo dos padrões se concentra em fatores como a proteção da água, biodiversidade, redução de emissão de gases de efeito estufa, proteção das comunidades e do direito dos trabalhadores e boas práticas em diferentes partes do setor produtivo (UNFSS, 2012).

Ademais, o conceito de sustentabilidade sofreu transformações ao longo das últimas duas décadas (SMITH; BUSIELLO; TAYLOR; JONES, 2018), principalmente a partir da Agenda de Sustentabilidade da ONU, momento no qual foram estabelecidos parâmetros, metas e submetas para a promoção da sustentabilidade no mundo até 2030. A ampla gama de matérias abordada na Agenda 2030 da ONU concentra atenções para a amplitude do conceito de sustentabilidade, que não se limita à proteção do meio ambiente, incluindo a sustentabilidade das atividades no que tange à saúde e segurança no trabalho, erradicação do racismo, acesso à educação, e também equidade de gênero, tema que é o foco desse trabalho.

Dentro dessa conjuntura, os padrões privados de sustentabilidade são observados, na prática, através de selos e certificações entre particulares. Ou seja, se uma determinada empresa adotar determinados padrões em sua cadeia de produção – desde os fornecedores até o consumidor final – ela recebe um selo. Esse selo é um instrumento de comunicação fácil entre comprador e vendedor, pois através de uma pequena imagem, o consumidor é capaz de saber que está adquirindo um produto sustentável. Uma análise de prateleira de mercado já permite observar a proliferação desses padrões e selos.

Um exemplo de certificação famosa é o selo "Halal", que é conhecido como garantia de que o produto atendeu às regras e regulações do Islamismo, e, portanto, são comestíveis, bebíveis ou utilizáveis por muçulmanos (SAMORI; ISHAK; KASSAN, 2014). Assim, determinada empresa voluntariamente se submete à certificação, no intuito de atestar que seus produtos atendem determinadas exigências dos consumidores.

As certificações que se destinem a garantir que um produto atendeu critérios de sustentabilidade são referidas nesta pesquisa como padrões privados voluntários de sustentabilidade. Os consumidores têm se mostrado cada vez mais engajados na pauta de sustentabilidade, exigindo das empresas compromissos verdadeiros, o que já é uma realidade bastante tangível na União Europeia, por exemplo (EUROPEAN COMISSION, 2018). Assim, produtos certificadamente sustentáveis assumem vantagens competitivas na medida em que os consumidores aumentam seu engajamento com os temas de sustentabilidade. Da perspectiva das cadeias globais de valor, certificações de sustentabilidade se tornam barreiras ao comércio internacional, na medida em que um mercado, ao exemplo do europeu, se torna mais criterioso sobre o cumprimento de padrões de sustentabilidade.

Estariam critérios de gênero também considerados nesses padrões privados voluntários de sustentabilidade? Esse tema será abordado na próxima subseção.

3.2 Os padrões privados voluntários de sustentabilidade já consideram critérios de equidade de gênero?

Constatada a existência do que chamamos de padrões privados voluntários de sustentabilidade, resta entender se a pauta da equidade de gênero já vem sendo incluída nesse padrão mais amplo da sustentabilidade. Os chamados padrões privados voluntários de sustentabilidade podem ser usados para promover a igualdade de gênero através do comércio internacional? Em caso positivo, tais instrumentos poderiam vir a se configurar como barreiras técnicas ao comércio internacional, impactando a concorrência no Brasil?

Estudo conduzido em 2018, no âmbito do International Centre for Trade and Sustainable Development (ICTSD)[5], analisou como os padrões privados voluntários de sustentabilidade podem ser usados para promover a igualdade de gênero através do comércio internacional (SMITH; BUSIELLO; TAYLOR; JONES, 2018). Observou-se que, embora a adoção destes padrões tenha gerado impacto positivo nas mulheres em alguns contextos, os padrões voluntários ainda interagem com normas sociais profundamente enraizadas que reforçam desigualdades e impedem as mulheres de participar plenamente da vida econômica em geral.

---

5. Em português, Centro Internacional de Comércio e Desenvolvimento Sustentável. Trata-se de uma organização independente e sem fins lucrativos, com sede em Genebra, Suíça. O objetivo da organização é promover o desenvolvimento sustentável através da elaboração de políticas relacionadas ao comércio. Mais informações: <https://ictsd.iisd.org/>. (Acesso em: 07.03.2022).

Por fim, o estudo conclui que os privados voluntários de sustentabilidade falham em abordar questões estruturais que sustentam as desigualdades de gênero.

Essas normas sociais e questões estruturais que sustentam as desigualdades de gênero possuem interseções com diversos outros assuntos. Por exemplo, os impactos da desigualdade de gênero são percebidos de forma diferente por mulheres a depender de sua raça, etnia, orientação sexual, identidade de gênero, idade, pobreza, etc. Nesse sentido, o estudo da ICTSD afirma que a dimensão do conceito de gênero ainda está muito inexplorada pelos padrões voluntários adotados.

Muito embora o mencionado estudo da ICTSD se concentre em importantes críticas à eficácia dos padrões privados voluntários de sustentabilidade para efetiva redução das lacunas de gênero, chama atenção que o estudo identifica a existência de diversos e padrões voluntários de sustentabilidade relacionados a gênero, em processo de expansão e diversificação.

Considerou-se pertinente, então, realizar um mapeamento dos Padrões privados voluntários de sustentabilidade relacionados a gênero na implementação de uma nova governança corporativa já existentes, observando (i) seu conteúdo, (ii) a relevância do critério de gênero em comparação com os demais critérios, observando se o tema é foco do padrão privado, ou aparece de forma incidental.

Nesse intuito, foi realizada pesquisa empírica na base de dados do *International Trade Centre* (ITC)[6]. O ITC é uma agência conjunta da OMC e da ONU, criada em 1964 com a missão de promover o desenvolvimento econômico inclusivo e sustentável. A agência é reconhecida pelos instrumentos de apoio à internacionalização de pequenas e médias empresas (*small and médium enterprises – SME*).

O ITC disponibiliza, online e gratuitamente, diversas ferramentas de análise de mercado, que permitem que o acesso público a dados e informações sobre, por exemplo, fluxos comerciais[7], barreiras tarifárias e não tarifárias[8], investimentos[9], e também padrões de sustentabilidade[10], objeto da presente pesquisa. Assim, utilizou-se a ferramenta ITC Standard Map, que compõe o maior banco de dados do mundo para padrões de sustentabilidade, fornecendo informações gratuitas acessíveis, abrangentes, verificadas e transparentes sobre mais de 300 padrões adotados no mundo.

---

6. Em português, Centro de Comércio Internacional.
7. Ferramenta "Trademap", disponível em: <https://www.trademap.org/>. (Acesso em: 13/01/2022).
8. Ferramenta "Market Access App", disponível em <https://www.macmap.org/>. (Acesso em: 13/01/2022).
9. Ferramenta "Investment App", disponível em <https://www.investmentmap.org/>. (Acesso em: 13/01/2022).
10. Ferramenta "Standards Map", disponível em <https://www.standardsmap.org/en/home>. (Acesso em: 13/01/2022).

Procedeu-se inicialmente a pesquisa exploratória na ferramenta ITC Standard Map, adotando como metodologia a seleção da opção "Explore Standard Map" disponível à esquerda da página eletrônica, que permite identificar cada um dos padrões de sustentabilidade que compõem a base de dados, e ainda filtrar os resultados por diversos critérios[11]. O acesso à plataforma no dia 13 de janeiro de 2022 apontou a existência de 314 padrões de sustentabilidade mapeados pelo ITC.

Identificou-se que os 314 resultados mapeados pela plataforma abrangem padrões de sustentabilidade operados por diferentes entidades, incluindo entidades privadas, públicas e internacionais. A ferramenta permite filtrar por tipo de entidade que opera o padrão, disponibilizando os filtros "Private Entity" (Entidades Privadas), "Public Entity" (Entidades Públicas) e "International" (Entidades Internacionais).

O filtro "Private Entity" aponta os padrões voluntários de sustentabilidade que são operados por entidades privadas, foco desta pesquisa. O filtro "Public Entity" envolve padrões com caráter iminentemente público, ao exemplo do ASEAN[12] Guidelines on Promoting Responsible Investment in Food, Agriculture and Forestry. Por fim, observou-se que o filtro "International" inclui diversos guias e princípios não obrigatórios (*soft law*), como o UN Guiding Principles on Business and Human Rights e o OECD Guidelines for Multinational Enterprises – Edition 2011.

O filtro "Private Entity" foi o que melhor se adequou à pergunta de pesquisa, e por isso foi selecionado. Aplicando-se o filtro "Private Entity", foram encontrados encontrando 223 resultados, dentro do universo de 314 padrões de sustentabilidade mapeados pelo ITC em 13 de janeiro de 2022[13].

Em seguida, para delimitar o escopo da pesquisa à temática de gênero, selecionou-se o filtro "SDGs", que se refere a "Sustainable Development Goals", em português Objetivos de Desenvolvimento Sustentável (ODS), selecionando especificamente os padrões que contribuem para objetivos específicos da Agenda 2030 da ONU. Foi selecionado Objetivo 5, que se refere à equidade de gênero (filtro "SDG", subdivisão "Gender Equality"). A aplicação desse filtro foi considerada a mais adequada dada a relevância dos ODS no âmbito do comércio internacional, sendo um marco multilateral que associa gênero a sustentabilidade, como abordado na seção 1.

---

11. A ferramenta disponibiliza diversos filtros, com subdivisões, permitindo aprofundar a busca em elevado grau de detalhe. Os filtros incluem nome, tema ou pilar de sustentabilidade, setor, produto, origem, destino, cadeia de valor, ODS da Agenda 2030 da ONU, Tipologia (público, privado e internacional), propósito, verificação, reconhecimentos e benchmarking, e rótulos para consumidores.
12. Associação de Nações do Sudeste Asiático. Trata-se de uma organização intergovernamental regional que compreende Brunei, Camboja, Cingapura, Filipinas, Indonésia, Laos, Malásia, Mianmar, Tailândia e Vietnã.
13. A base de dados foi construída a partir dos resultados da pesquisa conduzida no dia 13 de janeiro de 2022. A pesquisa está sujeita a atualização, conforme alimentação atualizada da plataforma Standard Map do ITC.

A combinação dos filtros "Private Entity" com "SDG 5 – Gender Equality" revelou 158 resultados, dentro do universo de 314 padrões de sustentabilidade mapeados pelo ITC em 13 de janeiro de 2022[14].

Em resumo, verificou-se que dentre os 314 padrões de sustentabilidade mapeados pelo ITC, 233 são padrões privados, sendo que destes 158 são privados e também relacionados a equidade de gênero (ODS 5).

Considerando o universo de 233 padrões privados mapeados, tem-se que os 158 padrões relacionados a equidade de gênero (ODS 5) representam 70,9% desse universo. Em outras palavras, a pesquisa evidencia que mais de 70% dos padrões privados voluntários de sustentabilidade mapeados pelo ITC já adotam critérios relacionados a equidade de gênero, em referência ao ODS 5 da ONU. O infográfico abaixo reporta a conclusão:

GRÁFICO 1 Conclusão da pesquisa exploratória de Padrões privados voluntários de sustentabilidade relacionados a gênero na implementação de uma nova governança corporativa

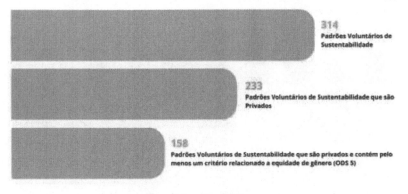

Elaboração própria
Fonte: ITC Standards Map (vide ANEXO A)

---

14. A base de dados foi construída a partir dos resultados da pesquisa conduzida no dia 13 de janeiro de 2022. A pesquisa está sujeita a atualização, conforme alimentação atualizada da plataforma Standard Map do ITC.

Em termos qualitativos, também foi possível identificar quais são os setores mais afetados por Padrões privados voluntários de sustentabilidade relacionados a gênero na implementação de uma nova governança corporativa. Para análise do setor relacionado para cada um dos 158 padrões privados voluntários de sustentabilidade supra identificados, buscou-se a informação sobre setores através da opção "Profile" (Perfil) na Ferramenta ITC Standards Map[15]. Ao final da análise, foi possível observar que o setor de Agricultura é o que mais representativo da lista de Padrões privados voluntários de sustentabilidade relacionados a gênero na implementação de uma nova governança corporativa, sendo relacionado a 26% dos padrões privados voluntários de sustentabilidade mapeados pelo ITC. A análise está resumida no gráfico abaixo:

GRÁFICO 2 Representatividade por setor dos Padrões privados voluntários de sustentabilidade relacionados a gênero na implementação de uma nova governança corporativa

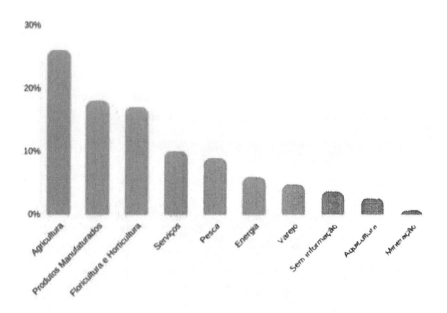

Elaboração própria
Fonte ITC Standards Map (vide ANEXO A)

Por fim, foi observado que o tema de gênero não é o foco central de nenhum dos 158 padrões privados voluntários identificados. A comparar a quantidade de

---
15. No campo "Profile" (Perfil), a plataforma apresenta em "Overview" a visão geral sobre a norma, incluindo resumo, propósito, tipologia, setores relacionados, produtos relacionados, foco da cadeia de valor, escopo geográfico, dentre outras informações.

critérios relacionados a gênero com a quantidade total de critérios de cada padrão, observou-se que os critérios relacionados a gênero representam, em média simples, apenas 3% do universo respectivo a cada padrão.

Partindo das conclusões já alcançadas no mencionado estudo da ICTSD, a baixa representatividade (3%) do tema de gênero nos padrões privados voluntários ora mapeados indica que o tema ainda é incipiente, e há muito a avançar. Ou seja, apesar de estarem abarcados (i) seu conteúdo, não se observa (ii) a relevância do critério de gênero em comparação com os demais critérios, dado que não é foco do padrão privado, mas aparece de forma incidental.

A base de dados utilizada para as análises apresentadas ao longo desta subseção está disponível no *ANEXO A – Lista dos padrões privados voluntários de sustentabilidade relacionados a gênero na implementação de uma nova governança corporativa segregada por setor*. A lista contém o nome dos 158 padrões privados identificados no ITC, e está segregada por setor[16], apresentando na última coluna a porcentagem dos critérios de gênero em relação ao total dos critérios do padrão analisado.

4. CONCLUSÃO

O tema de gênero já é objeto dos instrumentos que regulam o Comércio Internacional. No âmbito de instrumentos eminentemente públicos, a igualdade de gênero é objeto de iniciativas bilaterais, plurilaterais, regionais e multilaterais. O ODS 5 da Agenda das Nações Unidas de Desenvolvimento Sustentável para 2030 é um marco que associa a igualdade de gênero a sustentabilidade, e diversos outros instrumentos acompanharam essa tendência, inclusive no âmbito da OCDE, OMC e Acordos Preferenciais de Comércio, como o ACL Brasil-Chile, o Acordo Mercosul-EFTA e o Acordo Mercosul-Canadá.

Apesar da relevância da oxigenação do tema, são poucas ou ausentes as ferramentas coercitivas dos Estados para garantir que os compromissos em prol da equidade de gênero sejam cumpridos. Nesse contexto, a presente pesquisa investigou a existência de instrumentos privados de regulação do comércio internacional que tratem de equidade de gênero. Os chamados padrões privados voluntários de sustentabilidade podem ser usados para promover a igualdade de gênero através do comércio internacional? Em caso positivo, tais instrumentos poderiam vir a se configurar como barreiras técnicas ao comércio internacional, impactando a concorrência no Brasil?

---

16. Para os padrões que se aplicam a mais de um setor, repetiu-se o nome do padrão nas linhas, mantendo-se a referência de ordenação numérica, de forma a reportar cada um dos setores relacionados na base de dados.

Ao final da pesquisa, foi identificado que igualdade de gênero já é um critério que impacta as relações privadas no mercado, com efeitos no comércio internacional. A pesquisa na base de dados do ITC demonstrou que 70% dos padrões privados voluntários de sustentabilidade mapeados contém critérios relacionados a igualdade de gênero. O setor agrícola, carro chefe da pauta exportadora brasileira, demonstrou ser o mais afetado, estando os padrões voluntários de sustentabilidade relacionados a gênero identificados em 26% dos padrões voluntários de sustentabilidade mapeados pelo ITC.

Ressalva-se, porém, que ainda há um longo caminho a ser percorrido. Apesar de estarem abarcados (i) no conteúdo do padrão voluntário de sustentabilidade, não se observa (ii) a relevância do critério de gênero em comparação com os demais critérios, dado que não é foco do padrão privado, mas aparece de forma incidental. Ao comparar a quantidade de critérios relacionados a gênero com a quantidade total de critérios de cada padrão, observou-se que os critérios relacionados a gênero representam, em média simples, apenas 3% do universo respectivo a cada padrão.

Da perspectiva do consumidor, a experiência da União Europeia permite concluir que produtos certificadamente sustentáveis ganham vantagens concorrenciais na medida em que os consumidores aumentam seu engajamento com os temas de sustentabilidade. Assim, com o avanço da pauta de sustentabilidade e igualdade de gênero no Brasil, a expectativa é que os impactos concorrenciais sejam cada vez mais percebidos. Especialmente considerando que os padrões voluntários de sustentabilidade relacionados a gênero encontram-se preponderantemente no setor da agricultura, atentar-se para essa possível barreira técnica ao comércio internacional é imprescindível para os produtores brasileiros interessados em exportar para tais destinos.

Da perspectiva das cadeias globais de valor, certificações de sustentabilidade também podem se tornar barreiras ao comércio internacional, na medida em que determinado mercado, ao exemplo do mercado Europeu, se torna mais criterioso sobre o cumprimento de padrões de sustentabilidade. Assim, pensando na pauta exportadora Brasileira, as certificações de sustentabilidade, incluindo as relacionadas a gênero, como identificadas na presente pesquisa, podem limitar o acesso a mercados mais criteriosos.

Diante do exposto, uma vez verificada a existência de padrões privados voluntários de sustentabilidade relacionados a igualdade de gênero, entende-se que o tema de gênero já se configura como uma barreira ao comércio internacional brasileiro, com possíveis impactos, em especial, para o setor agrícola brasileiro. No entanto, a incipiência do tema de gênero no âmbito dos padrões privados voluntários de sustentabilidade ora mapeados gera dúvidas acerca dos efeitos práticos.

Espera-se que pesquisas futuras possam, a partir da base de dados já elaborada, aprofundar o assunto e acompanhar os respectivos avanços ou retrocessos.

Resta avaliar, ainda, como avançar. O contexto parece demandar por uma certificação com foco no atendimento de padrões de igualdade de gênero, tanto nos ambientes empresariais, como nos diversos elos que compõem as cadeias produtivas domésticas e globais. Essa demanda já foi observada pela Organização Internacional de Normalização (ISO), que em janeiro de 2022 iniciou um projeto em parceria com a *Associación Española de Normalización* (UNE) para elaboração da primeira norma global ISO sobre igualdade de gênero (UNE, 2022).

Ademais, tais barreiras técnicas ao comércio internacional podem afetar não apenas a pauta exportadora brasileira, mas também importadora, na medida em que os consumidores brasileiros e as empresas brasileiras é que podem se tornar também vetores da exigência e/ou da inclusão de selos de gênero em seus produtos e/ou processos produtivos.

Assim, não se pode descartar repercussões na concorrência no Brasil[17], dada a restrição do fluxo comercial, a redução da rivalidade entre os agentes econômicos e a redução de opções aos consumidores brasileiros, caso não sejam cumpridos tais padrões privados de sustentabilidade relacionados a gênero.

5. REFERÊNCIAS

BRASIL. Comunicado da Casa Civil, *Brasil é convidado a iniciar processo de acessão à OCDE*, Brasília, 2022. Disponível em: <https://www.gov.br/casacivil/pt-br/assuntos/noticias/2022/janeiro/brasil-e-convidado-a-tornarse-membro-pleno-da-ocde#:~:text=O%20governo%20brasileiro%20recebeu%20nesta,economias%20mais%20avan%C3%A7adas%20do%20mundo>. (Acesso em: 07.03.2022).

BRASIL. Ministério da Economia, Secretaria de Comércio Exterior, *Anuário do Comércio Exterior Brasileiro*, Brasília, 2020. Disponível em: <https://www.gov.br/produtividade-e-comercio-exterior/pt-br/assuntos/comercio-exterior/publicacoes-secex/anuario/arquivos/anuario-comex-2020.pdf>. (Acesso em: 07.03.2022).

EUROPEAN COMISSION, *Sustainable Consumption: Policy-relevant insights on the consumers' engagement in the circular economy*, 2018, Disponível em: <https://ec.europa.eu/info/live-work-travel-eu/consumers/sustainable-consumption_en>. (Acesso em: 07.03.2022).

FONTOURA, Andrezza; PRATES, Verônica. *(Des)igualdade de gênero: qual o papel do Comércio Internacional?*, Brasília, Comex do Brasil, 2018. Disponível em: <https://www.comexdobrasil.com/desigualdade-de-genero-qual-o-papel-do-comercio-internacional/>. (Acesso em: 07.03.2022).

---

17. Sobre a pauta de sustentabilidade já ser uma realidade também no direito concorrencial brasileiro, pode-se mencionar a decisão da 5ª Vara Federal Cível da SJDF de dezembro de 2021 (Processo 1015425-06.2019.4.01.3400), que condicionou a aprovação pelo CADE do ato de concentração entre VALE e Ferrous à apresentação de programa de Compliance Ambiental.

FRAZÃO, Ana. *Ano Novo Capitalismo Novo? O Manifesto Davos 2020 e as várias recentes iniciativas para implementar um novo propósito para as empresas na Quarta Revolução Industrial*, São Paulo, Jota, 2020. Disponível em <https://www.jota.info/opiniao-e-analise/colunas/constituicao-empresa-e-mercado/ano-novo-capitalismo-novo-19022020>. (Acesso em: 07.03.2022).

GALIZA E SILVA, Gabriela. *Comércio e GÊNERO: um novo tema na agenda internacional*, São Paulo, FGV, 2018. Disponível em: <https://bibliotecadigital.fgv.br/dspace/bitstream/handle/10438/24776/TD%20485%20-%20CCGI_09.pdf?sequence=1&isAllowed=y>. (Acesso em: 07.03.2022).

IPEA, banco de dados, *ODS 5 Meta 5.1*, 2019. Disponível em: <https://www.ipea.gov.br/ods/ods5.html>. (Acesso em: 07.03.2022).

MONTEIRO, José Antonio. *Gender-related Provisions in Regional Trade Agreements*, Genebra, WTO Staff Working Paper ERSD-2018-15, 2018. Disponível em: <https://www.wto.org/english/res_e/reser_e/ersd201815_e.pdf>. (Acesso em: 07.03.2022).

MONTEIRO, José Antonio. *The evolution of gender-related provisions in Regional Trade Agreements*, Genebra, WTO Staff Working Paper ERSD-2021-8, 2021. Disponível em: <https://www.wto.org/english/res_e/reser_e/ersd202108_e.pdf>. (Acesso em: 07.03.2022).

OCDE. Trade Policy Paper 246, *Trade and Gender Framework Analysis*, Paris, OECD Publishing, 2021. Disponível em: <https://doi.org/10.1787/18166873>. (Acesso em: 07.03.2022).

OXFAM INTERNATIONAL, *World's billionaires have more wealth than 4.6 billion people*, 2019. Disponível em: <https://www.oxfam.org/en/press-releases/worlds-billionaires-have-more-wealth-46-billion-people>. (Acesso em: 07.03.2022).

PAUWELYN, Joost. *WTO Dispute Settlement Post 2019: What to Expect?*, Journal of International Economic Law, Volume 22, Issue 3, 2019, pp. 297-321. Disponível em: <https://doi.org/10.1093/jiel/jgz024>. (Acesso em: 07.03.2020).

SAMORI, Zakiah; ISHAK, Amal Hayati; KASSAN, Nurul Himmah. *Understanding the Development of Halal Food Standard: Suggestion for Future Research*, International Journal of Social Science and Humanity, v. 4, n. 6, pp. 482-486, 2014. Disponível em:<http://www.ijssh.org/index.php?m=content&c=index&a=show&catid=50&id=715>. (Acesso em: 07.03.2022).

SAYEG, Carol; MARTES, Marina Martins. *Gênero e comércio*: acordos de comércio podem contribuir para a redução da desigualdade de gênero no Brasil?. Coletânea WIT, São Paulo, FGV, 2021. Disponível em:<https://ccgi.fgv.br/sites/ccgi.fgv.br/files/u5/Colet%C3%A2nea%20WIT%20-%20Edi%C3%A7%C3%A3o%201%20-%20Homenagem%20%C3%A0%20Prof.%20Vera%20Thorstensen%201.0.pdf>. (Acesso em: 07.03.2022).

SMITH, Sally; BUSIELLO, Federica; TAYLOR, Georgia; JONES Elaine. *Voluntary Sustainability Standards and Gender Equality in Global Value Chains*, Geneva, ICTSD, 2018. Disponível em <https://ictsd.iisd.org/sites/default/files/research/voluntary_sustainability_standards_and_gender_equality_-_wise_development.pdf>. (Acesso em: 07.03.2022).

THORSTENSEN, Vera (Coord.). *O Brasil como visto pela OCDE*, São Paulo, FGV, 2020. Disponível em: <https://ccgi.fgv.br/sites/ccgi.fgv.br/files/u5/CCGI_Brasil%20como%20visto%20pela%20OCDE_jul_2020.pdf>. (Acesso em: 07.03.2022).

THORSTENSEN, Vera. *OMC Organização Mundial do Comércio: as Regras do Comércio Internacional e a Nova Rodada de Negociações Multilaterais*, 2. ed. 2001

UFNSS. *What are voluntary sustainability standards (VSS)?*, Genebra, Brochure, 2019. Disponível em: <https://unfss.org/home/about-unfss/>. (Acesso em: 07.03.2022).

UNE, *UNE presenta el primer estándar mundial ISO sobre igualdad de género*, 2022. Disponível em <https://www.une.org//la-asociacion/sala-de-informacion-une/noticias/impulso-a-la-igualdad-de-genero>. (Acesso em 07.03.2022).

UNFSS. *Voluntary sustainability standards*: today's landscape of issues & initiatives to achieve public policy objectives, Genebra, 2012. Disponível em: <https://unfss.org/wp-content/uploads/2012/05/unfss-report-initiatives-2_draft_lores.pdf>. (Acesso em: 07.03.2022).

WITCAST. *Negociação de cláusulas de gênero em acordos de livre comércio*, Entrevistadas: Christiane Aquino Bonomo e Carla Junqueira, 2021, podcast, disponível em <https://open.spotify.com/episode/24wjknKNv2yUDWEIyxOANU>. (Acesso em: 07.03.2022).

ANEXO A – LISTA DOS PADRÕES PRIVADOS VOLUNTÁRIOS DE SUSTENTABILIDADE RELACIONADOS A GÊNERO NA IMPLEMENTAÇÃO DE UMA NOVA GOVERNANÇA CORPORATIVA SEGREGADA POR SETOR

Elaboração própria
Fonte: ITC Standards Map. Disponível em: <https://www.standardsmap.org/>. (Acesso em 12.01.2021)
Filtros: "Private Entity" + "ODS 5 – Gender Equality"

Ref.	Nome do padrão voluntário de sustentabilidade relacionado a gênero	Tipo	Setor	% dos critérios sobre gênero
1	ABVTEX PROGRAM	Privado	Produtos Manufaturados	2%
2	ADM Responsible Soybean Standard	Privado	Agricultura	1%
3	Agriculture Sustentable Certificada + Module on Non--conversion	Privado	Pesca	2%
3	Agriculture Sustentable Certificada + Module on Non--conversion	Privado	Aquicultura	2%
4	Aluminium Stewardship Initiative	Privado	Mineração	3%
5	Amaggi Responsible Standard + Deforestation and Conversion Free Module	Privado	Agricultura	2%
6	amfori BSCI	Privado	Agricultura	2%
6	amfori BSCI	Privado	Energia	2%
6	amfori BSCI	Privado	Pesca	2%
6	amfori BSCI	Privado	Floricultura e Horticultura	2%
6	amfori BSCI	Privado	Produtos Manufaturados	2%
6	amfori BSCI	Privado	Varejo	2%
6	amfori BSCI	Privado	Serviços	2%
7	Aquaculture Stewardship Council – ASC Pangasius	Privado	Pesca	1%
7	Aquaculture Stewardship Council – ASC Pangasius	Privado	Aquicultura	1%
8	Aquaculture Stewardship Council – ASC Salmon	Privado	Pesca	1%
8	Aquaculture Stewardship Council – ASC Salmon	Privado	Aquicultura	1%
9	Aquaculture Stewardship Council – ASC Shrimps	Privado	Pesca	2%
9	Aquaculture Stewardship Council – ASC Shrimps	Privado	Aquicultura	2%
10	Aquaculture Stewardship Council – ASC Tilapia	Privado	Pesca	1%
10	Aquaculture Stewardship Council – ASC Tilapia	Privado	Aquicultura	1%
11	ASC – Camarones/Langostino	Privado	Agricultura	2%
12	Baseline Code – Global Coffee Platform	Privado	Agricultura	2%
13	Better Biomass (new name for the NTA 8080 Approved certificate)	Privado	Energia	3%
13	Better Biomass (new name for the NTA 8080 Approved certificate)	Privado	Floricultura e Horticultura	3%
14	Better Cotton Initiative – BCI	Privado	Agricultura	2%
15	Bio Suisse Standards for Imports	Privado	Agricultura	2%

PADRÕES PRIVADOS VOLUNTÁRIOS DE SUSTENTABILIDADE | 77

Ref.	Nome do padrão voluntário de sustentabilidade relacionado a gênero	Tipo	Setor	% dos critérios sobre gênero
15	Bio Suisse Standards for Imports	Privado	Pesca	2%
15	Bio Suisse Standards for Imports	Privado	Floricultura e Horticultura	2%
16	bioRe	Privado	Agricultura	2%
17	BIOSPHERE DESTINATION COMMUNITY	Privado	Sem informação	2%
18	bluesign® system	Privado	Produtos Manufaturados	1%
18	bluesign® system	Privado	Serviços	1%
19	Bonsucro	Privado	Agricultura	1%
20	Bunge Pro-S Assuring Sustainable Sourcing	Privado	Agricultura	1%
21	Cargill Triple S Soya Products	Privado	Agricultura	2%
21	Cargill Triple S Soya Products	Privado	Produtos Manufaturados	2%
21	Cargill Triple S Soya Products	Privado	Serviços	2%
22	Cefetra Certified Responsible Soya Standard	Privado	Agricultura	2%
23	Clean Clothes Campaign – Code of Labour Practices	Privado	Produtos Manufaturados	1%
24	Climate, Community & Biodiversity Standards – CCB Standards	Privado	Agricultura	4%
24	Climate, Community & Biodiversity Standards – CCB Standards	Privado	Energia	4%
24	Climate, Community & Biodiversity Standards – CCB Standards	Privado	Pesca	4%
24	Climate, Community & Biodiversity Standards – CCB Standards	Privado	Floricultura e Horticultura	4%
24	Climate, Community & Biodiversity Standards – CCB Standards	Privado	Produtos Manufaturados	4%
24	Climate, Community & Biodiversity Standards – CCB Standards	Privado	Varejo	4%
24	Climate, Community & Biodiversity Standards – CCB Standards	Privado	Serviços	4%
25	Cocoa Horizons – Barry Callebaut	Privado	Agricultura	8%
26	Code of Practice for Sustainable Flower Production – EHPEA	Privado	Floricultura e Horticultura	4%
27	Codigo Nacional de Sustentibilidad de la Industria Vitivinicola	Privado	Sem informação	5%
28	Comercio Justo Internacional – Organizaciones de Pequenos Productores	Privado	Agricultura	3%
29	Coop Naturaline	Privado	Agricultura	3%
30	Cotton made in Africa	Privado	Agricultura	4%
31	CSQA Sustainable Cereal and Oilseed Standard (DTP 112)	Privado	Agricultura	2%
32	Donau Soja	Privado	Agricultura	1%
33	Echar PA'LANTE – Colcocoa	Privado	Agricultura	3%
34	Eco Awards Namibia – Accommodation establishments	Privado	Serviços	1%

Ref.	Nome do padrão voluntário de sustentabilidade relacionado a gênero	Tipo	Setor	% dos critérios sobre gênero
35	ECO PASSPORT by OEKO-TEX®	Privado	Produtos Manufaturados	1%
36	Ecotourism Kenya Eco-Rating	Privado	Serviços	3%
37	EcoVadis	Privado	Agricultura	4%
37	EcoVadis	Privado	Energia	4%
37	EcoVadis	Privado	Pesca	4%
37	EcoVadis	Privado	Floricultura e Horticultura	4%
37	EcoVadis	Privado	Produtos Manufaturados	4%
37	EcoVadis	Privado	Varejo	4%
37	EcoVadis	Privado	Serviços	4%
38	EO100TM Standard for Responsible Energy Development	Privado	Energia	2%
39	EQUITABLE FOOD INITIATIVE – EFI	Privado	Agricultura	4%
39	EQUITABLE FOOD INITIATIVE – EFI	Privado	Floricultura e Horticultura	4%
40	Ethical Trading Initiative – ETI	Privado	Agricultura	1%
40	Ethical Trading Initiative – ETI	Privado	Energia	1%
40	Ethical Trading Initiative – ETI	Privado	Pesca	1%
40	Ethical Trading Initiative – ETI	Privado	Floricultura e Horticultura	1%
40	Ethical Trading Initiative – ETI	Privado	Produtos Manufaturados	1%
40	Ethical Trading Initiative – ETI	Privado	Varejo	1%
40	Ethical Trading Initiative – ETI	Privado	Serviços	1%
41	Europe Soya	Privado	Agricultura	1%
42	Fair for Life	Privado	Agricultura	3%
42	Fair for Life	Privado	Pesca	3%
42	Fair for Life	Privado	Produtos Manufaturados	3%
43	Fair Labor Association	Privado	Agricultura	4%
43	Fair Labor Association	Privado	Energia	4%
43	Fair Labor Association	Privado	Pesca	4%
43	Fair Labor Association	Privado	Floricultura e Horticultura	4%
43	Fair Labor Association	Privado	Produtos Manufaturados	4%
43	Fair Labor Association	Privado	Varejo	4%
43	Fair Labor Association	Privado	Serviços	4%
44	Fair Stone	Privado	Sem informação	2%
45	Fair Trade Tourism Product Certification Standard – FTT	Privado	Serviços	4%
46	Fair Trade USA – Factory Standard for Apparel and Home Goods	Privado	Produtos Manufaturados	4%
47	Fair Trade USA APS for Large Farms and Facilities	Privado	Agricultura	2%
47	Fair Trade USA APS for Large Farms and Facilities	Privado	Pesca	2%
47	Fair Trade USA APS for Large Farms and Facilities	Privado	Floricultura e Horticultura	2%

PADRÕES PRIVADOS VOLUNTÁRIOS DE SUSTENTABILIDADE — 79

Ref.	Nome do padrão voluntário de sustentabilidade relacionado a gênero	Tipo	Setor	% dos critérios sobre gênero
47	Fair Trade USA APS for Large Farms and Facilities	Privado	Produtos Manufaturados	2%
48	Fair Trade USA APS for Small Farms and Facilities	Privado	Agricultura	2%
48	Fair Trade USA APS for Small Farms and Facilities	Privado	Pesca	2%
48	Fair Trade USA APS for Small Farms and Facilities	Privado	Floricultura e Horticultura	2%
48	Fair Trade USA APS for Small Farms and Facilities	Privado	Produtos Manufaturados	2%
49	Fair Wage Network	Privado	Produtos Manufaturados	1%
50	Fair Wear Foundation	Privado	Produtos Manufaturados	6%
51	Fairtrade International – Gold Standard	Privado	Mineração	3%
52	Fairtrade International – Hired Labour	Privado	Agricultura	4%
52	Fairtrade International – Hired Labour	Privado	Floricultura e Horticultura	4%
53	Fairtrade International – Small Producers Organizations	Privado	Agricultura	3%
54	Fairtrade International – Small Producers Organizations – Cocoa	Privado	Agricultura	3%
55	Fairtrade International Textile Standard	Privado	Produtos Manufaturados	4%
56	FairWild	Privado	Agricultura	4%
56	FairWild	Privado	Floricultura e Horticultura	4%
56	FairWild	Privado	Produtos Manufaturados	4%
57	FEFAC Soy Sourcing Guidelines 2015	Privado	Agricultura	2%
58	FEFAC Soy Sourcing Guidelines 2021	Privado	Agricultura	2%
59	FEMAS Responsible Sourcing of Agriculturel & Natural Products	Privado	Agricultura	1%
59	FEMAS Responsible Sourcing of Agriculturel & Natural Products	Privado	Floricultura e Horticultura	1%
60	FlorEcuador	Privado	Floricultura e Horticultura	1%
61	FLORIMARK GTP	Privado	Floricultura e Horticultura	1%
61	FLORIMARK GTP	Privado	Varejo	1%
61	FLORIMARK GTP	Privado	Serviços	1%
62	Florverde® Sustainable Flowers	Privado	Floricultura e Horticultura	2%
63	Flowers and Ornamentals Sustainability Standard – KFC Gold and Silver Level	Privado	Floricultura e Horticultura	3%
64	For Life	Privado	Agricultura	3%
64	For Life	Privado	Pesca	3%
64	For Life	Privado	Produtos Manufaturados	3%
65	Forest Stewardship Council® – FSC® – Chain of Custody	Privado	Floricultura e Horticultura	4%
65	Forest Stewardship Council® – FSC® – Chain of Custody	Privado	Produtos Manufaturados	4%
66	Forest Stewardship Council® – FSC® – Forest Management	Privado	Floricultura e Horticultura	4%
66	Forest Stewardship Council® – FSC® – Forest Management	Privado	Produtos Manufaturados	4%
67	FOS – Wild – Generic Sustainable fishing Requirements	Privado	Pesca	2%

Ref.	Nome do padrão voluntário de sustentabilidade relacionado a gênero	Tipo	Setor	% dos critérios sobre gênero
67	FOS – Wild – Generic Sustainable fishing Requirements	Privado	Aquicultura	2%
68	Friend of the Sea – Chain of Custody	Privado	Pesca	1%
68	Friend of the Sea – Chain of Custody	Privado	Aquicultura	1%
69	Friend of the Sea (FOS) – Marine Aquaculture	Privado	Pesca	1%
69	Friend of the Sea (FOS) – Marine Aquaculture	Privado	Aquicultura	1%
70	Global Reporting Initiative (GRI)	Privado	Agricultura	3%
70	Global Reporting Initiative (GRI)	Privado	Energia	3%
70	Global Reporting Initiative (GRI)	Privado	Pesca	3%
70	Global Reporting Initiative (GRI)	Privado	Floricultura e Horticultura	3%
70	Global Reporting Initiative (GRI)	Privado	Produtos Manufaturados	3%
70	Global Reporting Initiative (GRI)	Privado	Varejo	3%
70	Global Reporting Initiative (GRI)	Privado	Serviços	3%
71	Global Reporting Initiative (GRI) – Spanish version	Privado	Agricultura	3%
71	Global Reporting Initiative (GRI) – Spanish version	Privado	Energia	3%
71	Global Reporting Initiative (GRI) – Spanish version	Privado	Pesca	3%
71	Global Reporting Initiative (GRI) – Spanish version	Privado	Floricultura e Horticultura	3%
71	Global Reporting Initiative (GRI) – Spanish version	Privado	Produtos Manufaturados	3%
71	Global Reporting Initiative (GRI) – Spanish version	Privado	Varejo	3%
71	Global Reporting Initiative (GRI) – Spanish version	Privado	Serviços	3%
72	Global Sustainable Tourism Criteria for Destinations	Privado	Varejo	1%
72	Global Sustainable Tourism Criteria for Destinations	Privado	Serviços	1%
73	Global Sustainable Tourism Criteria for Hotel and Tour Operators	Privado	Varejo	2%
73	Global Sustainable Tourism Criteria for Hotel and Tour Operators	Privado	Serviços	2%
74	GLOBALG.A.P. Aquaculture	Privado	Pesca	1%
74	GLOBALG.A.P. Aquaculture	Privado	Aquicultura	1%
75	GlobalG.A.P. Livestock	Privado	Sem informação	1%
76	GLOBALG.A.P. Risk Assessment on Social Practice (GRASP)	Privado	Agricultura	1%
76	GLOBALG.A.P. Risk Assessment on Social Practice (GRASP)	Privado	Pesca	1%
76	GLOBALG.A.P. Risk Assessment on Social Practice (GRASP)	Privado	Floricultura e Horticultura	1%
77	GoodWeave International	Privado	Produtos Manufaturados	3%
78	Green Seal	Privado	Energia	4%
78	Green Seal	Privado	Produtos Manufaturados	4%
78	Green Seal	Privado	Serviços	4%
79	GreenCo	Privado	Produtos Manufaturados	1%

PADRÕES PRIVADOS VOLUNTÁRIOS DE SUSTENTABILIDADE   81

Ref.	Nome do padrão voluntário de sustentabilidade relacionado a gênero	Tipo	Setor	% dos critérios sobre gênero
79	GreenCo	Privado	Serviços	1%
80	Halal food preparation – Turkish Standard	Privado	Agricultura	2%
81	HAND IN HAND (HIH) – Rapunzel Fair Trade	Privado	Agricultura	4%
81	HAND IN HAND (HIH) – Rapunzel Fair Trade	Privado	Floricultura e Horticultura	4%
82	Heritage Certification – Hotels and Tourist Accommodation	Privado	Serviços	5%
83	IFFO Global Standard for Responsible Supply (IFFO RS)	Privado	Sem informação	1%
84	IFOAM Standard	Privado	Agricultura	0%
84	IFOAM Standard	Privado	Pesca	0%
84	IFOAM Standard	Privado	Floricultura e Horticultura	0%
85	IGEP	Privado	Sem informação	2%
86	Initiative for Compliance and Sustainability (ICS) Environmental Criteria	Privado	Agricultura	4%
86	Initiative for Compliance and Sustainability (ICS) Environmental Criteria	Privado	Produtos Manufaturados	4%
87	Initiative for Compliance and Sustainability (ICS) Social Criteria	Privado	Agricultura	4%
87	Initiative for Compliance and Sustainability (ICS) Social Criteria	Privado	Produtos Manufaturados	4%
88	International Code of Conduct for the Production of Cut Flowers	Privado	Floricultura e Horticultura	4%
89	International Council on Mining and Metals	Privado	Mineração	1%
90	ISCC EU	Privado	Agricultura	3%
90	ISCC EU	Privado	Energia	3%
90	ISCC EU	Privado	Floricultura e Horticultura	3%
90	ISCC EU	Privado	Produtos Manufaturados	3%
91	ISCC PLUS	Privado	Agricultura	2%
91	ISCC PLUS	Privado	Energia	2%
91	ISCC PLUS	Privado	Floricultura e Horticultura	2%
91	ISCC PLUS	Privado	Produtos Manufaturados	2%
92	ISCC PLUS – Voluntary Add-ons	Privado	Agricultura	2%
92	ISCC PLUS – Voluntary Add-ons	Privado	Energia	2%
92	ISCC PLUS – Voluntary Add-ons	Privado	Floricultura e Horticultura	2%
92	ISCC PLUS – Voluntary Add-ons	Privado	Produtos Manufaturados	2%
93	KAGfreiland	Privado	Sem informação	1%
94	LEATHER STANDARD by OEKO-TEX®	Privado	Sem informação	1%
95	Lineamientos basicos para un Cacao Sostenible – Organizaciones	Privado	Agricultura	1%
96	Lineamientos basicos para un Cacao Sostenible – Productores	Privado	Agricultura	2%

Ref.	Nome do padrão voluntário de sustentabilidade relacionado a gênero	Tipo	Setor	% dos critérios sobre gênero
97	Louis Dreyfus Company (LDC) program for Sustainable Agriculture	Privado	Agricultura	3%
98	MADE IN GREEN by OEKO-TEX®	Privado	Produtos Manufaturados	2%
99	McDonalds Supplier Workplace Accountability	Privado	Agricultura	2%
99	McDonalds Supplier Workplace Accountability	Privado	Floricultura e Horticultura	2%
100	Migros Bio Cotton	Privado	Produtos Manufaturados	1%
101	MPS-Socially Qualified (SQ)	Privado	Agricultura	4%
101	MPS-Socially Qualified (SQ)	Privado	Floricultura e Horticultura	4%
102	myBMP – Best Management Practices	Privado	Sem informação	4%
103	Nature Care Products Standard	Privado	Produtos Manufaturados	1%
104	Naturland Fair	Privado	Agricultura	4%
104	Naturland Fair	Privado	Floricultura e Horticultura	4%
105	Naturland Organic Aquaculture	Privado	Agricultura	4%
105	Naturland Organic Aquaculture	Privado	Floricultura e Horticultura	4%
106	Naturland Standards on Production	Privado	Agricultura	4%
106	Naturland Standards on Production	Privado	Floricultura e Horticultura	4%
107	Naturland Sustainable Capture Fishery	Privado	Agricultura	5%
107	Naturland Sustainable Capture Fishery	Privado	Floricultura e Horticultura	5%
108	Naturleder IVN zertifiziert	Privado	Produtos Manufaturados	2%
109	OFDC Organic Certification Standard	Privado	Agricultura	1%
109	OFDC Organic Certification Standard	Privado	Pesca	1%
109	OFDC Organic Certification Standard	Privado	Floricultura e Horticultura	1%
109	OFDC Organic Certification Standard	Privado	Produtos Manufaturados	1%
110	PEFC International	Privado	Produtos Manufaturados	2%
111	PEFC International – Chain of Custody of Forest Based Products	Privado	Produtos Manufaturados	2%
112	Pharmaceutical Supply Chain Initiative	Privado	Sem informação	2%
113	PROFARM Production Standard	Privado	Agricultura	2%
113	PROFARM Production Standard	Privado	Floricultura e Horticultura	2%
114	ProTerra Europe	Privado	Agricultura	1%
114	ProTerra Europe	Privado	Floricultura e Horticultura	1%
114	ProTerra Europe	Privado	Varejo	1%
114	ProTerra Europe	Privado	Serviços	1%
115	ProTerra Foundation	Privado	Agricultura	1%
115	ProTerra Foundation	Privado	Floricultura e Horticultura	1%
115	ProTerra Foundation	Privado	Varejo	1%
115	ProTerra Foundation	Privado	Serviços	1%
116	PROTOCOLO DE SUSTENTABILIDAD EN PRODUCCIÓN DE CERDOS (CHILE)	Privado	Sem informação	2%

PADRÕES PRIVADOS VOLUNTÁRIOS DE SUSTENTABILIDADE | 83

Ref.	Nome do padrão voluntário de sustentabilidade relacionado a gênero	Tipo	Setor	% dos critérios sobre gênero
117	Rainforest Alliance – 2020	Privado	Agricultura	3%
117	Rainforest Alliance – 2020	Privado	Floricultura e Horticultura	3%
118	Rainforest Alliance – RA 2017 (expires December 2021	Privado	Agricultura	2%
118	Rainforest Alliance – RA 2017 (expires December 2021	Privado	Floricultura e Horticultura	2%
119	Responsible Business Alliance (RBA)	Privado	Produtos Manufaturados	1%
119	Responsible Business Alliance (RBA)	Privado	Serviços	1%
120	Responsible Jewellery Council (RJC)	Privado	Produtos Manufaturados	2%
120	Responsible Jewellery Council (RJC)	Privado	Mineração	2%
121	Responsible Tourism Tanzania – RTTZ	Privado	Serviços	4%
122	Roundtable on Sustainable Palm Oil – Principles and Criteria	Privado	Agricultura	3%
123	RSG Requirements (based on RTRS)	Privado	Agricultura	2%
123	RSG Requirements (based on RTRS)	Privado	Energia	2%
124	SAI Platform – Farm Sustainability Assessment FSA	Privado	Agricultura	2%
124	SAI Platform – Farm Sustainability Assessment FSA	Privado	Floricultura e Horticultura	2%
125	Sedex Global (Supplier Ethical Data Exchange)	Privado	Agricultura	3%
125	Sedex Global (Supplier Ethical Data Exchange)	Privado	Energia	3%
125	Sedex Global (Supplier Ethical Data Exchange)	Privado	Pesca	3%
125	Sedex Global (Supplier Ethical Data Exchange)	Privado	Floricultura e Horticultura	3%
125	Sedex Global (Supplier Ethical Data Exchange)	Privado	Produtos Manufaturados	3%
125	Sedex Global (Supplier Ethical Data Exchange)	Privado	Varejo	3%
125	Sedex Global (Supplier Ethical Data Exchange)	Privado	Serviços	3%
126	SGE 21	Privado	Agricultura	2%
126	SGE 21	Privado	Energia	2%
126	SGE 21	Privado	Pesca	2%
126	SGE 21	Privado	Floricultura e Horticultura	2%
126	SGE 21	Privado	Produtos Manufaturados	2%
126	SGE 21	Privado	Varejo	2%
126	SGE 21	Privado	Serviços	2%
127	Small Producers Symbol	Privado	Agricultura	3%
127	Small Producers Symbol	Privado	Floricultura e Horticultura	3%
127	Small Producers Symbol	Privado	Produtos Manufaturados	3%
128	SMETA Audit	Privado	Agricultura	3%
128	SMETA Audit	Privado	Energia	3%
128	SMETA Audit	Privado	Pesca	3%
128	SMETA Audit	Privado	Floricultura e Horticultura	3%
128	SMETA Audit	Privado	Produtos Manufaturados	3%
128	SMETA Audit	Privado	Varejo	3%

Ref.	Nome do padrão voluntário de sustentabilidade relacionado a gênero	Tipo	Setor	% dos critérios sobre gênero
128	SMETA Audit	Privado	Serviços	3%
129	Social Accountability International – SA8000	Privado	Agricultura	3%
129	Social Accountability International – SA8000	Privado	Energia	3%
129	Social Accountability International – SA8000	Privado	Pesca	3%
129	Social Accountability International – SA8000	Privado	Floricultura e Horticultura	3%
129	Social Accountability International – SA8000	Privado	Produtos Manufaturados	3%
129	Social Accountability International – SA8000	Privado	Varejo	3%
129	Social Accountability International – SA8000	Privado	Serviços	3%
130	STANDARD 100 by OEKO-TEX®	Privado	Produtos Manufaturados	1%
131	STeP by OEKO-TEX ®	Privado	Produtos Manufaturados	3%
132	Sustainability Initiative of South Africa – SIZA	Privado	Agricultura	5%
132	Sustainability Initiative of South Africa – SIZA	Privado	Floricultura e Horticultura	5%
132	Sustainability Initiative of South Africa – SIZA	Privado	Serviços	5%
133	Sustainable Farming Assurance Programme	Privado	Agricultura	1%
134	Sustainable Feed Standard™	Privado	Agricultura	2%
135	Sustainable Food Group Sustainability Standard™ Certification	Privado	Sem informação	3%
136	Sustainable Rice Platform	Privado	Agricultura	2%
137	Sustainable Tourism Standard for Hotels and Lodging Services	Privado	Serviços	2%
138	Sustainably Grown	Privado	Agricultura	2%
138	Sustainably Grown	Privado	Floricultura e Horticultura	2%
139	Textile Exchange Global Recycled Standard	Privado	Produtos Manufaturados	1%
140	The Common Code for the Coffee Community – 4C	Privado	Agricultura	4%
141	The Gold Standard	Privado	Energia	2%
142	The International Council of Toy Industries Ethical Toy Program	Privado	Produtos Manufaturados	1%
143	Together for Sustainability AISBL (TfS)	Privado	Produtos Manufaturados	2%
144	Travelife Award of Excellence	Privado	Serviços	1%
145	Travelife Gold Award for large hotels/groups	Privado	Serviços	1%
146	Travelife Gold Award for small/medium-sized hotels	Privado	Serviços	1%
147	Triple Sello	Privado	Agricultura	4%
147	Triple Sello	Privado	Pesca	4%
147	Triple Sello	Privado	Floricultura e Horticultura	4%
147	Triple Sello	Privado	Produtos Manufaturados	4%
148	TÜV Rheinland – Green Product Mark – Furniture	Privado	Produtos Manufaturados	3%
149	U.S. Soy Sustainability Assurance Protocol	Privado	Agricultura	2%
150	Unilever Sustainable Agriculture Code	Privado	Agricultura	2%
150	Unilever Sustainable Agriculture Code	Privado	Floricultura e Horticultura	2%

PADRÕES PRIVADOS VOLUNTÁRIOS DE SUSTENTABILIDADE   85

Ref.	Nome do padrão voluntário de sustentabilidade relacionado a gênero	Tipo	Setor	% dos critérios sobre gênero
151	Union for Ethical BioTrade – UEBT	Privado	Agricultura	2%
151	Union for Ethical BioTrade – UEBT	Privado	Floricultura e Horticultura	2%
151	Union for Ethical BioTrade – UEBT	Privado	Produtos Manufaturados	2%
152	Veriflora	Privado	Floricultura e Horticultura	3%
153	WFTO Guarantee System	Privado	Agricultura	5%
153	WFTO Guarantee System	Privado	Energia	5%
153	WFTO Guarantee System	Privado	Pesca	5%
153	WFTO Guarantee System	Privado	Produtos Manufaturados	5%
153	WFTO Guarantee System	Privado	Varejo	5%
153	WFTO Guarantee System	Privado	Serviços	5%
154	Wine and Agriculturel Ethical Trading Association (WIETA)	Privado	Agricultura	2%
155	Workplace Condition Assessment (WCA)	Privado	Produtos Manufaturados	3%
156	Worldwide Responsible Accredited Production – WRAP	Privado	Produtos Manufaturados	3%
157	XertifiX	Privado	Sem informação	3%
158	XertifiX Plus	Privado	Sem informação	3%

O CONSELHO FISCAL EM PERSPECTIVA

Fernanda Valle Versiani

Mestre e Doutora em Direito Empresarial pela Universidade Federal de Minas Gerais. Professora de Direito Empresarial na Universidade Federal de Minas Gerais.

Sumário: 1. Introdução – 2. Características gerais do conselho fiscal – 3. Conselho fiscal nas sociedades limitadas – 4. Conselho fiscal nas sociedades anônimas; 4.1 Conselho fiscal em companhias de pequeno porte (art. 294-A da LSA); 4.2 Fiscalização orgânica *versus* fiscalização externa – 5. Considerações finais – 6. Referências.

1. INTRODUÇÃO

A definição do tipo societário que será utilizado para o desenvolvimento da atividade empresária é uma etapa importante para o empreendedor, sendo relevantes as discussões em torno das vantagens e desvantagens da constituição de uma sociedade limitada, nos termos do Código Civil de 2002 (CC), ou de uma sociedade anônima, conforme as disposições da Lei 6.404 de 1976 (LSA), ou de outro tipo societário mais adequado à consecução do objeto social. Nesta análise vários aspectos deverão ser considerados, como, por exemplo: os custos para constituição e funcionamento da sociedade; o regime tributário aplicável, notadamente a possibilidade, ou não, de adesão ao Simples Nacional[1], disciplinado pela Lei Complementar 123/2006; a forma de captação de recurso adequada ao desenvolvimento do objeto social, etc.

Uma outra decisão relevante refere-se à definição da estrutura orgânica da sociedade e do sistema de governança corporativa que será implementado[2].

Ana Lúcia Alves da Costa Arduin destaca que um bom sistema de governança possui, no mínimo, três facetas essenciais: a faceta deliberativa e de monitoramento da gestão, exercida pelos sócios através das Assembleias ou Reuniões e pelo Conselho de Administração, se existente; a faceta executiva, desempenhada pela

---

1. Cf. PATTON, Ana Laura Javoroni. *A exclusão da startup com formato societário anônimo do Simples Nacional: uma abordagem da pequena empresa à luz da teoria crítica*. Dissertação (Mestrado) – Faculdade de Direito de Ribeirão Preto, Universidade de São Paulo, 2017.

2. "As boas práticas de governança corporativa são recomendações que se aplicam tanto às empresas de grande porte econômico, como as de menor envergadura. O que irá variar é o formato utilizado, em cada organização, para pô-las em prática (ARDUIN, Ana Lúcia Alves da Costa. O Conselho Fiscal e sua relevância para os sistemas de Governança Corporativa. In.: PITTA, Andre Grunspun; PEREIRA, Guilherme Setoguti J. *Direito societário e outros temas de direito empresarial aplicado*. São Paulo: Quartier Latin, 2021, p. 28).

Diretoria e seus comitês de assessoramento, caso previstos; e pela faceta fiscalizatória, com a atuação do Conselho Fiscal, dos comitês de auditoria e dos auditores internos e externos, a depender da estrutura de cada sociedade[3].

O presente artigo analisará esta última faceta, com enfoque no Conselho Fiscal. Tal recorte se justifica, pois dentre as principais respostas dadas aos casos de falhas de governança corporativa está a adoção de medidas que visam o aumento da fiscalização das organizações[4].

Diante disto, o artigo discorrerá sobre as características do Conselho Fiscal nos dois tipos societários mais utilizados no Brasil, de modo a destacar os elementos que devem ser observados para que uma melhor decisão seja tomada em relação à previsão deste órgão, ou não, no ato constitutivo da pessoa jurídica.

O artigo será segmentado em quatro partes, além desta introdução e das referências. A primeira será destinada às características gerais do Conselho Fiscal. Os dois tópicos seguintes abordarão as características específicas do órgão nas sociedades limitadas e nas sociedades anônimas, sendo, por fim, seguidos pelas considerações finais.

2. CARACTERÍSTICAS GERAIS DO CONSELHO FISCAL

Dentre os vários direitos titularizados pelos sócios encontra-se o direito à fiscalização. Conforme lecionam Modesto Carvalhosa e Fernando Kuyven, "[...] o direito à fiscalização tem nítido caráter instrumental, pois representa a tutela dos demais direitos essenciais, como à participação nos resultados e no acervo em caso de liquidação". Ademais, os autores ressaltam que "ao contrário de direitos de natureza material que se esgotam com o seu exercício, o direito de fiscalizar é constante e constitui instrumento para a garantia dos demais direitos essenciais"[5].

A depender da estrutura orgânica da sociedade, o direito à fiscalização é exercido diretamente pelos sócios ou indiretamente através do Conselho Fiscal.

As funções do Conselho Fiscal, exercidas individualmente pelos seus membros ou de forma colegiada, são previstas no art. 1.069 do CC e no art. 163 da

---

3. ARDUIN, Ana Lúcia Alves da Costa. O Conselho Fiscal e sua relevância para os sistemas de Governança Corporativa. In.: PITTA, Andre Grunspun; PEREIRA, Guilherme Setoguti J. *Direito societário e outros temas de direito empresarial aplicado*. São Paulo: Quartier Latin, 2021, p. 28.
4. A autora cita, ainda, o aumento da penalização dos envolvidos e a imposição de maiores obrigações legais, como, por exemplo, a ampliação dos deveres informacionais e de transparência ao mercado. (ARDUIN, Ana Lúcia Alves da Costa. O Conselho Fiscal e sua relevância para os sistemas de Governança Corporativa. In.: PITTA, Andre Grunspun; PEREIRA, Guilherme Setoguti J. *Direito societário e outros temas de direito empresarial aplicado*. São Paulo: Quartier Latin, 2021, p. 26).
5. CARVALHOSA, Modesto; KUYVEN, Fernando. *Tratado de Direito Empresarial. Sociedades Anônimas*. 2. ed. São Paulo: Thomson Reuters Brasil, 2018, v. III, p. 943.

LSA. De modo sintético, as principais funções do órgão são: fiscalizar a gestão e a contabilidade social, levando ao conhecimento dos sócios quaisquer irregularidades identificadas, e oferecer parecer sobre determinados assuntos previstos em lei ou nas hipóteses de requerimentos formulados pelos sócios. Assim, compreende-se que o Conselho Fiscal é, para além de órgão de fiscalização, órgão de assessoramento dos sócios[6].

A natureza dos pareceres emitidos pelo Conselho Fiscal é meramente opinativa. Segundo ensina Waldirio Bulgarelli, "como órgão auxiliar de informação, basicamente, suas deliberações não se voltam para decisões, em que deva prevalecer a vontade (no sentido jurídico), pois são mais declarações de ciência e juízos de valor"[7]. Contudo, Modesto Carvalhosa e Fernando Kuyven consideram que, em se tratando de matéria compreendida entre os "atos de verdade", o parecer será vinculativo. Como exemplo os autores citam a manifestação em torno das demonstrações financeiras (as contas da Administração não poderiam ser aprovadas diante de parecer desfavorável emitido pelo Conselho Fiscal)[8]. Essa opinião não é compartilhada por Nelson Eizirik:

> Mediante seu parecer, o órgão informa os acionistas sobre a regularidade dos documentos técnicos da prestação de contas, recomendando ou não a sua aprovação. Tal recomendação não vincula os acionistas, de vez que a competência é privativa da assembleia; por outro lado, aprovar as contas contra o parecer do conselho fiscal pode constituir indício de acobertamento, por parte dos controladores, de atos ilegais da administração[9].

Importa destacar que o parecer é emitido pelo órgão, sendo, portanto, um ato de atuação colegiada dos membros do Conselho Fiscal. Todavia, segundo ressalta Fábio Ulhoa Coelho, nada impede que o documento contemple conclusões opostas, como, por exemplo, parte dos membros recomendando a rejeição das contas dos administradores, e parte indicando a sua aprovação sem ressalvas[10].

---

6. "O conselho fiscal é, por excelência – e a bem dizer por definição – órgão destinado a transmitir aos acionistas as informações de que necessitam, quer para exercerem o direito essencial de fiscalizar a gestão dos negócios sociais, quer para votar, na assembleia geral, com conhecimento de causa. Salienta, aliás, a exposição de motivos da vigente lei de sociedades por ações que o conselho fiscal não é apenas órgão de fiscalização dos administradores, mas, também, de informação à assembleia, vale dizer, dos acionistas" (GUERRIRO, José Alexandre Tavares. O Conselho Fiscal e o direito à informação. *Revista de Direito Mercantil, Industrial, Econômico e Financeiro.* Ano XXI (Nova Série), n. 45, jan./mar. 1982, p. 30).

7. BULGARELLI, Waldirio. *Regime Jurídico do Conselho Fiscal das S/A.* Rio de Janeiro: Renovar, 1998, p. 69.

8. CARVALHOSA, Modesto; KUYVEN, Fernando. *Tratado de Direito Empresarial. Sociedades Anônimas.* 2. ed. São Paulo: Thomson Reuters Brasil, 2018, v. III, p. 955.

9. EIZIRIK, Nelson. *A Lei das S/A comentada: artigos 121 a 188.* São Paulo: Quartier Latin, 2011, v. II, p. 449.

10. COELHO, Fábio Ulhoa (Coord.). *Lei das Sociedades Anônimas Comentada.* Rio de Janeiro: Forense, 2021, p. 1018.

Nesta linha, caso o fiscal não concorde com a manifestação que será emitida no parecer, ele deverá consignar sua dissidência, uma vez que, em regra, "a participação de um membro, apenas, para leitura conforme deliberado pelo órgão, vincula todos os demais, exceto os que dissentirem, estejam presentes ou não"[11]. Rodrigo R. Monteiro de Castro observa que, em regra, "o conselheiro participa do conclave para representar o órgão de que faz parte, e não para expor suas opiniões particulares (que poderão, aliás, ter sido derrotadas no âmbito do conselho, diante do quórum deliberativo estabelecido)"[12]. Contudo, quando ocorrer divergências como a mencionada, "o próprio órgão e a assembleia geral não poderão evitar a dupla apresentação e, muito menos, a presença de conselheiros não alinhados com a maioria para sustentar a sua posição"[13].

Em relação aos atos de fiscalização, salienta-se que compete ao Conselho Fiscal verificar a legalidade dos atos de gestão, não estando abrangida em sua competência a apreciação do mérito e da conveniência das decisões tomadas, as quais cabem aos administradores devidamente eleitos para tal[14]. Desse modo, a análise dos membros do Conselho Fiscal está limitada aos aspectos de "regularidade dos negócios"[15]. Em outras palavras, incide na verificação da observância das atribuições dos administradores, da correção com que devem agir e do cumprimento de seus deveres específicos e gerais[16].

Uma questão controversa diz respeito ao aspecto temporal do controle de contas por parte do Conselho Fiscal. Segundo Nelson Eizirik, "a fiscalização limita-se ao exercício social em curso, sem remontar à vida pretérita da companhia, não podendo alcançar, assim, períodos da administração já abrangidos por aprovações das assembleias ordinárias anteriores". O autor justifica que se fosse possível reexaminar as contas referentes a exercícios anteriores, "a gestão empresarial ficaria paralisada, à espera de nova aprovação de seus atos, a cada

---

11. CASTRO, Rodrigo R. Monteiro de. In.: COELHO, Fábio Ulhoa (Coord.). *Lei das Sociedades Anônimas Comentada*. Rio de Janeiro: Forense, 2021, p. 1036.
12. CASTRO, Rodrigo R. Monteiro de. In.: COELHO, Fábio Ulhoa (Coord.). *Lei das Sociedades Anônimas Comentada*. Rio de Janeiro: Forense, 2021, p. 1036.
13. CASTRO, Rodrigo R. Monteiro de. In.: COELHO, Fábio Ulhoa (Coord.). *Lei das Sociedades Anônimas Comentada*. Rio de Janeiro: Forense, 2021, p. 1036.
14. Cf. ARAUJO FILHO, Raul de; CUNHA, Rodrigo Ferraz P. Limites de atuação do Conselho Fiscal. *Revista de Direito Mercantil, Industrial, Econômico e Financeiro*. Ano XLII, n. 129, jan./mar. 2003, p. 96-107.
15. "E quando se diz 'regularidade dos negócios', isso significa que o Conselho Fiscal deve proceder ao exame da regularidade *administrativa* (obediência aos procedimentos internos, como as cotações prévias e existência de previsão orçamentária), *contábil* (atendimento aos princípios e melhores práticas da contabilidade), *econômica* (compatibilidade com as condições de mercado) e *jurídica* (pertinência com o objeto social da companhia e observância das regras estatutárias sobre representação) de cada negócio jurídico *aperfeiçoado*, durante o exercício a que se referir seu mandato" (COELHO, Fábio Ulhoa (Coord.). *Lei das Sociedades Anônimas Comentada*. Rio de Janeiro: Forense, 2021, p. 1029).
16. BULGARELLI, Waldirio. *Regime Jurídico do Conselho Fiscal das S/A*. Rio de Janeiro: Renovar, 1998, p. 148.

instalação de um conselho fiscal"[17]. Por outro lado, assumindo posição minoritária, Waldirio Bulgarelli aponta que "[...] a lei brasileira, ao estatuir a exoneração da responsabilidade dos administradores e fiscais, deixou em aberto a indagação sobre vícios como erro, dolo, fraude e simulação [art. 1.078, § 3º, do CC, e art. 134, § 3º, da LSA], o que enseja a atuação dos fiscais sobre as contas anteriores, já aprovadas, e, por coerência, sem limitação de tempo [...]"[18].

Os membros do Conselho Fiscal são eleitos pelos sócios e compete privativamente à Assembleia ou Reunião destituí-los a qualquer tempo[19]-[20]. Entretanto, aquele fiscal eleito em separado pelos sócios minoritários, nos termos do art. 1.066, § 1º, do CC, e art. 161, § 2º, da LSA, somente poderá ser destituído pelo grupo que o elegeu, sendo assegurado, assim, a representação daqueles que o haviam escolhido[21].

A lei traz hipóteses de impedimento para a ocupação do cargo de fiscal[22] (art. 1.066, § 2º, do CC, e art. 161, § 4º, da LSA), de modo a prevenir conflitos de

---

17. EIZIRIK, Nelson. *A Lei das S/A comentada: artigos 121 a 188*. São Paulo: Quartier Latin, 2011, v. II, p. 448. No mesmo sentido: ARAUJO FILHO, Raul de; CUNHA, Rodrigo Ferraz P. Limites de atuação do Conselho Fiscal. *Revista de Direito Mercantil, Industrial, Econômico e Financeiro*. Ano XLII, n. 129, jan./mar. 2003, p. 96-107; LAMY FILHO, Alfredo; PEDREIRA, José Luiz Bulhões (Coord.). *Direito das Companhias*. 2. ed. Rio de Janeiro: Forense, 2017, p. 923.
18. BULGARELLI, Waldirio. *Regime Jurídico do Conselho Fiscal das S/A*. Rio de Janeiro: Renovar, 1998, p. 153.
19. LAMY FILHO, Alfredo; PEDREIRA, José Luiz Bulhões (Coord.). *Direito das Companhias*. 2. ed. Rio de Janeiro: Forense, 2017, p. 918. Waldirio Bulgarelli faz uma ponderação: "[...] podem-se imaginar as hipóteses, ainda que como casos-limite, de conselheiro eleito pela minoria, desqualificado para o cargo, ou que prevarique ou, ainda, que abuse de seu poder, casos em que, com a recusa da minoria em afastá-lo, a Assembleia Geral poderia (deveria mesmo) fazê-lo" (BULGARELLI, Waldirio. *Regime Jurídico do Conselho Fiscal das S/A*. Rio de Janeiro: Renovar, 1998, p. 127).
20. Fábio Ulhoa Coelho tem opinião minoritária: "Ao contrário dos membros do Conselho de Administração e da Diretoria, os fiscais não exercem função de confiança dos acionistas, tampouco daqueles que o elegeram. Os fiscais não podem, por isso, ser substituídos *ad nutum*. São causas de interrupção do mandato apenas a renúncia, morte ou incapacidade do fiscal e a destituição pela Assembleia Geral, por descumprimento de dever. Assim é para que os membros do Conselho Fiscal possam desfrutar da indispensável autonomia no cumprimento de suas funções fiscalizatórias" (COELHO, Fábio Ulhoa (Coord.). *Lei das Sociedades Anônimas Comentada*. Rio de Janeiro: Forense, 2021, p. 1022).
21. CARVALHOSA, Modesto; KUYVEN, Fernando. *Tratado de Direito Empresarial. Sociedades Anônimas*. 2. ed. São Paulo: Thomson Reuters Brasil, 2018, v. III, p. 962; GONÇALVES NETO, Alfredo de Assis. *Direito de Empresa: comentários aos artigos 966 a 1.195 do Código Civil*. 10. ed. São Paulo: Thomson Reuters Brasil, 2021, p. 617.
22. Em relação aos suplentes: "O suplente não tem nenhuma competência para atuação individual, enquanto não substituir definitivamente o titular. Só a vacância definitiva do titular investe o suplente nesta esfera de competência de fiscalização. Entender-se de modo diverso a questão levaria a certa irracionalidade nas relações entre os fiscais e a administração fiscalizada. Sem critério claro para definir quem está no exercício da função, se o titular ou o suplente, a Diretoria poderia ser solicitada a fornecer a um deles informações prestadas ao outro, ter dificuldades em encontrar o critério justo para repartir a remuneração entre eles etc. Por outro lado, a substituição temporária só tem cabimento quando se tratar de exercício de competência colegiada, estando o titular impossibilitado de participar de uma reunião do Conselho Fiscal" (COELHO, Fábio Ulhoa (Coord.). *Lei das Sociedades Anônimas Comentada*. Rio de Janeiro: Forense, 2021, p. 1028).

interesse e a garantir a autonomia dos membros no cumprimento de suas funções[23], especialmente "no exame das demonstrações financeiras e no monitoramento dos processos de gestão e de mitigação de riscos"[24].

Ademais, o Conselho Fiscal é órgão independente, não se subordinando aos órgãos de administração ou àqueles que elegeram seus membros[25], e autônomo, podendo exercer suas funções sem que tenha autorização ou convocação da Assembleia ou Reunião para tal[26]. Inclusive, é assegurado aos membros do Conselho Fiscal atuação individual na tutela dos interesses sociais. Todavia, "o fato de possuírem os seus membros poder individual de diligência não desnatura o caráter colegial do órgão"[27-28]. Isso porque "as deliberações do Conselho Fiscal somente serão eficazes se derivadas de reunião regularmente convocada e instalada"[29], excetuados os atos derivados do "poder de diligência que, individualmente, cabe ao conselheiro para fiscalizar, denunciar, efetuar diligências, votar e solicitar informações aos administradores sobre todos os documentos sociais"[30].

Segundo Nelson Eizirik:

> A composição heterogênea do conselho fiscal, que se manifesta na origem de seus membros, apenas faz sentido se for conferida a cada um deles a possibilidade de atuar individualmente. Se o órgão apresentasse uma feição puramente singular de seus membros, os conselheiros

---

23. COELHO, Fábio Ulhoa (Coord.). *Lei das Sociedades Anônimas Comentada*. Rio de Janeiro: Forense, 2021, p. 1022).

24. ARDUIN, Ana Lúcia Alves da Costa. O Conselho Fiscal e sua relevância para os sistemas de Governança Corporativa. In.: PITTA, Andre Grunspun; PEREIRA, Guilherme Setoguti J. *Direito societário e outros temas de direito empresarial aplicado*. São Paulo: Quartier Latin, 2021, p. 32.

25. "No regime instituído pela Lei 6.404/76, a atuação do Conselho Fiscal, cujos poderes e responsabilidades advêm diretamente da lei, faz-se no interesse geral, justificando certa independência mesmo em relação aos que elegeram seus membros. A previsão legal é de que estes independem daqueles que deram causa à sua constituição efetiva e à eleição de seus membros (cf. art. 165, e § 1º do art. 154); ora, tudo isto é certo, é inegável também que aqui há um *choque* entre o objetivo legal e a realidade das coisas, com o componente psicológico que carrega, pois tem sido difícil obter essa independência tanto da parte dos eleitos pela maioria como pela minoria, persistindo ainda, de ambas as partes, uma tendência a se considerarem representantes de suas forças eletiva" (BULGARELLI, Waldirio. *Regime Jurídico do Conselho Fiscal das S/A*. Rio de Janeiro: Renovar, 1998, p. 67).

26. CARVALHOSA, Modesto; KUYVEN, Fernando. *Tratado de Direito Empresarial. Sociedades Anônimas*. 2. ed. São Paulo: Thomson Reuters Brasil, 2018, v. III, p. 944.

27. CARVALHOSA, Modesto; KUYVEN, Fernando. *Tratado de Direito Empresarial. Sociedades Anônimas*. 2. ed. São Paulo: Thomson Reuters Brasil, 2018, v. III, p. 954.

28. "O conselho fiscal pode ser qualificado como órgão, dada a forma de eleição, substituição e destituição de seus integrantes, bem como por suas deliberações serem tomadas mediante voto; ademais, nele vige o principio majoritário, o qual é temperado pela possibilidade de atuação individual dos conselheiros, nos casos previstos na Lei das S.A" (EIZIRIK, Nelson. *A Lei das S/A comentada: artigos 121 a 188*. São Paulo: Quartier Latin, 2011, v. II, p. 427).

29. CARVALHOSA, Modesto; KUYVEN, Fernando. *Tratado de Direito Empresarial. Sociedades Anônimas*. 2. ed. São Paulo: Thomson Reuters Brasil, 2018, v. III, p. 956.

30. CARVALHOSA, Modesto; KUYVEN, Fernando. *Tratado de Direito Empresarial. Sociedades Anônimas*. 2. ed. São Paulo: Thomson Reuters Brasil, 2018, v. III, p. 956.

não poderiam, em alguns casos, exercer as funções para as quais foram eleitos, já que sempre prevaleceria a vontade dos controladores[31].

Diante dessa característica, compreende-se que o Conselho Fiscal é um órgão colegiado *sui generis*, visto que, em relação a algumas funções, "havendo divergências entre os seus membros, estes passam a atuar individualmente em todas as atribuições legais dadas ao Conselho"[32].

As atribuições e poderes conferidos pela lei ao Conselho Fiscal não podem ser outorgados a outro órgão, conforme previsão do art. 1.070 do CC e art. 163, § 7º, da LSA. Contudo, nada impede que os membros sejam auxiliados por profissionais especializados, como, por exemplo, contabilista legalmente habilitado (art. 1.070, parágrafo único, do CC), ou perito indicado pela Diretoria (art. 163, § 8º, da LSA).

Em relação à responsabilidade, observa-se que os membros do Conselho Fiscal possuem a mesma responsabilidade atribuída por lei aos Administradores (art. 1.016 do CC e art. 165 da LSA). Importa destacar que "a falta de formação técnica não constitui excludente de sua responsabilidade"[33]. Assim exemplifica Nelson Eizirik: "Um conselheiro fiscal [...] não pode alegar desconhecimento de contabilidade para justificar a sua omissão na emissão de parecer apontando erros nas demonstrações contábeis da companhia"[34].

Por fim, ressalta-se que, tendo em vista que os controladores possuem outros meios para fiscalizar a gestão da sociedade, o Conselho Fiscal é órgão mais adequado aos interesses dos sócios minoritários[35]-[36] e, como o CC e a LSA são omissos em relação a vários aspectos do funcionamento deste órgão, é necessário, caso o empreendedor opte pela sua constituição, que ele seja devidamente regulado pelo

---

31. EIZIRIK, Nelson. *A Lei das S/A comentada: artigos 121 a 188*. São Paulo: Quartier Latin, 2011, v. II, p. 445.
32. CARVALHOSA, Modesto; KUYVEN, Fernando. *Tratado de Direito Empresarial. Sociedades Anônimas.* 2. ed. São Paulo: Thomson Reuters Brasil, 2018, v. III, p. 968.
33. EIZIRIK, Nelson. *A Lei das S/A comentada*: artigos 121 a 188. São Paulo: Quartier Latin, 2011, v. II, p. 459.
34. EIZIRIK, Nelson. *A Lei das S/A comentada*: artigos 121 a 188. São Paulo: Quartier Latin, 2011, v. II, p. 459.
35. COELHO, Fábio Ulhoa (Coord.). *Lei das Sociedades Anônimas Comentada*. Rio de Janeiro: Forense, 2021, p. 1020.
36. "Não se pode deixar de notar que a fenomenologia societária revela que quem, na verdade, costuma estar interessado em fiscalizar a administração é o minoritário, já que evidentemente o controlador confia em si mesmo quando dirige a companhia pessoalmente ou nos administradores que escolheu. É importante observar, contudo, que a questão não se reduz a saber quem está defendendo o interesse social, pois a minoria poderá ter – como geralmente tem – seus próprios interesses, os quais, embora divergentes do interesse da maioria, nem sempre contrariam o interesse social" (BULGARELLI, Waldirio. *Regime Jurídico do Conselho Fiscal das S/A*. Rio de Janeiro: Renovar, 1998, p. 68).

ato constitutivo da sociedade (contrato social ou estatuto social) ou por meio de um regimento interno criado e aprovado pelo próprio órgão.

3. CONSELHO FISCAL NAS SOCIEDADES LIMITADAS

A sociedade limitada rege-se supletivamente pelas normas da sociedade simples (art. 1.053 do CC). Deste modo, em relação ao direito à fiscalização, aplica-se o critério do art. 1.021 do CC, segundo o qual: "o sócio pode, a qualquer tempo, examinar os livros e documentos, e o estado da caixa e da carteira da sociedade". Todavia, o próprio art. 1.021 do CC, dispõe que o contrato social pode prever época própria para o exame das contas da Administração[37]. Ademais, conforme art. 1.066 do CC, o Conselho Fiscal pode ser instituído contratualmente.

Alfredo de Assis Gonçalves Neto leciona que: "[...] a opção pelo controle da gestão por intermédio de um conselho fiscal restringe o direito individual do sócio, previsto no art. 1.021, CC. Isso quer dizer que, criado o conselho fiscal pelo contrato social, o sócio deixa de ter assegurado o direito à fiscalização individual ampla ali prevista"[38].

Em outras palavras, "o direito de fiscalização direta por parte dos sócios é transferido para os membros do órgão fiscalizador"[39]. Ressalta-se, no entanto, que a instituição do Conselho Fiscal é "sem prejuízo dos poderes da assembleia" (art. 1.066, *caput*, do CC). Assim, conforme leciona Osmar Brina Corrêa-Lima, mesmo instituindo o Conselho Fiscal, a Assembleia ou Reunião continuarão competentes para fiscalizar os atos sociais[40].

---

37. "Isso é recomendável, senão necessário em sociedades com número expressivo de sócios e evita que os administradores gastem boa parte do seu precioso tempo com esclarecimentos repetitivos a cada qual dos sócios, ao longo de todo o exercício social. O contrato social fixa, então, o modo e os períodos em que tal fiscalização ou exame podem ser exercidos (vg. pessoalmente pelo sócio ou com o auxílio de um contador credenciado, na segunda quinzena dos meses tais e assim por diante)" (GONÇALVES NETO, Alfredo de Assis. *Direito de Empresa: comentários aos artigos 966 a 1.195 do Código Civil*. 10. ed. São Paulo: Thomson Reuters Brasil, 2021, p. 611). No mesmo sentido: LUCENA, José Waldecy. *Das sociedades limitas*. 6. ed. Rio de Janeiro: Renovar, 2005, p. 564.
38. GONÇALVES NETO, Alfredo de Assis. *Direito de Empresa: comentários aos artigos 966 a 1.195 do Código Civil*. 10. ed. São Paulo: Thomson Reuters Brasil, 2021, p. 612.
39. Mais adiante o autor destaca: "Pode-se argumentar que o Código Civil não estabelece, em lugar algum, que o conselho fiscal é substitutivo do direito individual de fiscalização que o art. 1.021 confere ao sócio. No entanto, é só conferir a redação desse mencionado dispositivo legal com a que está no art. 1.069, I, para se ter certeza que passa aos membros do conselho fiscal, em competência individual ou conjunta, a atribuição do 'exame dos livros e papéis da sociedade e o estado da caixa e da carteira de sociedade'. Ademais, como já observado, se os sócios mantivessem o direito individual de fiscalização com o conselho fiscal instituído, a criação desse órgão seria totalmente inócua" (GONÇALVES NETO, Alfredo de Assis. *Direito de Empresa: comentários aos artigos 966 a 1.195 do Código Civil*. 10. ed. São Paulo: Thomson Reuters Brasil, 2021, p. 612).
40. CORRÊA-LIMA, Osmar Brina. *Sociedade limitada*. Rio de Janeiro: Forense, 2006, p. 94.

O CONSELHO FISCAL EM PERSPECTIVA **95**

Como se vê, o Conselho Fiscal é um órgão facultativo nas sociedades limitadas, cabendo aos sócios decidirem pela conveniência, ou não, de sua constituição e de seu funcionamento.

Caso os sócios optem por não constituí-lo, sua instalação somente será possível mediante a posterior alteração do contrato social, que demandará uma Assembleia ou Reunião, devidamente convocada e instalada, e a aprovação da matéria por sócios representantes da maioria do capital social, conforme dispõe o art. 1.071, inciso V, e art. 1.076, inciso II, do CC. Lado outro, caso previsto no contrato social, a requisição de funcionamento do Conselho Fiscal poderá ser formulada por qualquer sócio, já que, diversamente da LSA, não há exigência, no CC, de participação societária mínima para o pedido de instalação do órgão. Conforme leciona José Waldecy Lucena, "o contrato social poderá exigir um mínimo de capital social para que a minoria acione o conselho fiscal"[41], podendo ser, inclusive, aquele definido pelo art. 161, § 2º, da LSA. Ainda é possível que o Conselho Fiscal seja instituído com funcionamento permanente[42].

Ademais, se previsto, o Conselho Fiscal observará as disposições contidas entre os arts. 1.060 e 1.070 do CC, brevemente abordadas a seguir[43].

---

41. LUCENA, José Waldecy. *Das sociedades limitas*. 6. ed. Rio de Janeiro: Renovar, 2005, p. 569.
42. Sobre o assunto, assim se manifesta Alfredo de Assis Gonçalves Neto: "Uma vez previsto e regulado no contrato social, o conselho fiscal tem atuação permanente e o preenchimento dos cargos é obrigatório, a não ser que todos os sócios ou grupo de sócios com direito à eleição de seus membros não exerçam a faculdade de escolha" (GONÇALVES NETO, Alfredo de Assis. *Direito de Empresa: comentários aos artigos 966 a 1.195 do Código Civil*. 10. ed. São Paulo: Thomson Reuters Brasil, 2021, p. 612).
43. Não são raras as críticas à disciplina do Conselho Fiscal prevista no CC: "Um exagero grotesco veemente criticado, já que o melhor teria sido manter o sistema anterior, isto é, relegada a sua criação ao contrato social, sua regência, uma vez instituído o conselho, dar-se-ia pelo que dispusesse o próprio contrato e, nas omissões deste, pela Lei das Anônimas". (LUCENA, José Waldecy. *Das sociedades limitas*. 6. ed. Rio de Janeiro: Renovar, 2005, p. 563). "[...] o conselho fiscal acabou sendo estruturado com disposições que não vão estimular sua criação. Já não é prática consagrada no ambiente das sociedades limitadas e provavelmente não o será com as novas regras codificadas. Observa-se que é muito reduzida a esfera de proveito que pode proporcionar aos sócios e à sociedade. Basta projetar uma sociedade com um sócio ou grupo de sócios titulares de mais de 80% do capital social. A criação de um conselho fiscal diante dessa situação só iria inibir o direito de fiscalização dos demais sócios" (GONÇALVES NETO, Alfredo de Assis. *Direito de Empresa: comentários aos artigos 966 a 1.195 do Código Civil*. 10. ed. São Paulo: Thomson Reuters Brasil, 2021, p. 618). Ainda: "A grande alteração decorrente do novo Código foi a construção de um conjunto de regras que, aparentemente, seria cogente, abrangendo a estruturação e funcionamento dos conselhos fiscais em sociedades limitadas. Anteriormente à sua vigência, tais regras inexistiam, havendo ampla liberdade quanto à forma de constituição deste órgão social, quando se optava pela sua existência. Este engessamento quanto à estrutura e funcionamento do conselho fiscal deve ser criticado, seja em face da alteração de um tratamento jurídico que não trazia problemas de aplicação, seja pela imprecisão jurídica de determinadas regras, seja ainda pelo fato de a concepção de conselho fiscal criada pelo legislador estar muito mais próxima da realidade econômica das sociedades anônimas do que da relativa às limitadas, usualmente utilizadas em atividades de pequeno e médio porte" (TOKARS, Fábio. *Sociedades limitadas*. São Paulo: LTr, 2007, p. 341).

Conforme *caput* do art. 1.060 do CC, o Conselho Fiscal será composto por três ou mais membros e respectivos suplentes, sócios ou não[44], residentes no país, eleitos na Assembleia ou Reunião ordinária prevista no art. 1.078 do CC. O mandato é anual, sendo possível a recondução.

O CC não prevê uma qualificação específica como requisito para nomeação de conselheiro fiscal em sociedade limitada[45], tampouco elenca critérios para remunerá-los. Contudo, caberá à Assembleia ou Reunião de sócios definir a remuneração que será atribuída aos eleitos (art. 1.068 do CC).

Como não há estipulação acerca dos limites mínimos e máximos para remunerá-los, ou a forma de efetuar o pagamento, os sócios terão liberdade para defini-los via contrato ou regimento interno do órgão, desde que sejam compatíveis com o exercício da atividade fiscalizatória. Nessa linha, considera-se inadequada a remuneração baseada em participação nos lucros, "porquanto os conselheiros fiscais passariam a ter interesse nos resultados da atividade social"[46], o que prejudicaria a sua função.

Ainda no que tange à composição do órgão, destaca-se que, para que a função fiscalizatória seja melhor desempenhada, "é assegurado aos sócios minoritários, que representarem pelo menos um quinto do capital social, o direito de eleger, separadamente, um dos membros do conselho fiscal e o respectivo suplente" (art. 1.066, § 2º, do CC).

Ao analisar tal prerrogativa, Alfredo de Assis Gonçalves Neto afirma que os "minoritários com percentual inferior a 20% de participação no capital social

---

44. Fábio Tokars defende ser possível a nomeação de conselheiro fiscal pessoa jurídica: "O mesmo entendimento é encontrado na obra de Waldo Fazzio Júnior. 'O CC de 2002 não esclarece se o colegiado fiscal pode ser integrado por pessoa jurídica. A brecha para uma interpretação positiva pode ser o caminho para a otimização da fiscalização por via de auditorias especializadas, até porque conselheiro fiscal não precisa ser sócio'" (TOKARS, Fábio. *Sociedades limitadas*. São Paulo: LTr, 2007, p. 344). Entendimento diverso é defendido por Alfredo de Assis Gonçalves Neto: "[...] a escolha não pode recair em pessoa jurídica, porquanto o cargo é de exercício pessoal do conselheiro eleito, que age por ele, sem representação de quem quer que seja. Trata-se de atividade intelectual, que só pode ser exercida por pessoa natural. Por isso é prevista a escolha simultânea de suplentes" (GONÇALVES NETO, Alfredo de Assis. *Direito de Empresa: comentários aos artigos 966 a 1.195 do Código Civil*. 10. ed. São Paulo: Thomson Reuters Brasil, 2021, p. 614).
45. Alfredo de Assis Gonçalves Neto tece críticas a tal omissão: "[..] não é exigida nenhuma habilitação para o cargo de conselheiro fiscal, o que permite que pessoas não afeitas a contas sejam indicadas sem condições de exercer as funções que lhe são inerentes e o conselho acabe sendo um órgão decorativo ou ocioso no seu ofício, limitado, por desconhecimento, a validar os atos da administração da sociedade". (GONÇALVES NETO, Alfredo de Assis. *Direito de Empresa: comentários aos artigos 966 a 1.195 do Código Civil*. 10. ed. São Paulo: Thomson Reuters Brasil, 2021, p. 618). De modo contrário, José Waldecy Lucena elogia a opção legislativa: "Louva-se não ter o Código adotado a infeliz exigência constante na Lei 6.404/76, de que os membros do conselho sejam diplomados em curso de nível universitário, ou que tenham exercido, por prazo mínimo de três anos, cargo de administrador de empresa ou de conselho fiscal" (LUCENA, José Waldecy. *Das sociedades limitas*. 6. ed. Rio de Janeiro: Renovar, 2005, p. 569).
46. GONÇALVES NETO, Alfredo de Assis. *Direito de Empresa*: comentários aos artigos 966 a 1.195 do Código Civil. 10. ed. São Paulo: Thomson Reuters Brasil, 2021, p. 620.

O CONSELHO FISCAL EM PERSPECTIVA **97**

podem ficar desamparados, por não terem direito à representação no Conselho Fiscal e não poderem exercer a fiscalização individual ampla, prevista no art. 1.021, CC"[47]. Contudo, o próprio autor relembra que o Conselho Fiscal é incumbido de fiscalizar a gestão social no interesse dos sócios (e não daqueles que o elegeram). Além disso, é possível que titulares de pequenas frações do capital social unam as suas participações para atingir aquele percentual e ter garantida, em princípio, sua representação no Conselho Fiscal[48].

Também segundo aquele autor, poder-se-ia argumentar que sócios majoritários teriam poderes para modificar o contrato social, excluindo a cláusula que institui o Conselho Fiscal e acarretando, indiretamente, a destituição de todos os membros, inclusive daqueles eleitos pelos minoritários. Alfredo de Assis Gonçalves Neto explica, porém, que a supressão do órgão apenas produziria efeitos após a realização da Assembleia ou Reunião anual[49].

Diferentemente da Administração, "o conselho fiscal é um órgão interno da sociedade e só aos sócios interessa saber quem são os seus membros"[50]. Por essa razão, basta a assinatura do termo de posse no livro de atas e pareceres do Conselho Fiscal, dispensando qualquer anotação na Junta Comercial. Alfredo de Assis Gonçalves Neto, destaca que o livro deve ser autenticado perante aquele órgão para que este ateste a aptidão aos fins que o Conselho Fiscal se propõe e assegure a sua imutabilidade perante os interessados[51].

A falta de assinatura do termo de investidura torna sem efeito a eleição (art. 1.067, parágrafo único, do CC). Conforme ressalta aquele autor, "trata-se de sanção que pode trazer embaraços desnecessários, que só irão procrastinar o início das atividades do conselho fiscal"[52]. No entanto, é possível considerar que "a eleição tornada ineficaz (sem efeito) é restrita ao membro eleito que não toma posse, sendo obviamente chamado a substituí-lo o 'respectivo suplente', que, para isso, é eleito"[53].

---

47. GONÇALVES NETO, Alfredo de Assis. *Direito de Empresa*: comentários aos artigos 966 a 1.195 do Código Civil. 10. ed. São Paulo: Thomson Reuters Brasil, 2021, p. 614.
48. GONÇALVES NETO, Alfredo de Assis. *Direito de Empresa*: comentários aos artigos 966 a 1.195 do Código Civil. 10. ed. São Paulo: Thomson Reuters Brasil, 2021, p. 614.
49. GONÇALVES NETO, Alfredo de Assis. *Direito de Empresa*: comentários aos artigos 966 a 1.195 do Código Civil. 10. ed. São Paulo: Thomson Reuters Brasil, 2021, p. 618.
50. GONÇALVES NETO, Alfredo de Assis. *Direito de Empresa*: comentários aos artigos 966 a 1.195 do Código Civil. 10. ed. São Paulo: Thomson Reuters Brasil, 2021, p. 615.
51. GONÇALVES NETO, Alfredo de Assis. *Direito de Empresa*: comentários aos artigos 966 a 1.195 do Código Civil. 10. ed. São Paulo: Thomson Reuters Brasil, 2021, p. 615.
52. GONÇALVES NETO, Alfredo de Assis. *Direito de Empresa*: comentários aos artigos 966 a 1.195 do Código Civil. 10. ed. São Paulo: Thomson Reuters Brasil, 2021, p. 616.
53. LUCENA, José Waldecy. *Das sociedades limitas*. 6. ed. Rio de Janeiro: Renovar, 2005, p. 569. No mesmo sentido: "[...] é possível entender que se considera sem efeito, apenas a eleição daquele que não assinou o termo, instalando-se o conselho fiscal, desde logo, como os demais membros investidos no cargo, se

Destaca-se que "as atribuições e poderes conferidos pela lei ao conselho fiscal não podem ser outorgados a outro órgão da sociedade" (art. 1.070 do CC). Logo, a sociedade limitada não tem a obrigatoriedade de instituir um Conselho Fiscal, mas se a decisão dos sócios for no sentido de constituir um órgão para fiscalizar a gestão dos negócios, necessariamente, deverá fazê-lo por meio do Conselho Fiscal, não havendo a possibilidade de instituição de órgão diverso para assumir essa função. Tal regra visa preservar a representação da minoria garantida por meio da votação em separado prevista no art. 1.066, § 2º, do CC. Contudo, conforme parágrafo único, do art. 1.070, "o conselho fiscal poderá escolher para assisti-lo no exame dos livros, dos balanços e das contas, contabilista legalmente habilitado, mediante remuneração aprovada pela assembleia dos sócios". Osmar Brina Corrêa-Lima destaca a importância desta previsão, tendo em vista a responsabilidade atribuída aos membros do Conselho Fiscal e a ausência de requisitos de qualificação para a nomeação[54].

Destaca-se que, nos termos do art. 1.069, inciso VI, do CC, na hipótese de dissolução total da sociedade, o Conselho Fiscal não será extinto, sendo, assim, mantidas suas atividades durante a liquidação.

Diante do exposto, compreende-se que para aquelas sociedades nas quais os sócios também exercem a administração da sociedade, o que não é raro nas sociedades limitadas, não é conveniente a constituição do Conselho Fiscal. Neste sentido recorda-se lição de Fábio Tokars:

> Os sócios das limitadas, que normalmente são em pequeno número, em regra geral participam ativamente da condução dos negócios sociais, acompanhando diretamente as contratações, os débitos assumidos e o destino dos recursos financeiros. Neste quadro, em que há acompanhamento cotidiano da gestão dos negócios sociais, torna-se desnecessária, e em consequência onerosa, a constituição de um conselho fiscal[55].

Todavia, para aquelas sociedades com um número maior de sócios, ou aquelas que recebem investimentos, como, por exemplo, de investidores anjos, ou *venture capital*, é interessante a previsão do órgão para a tutela dos interesses sociais e a verificação do exercício regular da gestão dos negócios[56].

Em suma, tendo em vista que o Conselho Fiscal é órgão facultativo, a sua instituição deve ser ponderada, considerando os custos para constituí-lo. Ade-

---

com eles se perfizer número mínimo de três (necessário para a existência do órgão)" (GONÇALVES NETO, Alfredo de Assis. *Direito de Empresa*: comentários aos artigos 966 a 1.195 do Código Civil. 10. ed. São Paulo: Thomson Reuters Brasil, 2021, p. 616).

54. CORRÊA-LIMA, Osmar Brina. *Sociedade limitada*. Rio de Janeiro: Forense, 2006, p. 105.

55. TOKARS, Fábio. *Sociedades limitadas*. São Paulo: LTr, 2007, p. 342.

56. Nesse sentido: ARDUIN, Ana Lúcia Alves da Costa. O Conselho Fiscal e sua relevância para os sistemas de Governança Corporativa. In.: PITTA, Andre Grunspun; PEREIRA, Guilherme Setoguti J. *Direito societário e outros temas de direito empresarial aplicado*. São Paulo: Quartier Latin, 2021, p. 32.

mais, decidindo pela sua previsão, deve-se elaborar um regimento interno, que discipline aspectos de sua estrutura e funcionamento, como, por exemplo, critérios para instalação do órgão; convocação e forma de realização das reuniões; remuneração dos membros; critério para substituição do titular pelo suplente; hipóteses de vacância dos cargos e de realização de Assembleia ou Reunião para definição de novos membros; forma de designação e atribuições do presidente do órgão; procedimento de comunicação com a Administração e a Assembleia ou Reunião; limites para recondução do membro no cargo; prazos para exame dos documentos e publicação de pareceres, etc. Essa providência reduzirá a necessidade de constantemente se interpretar a lei e aplicar a analogia, trazendo maior segurança e dinâmica ao funcionamento do Conselho Fiscal.

Destaca-se, por fim, que o contrato social ou o regimento interno, "jamais poderá cercear ou obstruir o poder individual de diligência de seus membros"[57]. Além disso, as normas regimentais somente serão válidas enquanto explicitarem o regime legal, sem modificá-lo[58].

4. CONSELHO FISCAL NAS SOCIEDADES ANÔNIMAS

O art. 109 da LSA, elenca os direitos essenciais dos acionistas, isto é, aqueles direitos que não podem ser suprimidos pelo estatuto social ou pela deliberação da Assembleia Geral. Dentre eles encontra-se o direito à fiscalização da gestão dos negócios sociais (inciso III). Todavia, observa-se pela redação do próprio dispositivo que tal direito não é absoluto, devendo ser exercido na forma prevista naquela Lei. Assim, o art. 105 da LSA, dispõe que acionistas representantes de, no mínimo, 5% do capital social poderão requerer judicialmente a exibição integral dos livros da companhia, quando apontados atos violadores da lei ou do estatuto, ou quando houver fundada suspeita de graves irregularidades praticadas por qualquer dos órgãos da companhia. Ademais, a fiscalização pode ser exercida indiretamente pelos acionistas através do Conselho Fiscal. Segundo Nelson Eizirik:

> A atuação do conselho fiscal é basicamente instrumental, uma vez que objetiva transmitir aos acionistas as informações de que necessitam, quer para exercerem o direito de voto, com o substancial conhecimento do que vem a ser deliberado, quer para fiscalizarem a gestão dos negócios sociais[59].

---

57. CARVALHOSA, Modesto; KUYVEN, Fernando. *Tratado de Direito Empresarial. Sociedades Anônimas.* 2. ed. São Paulo: Thomson Reuters Brasil, 2018, v. III, p. 954.
58. LAMY FILHO, Alfredo; PEDREIRA, José Luiz Bulhões (Coord.). *Direito das Companhias.* 2. ed. Rio de Janeiro: Forense, 2017, p. 929.
59. EIZIRIK, Nelson. *A Lei das S/A comentada: artigos 121 a 188.* São Paulo: Quartier Latin, 2011, v. II, p. 427.

Diferentemente das sociedades limitadas, nas sociedades anônimas o Conselho Fiscal é "*órgão de existência obrigatória, mas funcionamento facultativo*"[60].

Conforme leciona Fábio Ulhoa Coelho, "a obrigatoriedade do Conselho Fiscal significa, em primeiro lugar, que o órgão existe mesmo se o estatuto for omisso a respeito; mais do que isso, significa também que não terá validade eventual cláusula estatutária que o excluísse da estrutura da companhia"[61]. Sendo assim, todas as companhias, sejam elas abertas ou fechadas, conforme distinção do art. 4º da LSA, devem possuir Conselho Fiscal. No caso das companhias abertas, as demonstrações financeiras também são submetidas à auditoria externa e devem observar as normas expedidas pela Comissão de Valores Mobiliários (CVM) (art. 177, § 3º, da LSA).

A obrigatoriedade do Conselho Fiscal "reflete a necessidade de institucionalização da função de fiscalização da gestão, em razão da maior complexidade estrutural e operacional das companhias, e o difícil equilíbrio entre interesses da maioria e da minoria"[62]. De modo similar, Fábio Tokars aponta:

> Nas companhias, normalmente se está diante de um quadro em que uma grande parcela dos acionistas não participa diretamente da administração, não tendo acesso a documentos e, desta forma, não reunindo condições de fiscalizar diretamente a forma de aplicação de seus recursos na sociedade. Neste quadro, faz-se logicamente necessária a existência de órgão social incumbido principalmente de fiscalizar a atuação dos administradores, gerando estabilidade nas relações com os acionistas, e, consequentemente, maior segurança aos investidores. Segurança sem a qual se mostra inviável a captação de investimentos no mercado de capitais[63].

Apesar da obrigatoriedade do órgão, o Conselho Fiscal pode ter funcionamento permanente ou eventual; apenas as sociedades de economia mistas são obrigadas a mantê-lo em funcionamento, nos termos do art. 240 da LSA e art. 13, inciso IV, da Lei 13.303/2016.

Quando o estatuto social não previr o funcionamento permanente do Conselho Fiscal, não haverá razões para instalá-lo até que os acionistas considerem oportuno fazê-lo; assim economiza-se os custos correspondentes[64]-[65]. Lado outro,

---

60. COELHO, Fábio Ulhoa (Coord.). *Lei das Sociedades Anônimas comentada*. Rio de Janeiro: Forense, 2021, p. 1019.
61. COELHO, Fábio Ulhoa (Coord.). *Lei das Sociedades Anônimas comentada*. Rio de Janeiro: Forense, 2021, p. 1019.
62. CARVALHOSA, Modesto; KUYVEN, Fernando. *Tratado de Direito Empresarial. Sociedades Anônimas*. 2. ed. São Paulo: Thomson Reuters Brasil, 2018, v. III, p. 944.
63. TOKARS, Fábio. *Sociedades limitadas*. São Paulo: LTr, 2007, p. 342.
64. COELHO, Fábio Ulhoa (Coord.). Lei das Sociedades Anônimas Comentada. Rio de Janeiro: Forense, 2021, p. 1019.
65. "Ao possibilitar o funcionamento não permanente do órgão, a Lei Societária dá-lhe eficiência, na medida em que os minoritários e preferencialistas, quando interessados, é que tornarão o órgão instrumento ativo e, portanto, efetivo do controle da legalidade e da legitimidade dos atos dos administradores, ou seja,

quando conveniente, ele será instalado a pedido dos acionistas, sendo dispensada qualquer fundamentação na requisição de instalação do órgão[66]. A LSA prevê, no entanto, participação mínima no capital social para que a solicitação seja realizada. Deste modo, o Conselho Fiscal será instalado pela Assembleia Geral a pedido de acionistas que representem, no mínimo, 10% das ações com direito a voto, ou 5% das ações sem direito a voto (art. 161, § 2º, da LSA).

Segundo Maurício Moreira Menezes, "a lógica de tais limitações consiste em impedir que acionistas minoritários titulares de quantidade ínfima de ações possam utilizar-se de prerrogativas legais que, muitas vezes, impactam de forma substancial a estrutura administrativa e o curso ordinário das atividades da companhia"[67]. Ademais, conforme lecionam Egberto Lacerda Teixeira e José Alexandre Tavares Guerreiro, os requisitos mínimos para exercício de alguns direitos evita que alguém possa se tornar acionista de uma concorrente apenas com o propósito de conhecer dados financeiros não publicados[68].

Sabe-se, contudo, que em algumas companhias abertas, especialmente naquelas de capital social pulverizado, essa norma pode prejudicar os interesses de acionistas minoritários e preferencialistas não votantes. Com a finalidade, então, de melhor equilibrar essas relações, o *caput* do art. 291 da LSA, delega competência à CVM para que ela reduza aqueles percentuais exigidos pelo art. 161, § 2º, da LSA. A matéria encontra-se regulada pela Resolução CVM 70/2022, conforme quadro abaixo:

Intervalo do capital social	Percentual mínimo das ações com direito a voto	Percentual mínimo de ações sem direito a voto
Até R$ 50.000.000	8%	4%
R$ 50.000.001 a R$ 100.000.000	6%	3%
R$ 100.000.001 a R$ 150.000.000,00	4%	2%
Acima de R$ 150.000.001	2%	1%

Fonte: Art. 4º da Resolução CVM 70/2022.

Observa-se, porém, que a CVM não regulou a redução do percentual exigido para o requerimento de instalação de Conselho Fiscal de companhia filiada. Dessa forma, quando não for permanente, o funcionamento do Conselho Fiscal da

---

em favor do interesse social e contra abuso e desvio de poder" (CARVALHOSA, Modesto; KUYVEN, Fernando. *Tratado de Direito Empresarial. Sociedades Anônimas.* 2. ed. São Paulo: Thomson Reuters Brasil, 2018, v. III, p. 957).

66. CARVALHOSA, Modesto; KUYVEN, Fernando. *Tratado de Direito Empresarial. Sociedades Anônimas.* 2. ed. São Paulo: Thomson Reuters Brasil, 2018, v. III, p. 958.

67. MENEZES, Maurício Moreira. In. COELHO, Fábio Ulhoa (Coord.). *Lei das Sociedades Anônimas comentada.* Rio de Janeiro: Forense, 2021, p. 1501.

68. TEIXEIRA, Egberto Lacerda; GUERREIRO, José Alexandre Tavares. *Das sociedades anônimas do direito brasileiro.* São Paulo: Bushatsky, 1979, p. 489.

companhia filiada a grupo poderá ser solicitado por acionistas não controladores que representem, no mínimo, 5% das ações ordinárias, ou das ações preferenciais sem direito de voto, nos termos do art. 277 da LSA.

A instalação do Conselho Fiscal, em ambos os casos, poderá ser requerida a qualquer momento e independentemente da ordem do dia (art. 161, §3º, da LSA). Ademais, conforme leciona Fábio Ulhoa Coelho, a deliberação será "meramente formal, já que [a Assembleia Geral] não pode deixar de atender à requisição dos minoritários, quando apresentada com observância de todos os pressupostos da Lei"[69].

A LSA dispõe que o Conselho Fiscal será composto de, no mínimo, três e, no máximo, cinco membros, e suplentes em igual número, acionistas ou não, eleitos pela Assembleia Geral (art. 161, § 1º, da LSA), sendo assegurada a votação em separado para os acionistas minoritários[70] e para os titulares de ações preferenciais sem direito de voto ou com voto restrito[71-72]. No caso dos preferencialistas, "trata-se, efetivamente, não de vantagem política, mas de prerrogativa filiada ao próprio direito de fiscalizar a gestão dos negócios sociais, direito intangível de todo e qualquer acionista"[73].

Em relação à eleição dos membros em separado, destaca-se lição de Egberto Lacerda Teixeira e José Alexandre Tavares Guerreiro:

> [...] a minoria, para fazer-se presente no Conselho Fiscal, deve agrupar-se em torno de um único nome, não lhe sendo lícito ter mais de um representante no órgão. Caso as diversas facções porventura existentes entre a minoria divirjam quanto ao candidato escolhido, ven-

---

69. COELHO, Fábio Ulhoa (Coord.). *Lei das Sociedades Anônimas Comentada*. Rio de Janeiro: Forense, 2021, p. 1019.

70. "[...] tem legitimidade para eleger um representante no Conselho Fiscal da companhia de economia mista qualquer acionista minoritário, mesmo quando possua uma única ação, seja ela ordinária ou preferencial. O requisito de minoria não demanda uma quantidade determinada de ações, mesmo porque não prevê a Lei, no caso de sociedade de economia mista, qualquer percentual mínimo para o exercício de tal direito" (CARVALHOSA, Modesto; KUYVEN, Fernando. *Tratado de Direito Empresarial. Sociedades Anônimas*. 2. ed. São Paulo: Thomson Reuters Brasil, 2018, V. III, p. 959).

71. Art. 161, § 4º, da LSA. "Na constituição do conselho fiscal serão observadas as seguintes normas: a) os titulares de ações preferenciais sem direito a voto, ou com voto restrito, terão direito de eleger, em votação em separado, 1 (um) membro e respectivo suplente; igual direito terão os acionistas minoritários, desde que representem, em conjunto, 10% (dez por cento) ou mais das ações com direito a voto; b) ressalvado o disposto na alínea anterior, os demais acionistas com direito a voto poderão eleger os membros efetivos e suplentes que, em qualquer caso, serão em número igual ao dos eleitos nos termos da alínea a, mais um".

72. "Ao contrário de muitos outros, esse percentual não se inclui entre aqueles que a CVM, com base no art. 291, pode reduzir" (TEIXEIRA, Egberto Lacerda; GUERREIRO, José Alexandre Tavares. *Das sociedades anônimas do direito brasileiro*. São Paulo: Bushatsky, 1979, p. 485).

73. TEIXEIRA, Egberto Lacerda; GUERREIRO, José Alexandre Tavares. *Das sociedades anônimas do direito brasileiro*. São Paulo: Bushatsky, 1979, p. 485.

O CONSELHO FISCAL EM PERSPECTIVA **103**

cerá aquele que mais sufrágio reunir, na votação em separado. O mesmo se há de dizer com relação aos acionistas preferenciais[74].

Ademais, apenas pessoas físicas, observadas as qualificações (art. 162, *caput*, da LSA)[75] e os impedimentos (art. 162, § 2º, da LSA), poderão ser nomeadas para o cargo. Segundo Modesto Carvalhosa, "além dos requisitos legais, nenhum outro poderá ser estabelecido pelo estatuto para investidura dos conselheiros fiscais, por se presumir que constituiriam tais exigências agravamento dos direitos de livre escolha de seus representantes pelos minoritários"[76]. Segundo o autor, "*somente lei especial poderá fazê-lo*"[77].

Todavia, na prática, conforme destaca Nelson Eizirik, "verifica-se em determinadas companhias a criação dos chamados 'conselhos fiscais turbinados'"[78], nos quais há exigência, por exemplo, de formação especializada dos membros em contabilidade, direito ou finanças. Em linha com o exposto, entende-se que embora os minoritários tenham direito de livre escolha, também devem fazê-lo no interesse social, escolhendo fiscal com qualificação adequada e que efetivamente possa exercer sua função. Assim, previsões como a citada, elaboradas de modo objetivo, razoável e não discriminatório, não parece violar direito de acionistas minoritários; pelo contrário, parece preservar os interesses sociais e estar em consonância com a relevância e a complexidade das atribuições do órgão.

Os fiscais exercerão seus cargos até a primeira Assembleia Geral Ordinária[79] que se realizar após a sua eleição, sendo possível a recondução[80] (art. 161, §§ 5º e 6º, da LSA)[81].

---

74. TEIXEIRA, Egberto Lacerda; GUERREIRO, José Alexandre Tavares. *Das sociedades anônimas do direito brasileiro*. São Paulo: Bushatsky, 1979, p. 486.

75. No caso das empresas públicas, "o Conselho Fiscal contará com pelo menos 1 (um) membro indicado pelo ente controlador, que deverá ser servidor público com vínculo permanente com a administração pública" (art. 26, § 2º, da Lei 13.303/2016).

76. CARVALHOSA, Modesto; KUYVEN, Fernando. *Tratado de Direito Empresarial. Sociedades Anônimas*. 2. ed. São Paulo: Thomson Reuters Brasil, 2018, v. III, p. 955.

77. CARVALHOSA, Modesto; KUYVEN, Fernando. *Tratado de Direito Empresarial. Sociedades Anônimas*. 2. ed. São Paulo: Thomson Reuters Brasil, 2018, v. III, p. 955.

78. EIZIRIK, Nelson. *A Lei das S/A comentada: artigos 121 a 188*. São Paulo: Quartier Latin, 2011, v. II, p. 446.

79. Fábio Ulhoa ressalva que "após o término social, embora os fiscais permaneçam nos seus cargos até a Assembleia Geral Ordinária, eles não podem fiscalizar os atos que estejam sendo praticado pela administração no exercício em curso" (COELHO, Fábio Ulhoa (Coord.). Lei das Sociedades Anônimas Comentada. Rio de Janeiro: Forense, 2021, p. 1022). Discorda-se, pois o art. 161, § 6º, da LSA, dispõe que os membros do órgão "*exercerão seus cargos*" até a próxima AGO. Ademais, a competência do Conselho Fiscal é ampla (como se vê, por exemplo, no inciso I e III, do art. 163, da LSA), razão pela qual sua fiscalização não deve ser limitada ao exercício social, e sim ao período que antecede a AGO.

80. Nas empresas públicas são permitidas apenas duas reconduções consecutivas, conforme art. 13, inciso VIII, da Lei 13.303/2016.

81. Se não houver nova solicitação, o órgão deixará de funcionar. "Será, claro, do interesse de todos que, diante da omissão dos minoritários em formularem a requisição, se indague deles in loco se não têm

A LSA disciplina, ainda, a remuneração dos membros do Conselho Fiscal[82]. Segundo Egberto Lacerda Teixeira e José Alexandre Tavares Guerreiro, a previsão de patamar mínimo de remuneração, prevista no art. 161, §3º, da LSA, visou "contribuir para a reabilitação do órgão"[83]. Segundo os autores, "no regime anterior [à LSA], era livre a remuneração em questão, o que levou a generalidade das empresas a estabelecer níveis meramente simbólicos, a esse título"[84].

Em relação aos padrões de remuneração dos membros do Conselho Fiscal, Ana Lúcia Alves da Costa Arduin destaca que "[...] é necessário que a companhia atribua uma remuneração compatível com o volume de trabalho, com o grau de responsabilidade que estes profissionais assumem frente à companhia e terceiros, com o segmento de atuação da empresa, com a especialização do conselheiro eleito"[85].

As funções dos membros do Conselho Fiscal estão elencadas no art. 163 da LSA. Ao analisá-las, verifica-se que a presença de membro do Conselho Fiscal é relevante em algumas deliberações. Assim, a participação de ao menos um membro será obrigatória quando se tratar de Assembleia Geral Ordinária (art. 134, § 2º, e art. 163, incisos II e VII, da LSA) ou quando a ordem do dia contiver tema de manifestação obrigatória do Conselho Fiscal (art. 163, inciso III, da LSA), sob pena de a ausência configurar vício formal apto a anular a deliberação. Nas demais hipóteses, a participação do membro do Conselho Fiscal será voluntária[86-87].

---

mais interesse no instrumento de fiscalização ou se eventualmente estariam desinformados do término do mandato dos eleitos. É do interesse de todos, porque, se a hipótese é da desinformação, logo os minoritários se aperceberão do deslize no exercício de seus direitos e solicitarão a convocação de nova Assembleia Geral. Economizar-se-ão recursos da sociedade, e tempo dos acionistas, se a questão ficar completamente esclarecida na própria Assembleia Geral Ordinária" (COELHO, Fábio Ulhoa (Coord.). *Lei das Sociedades Anônimas Comentada*. Rio de Janeiro: Forense, 2021, p. 1025).

82. Art. 162, § 3º, da LSA. "A remuneração dos membros do conselho fiscal, além do reembolso, obrigatório, das despesas de locomoção e estada necessárias ao desempenho da função, será fixada pela assembleia geral que os eleger, e não poderá ser inferior, para cada membro em exercício, a dez por cento da que, em média, for atribuída a cada diretor, não computados benefícios, verbas de representação e participação nos lucros".

83. TEIXEIRA, Egberto Lacerda; GUERREIRO, José Alexandre Tavares. *Das sociedades anônimas do direito brasileiro*. São Paulo: Bushatsky, 1979, p. 488.

84. TEIXEIRA, Egberto Lacerda; GUERREIRO, José Alexandre Tavares. *Das sociedades anônimas do direito brasileiro*. São Paulo: Bushatsky, 1979, p. 488.

85. ARDUIN, Ana Lúcia Alves da Costa. O Conselho Fiscal e sua relevância para os sistemas de Governança Corporativa. In.: PITTA, Andre Grunspun; PEREIRA, Guilherme Setoguti J. *Direito societário e outros temas de direito empresarial aplicado*. São Paulo: Quartier Latin, 2021, p. 43.

86. CASTRO, Rodrigo R. Monteiro de. In.: COELHO, Fábio Ulhoa (Coord.). *Lei das Sociedades Anônimas Comentada*. Rio de Janeiro: Forense, 2021, p. 1034.

87. Art. 134, § 2º, da LSA. "Se a assembleia tiver necessidade de outros esclarecimentos, poderá adiar a deliberação e ordenar diligências; também será adiada a deliberação, salvo dispensa dos acionistas presentes, na hipótese de não comparecimento de administrador, membro do conselho fiscal ou auditor independente". Sobre este dispositivo, assim comenta Rodrigo R. Monteiro de Castro: "A dispensa pode ser tácita ou expressa. No primeiro caso, não se produz uma manifestação sobre o tema, mas os

Quando a presença for obrigatória, a sua inobservância poderá ensejar responsabilidade dos membros do Conselho Fiscal. Assim explica Rodrigo R. Monteiro de Castro:

> O adiamento de determinada deliberação ou a suspensão da assembleia geral, pela ausência de representante do conselho fiscal, quando algum membro devesse estar presente, tende a implicar novos custos organizacionais ou de outra natureza, os quais, se ocorridos, poderão ser cobrados pela companhia, se decorrem da ausência deliberada ou não justificada de conselheiro fiscal. Todos os membros serão responsáveis, exceto se a LSA (ou, eventualmente, o estatuto, acordo de acionistas ou regimento interno do conselho fiscal) determinar a presença de algum integrante específico, como a do presidente do órgão[88].

Dentre as várias funções elencadas no art. 163 da LSA, destaca-se o inciso IV, que prevê a denúncia de erros, fraudes ou crimes à Administração e à Assembleia Geral. Segundo Fábio Ulhoa Coelho:

> Quando o fiscal, agindo isoladamente, descobre na administração da sociedade alguma irregularidade grave, como são os erros, fraudes ou crimes, ele tem competência para denunciá-los aos órgãos de administração (Diretoria ou Conselho de Administração), para que este tome as medidas necessários para a proteção dos interesses da companhia. Se estes órgãos forem omissos, o fiscal tem competência para informar a irregularidade à Assembleia Geral. Se também a Assembleia Geral nada fizer para coibir a irregularidade ou buscar a devida reparação, cessa o arco de atuação do fiscal. Fez tudo o que podia e tinha a fazer.
>
> [...]
>
> A competência do membro do Conselho Fiscal é sempre *interna* à sociedade. Em outros termos, ele mesmo não tem competência para levar a irregularidade para o conhecimento em âmbitos externos à estrutura societária. Extrapola suas atribuições o fiscal que, por exemplo, expede circular endereçada à totalidade dos acionistas, apresenta "notícia de crime" na delegacia de polícia ou representa ao Ministério Público, denuncia a irregularidade encontrada à Comissão de Valores Mobiliários etc.[89]

Embora esse posicionamento prevaleça na doutrina, entende-se – especialmente diante dos fatos mais recentes envolvendo crimes ambientais e fraudes

---

acionistas instalam, deliberam e encerram a assembleia geral sem ressalvas; no segundo, faz-se constar em ata que, diante da ausência de membros do órgão, os acionistas decidiram dispensar a presença. Em qualquer caso, concluído o conclave, o arrependimento posterior será ineficaz" (CASTRO, Rodrigo R. Monteiro de. In.: COELHO, Fábio Ulhoa (Coord.). *Lei das Sociedades Anônimas Comentada*. Rio de Janeiro: Forense, 2021, p. 1035).

88. CASTRO, Rodrigo R. Monteiro de. In.: COELHO, Fábio Ulhoa (Coord.). *Lei das Sociedades Anônimas Comentada*. Rio de Janeiro: Forense, 2021, p. 1035.

89. COELHO, Fábio Ulhoa (Coord.). *Lei das Sociedades Anônimas Comentada*. Rio de Janeiro: Forense, 2021, p. 1031 e 1039. Mais adiante o autor defende: "A sociedade é pessoa jurídica, cujos interesses são definidos pelos seus órgãos, segundo a rígida distribuição legal de competências. A LSA não atribuiu ao fiscal ou ao Conselho Fiscal nenhuma atribuição para levar qualquer notícia de irregularidade para além da própria companhia; mais que isso, reservou tal competência para outro órgão, a Assembleia Geral" (COELHO, Fábio Ulhoa (Coord.). *Lei das Sociedades Anônimas Comentada*. Rio de Janeiro: Forense, 2021, p. 1039).

contábeis – que seria interessante refletir sobre um alargamento das atribuições do Conselho Fiscal, de modo a permitir que, diante da inércia da Administração e da Assembleia Geral, a denúncia pudesse ser direcionada às autoridades competentes.

Adicionalmente àquelas funções elencadas no art. 163, as pessoas que exercem a função em companhias abertas deverão, ainda, informar imediatamente as modificações em suas posições acionárias na companhia à CVM e às Bolsas de Valores ou entidades do mercado de balcão organizado nas quais os valores mobiliários de emissão da companhia estejam admitidos à negociação (art. 165-A da LSA).

Seja a companhia aberta ou fechada, todas as funções prescritas aos membros do Conselho Fiscal são indelegáveis (art. 161, § 7º, da LSA), não podendo ser assumidas por outros órgãos ou diretamente pelos acionistas[90].

Ainda, os membros do Conselho Fiscal têm os mesmos deveres dos administradores e respondem pelos danos resultantes de omissão no cumprimento de seus deveres e de atos praticados com culpa ou dolo, ou com violação da lei ou do estatuto. No entanto, a LSA ressalva, no § 2º, do art. 165, que o fiscal não responderá por atos ilícitos cometidos por outros membros do Conselho Fiscal, exceto se for conivente ou concorrido para a prática da ilicitude. Conforme leciona Fábio Ulhoa Coelho, "essa é a regra aplicável à omissão no exercício de competência individual dos fiscais". Lado outro, se a responsabilidade decorrer de competência colegiada[91], haverá presunção de solidariedade entre os fiscais, excluindo aquele que tiver consignado a sua dissidência e comunicado o fato aos órgãos de administração e à Assembleia Geral (art. 165, § 3º, da LSA)[92]. Nelson Eizirik exemplifica: "se um membro do conselho fiscal utiliza informações confidenciais da companhia em proveito próprio, às quais teve acesso no curso de uma reunião do órgão, os demais, se souberem da prática ilícita e não a denunciarem, serão solidariamente responsáveis por conivência"[93].

---

90. Fábio Ulhoa Coelho explica: "Deste modo, o acionista minoritário não tem o direito de exigir uma cópia da ata da reunião do Conselho de Administração (cogito de uma cópia da ata que não precisa ser tornada pública, segundo o disposto no art. 142, § 1º), porque, sendo tal exigência uma das competências do Conselho Fiscal, atender à requisição do sócio importaria em desrespeito ao § 7º do art. 161" (COELHO, Fábio Ulhoa (Coord.). Lei das Sociedades Anônimas Comentada. Rio de Janeiro: Forense, 2021, p. 1019).

91. "Esse é o caso das manifestações prévias do Conselho Fiscal acerca de deliberações submetidas à Assembleia Geral sobre modificação do capital social, emissão de debêntures ou bônus de subscrição, planos de investimento ou orçamentos de capital, distribuição de dividendos, transformação, incorporação, fusão ou cisão" (CARVALHOSA, Modesto; KUYVEN, Fernando. Tratado de Direito Empresarial. Sociedades Anônimas. 2. ed. São Paulo: Thomson Reuters Brasil, 2018, v. III, p. 946).

92. COELHO, Fábio Ulhoa (Coord.). Lei das Sociedades Anônimas Comentada. Rio de Janeiro: Forense, 2021, p. 1039.

93. EIZIRIK, Nelson. A Lei das S/A comentada: artigos 121 a 188. São Paulo: Quartier Latin, 2011, v. II, p. 463.

Tendo em vista a amplitude da responsabilidade dos membros do Conselho Fiscal, "[...] o Instituto Brasileiro de Governança Corporativa recomenda que os membros do conselho fiscal sejam incluídos nas apólices de seguros de responsabilidade dos administradores (D&O Insurances)"[94].

Por fim, destaca-se que embora a LSA seja mais detalhada se comparada ao CC, também são verificadas diversas lacunas em relação ao funcionamento do Conselho Fiscal[95], razão pela qual também é recomendável a elaboração de regras de funcionamento do órgão através de cláusulas estatutárias ou de um regimento interno, o qual deverá ser constantemente revisado e atualizado[96].

4.1 Conselho Fiscal em companhias de pequeno porte (art. 294-A da LSA)

Conforme mencionado anteriormente, nas sociedades anônimas, o Conselho Fiscal é órgão de existência obrigatória, mas o seu funcionamento, com exceção das sociedades de economia mista, pode ser permanente, ou não, conforme previsão do estatuto social. Quando não existir previsão de funcionamento permanente, o órgão poderá ser instalado pela Assembleia Geral a pedido de acionistas que representem, no mínimo, 10% das ações com direito a voto, ou 5% das ações sem direito a voto, sem prejuízo das concessões disciplinadas pela Resolução CVM 70/2022. Esta é a regra geral, porém, a CVM poderá dispensá-la ou modulá-la, nos termos do art. 294-A, inciso I, da LSA, introduzido pela Lei Complementar 182/2021, denominada de Marco Legal das *Startups*.

Através deste dispositivo, discute-se se a existência obrigatória do Conselho Fiscal pode significar, em algumas hipóteses, a imposição de ônus sem a aquisição de vantagens correlatas.

Recorda-se que a LSA foi originalmente elaborada levando em consideração principalmente a realidade de companhias de maior porte e em estágios avançados de desenvolvimento, justificando-se, pois, a imposição de estruturas orgânicas mais robustas, com atribuições definidas a cada órgão[97]. Contudo, conforme

---

94. ARDUIN, Ana Lúcia Alves da Costa. O Conselho Fiscal e sua relevância para os sistemas de Governança Corporativa. In.: PITTA, Andre Grunspun; PEREIRA, Guilherme Setoguti J. *Direito societário e outros temas de direito empresarial aplicado*. São Paulo: Quartier Latin, 2021, p. 43.

95. Cf. BULGARELLI, Waldirio. *Regime Jurídico do Conselho Fiscal das S/A*. Rio de Janeiro: Renovar, 1998, p. 104 e 199.

96. ARDUIN, Ana Lúcia Alves da Costa. O Conselho Fiscal e sua relevância para os sistemas de Governança Corporativa. In.: PITTA, Andre Grunspun; PEREIRA, Guilherme Setoguti J. *Direito societário e outros temas de direito empresarial aplicado*. São Paulo: Quartier Latin, 2021, p. 40.

97. "O direito societário, desde o século XIX, nas mais diversas legislações, atribui caráter cogente às normas que definem as atribuições dos órgãos pelo fato de terem as sociedades anônimas características diferentes das demais sociedades: grande número de sócios, todos com responsabilidade limitada ao preço de emissão das ações subscritas ou adquiridas, que podem a qualquer momento transferir suas

leciona Andre Grunspun Pitta, a adoção de tais estruturas traz custos e retira grande parte da maleabilidade, geralmente necessária nos estágios iniciais de desenvolvimento da empresa[98].

Tendo em visto esses argumentos e o art. 294-A, inciso I, da LSA, a CVM publicou, em julho de 2023, um estudo sobre o impacto regulatório da dispensa do Conselho Fiscal nas companhias abertas de menor porte, ou seja, aquelas que auferiram receita bruta anual inferior a quinhentos milhões de reais (art. 294-B da LSA).

O estudo analisa três alternativas: (i) manutenção do *status quo*, isto é, não conceder prerrogativas às companhias de menor porte e manter as exigências da LSA em relação à obrigatoriedade de instalação do Conselho Fiscal; (ii) conceder a dispensa de instalação do Conselho Fiscal para todas as companhias de menor porte; ou (iii) conceder a dispensa de instalação do Conselho Fiscal para todas as companhias de menor porte, desde que seja eleito um representante dos minoritários para integrar o Conselho de Administração[99]. A recomendação da Autarquia, a partir das evidências teóricas e empíricas apresentadas ao longo do estudo, foi a adoção da alternativa (iii), uma vez que seriam reduzidos os custos para as companhias de menor porte ao mesmo tempo em que se manteria a representatividade dos acionistas minoritários[100].

Contudo, a implementação da alternativa recomendada, ou de outra que porventura seja proposta, pressupõe um processo normativo ordinário da CVM[101]. Dessa forma, o art. 294-A, inciso I, da LSA, ainda não foi regulamentado pela CVM, embora exista a expectativa de que ela o faça em breve, tendo

---

ações. Tais características sempre exigiram regulação estatal para proteger tanto os acionistas e os investidores do mercado como terceiros que negociam com a companhia. Além de tais características, as leis societárias, ao estabelecerem a indelegabilidade de funções dos órgãos, consagram o princípio da especialização, nos termos do qual a sociedade anônima constitui um empreendimento institucionalizado, um agrupamento de pessoas com interesses comuns, visando à realização do objeto social de forma lucrativa, na qual, por imposição legal, cada órgão tem funções determinadas, das quais não pode ser privado nem a elas renunciar" (EIZIRIK, Nelson. *A Lei das S/A comentada: artigos 121 a 188.* São Paulo: Quartier Latin, 2011, v. II, p. 454).

98. Cf. PITTA, André Grünspun. *A capitalização da empresa e o mercado de valores mobiliários*, São Paulo: Quartier Latin, 2018, p. 250-258.

99. COMISSÃO DE VALORES MOBILIÁRIOS. *Revisão da obrigatoriedade do Conselho Fiscal em companhias de pequeno e médio porte: uma análise de custo-benefício de edição de norma referente a eventual dispensa do Conselho Fiscal em companhias abertas de pequeno e médio Porte pela CVM.* Disponível em: https://www.gov.br/cvm/pt-br/centrais-de-conteudo/publicacoes/estudos/air-conselhofiscal-2023. pdf. Acesso em: 13.07.2023.

100. COMISSÃO DE VALORES MOBILIÁRIOS. *Revisão da obrigatoriedade do Conselho Fiscal em companhias de pequeno e médio porte: uma análise de custo-benefício de edição de norma referente a eventual dispensa do Conselho Fiscal em companhias abertas de pequeno e médio Porte pela CVM.* Disponível em: https://www.gov.br/cvm/pt-br/centrais-de-conteudo/publicacoes/estudos/air-conselhofiscal-2023. pdf. Acesso em: 13.07.2023.

101. Cf. Resolução CVM 67/2022.

em vista os temas objeto de consulta pública que constam em sua Agenda Regulatória de 2024[102].

4.2   Fiscalização orgânica *versus* fiscalização externa

O Conselho Fiscal não se confunde com o Auditor Independente[103], obrigatório para as companhias abertas, conforme art. 177, § 3º, da LSA, tampouco com o Comitê de Auditoria, que é de existência obrigatória nas companhias listadas no segmento Novo Mercado da B3 (art. 22 do Regulamento do Novo Mercado).

Os Auditores Independentes visam assegurar a credibilidade das informações financeiras das companhias abertas, sendo essencial para o funcionamento do mercado de capitais.

A atividade de Auditoria Independente é regulada pela Resolução CVM 21/2021 e as pessoas físicas ou jurídicas que exercem as funções ali elencadas devem ser registradas na CVM, após o cumprimento de diversos requisitos, incluindo a demonstração da aptidão técnica (arts. 3º e 4º da Resolução CVM 21/2021). Dentre as várias funções do auditor, dispostas no art. 25, da Resolução CVM 21/2012, está elaborar e encaminhar ao Conselho Fiscal relatório contendo suas observações em relação aos controles internos e aos procedimentos contábeis da entidade auditada, descrevendo, ainda, as eventuais deficiências ou ineficácias identificadas no transcorrer dos trabalhos (inciso II). As irregularidades também devem ser comunicadas à CVM, nos termos do art. 25, parágrafo único, daquela norma. Interessante observar que para melhor cumprimento de suas funções a Resolução CVM 21/2021 determina a rotatividade dos auditores estabelecendo prazos máximos para a prestação de serviço a um mesmo cliente (arts. 31 e 31-A da Resolução CVM 21/2021).

Ainda, segundo art. 163, § 4º, da LSA, "se a companhia tiver auditores independentes, o conselho fiscal, a pedido de qualquer de seus membros, poderá solicitar-lhes esclarecimentos ou informações, e a apuração de fatos específicos".

O Comitê de Auditoria, por sua vez, é órgão de assessoramento vinculado ao Conselho de Administração e tem inspiração no modelo societário estadunidense instituído após a promulgação da Lei Sarbanes-Oxley[104], sendo mais usual em

---

102.   Cf. Agenda Regulatória 2024 da Comissão de Valores Mobiliários, disponível em: https://www.gov.br/cvm/pt-br/assuntos/noticias/normatizacao-de-fiagro-portabilidade-e-assembleias-de-acionistas-integram-agenda-regulatoria-2024-da-cvm. Acesso em: 26.12.2023.

103.   Segundo Alfredo Lamy Filho, tem "origem na Inglaterra, expansão nos Estados Unidos e importância no direito dos países de *common* law, que não impõem a criação de órgãos social de fiscalização" (LAMY FILHO, Alfredo; PEDREIRA, José Luiz Bulhões (Coord.). *Direito das Companhias*. 2. ed. Rio de Janeiro: Forense, 2017, p. 916).

104.   "O direito norte-americano prioriza o sistema de fiscalização externa das finanças da companhia. A instituição de *auditing* coloca-se, ao lado da *disclosure*, como um dos fundamentos do regime jurídico societário norte-americano. Foi desse ordenamento jurídico que se originou o sistema de auditores independentes,

companhias listadas em bolsas de valores norte-americanas. Recorda-se, porém, que em razão do art. 163, § 7º, da LSA, as atribuições e os poderes do Conselho Fiscal não podem ser absorvidos pelo Comitê de Auditoria[105].

Diferentemente do Comitê de Auditoria, o Conselho Fiscal assessora os acionistas, através dos pareceres encaminhados à Assembleia Geral, sendo um órgão independente da Administração, conforme já mencionado. Outrossim, diferentemente da Auditoria Externa, as atribuições do Conselho Fiscal não se esgotam na fiscalização das contas da sociedade, tendo atribuições mais amplas, incluindo manifestações em torno de alguns atos de gestão e o fornecimento de informações aos acionistas, nos termos da LSA. Poder-se-ia entender que há um sombreamento de função entre essas três estruturas, todavia, percebe-se distinções entre elas que são relevantes do ponto de vista da governança corporativa e da tutela dos investidores, razão pela qual são exigidas para algumas companhias. Para aquelas nas quais a Auditoria Externa e o Comitê de Auditoria são facultativos, à semelhança do mencionado para o Conselho Fiscal, deverá haver uma ponderação das vantagens e das desvantagens (especialmente dos custos de funcionamento) para se concluir pela sua constituição ou não.

5. CONSIDERAÇÕES FINAIS

Armour et al. consideram que as principais funções do Direito Societário são: (i) conferir aos empreendedores tipos societários com características definidas que os permitam exercer suas funções econômicas; e (ii) mitigar conflitos de agência decorrentes das relações entre acionistas, administradores e terceiros (*e.g.* trabalhadores, consumidores e credores da companhia). Em relação a esta segunda função os autores apresentam mecanismos pelos quais os legisladores de cada país buscam mitigar os oportunismos de um agente (administrador, acionista e terceiros) em detrimento de outro. Os autores identificam, então, que existem distinções entre as jurisdições analisadas em razão da espécie de conflito de agência que tende a predominar em cada contexto[106].

---

encontrado na legislação brasileira desde os anos 1960 [...] No entanto, a partir de 2002 – com a promulgação da Lei Sarbanes-Oxley em reação às fraudes financeiras cometidas com a conivência de auditores externos –, contata-se uma tendência a fortalecer o sistema de fiscalização recíproca (*gatekeepers system*), envolvendo administradores, auditores, advogados e autoridades estatais. [...] Os comitês de auditoria trouxeram para o interior da companhia deveres de controle que antes eram facultativos, aproximando o escopo da atuação desses comitês daqueles de órgãos internos previstos em outras legislações, a exemplo do Conselho Fiscal brasileiro" (CARVALHOSA, Modesto; KUYVEN, Fernando. *Tratado de Direito Empresarial. Sociedades Anônimas.* 2. ed. São Paulo: Thomson Reuters Brasil, 2018, V. III, p. 948).

105. Cf. KPMG, *Conselho Fiscal e Comitê de Auditoria: responsabilidades, potenciais conflitos e lições aprendidas,* disponível em: https://www.kpmg.com.br/aci/publicacoes/2009/18_mesa_debates.pdf. Acesso em: 26.12.2023.

106. Cf. ARMOUR et al. *The Anatomy of Corporate Law: A Comparative and Functional Approach.* Oxford: Oxford University Press, 2017.

As lições dos autores são relevantes na medida em que apresentam estratégias pelas quais o Direito pode reduzir os custos de agência e trazer mais eficiência ao desenvolvimento da atividade empresária. Sob essa perspectiva, é importante perceber que um mecanismo apropriado à redução dos conflitos de agência no âmbito de uma grande companhia pode não ser adequado às companhias com outro perfil, ou a outros tipos societários.

Neste contexto, compreende-se que o Conselho Fiscal pode "exercer uma função extremamente relevante dentro da estrutura de governança corporativa das organizações, gerando maior valor e proporcionando a correta equalização entre os poderes de controle e de administração"[107]. Todavia, essa não será uma regra aplicável a todas as sociedades; a instituição do órgão sem necessidade pode apenas imprimir custos à sociedade, não sendo auferidas vantagens correlatas à sua existência. Por isso é imprescindível refletir sobre a sua adequação.

Nesta linha, retoma-se a crítica tecida por Egberto Lacerda Teixeira e José Alexandre Tavares Guerreiro no final da década de 70:

> Salvo honrosas exceções, na maior parte das empresas, o Conselho Fiscal converteu-se em organismo desprestigiado e inexpressivo, composto, as mais das vezes, por pessoas da confiança direta dos acionistas controladores, que se limitavam a assinar pareceres estereotipados, sem necessidade de efetivamente examinar os livros e papéis da sociedade, seu estado de caixa e carteira, o inventário, o balanço e as contas da diretoria. Assim sendo, o Conselho Fiscal comprometeu a confiabilidade que deveria caracterizá-lo[108].

É certo que as alterações promovidas pela LSA visaram fortalecer o Conselho Fiscal, conforme é possível extrair da própria Exposição de Motivos da norma[109]. Contudo, a modificação introduzida pelo Marco Legal das *Startups* trouxe à tona a discussão em relação à necessidade de se instituir o Conselho Fiscal e a importância de conferir maior maleabilidade às sociedades para que os empreendedores possam formatá-la de modo mais adequado ao interesse social.

Para além de se discutir essa flexibilização, deve-se atentar também que o CC e a LSA são omissos em relação a aspectos importantes do funcionamento do Conselho Fiscal. Sendo assim, para aqueles casos em que se conclui pela sua instituição, é essencial destinar tempo (e recursos) para a elaboração de regras que viabilizem o melhor funcionamento do órgão, especialmente em relação àquelas lacunas deixadas pela legislação. Ademais, devem ser elaboradas rotinas

---

107. ARDUIN, Ana Lúcia Alves da Costa. O Conselho Fiscal e sua relevância para os sistemas de Governança Corporativa. In.: PITTA, Andre Grunspun; PEREIRA, Guilherme Setoguti J. *Direito societário e outros temas de direito empresarial aplicado*. São Paulo: Quartier Latin, 2021, p. 43.

108. TEIXEIRA, Egberto Lacerda; GUERREIRO, José Alexandre Tavares. *Das sociedades anônimas do direito brasileiro*. São Paulo: Bushatsky, 1979, p. 483.

109. Cf. Exposição de Motivos 196/1976, disponível em https://www.gov.br/cvm/pt-br/acesso-a-informacao-cvm/institucional/sobre-a-cvm/EM196Lei6404.pdf. Acesso em: 15.12.2023.

de funcionamento, inclusive visando à aproximação dos membros do Conselho Fiscal com os integrantes dos demais órgãos da sociedade, principalmente da Administração[110], mantendo-se, contudo, a independência que deve caracterizar o exercício das atribuições do fiscal.

Salienta-se, por fim, que a constituição do Conselho Fiscal sem considerar esses pontos pode transmitir uma sensação ilusória de segurança aos sócios e, eventualmente, aos investidores, pois pode significar uma existência meramente figurativa de um órgão de fiscalização da gestão dos negócios sociais.

6. REFERÊNCIAS

ARAUJO FILHO, Raul de; CUNHA, Rodrigo Ferraz P. Limites de atuação do Conselho Fiscal. *Revista de Direito Mercantil, industrial, econômico e financeiro*, ano XLII, n. 129, p. 96-107, jan./mar. 2003.

ARDUIN, Ana Lúcia Alves da Costa. O Conselho Fiscal e sua relevância para os sistemas de Governança Corporativa. In.: PITTA, Andre Grunspun; PEREIRA, Guilherme Setoguti J. *Direito societário e outros temas de direito empresarial aplicado*. São Paulo: Quartier Latin, 2021.

ARMOUR et al. *The Anatomy of Corporate Law*: A Comparative and Functional Approach. Oxford: Oxford University Press, 2017.

BULGARELLI, Waldirio. *Regime Jurídico do Conselho Fiscal das S/A*. Rio de Janeiro: Renovar, 1998.

CARVALHOSA, Modesto; KUYVEN, Fernando. *Tratado de Direito Empresarial. Sociedades Anônimas*. 2. ed. São Paulo: Thomson Reuters Brasil, 2018. v. III.

COELHO, Fábio Ulhoa (Coord.). *Lei das Sociedades Anônimas comentada*. Rio de Janeiro: Forense, 2021.

COMISSÃO DE VALORES MOBILIÁRIOS. *Revisão da obrigatoriedade do Conselho Fiscal em companhias de pequeno e médio porte: uma análise de custo-benefício de edição de norma referente a eventual dispensa do Conselho Fiscal em companhias abertas de pequeno e médio Porte pela CVM*. Disponível em: https://www.gov.br/cvm/pt-br/centrais-de-conteudo/publicacoes/estudos/air-conselhofiscal-2023.pdf. Acesso em: 13.12.2023.

CORRÊA-LIMA, Osmar Brina. *Sociedade limitada*. Rio de Janeiro: Forense, 2006.

GONÇALVES NETO, Alfredo de Assis. *Direito de Empresa*: comentários aos artigos 966 a 1.195 do Código Civil. 10. ed. São Paulo: Thomson Reuters Brasil, 2021.

GUERRIRO, José Alexandre Tavares. O Conselho Fiscal e o direito à informação. *Revista de Direito Mercantil, Industrial, Econômico e Financeiro*, ano XXI (Nova Série), n. 45, p. 29-34, jan./mar. 1982.

LAMY FILHO, Alfredo; PEDREIRA, José Luiz Bulhões (Coord.). *Direito das companhias*. 2. ed. Rio de Janeiro: Forense, 2017.

LUCENA, José Waldecy. *Das sociedades limitas*. 6. ed. Rio de Janeiro: Renovar, 2005.

---

110. ARDUIN, Ana Lúcia Alves da Costa. O Conselho Fiscal e sua relevância para os sistemas de Governança Corporativa. In.: PITTA, Andre Grunspun; PEREIRA, Guilherme Setoguti J. *Direito societário e outros temas de direito empresarial aplicado*. São Paulo: Quartier Latin, 2021, p. 40.

PITTA, André Grünspun. *A capitalização da empresa e o mercado de valores mobiliários*. São Paulo: Quartier Latin, 2018.

TEIXEIRA, Egberto Lacerda; GUERREIRO, José Alexandre Tavares. *Das sociedades anônimas do direito brasileiro*. São Paulo: Bushatsky, 1979.

TOKARS, Fábio. *Sociedades limitadas*. São Paulo: LTr, 2007.

CÁLCULO DE QUÓRUM HAVENDO INTERESSE DIRETO DE SÓCIO[1]

Marcelo Lauar Leite

Advogado. Professor Adjunto da Universidade Federal Rural do Semiárido [UFERSA, Brasil]. Doutor em Direito Empresarial pela Faculdade de Direito da Universidade de Coimbra [FDUC, Portugal]. Mestre e Bacharel em Direito pela Universidade Federal do Rio Grande do Norte [UFRN, Brasil]. Investigador do Instituto Jurídico [FDUC]. Investigador do Grupo de Pesquisa "Empresa, Consumo y Derecho" [Universidade da Coruña, Espanha]. Líder do Grupo de Pesquisa "Direito, Economia e Mercados" [DIREM/UFERSA]. Editor-adjunto da Revista Jurídica da UFERSA. Foi *Visiting Researcher na Université de Montréal* [UdeM, Canadá].

Sumário: 1. Introdução – 2. Pela virtualização do capital social no art. 1.074, § 2º – 3. Contra a virtualização do capital social no art. 1.074, § 2º; 3.1 Capital social e quotas na estrutura societária; 3.2 Repercussão do entendimento do STJ face a jurimetria – 4. Considerações finais – 5. Referências.

1. INTRODUÇÃO

As sociedades limitadas representam a larga maioria dos tipos legislativos destinados ao empreendimento econômico, seja de forma associativa ou unipessoal[2]. Quando sua constituição envolve uma pluralidade de pessoas, a formação da vontade social compete a seus órgãos de deliberação[3].

Em reunião ou assembleia[4] decide-se, por exemplo, sobre a exclusão de quotistas. Veja-se o 1.085/*caput*/CC[5], pelo qual, "[...] quando a maioria dos sócios, representativa de mais da metade do capital social, entender que um ou mais sócios estão pondo em risco a continuidade da empresa, em virtude de atos de inegável gravidade, poderá excluí-los da sociedade, mediante alteração do contrato social, desde que prevista neste a exclusão por justa causa".

---

1. Versão revista e atualizada de artigo previamente publicado: *cf.* LEITE, Marcelo Lauar. Quórum deliberativo e virtualização do capital social: diálogos com o resp. 1.459.190/SP. *Revista Semestral de Direito Empresarial*, Rio de Janeiro, n. 16, p. 245-262, jan./jun. 2015.
2. GOVERNO FEDERAL. *Painéis do Mapa de Empresas*. Disponível em https://www.gov.br/empresas--e-negocios/pt-br/mapa-de-empresas/painel-mapa-de-empresas. Acesso em: 17.07.2023.
3. Quando alheia aos atos ordinários de gestão – 1.015/CC, 153/LSA
4. Não se ignorando o manejo alternativo da reunião para sociedades limitadas com menos de dez sócios [CC, art. 1.072, § 1.º], entenda-se que a referência à assembleia é feita aqui como sinônimo de órgão de deliberação social para os fins a seguir propostos.
5. Doravante, admita-se que as referências não lastreadas a artigos se referem a dispositivos do Código Civil.

Da leitura do dispositivo, dois comandos normativos se sobressaem: *[i]* é possível a exclusão extrajudicial de quotista quando o ato constitutivo preveja a expulsão por justa causa e o acusado ponha em risco a empresa em virtude de atos de inegável gravidade; e, *[ii] essa decisão deve ser tomada pela maioria, assim identificada pela participação social* – e não por cabeça.

Pois bem. A par disso, analisemos o paradigmático julgamento do Recurso Especial n. 1.459.190/SP[6]. *Y.H.Z.* pretendia anular a deliberação social que a excluiu da sociedade *G.I.C. LTDA.*, em virtude, entre outros fatores, da pretensa infração da assembleia à cláusula do ato constitutivo que exigia quórum qualificado de 85% do capital social. No caso, os demais sócios, *A.M.F.*, *O.C.P.* e *C.A.F.* detinham, juntos, 79,58% do capital social da *G.I.C. LTDA.*, tendo estes votado unanimemente pela expulsão de *A1*. Do julgamento, derivou a seguinte ementa:

> Recurso especial. Direito empresarial. Sociedade limitada. Exclusão de sócio minoritário. Prazo decadencial de três anos para anulação da assembleia. Decisão da maioria dos sócios, representativa de mais de metade do capital social. Quorum de deliberação em que não pode ser computada a participação, no capital social, do sócio excluendo.
>
> [...]
>
> 4. Em regra, o direito de sócio participar nas deliberações sociais é proporcional à sua quota no capital social. Por outro lado, o § 2° do art. 1.074 do Código Civil veda expressamente, com fundamento no princípio da moralidade e do conflito de interesses, que sócio participe de votação de matéria que lhe diga respeito diretamente, como sói a exclusão de sócio, haja vista que atinge diretamente sua esfera pessoal e patrimonial.
>
> 5. *Nessa linha, para fins de quorum de deliberação, não pode ser computada a participação no capital social do sócio excluendo, devendo a apuração se lastrear em 100% do capital restante, isto é, daqueles legitimados a votar.*
>
> 6. Na hipótese, a exclusão foi aprovada por unanimidade, mas, apesar de reconhecer isso, o Tribunal de origem entendeu pela ilegalidade da deliberação ao fundamento de que os sócios votantes eram detentores do percentual de 79,58% do capital social, inferior aos 85% exigidos pelo contrato social.
>
> 7. Nesse contexto, todavia, excluindo-se as quotas representativas de 20,413% do capital da ora recorrida, percebe-se que houve unanimidade dos sócios votantes representativos, por causa da exclusão desta, de 100% do capital social legitimado a deliberar.
>
> 8. Portanto, presentes todos os requisitos legais, sendo o expulso sócio minoritário, havendo cláusula permissiva no contrato social com convocação de reunião dos sócios especialmente para tal finalidade, tendo havido a cientificação do excluendo e com conclave realizado com sócios titulares de mais de metade do capital social, necessário reconhecer a legitimidade da deliberação de exclusão.
>
> 9. Recurso especial provido. – *Grifei.*

---

6. Rel. Ministro Luis Felipe Salomão, Quarta Turma, publicado em 10.02.2016.

O teor ementário representa fidedignamente o voto do Relator[7], seguido sem ressalvas pelos demais integrantes[8] da Quarta Turma do STJ. Para os Ministros, em face da vedação constante do art. 1.074, § 2º[9], a participação no capital social do sócio em processo de exclusão não se computaria. Com isso, a aferição do quórum deliberativo se lastrearia somente nas demais participações sociais, criando-se uma composição virtual e casuística das forças político-societárias.

A solução dada pelo STJ ao interpretar o sistema de deliberações sociais transborda o campo teórico, tendo afetado decisivamente a esfera de diretos de *Y.H.Z.* Ao desconsiderar a existência da participação dessa quotista por haver *interesse direto*, a Corte definiu que a soma das participações dos outros sócios constitui, para os efeitos da exclusão, a totalidade do capital social. Dentro do universo de 100%, as quotas de *A.M.F.*, *O.C.P.* e *C.A.F.* passaram a ser proporcionalmente consideradas visando a aferir se a vontade destes sócios teria ou não ultrapassado o quórum deliberativo de 85% previsto no ato constitutivo. Tendo havido a unanimidade, o STJ legitimou a exclusão de *Y.H.Z.*, reformando o acórdão de origem.

Permita-me a redundância: se a participação de *Y.H.Z.* tivesse sido contabilizada – seja como abstenção ou voto contrário –, a exclusão pretendida por seus pares teria a concordância de 79,58% do capital social, força insuficiente para a aprovação do resultado deliberativo. Restaria aos demais sócios pleitear uma exclusão judicial, procedimento mais custoso, demorado e condicionado à demonstração da falta grave no cumprimento de obrigações.

Afinal, o STJ conferiu uma resposta juridicamente correta ao problema levado à sua tutela? Em situações de interesse direto de sócio, sua participação deve ser desconsiderada da contagem de quóruns de aprovação ou oposição?

2. PELA VIRTUALIZAÇÃO DO CAPITAL SOCIAL NO ART. 1.074, § 2º

Pelo 1.074/§ 2º/CC, "nenhum sócio, por si ou na condição de mandatário, pode votar matéria que lhe diga respeito diretamente". O que a lei denota? Com a palavra, o STJ, no ponto 4 da ementa supracitada: o dispositivo veda que o quotista participe de votação de matéria que lhe diga respeito diretamente, como a exclusão de sócio.

---

7. Ministro Luiz Felipe Salomão.
8. Ministros Raul Araújo, Antonio Carlos Ferreira e Marco Buzzi.
9. Art. 1.074. A assembléia dos sócios instala-se com a presença, em primeira convocação, de titulares de no mínimo três quartos do capital social, e, em segunda, com qualquer número.
   [...]
   § 2º Nenhum sócio, por si ou na condição de mandatário, pode votar matéria que lhe diga respeito diretamente.

Certíssimo. Quando o Código Civil diz que não se pode votar, significa que é vedado o... *voto*! Em outras palavras, ao passo em que mantém o direito à voz e à manifestação do quotista, proíbe-lhe a escolha; o sufrágio; a contribuição individual na última e decisiva etapa da formação da vontade social. A consequência? Com a palavra, o Min. Relator: "[...] nessa linha de raciocínio, penso que, para fins de quórum de deliberação, não pode mesmo ser computada a participação no capital social do sócio excluendo, devendo a apuração se lastrear em 100% do capital restante, isto é, daqueles legitimados a votar [...]".

Por que a vedação ao voto conduz a uma apuração lastreada em 100% das participações restantes? O que fundamenta esse capital social virtual? Fundamentando sua conclusão, o Min. Relator se limitou à reprodução de quatro citações diretas de renomados juristas[10]. Delas, três constataram apenas a literal vedação de voto pelo sócio com interesse direto na matéria sob sufrágio [art. 1.074/§ 2º/ CC]; somente uma – a de Guimarães Nunes – acobertou sua conclusão.

Um dos poucos comercialistas a também se pronunciar sobre o tema foi Waldo Fazzio Junior[11]. Segundo ele, em situações de conflito de interesses que impedem o sócio de exercer o direito de voto, para efeito de cômputo da maioria

---

10. "[...]. Nessa linha de raciocínio, penso que, para fins de *quorum* de deliberação, não pode mesmo ser computada a participação no capital social do sócio excluendo, devendo a apuração se lastrear em 100% do capital restante, isto é, daqueles legitimados a votar. É a forma de pensar da mais abalizada doutrina: Neste sentido, vale reiterar, conforme já registrado neste trabalho, que *o sócio contra quem se imputa a deliberação baseada em justa causa está impedido de votar matéria capaz de deflagrar sua exclusão. Consequentemente, a sua participação no capital social deixa de integrar o quorum suficiente para disparar a decisão, o que significa dizer que o titular do capital impedido não só é excluído da deliberação, mas ainda sua participação não influi para composição do quorum que, assim sendo, passa a ser cem por cento formado pelo capital restante.* [NUNES, Márcio Tadeu Guimarães. Dissolução parcial, exclusão de sócio e apuração de haveres nas sociedades limitadas. São Paulo: Quartier Latin, 2010, p. 130-131].
    Por outro lado, caso o sócio que se deseja excluir esteja presente ao conclave, não se pode admitir a sua participação na votação de exclusão, sob pena de afronta ao § 2º do art. 1.074 do Código, uma vez que existe aí conflito fundamental de interesses. Deverá o sócio indigitado abster-se de votar na deliberação sobre sua própria exclusão, não lhe sendo, contudo, vedado participar das discussões acerca do seu desligamento da sociedade, apresentando sua 'defesa', vale dizer, suas alegações, se assim o desejar. [CARVALHOSA, Modesto. Comentários ao código civil: parte especial: do direito de empresa, vol. 13. São Paulo: Saraiva, 2005, p. 319].
    A determinação de cientificação do 'acusado' - melhor dizendo, do sócio cuja exclusão é proposta -, é corolário do direito que tem qualquer sócio de participar das reuniões ou assembleias e das deliberações sociais. *Na deliberação sobre a exclusão, porém, não vota o sócio a ser excluído, sendo-lhe franqueado, em contrapartida, o direito de defesa.* [GONÇALVES NETO, Alfredo de Assis. Direito de empresa. São Paulo: RT, 2014, p. 228 e 444]
    Comparecendo o sócio, não terá ele o direito de votar sua própria exclusão [art. 1.074, §2º], apenas poderá argüir o mérito dela. Também não se exigirá assinatura do excluído no instrumento de alteração contratual oriundo da exclusão [1.075, § 1º]. [MARQUES, Rodrigo Prado. Sociedades limitadas no brasil. São Paulo: Editora Juarez de Oliveira, 2006, p. 199]
    [...]".
11. FAZZIO JUNIOR, Waldo. *Sociedades limitadas*. São Paulo: Atlas, 2003, p. 165.

que a lei ou o contrato exigem para a respectiva deliberação, deverá ser realizada a dedução da correspondente participação do quotista impedido, considerando-se, portanto, apenas o capital dos sócios com pleno exercício do direito de voto. Compartilha, então, do que venho chamando de *virtualização* ou *composição virtual* do capital social.

3. CONTRA A VIRTUALIZAÇÃO DO CAPITAL SOCIAL NO ART. 1.074, § 2º[12]

Oito anos após a publicação da primeira versão deste *paper*, sigo resistindo a essa sedutora extensão de efeitos. Seja no 1.074/§ 2º, seja em qualquer outro dispositivo do Código Civil, *o legislador não fez qualquer menção a formas diferentes de cálculo deliberativo, que não a considerada com base no capital social total.* O dever de abstenção de quem tenha interesse direto não gera a mudança virtual ou casuística na estrutura capitalística societária, sob pena de sérias distorções.

3.1 Capital social e quotas na estrutura societária

O capital social é a soma representativa das participações, em dinheiro ou bens, dos quotistas[13]. Internamente, cabe-lhe *fixar a relação patrimonial entre os sócios e regular a participação destes nos lucros e nos riscos*, conforme sua contribuição, por meio de quotas[14].

Para que essas funções possam ser exercidas, o capital social se decompõe em quotas, divididas entre os sócios de acordo com os riscos assumidos pelos aportes econômicos feitos em favor da sociedade. No entanto, a perspectiva da quota não é somente patrimonial. Na seara *pessoal*, ela representa uma série de direitos inerentes à qualidade de sócio, tais como a fiscalização e a participação nas deliberações[15], determinando o peso pelo qual serão computados os votos de cada quotista. Essa manifestação se expressa em fenômenos como o poder de controle[16], definindo as relações de força dentro da estrutura societária[17].

---

12. *Cf.* LEITE, Marcelo Lauar. *Interesse direto de sócios nas deliberações negativas e positivas: diálogos e distintos contornos entre a cessão de quotas e o art. 1.074, § 2º, do Código Civil.* In: CONPEDI/UFS [org.]. Direito empresarial. Florianópolis: CONPEDI, 2015, p. 395-411.
13. RIZZARDO, Arnaldo. *Direito de empresa.* 2. ed. Rio de Janeiro: Forense, 2007, p. 102; COELHO, Fábio Ulhoa. *Curso de direito comercial.* v. 2. São Paulo: Saraiva, 2012, p. 152-159; COUTINHO DE ABREU, Jorge Manuel. *Curso de direito comercial – das sociedades.* v. 2. Coimbra: Almedina, 2003, p. 66.
14. PEIXOTO, Carlos Fulgêncio da Cunha. *A sociedade por cota de responsabilidade limitada:* doutrina, jurisprudência, legislação e prática. v. 1. Rio de Janeiro: Forense, 1956, p. 122.
15. CARVALHO DE MENDONÇA, José Xavier. *Tratado de direito comercial brasileiro.* v. 3. Rio de Janeiro: Freitas Bastos, 1945, p. 71.
16. *COMPARATO, Fábio Konder. O poder de controle nas sociedades anônimas.* 3. ed. Rio de Janeiro: Forense, 1983.
17. LORIA, Eli; MENDES, Hélio Rubens de Oliveira. Capital social: noções gerais. In: *Revista de Direito Bancário e do Mercado de Capitais*, São Paulo, v. 58, p. 349-382, out 2012, p. 371-374.

Além de ser uma representação contratual da livre iniciativa dos sócios, o respeito à repartição de forças dentro capital social evita situações esdrúxulas. Em uma cessão parcial de quotas, por exemplo, sócios com 1% do capital social poderiam se opor à alienação de quem tenha 99%, excluindo *virtualmente* sua participação majoritária da contagem, alegando interesse direto. Isso não seria uma perversa e indesejável ditadura da minoria[18]?

Isso também vale para o caso em diálogo. Três sócios [maioria quantitativa], titulares de 79,58% do capital social [maioria qualitativa] queriam a expulsão da minoritária *Y.H.Z.* Para legitimar essa decisão "aparentemente justa", argumentou-se que os demais representavam 100% dos possíveis votantes. Logo, para o STJ, os 85% exigíveis pelo contrato social deveriam ser medidos a partir desse subuniverso, o que, naturalmente, fora conseguido ante o consenso na exclusão de *Y.H.Z.*

As circunstâncias facilitadoras da admissão de uma virtualização do capital social que transformou os quotistas sem interesse direto em titulares exclusivos do capital social da *G.I.C. LTDA.* são ilógicas e desmedidas, o que se infere da simples replicação a outras formatações de sociedades limitadas.

3.2 Repercussão do entendimento do STJ face a jurimetria

A grande maioria dos conflitos societários surge em estruturas político-societárias distintas da ora analisada. Em pesquisa jurimétrica realizada através dos dados da Junta Comercial do Estado de São Paulo, o Núcleo de Estudos em Mercados e Investimentos da Fundação Getúlio Vargas [NEMI/FGV][19] constatou, entre outras coisas, que mais de 85% das sociedades limitadas operam com apenas dois sócios. Delas, 44,91% não possuem sócio controlador; pelo contrário, convivem com uma divisão perfeitamente igualitária [*fifty-fifty*], inexistindo maioria reciprocamente considerada.

Havendo escancarada supremacia numérica nas sociedades dúplices, é de se esperar que sejam estas a vivenciar a maior parcela quantitativa dos conflitos. Aplicando-se o precedente do STJ a esse contexto majoritário[20], *qualquer dos sócios passaria a ter legitimidade em abstrato*[21] *para excluir o outro extrajudicialmente.* O

---

18. TOKARS, Fábio. *Sociedades limitadas.* São Paulo: LTR, 2007, p. 163.
19. MATTOS FILHO, Ary Oswaldo *et al.* Radiografia das sociedades limitadas. Núcleo de Estudos em Mercados e Investimentos da Fundação Getulio Vargas. Disponível em: http://direitosp.fgv.br/nucleo--depesquisas/nucleo-de-estudos-mercados-investimentos. Acesso em: 25.07.2016, p. 3. A análise se deu sobre sociedades ativas constituídas entre 10 de janeiro de 1993 e 10 de janeiro de 2012. Doravante, considere-se que as referências jurimétricas às sociedades limitadas estão lastreadas neste estudo.
20. Admita-se a permanência do critério contratual exigidos pelo art. 1.085, *op. cit.*, isto é, a previsão da viabilidade de exclusão extrajudicial por justa causa.
21. Afinal, concretamente, deve ser demonstrada a justa causa.

incentivo, aqui, é para que a mínima divergência seja seguida de convocação de assembleia/reunião para fins excludentes. Ao "perdedor da corrida" para o cumprimento dos ritos administrativos e registrais, restaria a tentativa de requerer a anulação judicial da deliberação.

A situação piora nas demais estruturas de poder político-societário. Imagine-se sociedades limitadas cujo sócio controlador detenha participação superior a 99% do capital social. Esse cenário, nada desprezível, abarcou 22,45% das amostras pesquisadas pelo NEMI/FGV. Replicando a ele a solução ora combatida, um quotista ultraminoritário, detentor de 0,01% das participações sociais, passaria a ter poder abstrato para excluir extrajudicialmente um sócio administrador controlador da *simbólica* ordem de 99,99% das participações sociais.

É incrível. Convocada a assembleia para deliberar sobre a exclusão do controlador, este não pode votar, por força do art. 1.074/§2º/CC – e, reforço, não há qualquer problema nisso. Porém, se a consequência dessa vedação for a virtualização do capital social, como propõe o precedente do STJ, finge-se casuisticamente que os 99,99% das quotas do acusado não existem, passando o quórum a ser considerado somente com base nas participações sociais restantes. Magicamente, 0,01% são transformados em 100%. De uma titularidade fracionária irrelevante – outrora constituída apenas para o cumprimento da obrigatoriedade pluralidade societária anterior às EIRELIs e às sociedades unipessoais –, o STJ conferiu aos minoritários um inimaginável e desmedido superpoder de determinação.

E mais. O NEMI/FGV[22] apurou que quase 80% das sociedades limitadas possuem capital social inferior a cinquenta mil reais. Não se pode fechar os olhos para o fato de que se tratam, comumente, de pequenos negócios, baseados em relações familiares ou de condescendência, nos quais os *rigores da lei* costumam ser mutuamente flexibilizados por fatores que vão da ignorância ao apreço pela manutenção dos vínculos pessoais que antecederam à associação mercantil.

Nesse contexto de baixa atenção a mecanismos de governança corporativa e *accountability*, onde a confusão patrimonial quase sempre existe, o precedente do STJ oferece um prato cheio para revoltas da minoria em situações cotidianas de desinteligência societária.

O mau efeito pedagógico pode ser percebido em decisões posteriores, todas lastreadas no tal precedente. Em 2017, o TJSP entendeu que, a participação de um sócio na votação sobre sua expulsão era "lógica e imoralmente inconcebível", devendo o quórum "levar em conta somente a participação dos demais sócios"[23]. Em 2022, o TJRN manteve sentença que virtualizou o capital de sociedade com

---

22. *Op. cit.*, p. 01.
23. TJSP, ED 1129049-83.2014.8.26.0100, publicado em 18.09.2017.

dois quotistas, titulares recíprocos de 50% do capital social, para fins de deliberação sobre a eleição de administrador, atribuindo ao sócio que não propôs a alteração no órgão de gestão a titularidade casuística de 100% do capital[24]. Em 2023, embora não propriamente como fundamento decisório[25], o TJRJ ventilou que, em demanda de dissolução parcial por exclusão de sócio, certa votação havia sido tomada à unanimidade do capital social, "excluído percentual correspondente aos sócios a serem excluídos"[26].

Pelo *princípio majoritário*, a vontade dos representantes da maioria do capital social nas deliberações sociais é privilegiada. As regras de tomada de deliberações requerem maiores ou menores adesões, dependendo do assunto em pauta, conforme disciplinado legal ou contratualmente. Seu respeito é um interesse social permanente, sob pena de a estrutura de poder obtida na partição do capital social não se sustentar.

É preciso que as quotas facultem a seus titulares o exercício de sua função pessoal mais relevante: o voto – ou, quando houver conflito, o respeito à sua força potencial.

4. CONSIDERAÇÕES FINAIS

A conclusão pela virtualização do capital social tomada pelo STJ no REsp 1.459.190/SP carece de racionalidade jurídica. Infelizmente, seus efeitos vêm repercutindo perante as Cortes Estaduais que se debruçaram sobre o tema da aplicação do art. 1.074/§2º/CC.

O raciocínio é incompreensível quando se pensa na função política do capital social. Não se pode ignorar a conexão entre as estruturas societárias de poder e as participações sociais. A virtualização do capital social, ao não computar a participação de sócios em situações de conflito de interesses para a formação de quóruns deliberativos, desequilibra a estrutura de domínio contratualmente fixada pelos próprio envolvidos, levando a resultados que ignoram posições de controle ou mesmo de maiorias simples – porém, maiorias.

Não poder votar é diferente de não se computar uma força política. O comando normativo é de abstenção. Fingir que uma participação não existe é submeter majoritários ao arbítrio de minorias, desorganizando-se a lógica societária prevista por lei e pelo contrato. A solução do STJ precisa ser superada.

---

24. TJRN, AC 829050-82.2016.8.20.5001, publicada em 18.07.2022.
25. Já havia maioria real de 81%.
26. TJRJ, AI 00297140520208190000, publicado em 29.06.2023.

5. REFERÊNCIAS

CARVALHO DE MENDONÇA, José Xavier. *Tratado de direito comercial brasileiro*. Rio de Janeiro: Freitas Bastos, 1945. v. 3.

COELHO, Fábio Ulhoa. *Curso de direito comercial*. São Paulo: Saraiva, 2012. v. 2.

COMPARATO, Fábio Konder. *O poder de controle nas sociedades anônimas*. 3. ed. Rio de Janeiro: Forense, 1983.

COUTINHO DE ABREU, Jorge Manuel. *Curso de direito comercial*: das sociedades. Coimbra: Almedina, 2003. v. 2.

FAZZIO JUNIOR, Waldo. *Sociedades limitadas*. São Paulo: Atlas, 2003.

GOVERNO FEDERAL. *Painéis do Mapa de Empresas*. Disponível em https://www.gov.br/empresas-e-negocios/pt-br/mapa-de-empresas/painel-mapa-de-empresas. Acesso em: 17.07.2023.

LEITE, Marcelo Lauar. Quórum deliberativo e virtualização do capital social: diálogos com o resp. 1.459.190/SP. *Revista Semestral de Direito Empresarial*, Rio de Janeiro, n. 16, p. 245-262, jan./jun. 2015.

LEITE, Marcelo Lauar. *Interesse direto de sócios nas deliberações negativas e positivas: diálogos e distintos contornos entre a cessão de quotas e o art. 1.074, § 2º, do Código Civil*. In: CONPEDI/UFS [org.]. Direito empresarial. Florianópolis: CONPEDI, 2015.

LORIA, Eli; MENDES, Hélio Rubens de Oliveira. Capital social: noções gerais. In: *Revista de Direito Bancário e do Mercado de Capitais*, São Paulo, v. 58, p. 349-382, out. 2012.

MATTOS FILHO, Ary Oswaldo et al. Radiografia das sociedades limitadas. *Núcleo de Estudos em Mercados e Investimentos da Fundação Getulio Vargas*. Disponível em: http://direitosp.fgv.br/nucleo-depesquisas/nucleo-de-estudos-mercados-investimentos. Acesso em: 25.07.2016.

PEIXOTO, Carlos Fulgêncio da Cunha. *A sociedade por cota de responsabilidade limitada*: doutrina, jurisprudência, legislação e prática. Rio de Janeiro: Forense, 1956. v. 1.

RIZZARDO, Arnaldo. *Direito de empresa*. 2. ed. Rio de Janeiro: Forense, 2007.

TOKARS, Fábio. *Sociedades limitadas*. São Paulo: LTR, 2007.

ESG NAS *STARTUPS*: MATERIALIDADE COMO ESTRATÉGIA PARA NEGÓCIOS INOVADORES

Bárbara Simões Narciso

Mestranda em Direito e Inovação na Universidade Federal de Juiz de Fora (UFJF) pela Linha II de Pesquisa "Direitos Humanos, Pessoa e Desenvolvimento: inovação e regulação jurídica no contexto do capitalismo globalizado" e pesquisadora em governança corporativa no grupo de pesquisa EDRESP (Empresa, Desenvolvimento e Responsabilidade) da UFJF. E-mail: barbaras.narciso@gmail.com

Caroline da Rosa Pinheiro

Professora de Direito Empresarial da Universidade Federal de Juiz de Fora (UFJF). Doutora pela Universidade do Estado do Rio de Janeiro (UERJ), Coordenadora do grupo de pesquisa EDResp (Empresa, Desenvolvimento e Responsabilidade). E-mail: caroline.ufjf@gmail.com

Sumário: 1. Considerações iniciais – 2. Governança, ESG e mapeamento de risco como estratégia de sustentabilidade a longo prazo – 3. O ESG nos diferentes estágios das *startups* – 4. Matriz de materialidade das práticas ESG: como garantir a implementação desses instrumentos? – 5. Conclusões – 6. Referências.

1. CONSIDERAÇÕES INICIAIS

As *startups* são organizações escaláveis, repetíveis, inovadoras[1] e com alto potencial econômico de exercer significativa influência na curva de uma economia nacional quando conseguem permanecer no mercado e se tornarem *scale-ups*[2]. Isso porque uma em cada quatro *startup* morre antes do primeiro ano de vida,

---

1. Inovação não significa necessariamente relação com tecnologia, tal como inteligência artificial. Exemplo disso é o aplicativo AirBnB que, embora não tenha inventado hotelaria, "inovou no conceito de hospedagem ao permitir a baixo custo que pessoas possam alugar espaços para estadia gerando, ainda, uma fonte de renda "extra" para quem deseja alugar um cômodo ou imóvel seu que esteja desocupado" (RAMALHO, 2019, p. 76)
2. O Relatório sobre o Ecossistema Global de Startups 2023 (GSER 2023), que promove uma análise abrangente do estado atual dos ecossistemas desses negócios em todo o mundo, pontuou que somente as startups dos melhores ecossistemas do mundo criaram valor próximo a US$ 4 trilhões. No Brasil, destacou que a atividade de financiamento foi impressionante, incluindo o IPO de US$ 41,5 bilhões do Fintech Nubank em 2021, a rodada de US$ 310 milhões da startup de empréstimos ao consumidor Creditas, em janeiro de 2022, e a rodada de US$ 300 milhões do banco digital Neon em fevereiro de 2022. enome.com/reports/gser2023. Acesso em: 26.10.2023.

metade não chega ao quarto ano de operação e três em cada quatro cessam suas operações antes de completarem 13 anos[3].

Assim, embora com projeção de sucesso imediato, mormente em virtude do potencial inovador e da perspectiva de lucratividade, esses negócios enfrentam desafios de razões mercadológicas, societárias, de produto, de gestão e de regulamentação[4].

A partir daí, ganham corpo inúmeros estudos buscando uma solução para o problema de escalabilidade e longevidade desses negócios disruptivos, tendo em vista que, por vezes, a descontinuidade dessas empresas no mercado encontra-se mais relacionada ao aspecto ambiental – tais como número de sócios e localidade – e estrutura determinada no seu primeiro estágio de desenvolvimento, do que às características do empreendedor[5].

No Brasil, pode-se destacar, ainda, os desafios relacionados à falta de cultura de risco, com o desalinhamento entre sócios sobre temas estratégicos[6] e exigência cada vez maior de investidores na alocação de capital, aumentando o potencial de conflito interno. Nesse momento, a governança corporativa passa a ser o maior desafio enfrentado pelos empreendedores, vez que, apesar de conferir valor para a empresa, auxiliando na adoção de medidas voltadas para longevidade, rapidez e que consideram menores riscos, é inapropriado que recomendações mais avançadas de governança se tornem prioritárias desde o início, mormente porque cada fase de implementação de uma empresa requer cuidados específicos[7].

Neste sentido, é mais apropriado buscar soluções de governança que estejam alinhadas ao estágio de desenvolvimento da *startup*. Isso porque, a empresa enfrentará desafios e escolhas de estruturar a atividade do estágio inicial, demandando a racionalização de custos operacionais para garantir sua longevidade a partir de mecanismos que equilibrem: objetivos de curto e longo prazo muitas vezes conflitantes entre os *stakeholders*, além da gestão financeira, a fim de evitar que fundadores tomem novos investimentos que diminuam o foco da prioridade de cada etapa de crescimento. Dentre esses mecanismos, o ESG tem crescido em importância.

---

3. ARRUDA, NOGUEIRA. Causas da Mortalidade das Startups Brasileiras: como aumentar as chances de sobrevivência no mercado, 2014, p. 28 https://www.fdc.org.br/conhecimento-site/blog-fdc-site/Documents/Causas_da_mortalidade_das_startups_brasileiras.pdf. Acesso em: 26.10.2023.
4. IBGC Segmentos. Governança Corporativa para Startups & Scale-Ups. https://conhecimento.ibgc.org.br/Paginas/Publicacao.aspx?PubId=24050. Acesso em: 26.10.2023.
5. ARRUDA; NOGUEIRA, *Op. cit.*, p. 32.
6. Tais como desalinhamento de interesses pessoais e profissionais de fundadores, incapacidade de adaptação dos gestores às necessidades do mercado e mau relacionamento e desentendimento entre fundadores e investidores, conforme destacado pela pesquisa desenvolvida pelo Dom Cabral (2014).
7. IBGC, 2019, p. 8.

Os investimentos ESG vêm sendo considerados como diferencial competitivo – juntamente com as informações sobre governança corporativa – e ganham especial relevância na tomada de decisões de investimentos de longo prazo, expandindo o foco da governança para a geração de valor aos *stakeholders*[8]. Um bom exemplo que reflete esta realidade é o ISE B3, índice de sustentabilidade empresarial, que foi criado em 2005 e, desde então, teve alta de cerca de 294,73% contra 245,06% do Ibovespa, principal indicador de desempenho das ações negociadas na B3[9].

Assim, a agenda ESG vem sendo considerada critério de seleção para captação de recursos através de investidores institucionais e as *startups* têm desempenhado um papel significativo no mercado ao incorporarem práticas sustentáveis em suas estruturas internas de forma rápida[10], principalmente após o *boom* do ESG a partir de 2020, em razão da pandemia COVID-19[11].

Existem duas maneiras pelas quais as *startups* podem interagir com a dinâmica ESG: oferecendo soluções ou incorporando-as em sua estrutura interna. Essa abordagem não só fortalece a credibilidade e sustentabilidade desses negócios disruptivos, possibilitando longevidade destes, como também os coloca no centro do ecossistema, impulsionando mudanças positivas em todo o mercado[12].

É no contexto dessas discussões que se pretende explorar, no presente artigo, como e se o ESG pode impactar, em cada fase de estruturação de uma *startup*, no mapeamento de risco e na estratégia de sustentabilidade a longo prazo, visando a implementação dessas estratégias desde o estágio inicial, tudo com objetivo de diminuir o índice de insucesso em negócios inovadores. Para tanto, o presente trabalho aborda a discussão a respeito da matriz de dupla materialidade e as dificuldades na parametrização de ESG como fatores a serem considerados em cada fase de implementação e desenvolvimento da *startup*.

---

8. IBGC, 2023, p. 11.
9. Dados conforme fechamento de 2020. Informação disponível em: <https://iseb3-site.s3.amazonaws.com/Release_2020.pdf>. Acesso em: 26.10.2023.
10. ESG Report 2023. https://materiais.distrito.me/report/esg-report-2023. Acesso em: 03.11.2023.
11. "Investidores perceberam que empresas que incorporaram princípios da agenda ESG perderam menos na pandemia. Um estudo da Refinitiv concluiu que empresas com práticas ESG perderam um terço a menos do que aquelas que não adotam o ESG completamente. Além disso, a urgência da pandemia escancarou as desigualdades sociais e reforçou que empresas devem possuir uma governança forte, preocupação com o capital humano e medidas que consideram o fator ambiental para sobreviver a crises e manter seu crescimento." (*Op. cit.*, p. 14).
12. ESG Report 2023, p. 19.

2. GOVERNANÇA, ESG E MAPEAMENTO DE RISCO COMO ESTRATÉGIA DE SUSTENTABILIDADE A LONGO PRAZO

O conceito de governança corporativa deriva do relacionamento de agência – *agency relationship* -, tendo correlação com a separação entre propriedade e controle e com a atuação de gestores na condição de antagonista dos proprietários, trazendo malefícios financeiros ao empresário[13].

O instituto surge, nesse contexto, como um conjunto de mecanismos e procedimentos que objetivam garantir o direito dos acionistas diante de abusos dos gestores. Indo além, também tem o fim de proteger o acionista minoritário frente ao majoritário, prevendo regramentos voltados à preservação da transparência, ética, responsabilidade pelos resultados e prestação de contas dos gestores[14].

Com evolução constante, a governança corporativa[15] pode ser representada atualmente pela ideia de gestão de negócios que busca viabilizar perspectivas de desenvolvimento social e econômico da sociedade empresarial[16], a partir da criação de um ambiente corporativo que induza, sob o ponto de vista interno e externo, o cumprimento voluntário[17] de regras no melhor interesse de longo prazo da companhia e, para tanto, adota objetivos como os de tornar as empresas transparentes, justas, responsáveis e sustentáveis, com contribuição significativa para a sociedade[18].

Uma das preocupações é enfatizar, em torno das responsabilidades social e ambiental corporativa, que o funcionamento dos mercados não deve ser fruto de uma perspectiva meramente imediatista e rentista[19]. Isso exige a projeção dos efeitos decisórios em médio e longo prazos, a partir de parâmetros objetivos que

---

13. Para mais, ver: BERLE, Adolf A.; MEANS, Gardiner C. The Modern Corporation and Private Property. New Brunswick: Transaction Publishers, 1991 e JENSEN, Michael C.; MECKLING, William H. Theory of the firm: Managerial behavior, agency costs and ownership structure. *Journal of Financial Economics*, v. 3, n. 4, p. 305- 360, 1976.
14. PINHEIRO, 2017, p. 44-46.
15. O Instituto Brasileiro de Governança Corporativa (IBGC) conceitua a Governança como sendo "sistema formado por princípios, regras, estruturas e processos pelo qual as organizações são dirigidas e monitoradas, com vistas à geração de valor sustentável para a organização, para seus sócios e para a sociedade em geral" (IBGC, 2023, p. 17).
16. PINHEIRO, 2017, p. 40.
17. A responsabilidade pelo descumprimento de regras de governança é discutida na doutrina considerando a amplitude do chamado dever de diligência. Nesse sentido, é importante ressaltar que a perspectiva do voluntarismo recebe críticas e dificulta a efetiva mudança de cultura organizacional. Para mais, ver: TEUBNER, Gunther. Politics, Governance, and the Law Transnational Economic Constitutionalism in the Varieties of Capitalism. *Global Perspectives*. University of California Press. 2020 e TEUBNER, Gunther; VALENZUELA GASCÓN, Ricardo. *Constitutional sociology and corporations.* [s. l.], 1997.
18. SILVEIRA. *Governança corporativa no Brasil e no mundo: teoria e prática.* Rio de Janeiro: Elsevier, 2021, p. 30.
19. SZTAJN; BAROSSI FILHO, 2022, p. 173.

permitam reduzir decisões enviesadas que, cumuladas com vieses cognitivos e limitações técnicas individuais[20], dificultam a mensuração das consequências cumulativas e integradas das práticas ambientais, sociais e de governança sobre a sustentabilidade e a geração de valor para todas as partes interessadas[21].

Nesse cenário, ao lado da governança corporativa clássica, surge o ESG (*Environmental, Social and Governance*), o qual, por sua vez, representa práticas empresariais responsáveis relacionadas aos aspectos ambiental, social e de governança, materializando-se em um tripé basilar da nova organização empresarial preocupada com o foco na geração de valor a longo prazo e que compreende que, sem uma atuação eco socialmente responsável, dificilmente haverá a perenidade da atividade empresarial[22].

Assim, se a governança corporativa diz respeito à forma como as organizações são administradas, monitoradas e incentivadas para a tomada de decisões responsivas e transparentes[23], constitui fio condutor para planejamento estratégico, minimização de impactos negativos e potencialização de resultados. É, por isso, base para iniciativas, práticas e projetos ESG, na medida em que visa garantir coesão entre a realização da empresa e seus objetivos, determinando padrões e critérios pelos quais se estabelece a cultura organizacional.

Sendo assim, o ESG tem como um dos pilares a governança[24], mas ambos não são sinônimos[25], pois este acrescenta, para além das preocupações de governança – gestão transparente, financeiramente sustentável, com boa gestão de riscos, alinhada aos interesses dos *stakeholders* e ética –, as relacionadas ao aspecto ambiental, tais como recuperação e preservação do meio ambiente, com diminuição do impacto empresarial causado por atividades econômicas[26].

---

20. Para mais sobre o assunto, ver: SILVEIRA, 2021.
21. KUMAR, S. A review ESG performance as a measure of stakeholders theory. *Academy of Marketing Studies Journal*, 2023, p. 1.
22. Isso porque, "a responsabilidade social do empresário (termo empregado em sentido amplo) deve levar em conta a continuidade da atividade, sua sobrevivência, depende da manutenção do interesse da comunidade em que atua nos bens/serviços que oferta; daí a função social ter papel significativo na tomada de decisão seja de investidores ou de consumidores, resultando na relevância de se pensar em um modelo baseado no ESG na análise e avaliação da gestão empresarial" (SZTAJN; BAROSSI FILHO, 2022, p. 175).
23. SILVEIRA. *Governança corporativa no Brasil e no mundo: teoria e prática*. Rio de Janeiro: Elsevier, 2021, p. 30.
24. Todo esforço que se destina a distinguir dois institutos muitas vezes resulta em contribuição limitada para a aplicação prática desses, mas é importante, pois ajuda a preservar a integridade do termo ESG, de maneira a afastar, em certa medida, o seu manejo de forma inadequada, como a sua utilização para caracterizar situações cujo conteúdo não preenche a complexidade do conceito.
25. SZTAJN; BAROSSI FILHO, 2022, p. 185.
26. Nesse rol, incluem-se o uso de fontes de energia renováveis, a diminuição da emissão de carbono, a diminuição do desmatamento, a gestão de resíduos e a adoção da economia circular.

Pode-se dizer que, enquanto a governança apresenta interesses, objetivos e objetos mais restritos ao interesse social e à realização do objeto social da empresa, o ESG, ao contrário, não obstante boa parte da ampliação da governança faça interseção com o tema, traz uma ótica de que o objeto social precisa atender, para além de interesses internos, os externos, incorporando valores e exigências fora do corpo societário[27].

O modelo de governança ambiental, social e corporativo é, em síntese, a aplicação de um mecanismo desenhado segundo parâmetros operacionais, tais como, mas não só, qualidade de vida, proteção ambiental, avaliação de comportamentos individuais e coletivos[28] e valorização do capital humano.

As empresas, neste último sentido, como parte da sociedade, têm o dever de trabalhar com práticas socialmente responsáveis, reduzindo as desigualdades e atuando em prol do bem-estar social[29]. Importa dizer, portanto, que o ESG engloba todos esses fatores e integra agentes distintos da governança clássica, além de constituir importante ferramenta de acesso ao crédito.

Segundo a Ernst & Young, 99% dos investidores brasileiros utilizam as divulgações de ESG das empresas para tomarem suas decisões quanto ao investimento e 83% dos CEOs consideram que os riscos ESG vão impactar o desempenho dos seus negócios nos próximos 12 meses de forma moderada, significativa ou muito significativa[30].

Tomar melhores decisões de investimento em ESG, precisa, por isso, da compreensão acerca dos diversos componentes que afetam o desenvolvimento do valor para as partes interessadas, o qual é composto por externalidades positivas e negativas e não significa deixar de lado a racionalidade dos agentes[31].

Uma dessas externalidades é o risco, existente em toda e qualquer configuração corporativa e inseparável dos retornos. Quanto ao ponto, o ESG pode

---

27. Neste sentido, entende-se que o ESG representa hoje, para a governança, o que deve ser um nível ótimo. Ou seja, uma expansão do foco de preocupações empresariais das discussões internas para alcançar uma agenda que considere a adaptação das atividades empresariais em contraposição ao chamado *"short termism"*, expressão que designa a adoção de medidas de curto prazo.

28. SZTAJN; BAROSSI FILHO, 2022, pp. 173-185.

29. Neste sentido, o ISE B3 adota como critérios, entre outros, adoção de práticas trabalhistas; foco na saúde e segurança da pessoa trabalhadora; engajamento, diversidade e inclusão dos funcionários; preocupação com os direitos humanos e relações com a comunidade; investimento social privado e cidadania corporativa; atenção à acessibilidade técnica e econômica; a qualidade e segurança do produto; a prática de vendas e rotulagem do produto; a promoção do bem-estar do cliente; o cuidado com a privacidade do cliente; e a dedicação à segurança de dados. https://www.b3.com.br/data/files/36/65/97/55/50E-D0810C493CD08AC094EA8/ISE%20B3%202022%20-%20Site.pdf. Acesso em: 03.11.2023.

30. Disponível em: https://www.ey.com/pt_br/agencia-ey/noticias/ceos-consideram-riscos-esg-impactarao-negocio. Acesso em: 03.11.2023

31. SZTAJN; BAROSSI FILHO, 2022, p. 173.

ter efeitos significativos de aumento de valor, já que ajuda investidores e sociedades a entenderem oportunidades, compensações e custos envolvidos, sendo eles quantificáveis e não quantificáveis, sistêmicos ou individuais e absolutos ou relativos[32-33].

Bem utilizado, o ESG é capaz de gerar uma conduta proativa da *startup* – e em toda e qualquer empresa – no que concerne às incertezas, além de permitir a identificação e a resposta às oportunidades de ganhos, reduzindo a probabilidade e o impacto de perdas, pode auxiliar os controladores a tomarem decisões – sejam elas de investimento, de estratégia ou de gestão organizacional – baseando-se em um cenário mais completo.

Por outro lado, uma governança mal-feita e o foco exclusivo no lucro a curto prazo – *short-termism* – terão, com o tempo, efeitos negativos sobre a capacidade da startup de continuar a criar valor para os investidores.

Todavia, antes de simplesmente afirmar que o *short-termism*, por si só, deve ser afastado, é preciso esclarecer sobre prós e contras de sua adoção e encontrar um equilíbrio que permita a supervisão de investidores externos sobre a atividade desempenhada e o correto desestímulo à negligência e ao baixo desempenho da gerência – papel disciplinar relevante desempenhado pelas pressões do *short-termism* no tocante ao incentivo de líderes no aumento de valor para os acionistas.

Não bastante, o reforço ao alinhamento entre a remuneração dos executivos e os resultados de longo prazo, bem como a adoção de mecanismos internos de governança que façam o alinhamento entre os interesses de curto e longo prazo – vez que muitas das críticas a este pensamento se refere mais a escolhas feitas pelos próprios líderes do que a pressões externas[34] – são capazes de garantir a criação de valores para investidores sem desconsiderar outros aspectos igualmente relevantes, tais como os levantados pela agenda ESG.

É por isso que a elaboração de relatórios abrangentes, confiáveis e transparentes sobre os impactos da sustentabilidade agrega valor aos investidores e à sociedade e, portanto, aos negócios[35], e podem, quando efetivamente utilizados, garantir a longevidade da atividade empresarial.

---

32. GRI. GRI Perspective 10 – *ESG risk: Taking the woke debate seriously*, 2023, p. 2 https://www.globalreporting.org/search/?query=ESG. Acesso em: 26.10.2023.
33. Para mais, ver: GRI Perspective 10 – *ESG risk: Taking the woke debate seriously*, 2023, p. 2 https://www.globalreporting.org/search/?query=ESG. Acesso em: 26.10.2023.
34. BEBCHUK. Don't Let the Short-Termism Bogeyman Scare You. *Harvard Business Review*, 2021. https://hbr.org/product/don-t-let-the-short-termism-bogeyman-scare-you/S21012?sku=S21012-PDF-ENG. Acesso em: 13.11.2023.
35. GRI, 2023, p.3.

3. O ESG NOS DIFERENTES ESTÁGIOS DAS *STARTUPS*

As *startups* que chegam à maturidade costumam possuir quatro fases: ideação[36], validação (*minimum viable product* ou MVP)[37]; tração (*product market fit* ou PMF) e escala[38]. Já a governança corporativa, considerada base para a implementação do ESG, possui estruturalmente: (a) conselho de administração[39]; (b) sistema de remuneração e (c) concentração acionária (ou estrutura de propriedade) e atuação dos acionistas[40].

De forma complementar ou alternativa à eficácia dos mecanismos acima consideram-se como mecanismos externos: (a) sistema de proteção legal aos investidores; (b) mercado (nível de competição ou mercado para controle corporativo); (c) transparência e fiscalização dos agentes de mercado[41].

Por suas peculiaridades, prioridades e premissas próprias, cada fase de implementação da *startup* requer um avanço diferente em termos de governança

---

36. Há o desenvolvimento da ideia do negócio, do problema que se propõe resolver ou da lacuna de mercado que se pretende preencher. Nesta, o negócio não está necessariamente operacional nem possui existência formalizada. https://www.svb.com/startup-insights/startup-growth/what-are-the-three-stages-of-a-startup. Acesso em: 26.10.2023.

37. Na validação a empresa está operante e formalizada, podendo receber aportes financeiros de terceiros (IBGC, 2019, p. 23) e busca-se responder ao mapeamento feito na fase de ideação. O MVP começa a rodar, testando as proposições e suposições levantadas e percebendo sua aceitação (RAMALHO, 2019, p. 80).

38. Nestas, o produto já está validado. A primeira é o último passo antes de a startup se tornar uma *scale-up* e o negócio está na construção de uma base sólida que o levará a escalar em alta velocidade. Na segunda, por sua vez, o desafio é crescer em um ritmo acelerado, garantindo a exploração ótima das oportunidades e a expansão do negócio. "Se o modelo de negócios permitir uma alta replicabilidade, sendo considerado inovador e com alto potencial de impacto, a empresa passa a viver os desafios característicos de uma *scale-up*" (IBGC, 2019, p. 42).

39. Consoante art. 138 e ss, da LSA, nem todos os tipos societários devem ter conselho de administração, motivo pelo qual esse mecanismo nem sempre será encontrado.

40. Esses mecanismos se diferenciam, na medida em que nos internos, as boas práticas de governança partem de dentro da firma, ao passo que, nos mecanismos externos, as boas práticas de governança vêm de fora da empresa e a pressionam a agir de forma mais transparente. Porém, apesar da diferenciação, esses mecanismos são utilizados como forma de minimizar conflitos de agência, objetivando tomadas de decisão mais eficazes. Para mais, ver: BUENO, Giovana; NASCIMENTO, Karoline; LANA, Jeferson; GAMA, Marina A. Bahia; MARCON, Rosilene. *Revista Contabilidade, Gestão e Governança*, v. 21, n. 1, p. 120-141, jan. /abr. 2018. <https://pesquisa-eaesp.fgv.br/sites/gvpesquisa.fgv.br/files/arquivos/mecanismos_externos_de_governanca_corporativa_no_brasil.pdf>. Acesso em: 28.09.2023.

41. A literatura também aponta outros dois mecanismos: (d) agências de rating; (e) ativismo dos stakeholders. Todavia, são esparsos os estudos relacionados a esses mecanismos no Brasil e como foge ao escopo do presente trabalho realizar uma pesquisa aprofundada quanto a ambos, eles não serão abordados. Para mais, ver: *(Aguilera; Desender; Bednar; Lee, 2015)*. Ademais, em estudo bibliométrico sobre o tema, "os estudos com o mecanismo ativismo dos stakeholders correspondem a 2% da amostra, e o ano em que mais houve publicações foi 2008, com 24%. As agências de rating correspondem a 1% da amostra, com estudos nos anos de 2007, 2012 e 2013." Ver: BUENO, Giovana; NASCIMENTO, Karoline; LANA, Jeferson; GAMA, Marina A.Bahia; MARCON, Rosilene. *Revista Contabilidade, Gestão e Governança*, v. 21, n. 1, p. 120-141, jan. /abr. 2018. <https://pesquisa-eaesp.fgv.br/sites/gvpesquisa.fgv.br/files/arquivos/mecanismos_externos_de_governanca_corporativa_no_brasil.pdf>. Acesso em: 28.09.2023.

corporativa. E os pilares para esse avanço são: (1) estratégia e sociedade; (2) pessoas e recursos; (3) tecnologia e propriedade intelectual e (4) processos *accountability*[42].

Na fase de ideação, o enfoque de governança é, quanto a (1) definição formas de contribuição, capacidade financeira e expectativas de cada sócio, cuja recomendação é que seja a mesma da participação do sócio na fase embrionária. Nesta etapa, em atenção aos itens (b) e (c) dos mecanismos internos, ou seja, nível de competição, transparência e fiscalização dos agentes, estruturam-se os papéis e as responsabilidades dos sócios, especificam-se as formas de contribuição, remuneração[43] e futura participação, além dos processos de tomada de decisão e construção do consenso[44].

O pilar (2) – pessoas e recursos – tem pouca relevância, já que nas *startups* talento e recursos tendem a se concentrar em seus fundadores e o (4) – processos *accountability* – possui a menor atenção entre todos, dada a incipiência de estruturas de controle e provável inexistência formal da organização. Por último, o (3) – tecnologia e propriedade intelectual – exige a definição de questões relacionadas à propriedade intelectual, vez que a informação ao mercado passa a ser ativo intangível de muita relevância e funciona como verdadeira ferramenta de geração de valor[45], fortalecendo-a financeiramente e evitando que a empresa fique impedida de explorá-la[46].

Nesse estágio inicial, as *startups* podem aplicar os princípios de ESG implementando uma boa governança corporativa e integridade nos negócios[47]. Além disso, mesmo que de forma incipiente, o aspecto ambiental traz a necessidade de identificação de questões relevantes, tais como definição de objetivos de sustentabilidade e criação de planos de ação para abordá-los de forma eficaz nas próximas etapas, mapeando riscos e impactos ambientais. O social, por seu turno, exige definição quanto à forma de gestão interna da empresa e como esta será percebida

---

42. IBGC, 2019, p. 12.
43. Esse tem o potencial de influenciar de forma substancial o horizonte temporal das decisões dos executivos, na medida em há o alinhamento dos seus interesses aos da sociedade (SILVEIRA, 2021, p. 48).
44. Essa fase engloba, por consequência, definição sobre regras de saída e/ou entrada de novos sócios para evitar problemas no futuro e elaboração de acordos de sócios, incluindo *vesting* da participação do sócio retirando, visando que um sócio que saia antes de um prazo mínimo, retenha sua participação integral, prejudicando a continuidade da *startup*.
45. CAMARGO, 2019, p. 27.
46. A proteção da propriedade intelectual pode ser tratada no próprio acordo de sócios e é interessante que inclua cláusulas no tocante à confidencialidade das informações (IBGC, 2019, p. 20).
47. Por exemplo, tratando a força de trabalho com um salário justo, não contratando trabalhadores infantis, oferecendo oportunidades iguais para todos os gêneros, funcionários e membros da diretoria, aumentando a transparência para fornecedores e outras partes interessadas, e muitas outras coisas. https://east.vc/insights/early-stage-startups-can-implement-esg-principles-heres-how/. Acesso em: 07.11.2023

e engajada pelo público consumidor[48]. A adoção de tais medidas no estágio inicial pode delinear estruturalmente a atividade de forma estrategicamente sustentável, evitando custos e riscos de implementação tardia.

Já na fase de validação, em termos de governança, iniciam-se as práticas relacionadas a parceiros estratégicos e clientes, bem como a importância da manutenção de controles internos e indicadores mínimos para apuração de resultados e eventual prestação de contas. Por isso, em (1) – estratégia e sociedade – constitui-se a sociedade e o tipo societário, entrando em cena os documentos elementares de governança: estatuto social e regimento interno, que podem revisar e aprimorar o acordo de sócios estabelecido previamente, incluindo disposições sobre ingressos de novos sócios e investidores e meio para resoluções de conflito, entre outros.

No pilar (2) – pessoas e recursos – é importante avaliar a possibilidade, em relação a funcionários-chave, dos contratos de *stock options* para a retenção de talentos; no (3) – tecnologia e propriedade intelectual – assegurar a propriedade dos ativos, utilizando-se dos mecanismos de marca, domínio, *software* e patente, conforme o caso. Por último, no (4) – processos *accountability* – deve ocorrer aprimoramento dos controles internos e prestação de contas a investidores.

Neste último, em atenção ao mecanismo externo de governança (a) – sistema de proteção legal aos investidores –, são estabelecidas estruturas e processos para aplicar e interpretar leis, que podem ser estabelecidos por reguladores e autorreguladores.

Assim, até esta etapa podem ser moldadas dimensões/camadas visando à efetividade da governança que (i) estabeleçam e imponham legalmente direitos e responsabilidades de diferentes partes interessadas e a proteção de seus interesses; (ii) regulem as relações entre partes interessadas, especialmente no que se refere à captura e distribuição da riqueza; (iii) determinem a divulgação de informações financeiras e não financeiras, o que é relevante para as partes interessadas existentes e potenciais e (iv) definam o objetivo da entidade empresarial (legislação societária), bem como os contratos juridicamente vinculantes, como o aprimoramento do acordos de acionistas, estabelecimento de diretrizes específicas sobre qual é o objetivo da empresa e como operar seguindo esses princípios (Aguilera; Desender; Bednar; Lee, 2015, p. 525).

Em outras palavras, nessa fase, a governança começa a fornecer as bases para estabelecimento de estruturas de gestão mais robustas, que não apenas cumpram com requisitos legais e regulamentares, mas também que contribuam para práticas de negócios responsáveis e sustentáveis, possibilitando, especificamente, a

---

48. ESG Report 2023, pp. 20-26. https://materiais.distrito.me/report/esg-report-2023. Acesso em: 03.11.2023.

incorporação do ESG[49]. A transparência e o fortalecimento de práticas de gestão e alinhamento com os objetivos de sustentabilidade delimitados na ideação são reforçados.

Na etapa de tração, a governança serve para em (1) – estratégia e sociedade – diferenciar as posições de sócio e executivo e definir alçadas para tomada de decisão; (2) – pessoas e recursos – estruturar um conselho, que pode ser consultivo ou de administração – mecanismo interno de governança – e evoluir nas práticas de planejamento e controle do negócio – mecanismo interno de definição da estrutura de propriedade e atuação dos acionistas[50].

No pilar (3) – tecnologia e propriedade intelectual –, sendo a informação a inovação constante, a governança passa a agir nos deveres de monitoramento, organização e aprimoramento dos produtos, serviços e modelo de negócio desenvolvidos[51]. Por último, no (4) – processos *accountability* – são exigidos planejamento e controle maior do negócio, com disseminação de uma cultura organizacional e direcionamento estratégico. Assim, passa a ser ainda mais importante a atualização das demonstrações financeiras[52] – mecanismo externo (c).

Isso ocorre, mormente porque nessa fase o mercado – mecanismo externo de governança – tem maior influência na conduta de administradores, vez que em ambientes de maior concorrência, as ineficiências relacionadas à governança e, portanto, às exposições a problemas relativos à governança, precisam ser menores[53] para que objetivo de avanço na criação de base e estrutura para o crescimento sustentável e consistente da empresa, foco desta fase, seja alcançado[54].

Por último, quando os principais agentes de mercado – analistas de ações, mídia especializada e agências de classificação de crédito – "fiscalizam de perto as atividades e informações divulgadas pelas sociedades, menor tende a ser a margem para decisões empresariais destruidoras de valor[55], mostrando um potencial importante desses mecanismos na longevidade da *scale-up*. A título de exemplo, a mídia pode exercer funções de monitoramento e controle, reduzir a assimetria informacional, aumentando a pressão para que executivos tomem decisões de forma a maximizar o valor da sociedade, em detrimento aos seus interesses próprios.

Assim, alinhados com o papel de auditoria externa, aumentam o grau de confiança que pode ser depositada nas demonstrações financeiras, melhorando, por

---

49. ESG Report 2023, pp. 20-26. https://materiais.distrito.me/report/esg-report-2023. Acesso em: 03.11.2023.
50. IBGC, 2019, p. 36.
51. O mesmo é válido para a etapa de escala.
52. IBGC, 2019, p. 34.
53. SILVEIRA, 2021, p. 50.
54. IBGC, 2019, p. 35.
55. SILVEIRA, 2021, p. 50.

consequência, a qualidade da divulgação de informações contábeis e reduzindo as assimetrias de informações entre os membros internos da empresa e todas as outras partes interessadas, o que, por sua vez, limita a capacidade dos gerentes de manipular informações e extrair riquezas indevidas[56].

O ESG, após a identificação e definição dos objetivos de sustentabilidade adotados pela *startup*, age para envolver as partes interessadas e trabalhar com diferentes organizações na promoção, comunicação transparente e colaboração entre investidores, pessoas colaboradoras, clientes e comunidades. Há a estruturação, portanto, de diálogo regular com os *stakeholders*, facilitando o envolvimento eficaz das partes interessadas[57].

Na última etapa, a de escala, quanto ao (1) – estratégia e sociedade – os mecanismos internos já estão formalizados, então cabe à empresa trabalhar para o gerenciamento de riscos na tomada de decisões, no planejamento estratégico, e nos códigos de conduta e políticas corporativas, no geral, que precisam ser mais bem consolidadas e divulgados; em (2) – pessoas e recursos – é necessário possuir planos de sucessão que abarquem formação e capacitação de pessoas para assumir as posições-chave[58] e em (4) – processos *accountability* – pelo aumento da complexidade organizacional, número de investidores e instituições financeiras com as quais a empresa passa a lidar, faz-se necessária a implementação de órgãos de fiscalização e controle adicionais. Nesse rol se incluem conselho fiscal, auditoria independente e interna e gerenciamento de riscos corporativos e de conformidade. Não bastante, também é necessário o aprimoramento do relacionamento com investidores.

Portanto, em termos de gerenciamento do negócio, a materialização dos mecanismos internos e externos de governança corporativa através de regras, normas, princípios, relatórios e condutas são capazes de diminuir e evitar situações de *financial distress*, na medida em que podem constituir "forma de aumentar a captação de recursos das companhias, tendo em vista a maior credibilidade da empresa no mercado, se tornando mais atrativa a potenciais financiamentos e/ou novos investidores"[59-60].

---

56. No Brasil, consoante o art. 177, § 3° e 4°: § 3°, da LS, as demonstrações financeiras das companhias abertas devem observar as normas expedidas pela Comissão de Valores Mobiliários (CVM) – que são elaboradas de acordo com padrões internacionais de contabilidade – e são obrigatoriamente submetidas a auditoria por auditores independentes nela registrados. Isso demonstra o papel do mecanismo externo de proteção legal em outros mecanismos de governança.

57. ESG Report 2023, p. 27.

58. IBGC, 2019, p. 38.

59. BIANCHI; MACHADO; SILVA; VENTURINI, 2020, p. 17.

60. Ademais, formam uma correlação positiva significativa entre a adoção de práticas de governança e indicadores relacionados ao mercado. Ou seja, "empresas com práticas superiores de governança tendem a apresentar melhor rentabilidade operacional e serem negociadas a um prêmio em relação aos

Já a materialização do ESG, de maneira mais específica, permite não só a sua utilização, de forma interna, para reforçar o compromisso das *scale-ups* e *startups* em proporcionar uma atividade socialmente responsável, sustentável e ética, como também a garantia de benefícios competitivos frente ao mercado, melhorando a sua entrega de valor e reputação.

Startups que oferecem soluções ESG para o mercado, tais como, serviços de consultoria para ajudar empresas a desenvolver e implementar estratégias e políticas alinhadas à pauta e soluções de monitoramento e análise de dados para apoiar a sustentabilidade ambiental, têm recebido mais investimento[61], permitindo sua permanência e expansão no mercado. Todavia, isso não é suficiente, tendo em vista as reiteradas discussões relacionadas ao *greenwashing* e *diversitywashing*[62].

4. MATRIZ DE MATERIALIDADE DAS PRÁTICAS ESG: COMO GARANTIR A IMPLEMENTAÇÃO DESSES INSTRUMENTOS?

Apesar de certa robustez elencada no item anterior, o ESG parece não funcionar adequadamente, sobretudo considerando que seus relatórios e mecanismos não apresentam capacidade de medir a responsabilidade corporativa para além da sala de reuniões para investimentos socialmente responsáveis[63].

Isto ocorre porque – ao que parece – as classificações geradas a partir do ESG tem servido basicamente para realizar *benchmark*, informar as decisões dos acionistas ou avaliar as informações de sua eventual cadeia de fornecimento[64].

---

pares de mercado" (CAMARGO, 2019, p. 318) *in*: banking firms. *International Review of Economics & Finance*, 8(3), 281–292; SHAHWAN, T. M. (2015). The effects of corporate governance on financial performance and financial distress: evidence from Egypt. Corporate Governance: *The International Journal of Business in Society*, 15(5), 641–662; COELHO, É. G. (2016). *Financial distress e os mecanismos de governança corporativa: um estudo em companhias brasileiras de capital aberto* (Dissertação de mestrado). Programa de Pós-graduação em Contabilidade, Universidade Federal do Paraná, Curitiba, PR; Governance and Performance in Emerging Markets. IFC/World Bank: Corporação Financeira Internacional. BANCO MUNDIAL (2018); MARANHÃO e LEAL (2018). Corporate governance and firm performance in Latin America: a meta-analysis.

61. Segundo dados do ESG Report 2023, a título de exemplo, startups que fornecem soluções relacionadas à categoria social foram as que mais levantaram recursos, com US$ 1,1 bilhão em 199 rodadas de financiamento. https://materiais.distrito.me/report/esg-report-2023. Acesso em: 03.11.2023.

62. Ambos constituem táticas usadas por empresas para criar uma imagem positiva, enganando e capitalizando *stakeholders* por questões ambientais e sociais. Enquanto o *greenwashing* envolve a promoção enganosa de práticas e produtos ecologicamente sustentáveis, o *diversitywashing* refere-se à tentativa de criar uma imagem de diversidade e inclusão, muitas vezes sem o compromisso real de fazê-lo. Para mais, ver: https://www.lexology.com/library/detail.aspx?g=1984a65b-8aa6-4445-b8de-d7920b89f4a0. Acesso em: 07.11.2023.

63. KUMAR, 2023, p. 1

64. GRI. *The ABC of ESG ratings – an invitation for common ground*. 2022, p. 1. https://www.globalreporting.org/search/?query=ESG. Acesso em: 26.10.2023.

Contudo, deveriam servir, sobretudo, para, além de alimentar a confiança no mercado na atividade desenvolvida, atrair investimentos potenciais e engajamento em estratégias de investimento responsável, melhorar as condições de trabalho, promover a diversidade e a igualdade, a eficiência operacional, a criação de valor a longo prazo para a empresa e acionistas, e para a sociedade como um todo, além de garantir a preservação do meio ambiente em consonância com o desenvolvimento socioeconômico.

Nesse cenário, principalmente no contexto de agilidade das *startups*, a ideia de criar classificações para definir uma boa ou má governança por parte de seus dirigentes parece impossível, em virtude de (1) consistir em três grandes blocos de informações que abrangem aspectos ambientais, sociais e de governança; (2) inexistir uma única classificação de ESG[65], haja vista a infinitude de produtos para fins e públicos diversos e (3) haver disponibilidade insuficiente de dados para o mercado, já que muitas empresas se utilizam de padrões para divulgação ao público externo, o que os mecanismos de ESG fazem, conforme visto no tópico anterior, é fornecer ferramentas para medir os riscos de sustentabilidade econômica (específico do setor de atuação da *startup* em questão) e a geri-los[66].

Todavia, para tanto, também é necessário focar na materialidade do impacto dessas ações, vez que o ESG, embora possa contribuir para a sustentabilidade, não é necessariamente sinônimo de redução de impacto ou externalidade negativas[67-68].

Por isso, para além da compreensão a respeito da necessidade de mapeamento e implementação do ESG, é preciso verificar a materialidade, um conceito fundamental no mundo dos relatórios e que desempenha papel de suma importância tanto na preparação das divulgações quanto na sua verificação por um auditor, investidor ou *stakeholder*.

Isso porque, a materialidade é usada para filtrar as informações relevantes. Uma informação é considerada material ou relevante se e quando puder influenciar a tomada de decisão das partes interessadas em relação à sociedade/organização

---

65. Isso ocorre, primordialmente, porque o mecanismo diz respeito às práticas ambientais, sociais e de governança de uma organização corporativa e pode, nesta toada, utilizar-se de diversas estratégias para o alcance de objetivos empresariais que consideram a implementação de ações que visem à legitimidade da empresa perante a sociedade. Além disso, envolve benefícios competitivos para adotantes do ESG e discussões a respeito de *greenwashing, diversitywashing,* capitalismo consciente, entre outros.
66. GRI, 2022, p. 2.
67. GRI, 2022, p. 2.
68. A análise de materialidade dos temas ESG é fundamental e serve de base à seleção dos temas prioritários para as organizações. A publicação, em abril de 2021, da proposta de Diretiva de Reporte de Sustentabilidade Corporativo (CSRD), alterando a Diretiva 2014/95/EU relativa ao reporte de informação não financeira, vem consubstanciar essa necessidade, em articulação com o Regulamento de Divulgação de Finanças Sustentáveis (SFDR) e com o Regulamento da Taxonomia (2020/852).

que está relatando[69-70], ou seja, a omissão, distorção ou ocultação influenciam as decisões que os principais usuários desses relatórios tomam com base nas informações divulgadas[71].

Não suficiente, a ausência de processos rigorosos de materialidade, a terceirização de avaliação de evidências ou a consideração enquanto responsabilidade somente do setor de sustentabilidade (e não da sociedade e da própria diretoria executiva), gera o risco de expor a companhia/organização a ineficiência dos mecanismos utilizados e, portanto, perda da credibilidade alcançada no mercado, acusações de *greenwashing* e penalidades financeiras[72].

Neste ponto, fala-se em *dupla materialidade*: financeira e de impacto. Uma questão de ESG, para materialidade financeira, será relevante se afetar – ou possuir o potencial de afetar – o fluxo de caixa e a criação de valor financeiro de uma sociedade[73]. Por outro lado, será relevante sob o ponto de vista de impacto quando relevante para *stakeholders*, relacionar-se à sustentabilidade e ao comportamento corporativo no meio ambiente na sociedade e na economia[74] e fornecer informação necessária para compreender como os temas da sustentabilidade afetam o desenvolvimento, a performance e o posicionamento da organização[75], tanto ao nível das operações como da cadeia de valor.

O que a doutrina sugere é, nesta toada, que se considere a materialidade de uma perspectiva de fora para dentro e vice-versa – dupla materialidade. Em outras palavras, de fora para dentro em relação ao aspecto financeiro, para avaliação de riscos, oportunidades de sustentabilidade e criação de valor para organização, e de dentro para fora nos impactos no meio ambiente e na sociedade[76]. Capturando essas duas perspectivas, o ESG pode fornecer os *insights* necessários para informar o desenvolvimento da estratégia, garantir uma governança sólida e permitir maior transparência nos relatórios[77].

---

69. GRI, *The materiality madness: why definitions matter.* 2022, p. 1. https://www.globalreporting.org/media/r2oojx53/gri-perspective-the-materiality-madness.pdf. Acesso em: 27.10.2023

70. Também há a possibilidade de compreender materialidade como "o princípio que os líderes corporativos aplicam para entender quais questões ambientais, sociais e de governança (ESG) devem ser priorizadas na estratégia, na alocação de orçamento e na identificação de riscos e oportunidades de sua organização". Disponível em: https://www.datamaran.com/materiality-definition Acesso em: 27.10.2023.

71. ISSB (International Sustainability Standards Board). General Requirements for Disclosure of Sustainability-related Financial Information. 2022, 9.16. Disponível em: https://www.ifrs.org/content/dam/ifrs/project/general-sustainability-related-disclosures/exposure-draft-ifrs-s1-general-requirements--for-disclosure-of-sustainability-related-financial-information.pdf Acesso em: 27.10.2023

72. Disponível em: https://www.datamaran.com/materiality-definition Acesso em: 27.10.2023.

73. ISBB, 2022, p. 16.

74. GRI, 2022, p. 3.

75. Diretiva CSRD (Corporate Sustainability Reporting Directive). https://eur-lex.europa.eu/legal-content/EN/TXT/?uri=CELEX:32014L0095. Acesso em: 07.11.2023.

76. GRI, 2022, p. 2.

77. Disponível em: https://www.datamaran.com/materiality-definition Acesso em: 27.10.2023.

Mas isso depende, em termos simples, dos processos adotados pelas *startups* para identificar, priorizar, validar e monitorar seus problemas relevantes específicos. Não há um modelo *one size fits all*. Por outro lado, há passos comuns a todas as empresas.

Entre eles, em rol exemplificativo: (1) estabelecimento de estrutura e processos de governança adequados – vide tópico anterior -, engajando toda a companhia, em um envolvimento de "cima pra baixo" e facilitando o fluxo de informações entre partes interessadas internas e externas; (2) identificar o universo de processos do E, S e G que serão adotados pela companhia, incluindo questões específicas não abarcadas em normas e (3) elaboração de documentação e trilhas de auditoria dos processos, com análise de evidências.

E essa materialidade só se completa com (4) validação de *stakeholders*, necessária para verificar o processo seguido para identificar questões relevantes, a lista de tópicos considerados relevantes para a companhia e como os tópicos relevantes são gerenciados e monitorados. Tudo isso, porque uma análise de materialidade robusta, confiável e defensável é, necessariamente, baseada em evidências e sistematizada; realizada anualmente, antes da preparação de relatórios e atualização de políticas e envolve o mais alto órgão de governança da organização na tomada de decisões sobre materialidade[78].

5. CONCLUSÕES

Em um mercado globalizado, em que empresas enfrentam pressões cada vez maiores das partes interessadas – internas e externas – para a tratativa dos tópicos ESG, conclui-se que:

1 – As *startups* e *scale-ups* são capazes de incorporar seus mecanismos específicos de ESG de forma conexa ao seu estágio de desenvolvimento, permitindo a agregação de valor, captação de investimentos, longevidade dos negócios disruptivos, além da difusão de empresas socialmente responsáveis, que alinhem os objetivos corporativos aos objetivos maiores da sociedade.

2 – A importância da agenda ESG para as *startups* e *scale-ups* ultrapassa o objetivo de permanência dessas no mercado, já que a capacidade desses negócios de acelerar a implementação de iniciativas ESG em sua estrutura interna e em outras organizações mostra o papel relevante dessas empresas na inovação responsável.

3 – A incorporação da agenda ESG não é suficiente sem uma avaliação robusta de materialidade. Isso porque, a implementação dessas práticas, visando à promoção de empresas justas, éticas e responsáveis precisa ser baseada em

---

78. Disponível em: https://www.datamaran.com/materiality-definition. Acesso em: 27.10.2023.

evidências de que os temas sociais, de sustentabilidade e governança geram um efeito prático nas organizações. Caso contrário, o ESG se limitará às estratégias de *benchmark* e não será capaz de fornecer substrato para os objetivos de longo prazo desses negócios disruptivos.

6. REFERÊNCIAS

ARRUDA, C., NOGUEIRA, V. Causas da Mortalidade das Startups Brasileiras: como aumentar as chances de sobrevivência no mercado. Núcleo de Inovação e Empreendedorismo, *Fundação Dom Cabral*, 2014. Disponível em: <https://www.fdc.org.br/conhecimento-site/blog-fdc-site/Documents/Causas_da_mortalidade_das_startups_brasileiras.pdf>.

BEBCHUK, Lucian A. Don't Let the Short-Termism Bogeyman Scare You. *Harvard Business Review*, 2021. Disponível em: <https://hbr.org/product/don-t-let-the-short-termism-bogeyman-scare-you/S21012?sku=S21012-PDF-ENG>.

GENOME STARTUP. Global Startup Ecosystem Report 2020. *Startup Genome Report*, 2023. Disponível em: <https://startupgenome.com/reports/gser2023>.

GRI. *The ABC of ESG ratings – an invitation for common ground*. 2022. Disponível em: <https://www.globalreporting.org/search/?query=ESG>.

GRI. *GRI Perspective 10 – ESG risk: Taking the woke debate seriously*. 2023. Disponível em: <https://www.globalreporting.org/search/?query=ESG>.

IBGC Segmentos. *Governança Corporativa para Startups & Scale-Ups*, 2019. Disponível em: <https://conhecimento.ibgc.org.br/Paginas/Publicacao.aspx?PubId=24050>.

IBGC, Instituto Brasileiro de Governança Corporativa. *Código de Melhores Práticas de Governança Corporativa* / Instituto Brasileiro de Governança Corporativa – 6. ed. – IBGC. – São Paulo, SP: IBGC, 2023. 80 p.; 18cm x 25,5cm. Disponível em: <https://conhecimento.ibgc.org.br/Paginas/Publicacao.aspx?PubId=24640>.

ISSB (International Sustainability Standards Board). *General Requirements for Disclosure of Sustainability-related Financial Information*. 2022, 9.16. Disponível em: <Exposure Draft on IFRS S1 General Requirements for Disclosure of Sustainability-related Financial Information>.

KUMAR, S. (2023). A review esg performance as a measure of stakeholders theory. *Academy of Marketing Studies Journal*, 27(S3), 1-18. Disponível em: https://www.abacademies.org/articles/a-review-esg-performance-as-a-measure-of-stakeholders-theory-15712.html

RAMALHO, Amanda Maia. Governança Corporativa em Startups. *Revista de Direito, Governança e Novas Tecnologias*. Belém, v. 5, n. 2, p. 74-91. jul./dez. 2019. Disponível em: <https://indexlaw.org/index.php/revistadgnt/article/view/5880/pdf>.

SILVEIRA, Alexandre Di Miceli da. *Governança corporativa no Brasil e no mundo: teoria e prática*. Rio de Janeiro: Elsevier, 2021.

SZTAJN, Rachel; BAROSSI FILHO, Milton. Environment, Social and Corporate Governance: qualidade de vida e mercados. In: *Compliance entre a teoria e a prática: reflexões contemporâneas e análise dos programas de integridade das companhias listadas no novo mercado*. Coordenado por Caroline da Rosa Pinehrio. – Indaiatuba, SP: Editora Foco, 2022.

EFICÁCIA JURÍDICA DE MECANISMOS DE GOVERNANÇA EM *STARTUPS* SOB INVESTIMENTO DECORRENTE DE CONTRATOS DE MÚTUO OU DE DEBÊNTURES CONVERSÍVEIS

Eduardo Silva Bitti

Professor da Universidade Federal do Espírito Santo (UFES) e da Fundação São João Batista – Faculdades Integradas de Aracruz (FAACZ). Doutor em Direito pela Pontifícia Universidade Católica de São Paulo (PUC-SP) e Mestre em Direito Empresarial pela Faculdade de Direito Milton Campos. Advogado. E-mail: eduardo.bitti@ufes.br

Sumário: 1. Introdução – 2. O papel do mútuo e das debêntures conversíveis em *startups* – 3. A eficácia jurídica dos instrumentos de governança corporativa em razão dos investimentos acima mencionados – 4. Considerações finais – 5. Referências.

1. INTRODUÇÃO

Pode-se dizer que um dos principais problemas da governança corporativa no Brasil é o enfrentamento dos cenários dinâmicos das *startups*, em meio à possibilidade de ingresso de investidores como sócios ou acionistas.

Nesse contexto, a recente previsão, pela Lei Complementar 182/2021, o Marco Legal das Startups, de instrumentos contratuais voltados à proteção daqueles que se interessam em investir em tais sociedades empreendedoras deixou diversas lacunas em termos de proteção a referidos sujeitos, principalmente, quando presentes ou o contrato de mútuo conversível, ou as debêntures conversíveis em ações.

Diante de tal quadro, caberia indagar: a existência de contratos de mútuo conversível e de debêntures conversíveis, como instrumentos de investimento em startups, retira a eficácia jurídica dos mecanismos de governança corporativa em tais sociedades empresárias?

Para buscar respostas sobre o assunto, o objetivo geral deste capítulo é analisar o impacto desses instrumentos de investimento, com apontamentos sobre possíveis soluções para tais limitações, principalmente a partir do que pode conter o acordo de sócios.

Em termos específicos, a abordagem discutirá o papel do mútuo e das debêntures conversíveis, para, depois, discorrer sobre soluções de governança decorrentes da existência de tais negócios jurídicos em matéria de *startups*.

2. O PAPEL DO MÚTUO E DAS DEBÊNTURES CONVERSÍVEIS EM *STARTUPS*

Não há um limite exato para a caracterização de uma empresa[1] como *startup*, a não ser o fato de que ela está em estágio inicial (ou seja, o correto seria dizer empresa em fase de *startup*), caracterizada por um imenso potencial disruptivo, num modelo escalonável e reproduzível[2].

Certamente, a execução de um modelo de negócios já usado retira dela a inovação, base de sua essência, mas são diversos os exemplos nos quais sociedades brasileiras (como no ramo de entrega de alimentos e no de serviços de transporte de passageiros) buscam ideias já aplicadas em outros países para utilizarem (ou copiarem) nos mercados nacionais, sem perder a qualificação de *startups*.

Na verdade, não se tem um modelo, porque os fundadores da sociedade empreendedora ainda não conseguem determinar qual funcionará melhor com

---

1. A utilização indiscriminada da palavra empresa acaba por indicar, por linguística, a visão de que ela seria uma nova espécie de pessoa jurídica, totalmente carente de regulamentação pela legislação brasileira, o que, não está correto, eis que empresa, no direito brasileiro (art. 966 do Código Civil) é atividade econômica qualificada pela organização dos fatores de produção e pelo profissionalismo. Recorda-se a visão poliédrica de Alberto Asquini (ASQUINI, Alberto. Perfis de empresa. Traduzido por Fabio Konder Comparato. *Revista de Direito Mercantil: industrial, econômico e financeiro*, São Paulo, v. 104, n. 159/160, out.-nov. 1996, p. 109): "O conceito de empresa é o conceito de um fenômeno econômico poliédrico, o qual tem sob o aspecto jurídico, não um, mas diversos perfis em relação aos diversos elementos que o integram. As definições jurídicas de empresa podem, portanto, ser diversas, segundo o diferente perfil, pelo qual o fenômeno econômico é encarado. Esta é a razão da falta da definição legislativa; é esta, ao menos em parte, a razão da falta de encontro das diversas opiniões até agora manifestadas na doutrina. Um é o conceito de empresa, fenômeno econômico; diversas as noções jurídicas relativas aos diversos aspectos do fenômeno econômico. Quando se fala genericamente de direito da empresa, de direito da empresa comercial (direito comercial), de direito da empresa agrícola (direito agrário), se considera a empresa na sua realidade econômica unitária (matéria de direito). Mas quando se fala da empresa em relação à sua disciplina jurídica, ocorre operar com noções jurídicas diversas, de acordo com os diversos aspectos jurídicos do fenômeno econômico. O intérprete pode corrigir algumas incertezas da linguagem do código, porém sob a estrita condição de não confundir os conceitos que é necessário ter distintos e especialmente aqueles que o código manteve distintos. Para se chegar ao conceito econômico de empresa deve ser o ponto de partida; mas não pode ser um ponto de chegada."
2. Tomando-se como base o Marco Legal da *Startups* no Brasil (Lei Complementar 182/2021), percebe-se a preocupação com os fins tributários da caracterização, com clara designação de enquadramento mais favorável a quem pretende desenvolver uma nova atividade, o que é derivado do inciso IX do art. 170 da Constituição Federal e a ausência de responsabilidade societária para investidores. Não há, pois, uma nova espécie de pessoa jurídica, mas, sim, uma nova espécie de qualificação do sujeito em razão do objeto, em adição às conhecidas formas tributárias existentes (microempreendedor individual, microempresa e empresa de pequeno porte).

os clientes-alvo, o que contradiz o senso comum de que empreendedorismo tem tudo a ver com execução, pois nos primeiros dias nada há realmente a executar.

A atividade disruptiva sofre, assim, com a necessidade de ser divulgada como grande chance de enriquecimento a investidores, para que, finalmente, aconteça a preparação para o começo das rodadas (séries) de investimentos[3], que, uma vez iniciadas, demandam a escolha correta de instrumentos contratuais seguros por parte dos investidores.

Apesar de a Lei Complementar 155/2016 ter positivado o investidor-anjo no ordenamento brasileiro, através da introdução dos arts. 61-A a 61-C na Lei Complementar 123/2006[4], foi somente na redação do art. 5º do Marco Legal das *Startups* onde primeiro se mencionou a existência de tais instrumentos, assim listados: (i) contrato de opção de subscrição de ações ou de quotas celebrado entre o investidor e a empresa; (ii) contrato de opção de compra de ações ou de quotas celebrado entre o investidor e os acionistas ou sócios da empresa; (iii) debênture conversível emitida pela empresa nos termos da Lei nº 6.404, de 15 de dezembro de 1976; (iv) contrato de mútuo conversível em participação societária celebrado entre o investidor e a empresa; (v) estruturação de sociedade em conta de participação celebrada entre o investidor e a empresa; (vi) contrato de investimento-anjo na forma da Lei Complementar nº 123, de 14 de dezembro 2006; (vii) outros instrumentos de aporte de capital em que o investidor, pessoa física ou jurídica, não integre formalmente o quadro de sócios da *startup* e/ou não tenha subscrito qualquer participação representativa do capital social da empresa.

Desses, chama a atenção, especificamente, a situação das debêntures conversíveis e do contrato de mútuo conversível em participação societária.

---

3. Dizem Robert E. Hall e Susan Woodward (HALL, Robert E.; WOODWARD, Susan. E. *The quantitative Economics of Venture Capital*. Working Paper. Stanford University, 2007, p. 7. Disponível em: <https://web.stanford.edu/~rehall/QEVC012707.pdf>. Acesso em: 04.01.2024): "Venture funds invest in developing companies in financing rounds. The standard Convention is to designate the first round of venture financing as the A round, the second the B round, and so on. A syndicate of venture funds will provide a few million dollars in early rounds and substantially more in later rounds, for promising companies whose revenues do not cover their operating and development expenditures. General partners organize venture funds. They recruit financing commitments from limited partners—usually endowments and pension funds—and choose the companies that will receive financing. The limited partners pay into the funds as required when the general partner provides funding. The limited partners receive most of the cash returned by venture investments, except that the general partner retains almost 3 percent per year of the amount invested in companies still in the fund plus 20 to 25 percent of the cash returned to the limited partners above their original investment when a company undergoes an event such as an IPO or acquisition."

4. Principalmente quando determina (art. 61-A, § 4º) que ele (I) "não será considerado sócio nem terá qualquer direito a gerência ou voto na administração da empresa", (II) nem "responderá por qualquer dívida da empresa, inclusive em recuperação judicial", não se aplicando (em regra) a ele a desconsideração da personalidade jurídica do art. 50 do Código Civil, mas que (III) "será remunerado por seus aportes, nos termos do contrato de participação, pelo prazo máximo de cinco anos".

As debêntures conversíveis em ações, possíveis somente se a sociedade exercente de empresa *startup* estiver constituída sob a forma de sociedade anônima, encontram previsão expressa no art. 57 da Lei 6.404/1976, que determina a necessidade de respeito a condições constantes da escritura de emissão que especificará: (i) as bases da conversão, seja em número de ações em que poderá ser convertida cada debênture, seja como relação entre o valor nominal da debênture e o preço de emissão das ações; (ii) a espécie e a classe das ações em que poderá ser convertida; (iii) o prazo ou época para o exercício do direito à conversão; (iv) as demais condições a que a conversão acaso fique sujeita.[5]

Na lição de Modesto Carvalhosa[6], as debêntures conversíveis revestem a dupla natureza de títulos de crédito e de legitimação. São, ele diz, "títulos de crédito no que respeita à exigibilidade do valor principal e remuneração", possuindo a natureza de legitimação, "porque outorgam a seus titulares o direito alternativo de se tornarem acionistas da companhia".[7]

O contrato de mútuo conversível não está muito distante dessa mesma ideia. Apesar de ser figura atípica, é derivada do contrato de empréstimo de bens fungíveis estabelecida no Código Civil, nos artigos 586 e seguintes.

Em sua conceituação, o mútuo conversível é um instrumento híbrido, formalizado por meio de um contrato particular de mútuo (ou seja, empréstimo de coisa fungível), no qual há a possibilidade de o investidor optar por, ao invés de receber de volta o valor investido, receber uma participação societária da *startup* para a qual fez o empréstimo[8].

É, pois, na lição de Giulliano Tozzi Coelho e de Luiz Gustavo Garrido[9], "uma tropicalização das Convertible Notes norte-americanas", representativas da constituição de uma dívida da sociedade empresária investida para com o

---

5. Além disso, o mesmo dispositivo legal informa que o § 2º do mesmo artigo 57 estipula que, "enquanto puder ser exercido o direito à conversão, dependerá de prévia aprovação dos debenturistas, em assembleia especial, ou de seu agente fiduciário, a alteração do estatuto para": (a) mudar o objeto da companhia; (b) criar ações preferenciais ou modificar as vantagens das existentes, em prejuízo das ações em que são conversíveis as debêntures.

6. CARVALHOSA, Modesto. *Comentários à Lei de Sociedades Anônimas*: artigos 1º a 74. v. 1. São Paulo: Saraiva, 2009, pp. 57-58.

7. Ele (*Ibidem*) complementa: "Nenhum órgão social é competente para deliberar sobr tal conversão, sendo ela automática e imediata, bastando, para tanto, a prévia manifestação de vontade da companhia, que é irrevogável. O capital é alterado, independentemente de qualquer deliberação dos órgãos sociais, competindo aos administradores providenciar a averbação do aumento, o cancelamento das debêntures respectivas e a inscrição nos livros de registro das ações correspondentes (art. 100, I e II)."

8. Cf. REIS, Edgar Vidigal de Andrade. *Startups*: análise de estruturas societárias e de investimento no Brasil. 2. ed. São Paulo: ALMEDINA, 2022, p 104.

9. COELHO, Giulliano Tozzi; GARRIDO, Luiz Gustavo. Dissecando o contrato entre startups e investidores anjo. In: JÚDICE, Lucas Pimenta; Nybo, Erik Fontenele (coord.). *Direito das startups*. Curitiba: Juruá, 2016, p. 121.

investidor, "a qual poderá ser convertida em participação societária previamente estabelecida mediante um evento de liquidez – normalmente o ingresso de um novo investidor ou transformação de espécie societária."

O contrato de mútuo conversível, que ao contrário das debêntures conversíveis pode ser utilizada por qualquer estrutura societária (inclusive as limitadas), também mescla elementos obrigacionais (*debt*), mantendo a maioria das características da dívida convencional (mas tipicamente subordinada a outras dívidas corporativas) e de participação (*equity*)[10], possuindo potencial de valorização associado à ação comum subjacente[11]. Logo, não se pode confundir o instituto, pois, com mero adiantamento de capital.[12]

Insiste-se aqui na atipicidade da figura do mútuo conversível, uma vez que não há na legislação societária brasileira qualquer linha própria para o referido instituto. No entanto, ao contrário de ser um fator de dificuldade, é algo que traz segurança jurídica para as partes, considerada a natureza empresarial da operação e o entendimento atual da função social do contrato[13].

---

10. Acaba sendo, como apontado no texto de Tomás Neiva, "uma forma de o investidor evitar eventuais responsabilizações por dívidas sociais, visto que não será, em um primeiro momento, sócio da startup". Ele diz: "Como vimos, no Brasil, apesar de vigorar o princípio da limitação da responsabilidade e separação patrimonial, é comum nos depararmos com situações em que os sócios são diretamente responsabilizados pelas dívidas da sociedade. (NEIVA, Tomás. *Comentários ao Marco Legal das Startups*. São Paulo: Expressa, 2021, p. 14).

11. Michael J. Brennan e Eduardo S. Schwarz (BRENNAN, Michael. J.; SCHWARZ, Eduardo S. Analysing Convertible Bonds. *The Journal of Financial and Quatitative Analysis*, v. 15, n. 4, pp. 907-929, Nov 1980) explicam que "the convertible bond is a hibrid security which, while retaining mosto f the caracteristics of straight debt, offers, in addition, the upside potential associated with the underlying common stock. As quid pro quo for the upside potential the convertible bond is tipycally subordinatde to Other corporate debt and carries a lower coupon rate would na otherwise equivalent straight bond."

12. "O adiantamento para futuro aumento de capital (AFAC) é dinâmica de capitalização societária realizada entre sócios ou quotistas de uma sociedade empresária. De tal forma, tal operação não existe no caso em concreto, tendo em vista que o mútuo foi inequivocamente prestado por investidor estranho ao quadro societário da ré. Assim, não é possível se confundir o adiantamento para futuro aumento de capital (AFAC) com o contrato de mútuo conversível em participação societária celebrado." (DISTRITO FEDERAL. Tribunal de Justiça. Apelação Cível n. 07031.72-02.2021.8.07.0001; Apelante: Ricardo Pinheiro Braga. Apelado: Mult Tecnologia EIRELI – EPP e Fernando Veloso de Oliveira. Relatora: Desª Lucimeire Maria da Silva. Brasília, 26 abr 2023)

13. A Lei da Liberdade Econômica (Lei 13.874/2019), além de acrescentar ao art. 421 do Código Civil, que prevê que "*nas relações contratuais privadas, prevalecerão o princípio da intervenção mínima e a excepcionalidade da revisão contratual*", também adicionou o art. 421-A, com a determinação de que "os contratos civis e empresariais presumem-se paritários e simétricos até a presença de elementos concretos que justifiquem o afastamento dessa presunção, ressalvados os regimes jurídicos previstos em leis especiais, garantido também que": (i) 'as partes negociantes poderão estabelecer parâmetros objetivos para a interpretação das cláusulas negociais e de seus pressupostos de revisão ou de resolução"; (ii) "a alocação de riscos definida pelas partes deve ser respeitada e observada"; e (iii) "a revisão contratual somente ocorrerá de maneira excepcional e limitada". Exemplo disso pode ser notado em acórdão proferido pelo Tribunal de Justiça do Distrito Federal e Territórios (DISTRITO FEDERAL. Tribunal de Justiça. Apelação Cível n. 07180.39-97.2021.8.07.0001; Apelante: Nestin Serviços e Comunicações Ltda – EPP. Apelado: Andre Gustavo Pinheiro da Costa. Relator: Des Rômulo de Araújo Mendes. Bra-

Isso permite, em termos práticos, defender a validade[14] de hipóteses de conversão de dívida, tais como: (i) direito de converter a qualquer tempo, sem qualquer restrição; (ii) data de vencimento do mútuo, (iii) cumprimento de certo faturamento mínimo (KPI – *key performance indicators*); (iv) ocorrência de um evento de vencimento antecipado; e (v) a ocorrência de um evento de liquidez[15].

No caso das *startups*, aliás, a previsão de conversão, tanto nos casos de debêntures conversíveis, como nos de mútuo conversível, é mantida ainda que elas possuam situações de solvência e liquidez[16], o que faz prevalecer a vontade dos contratantes.

O problema existe quando tais elementos não são observáveis. Nestas situações, Lucas Caminha e Gustavo Flausino Coelho[17], novamente, relatam que quando o investidor exercer o direito de converter o mútuo sem a verificação de qualquer evento de liquidez, o percentual de participação que lhe caberia pós--conversão pode ser calculado com base em *premoney valuation* (valor da *startup* antes de receber o investimento) ou *postmoney valuation* (valor projetado para ela depois de ser capitalizada pelo anjo), a depender do que houver sido negociado *ex ante* na elaboração do contrato. Dito isso, dizem, "o cálculo se torna mais sofisticado quando a conversão for deflagrada por um evento de liquidez (cenário em que o anjo converte e desinveste seu mútuo simultaneamente)". Nesse caso, seguindo as melhores práticas, afirmam o percentual da participação do anjo deve ser calculado com base no *valuation* que o terceiro adquirente atribuiu à *startup*.

Há quem diga, como o faz Edgar Vidigal de Andrade Reis[18], que a referida conversão seria realizada por meio da emissão de novas quotas ou ações, a depender do tipo societário da exercente de *startup*, a serem subscritas e integralizadas pelo investidor, seguindo critérios predeterminados quando da celebração do contrato de mútuo.

Entretanto, a possibilidade acima só é interessante em caso de sociedades anônimas. Tomando-se por base uma ressalva que é feita pelo próprio autor[19]

---

sília, 25 maio 2022), ratificando a ideia de que, ainda que se trate de investimento em startup, devem prevalecer as obrigações contratualmente firmadas no contrato de mútuo conversível.

14. Parece incrível, mas há contratos de mútuo conversível nos quais a conversibilidade está só no nome e, não em cláusulas. O cuidado com a estrutura contratual torna o instrumento base de um negócio jurídico de empréstimo comum.

15. Cf. CAMINHA, Lucas; COELHO, Gustavo Flausino. *Captação de recursos por startups*: atualizado com o marco legal das startups. 2. ed. São Paulo: Almedina, 2023, p. 188.

16. Cf. FEIGELSON, Bruno; NYBO, Erik Fontenelle; FONSECA, Victor Cabral. *Direito das startups*. São Paulo: Saraiva Educação, 2018, p. 130.

17. *Ibidem*.

18. REIS, Edgar Vidigal de Andrade. *Startups*: análise de estruturas societárias e de investimento no Brasil. 2. ed. São Paulo: Almedina, 2022, pp 105-106.

19. Ele complementa: "De maneira diversa, porém, ocorre no caso das sociedades anônimas, visto haver expressa previsão legal autorizando que o ágio seja computado como reserva de capital. Tratando ainda

acima mencionado, no caso da conversão em quotas de uma sociedade limitada, "se o valor do mútuo for superior ao valor nominal das quotas que serão concedidas ao investidor, a diferença entre os valores (ágio) será interpretado pelo fisco como lucro", o que geraria o dever de recolhimento de imposto de renda e encareceria a operação.

Uma saída ideal para tanto seria, logo, a utilização de ações em tesouraria[20], previstas no art. 30, §1º, b, da Lei 6.404/1976 e, principalmente, as quotas (de sociedade limitada) em tesouraria[21]. Isso, porque elas ficam escrituradas em contas redutoras[22] do patrimônio líquido da própria companhia não passam pelo resultado da empresa exercida, o que acarreta a possibilidade de transferência de tais ativos ao ingressante de maneira menos traumática aos cofres da estrutura societária.

Certo é que, independentemente da forma como as ações ou quotas estarão disponíveis ao mutuante (investidor), desinvestido o mútuo, ele passa a poder adentrar no quadro social a partir das ações ou quotas destinadas a tal finalidade, devendo a análise recair, a partir de então, sobre aspectos societários de governança, como será visto a seguir.

3. A EFICÁCIA JURÍDICA DOS INSTRUMENTOS DE GOVERNANÇA CORPORATIVA EM RAZÃO DOS INVESTIMENTOS ACIMA MENCIONADOS

Conforme apontado por Alexandre Di Miceli da Silveira[23], governança corporativa é um "conjunto de mecanismos que visam fazer com que as decisões corporativas sejam sempre tomadas com a finalidade de maximizar a perspectiva de geração de valor de longo prazo para o negócio", devendo estar presentes

---

de tributação, é importante alertar que, independentemente do tipo societário que estiver formalizada a startup, quando o mutuante (investidor) for pessoa jurídica, a operação de mútuo conversível estará sujeita à incidência do IOF-Crédito (imposto sobre operações financeiras de crédito), o qual deve ser retido e recolhido pelo mutuante." (*Ibidem*, p. 109).

20. Segundo Nelson Eizirik (EIZIRIK, Nelson. *A Lei das S/A comentada*: arts. 1º a 120. v.1. São Paulo: Quartier Latin, 2011, pp. 206-207): "As ações adquiridas pela própria companhia poderão ser canceladas ou mantidas em tesouraria, hipótese em que – nos termos do § 4 – não terão direito a dividendo nem a voto. No entanto, a companhia poderá colocar suas ações novamente em circulação; por isso a Lei das S.A. expressamente admite como outra hipótese em que a companhia pode negociar com as próprias ações a sua alienação quando adquiridas para permanência em tesouraria. As ações mantidas em tesouraria são muito utilizadas na (i) efetivação de opções de compra de ações outorgadas a administradores, ou à sociedade sob seu controle (artigo 168, §3º); e (ii) incorporação de sociedade ou parcela de patrimônio de sociedade cindida em substituição de ações extintas."

21. Autorizadas, atualmente, pelo item 5.3 do anexo IV da instrução normativa DREI 81, de 2020.

22. Cf. art. 182, § 5º da Lei 6.404/1976.

23. SILVEIRA, Alexandre Di Miceli da. *Governança corporativa no Brasil e no mundo*: teoria e prática. Rio de Janeiro: Elsevier, 2010, p. 3.

nas sociedades empresárias em razão de três potenciais problemas: "conflito de interesses, limitações técnicas individuais e vieses cognitivos".

No caso das *startups* e, especificamente, em decorrência da conversão em ações ou quotas, Bruno Feigelson, Erik Fontenelle Nybo e Victor Cabral Fonseca elencam como elementos de governança, entre outras medidas[24]: (i) a obrigatoriedade de transformação do tipo societário, se limitada, para sociedade anônima; (ii) a adoção de um estatuto social e um acordo de acionistas; (iii) direitos mínimos às ações ou quotas do mutuante; e (iv) formalização dos atos.

É bem verdade que a forma jurídica da sociedade, limitada ou anônima, acaba por interferir em tais práticas.

Fabrício Oliveira e Nelson Rosenvald[25], por exemplo, defendem que a sociedade ou grupo delas, em sua forma e conteúdo, assim contextualizados, podem assumir a função de trabalhar essa problemática, pois "se a empresa é um mecanismo para a governança, a forma jurídica que a subjetiva e acomoda a sua hierarquia e as suas funções, a sociedade ou grupo de sociedades, deve ser compreendida como uma solução de governança", o que permite concluir que "não há propriamente a governança das sociedades ou dos grupos de sociedades, mas sociedades ou grupo de sociedades que governam (normativamente) a empresa".

Apenas não se concorda aqui com a existência de uma obrigação de transformação imediata do tipo societário, de limitada para sociedade anônima, eis que tal ato dependeria da fase na qual a *startup* se encontra, se embrionária (quando recebe investimento do investidor-anjo ou de capital semente) ou já avançada (prestes a receber aportes de *venture capital* ou de *private equity*).

Isso, porém, não é o único tema em matéria de efeitos para a obtenção de uma boa governança.

Já se disse aqui que a utilização de ações ou quotas em tesouraria, permite ao debenturista ou ao mutuante a certeza de existência de espaço dentro da sociedade exercente de *startup*, enquanto, a esta última, a garantia de uma transferência menos traumática.

Tal medida, no entanto, por si só, talvez não seja suficiente. Isso, porque, como afirma Roberta Nioac Prado[26], quanto maior o número de sócios que compartilhem o controle societário, maior será a necessidade de boas práticas de governança e

---

24. FEIGELSON, Bruno; NYBO, Erik Fontenelle; FONSECA, Victor Cabral. *Direito das startups*. São Paulo: Saraiva Educação, 2018, p. 131.
25. OLIVEIRA, Fabrício; ROSENVALD, Nelson. *Governança nos grupos societários*: inovações. Indaiatuba, Editora Foco, 2023, pp. 10-11.
26. PRADO, Roberta Nioac, *Manual prático e teórico da empresa familiar*: organização patrimonial, planejamento sucessório, governança familiar e corporativa e estratégias societárias e sucessórias (Governança jurídica). São Paulo: SaraivaJur, 2023, p. 11.

MECANISMOS DE GOVERNANÇA EM *STARTUPS* **151**

de implementação de regras claras de solução de conflitos, eis que que haverá um maior número de pessoas e, portanto, de interesses envolvidos. Nesse caso, ela diz, "o alinhamento entre os sócios se faz fundamental, sob pena de desestruturar a gestão e o rumo dos negócios e levá-la à falência".

Essa narrativa, contudo, também pode ser aprofundada, em termos globais, com o entendimento acerca de aspectos internos ou externos, a depender dos interesses da referida regulação.

Sabe-se que a governança corporativa é externa quando inclui não só o relacionamento com os proprietários, acionistas ou quotistas, mas, também, com outros participantes da empresa, em conceito mais amplo, como os empregados, fornecedores clientes e a comunidade, o que revela a necessidade de regras de comportamento ético e psicologia social. A governança, por outro lado, é interna, quando se refere à administração da sociedade propriamente dita, o que pode ser exemplificada com soluções inerentes à distribuição de controle de atividades e com o relacionamento dos órgãos e membros entre si[27].

A análise do ingresso de credores de debêntures ou de mútuo conversíveis, por sua vez, poderia ser considerada mista, eis que deve ser implementada desde antes da opção pela conversão pelo credor, pois assume o debenturista ou mutuante o papel de sujeito titular de direito potestativo de ingresso, mas a sociedade exercente de *startup* deve possuir regras claras de governança[28], de maneira a facilitar a escolha pelo investidor e o relacionamento presente e futuro deste com os sócios já existentes, o que se conquista, normalmente, através do acordo de sócios.

Vale dizer, a adoção desse acordo contorna diversos problemas derivados da emissão de debêntures conversíveis e da celebração do mútuo conversível, como: (i) diluição acionária; (ii) conflitos de interesses; (iii) tomada de decisões; e (iv) abertura a investimentos futuros com a circulação de quotas ou ações.

---

27. Cf. LAUTENSHLEGER JUNIOR, Nilson. *Os desafios propostos pela governança corporativa ao direito empresarial brasileiro*. São Paulo: Malheiros, 2005, p. 39.

28. O tema é tão importante que a Comissão de Valores Mobiliários – CVM (art. 56, § 4º, II, da Resolução CVM 175/2022) exige que Fundos de Investimento, denominados Fundos de Ações, invistam somente em sociedades anônimas que sigam requisitos rigorosos de governança corporativa, tais como: (i) proibição de emissão de partes beneficiárias e inexistência desses títulos em circulação; (ii) estabelecimento de um mandato unificado de até 2 (dois anos para todo o Conselho de Administração; (iii) disponibilização de acordos de acionistas e programas de aquisição de ações ou de outros títulos ou valores mobiliários de emissão da companhia e divulgação de informações sobre contratos com partes relacionadas na forma exigida na regulamentação da CVM para os emissores registrados na categoria A; (iv) adesão à câmara de arbitragem para resolução de conflitos societários; (v) no caso de abertura de seu capital, obrigar-se a aderir a segmento especial de bolsa de valores ou mercado de balcão organizado que assegure, no mínimo, práticas de governança corporativa previstas nos incisos anteriores; (vi) auditoria anual de suas demonstrações contábeis por auditores independentes registrados na CVM; e (vii) tratamento igualitário no caso de alienação de controle, por meio de opção de venda da totalidade das ações emitidas pela companhia ao adquirente do controle pelo mesmo preço pago ao controlador.

A questão mais discutível, entretanto, seria a eficácia. Não há como o instrumento, no qual se institui o crédito conversível, interferir no relacionamento societário (*interna corporis*) já existente, a não ser que isso parta de dentro da própria sociedade. Por isso, o acordo de sócios (dos que já são acionistas ou quotistas) deve ser realizado como mecanismo condicional para o investidor faça o envio de aportes à sociedade exercente de *startup*.

Esse estabelecimento de acordo de sócios, em caráter preliminar à opção de conversão pelo debenturista ou mutuante, deve considerar abranger as ações ou quotas ainda que não titularizadas pelos referidos optantes, tendo-se em vista aspectos internos (presente e futuros) de governança, com a perspectiva do controle administrativo do poder de sociedades limitadas e anônimas[29].

Na prática, deve-se sopesar o fato de que, apesar de o art. 118 da Lei 6.404/1976 determinar que para o acordo gerar eficácia entre os sócios depende, unicamente, de arquivamento na sede da companhia[30], a Instrução Normativa nº 81/2020 do DREI prevê que ele poderá ser arquivado na Junta Comercial por vontade dos sócios para que produza efeito perante terceiros (como é o caso do investidores debenturistas ou mutuantes da *startup*), como documento de interesse da sociedade (art. 32, II, "e", da Lei 8.934, de 18 de novembro de 1994).

Portanto, feito o registro na Junta Comercial, não só os investidores, como também quaisquer outros futuros sócios, ficam sujeitos aos efeitos do pacto, o que traz segurança jurídica.

Não obstante, é necessário que o acordo preveja a existência de comitês de governança, maior transparência na comunicação dos atos societários, avaliações de desempenho da equipe de gestão e mecanismos de resolução de disputa (como a contratação de um *dispute board*[31] e a previsão de arbitragem).

---

29. Dizem Fabrício Oliveira e Nelson Rosenvald (OLIVEIRA, Fabrício; ROSENVALD, Nelson. *Governança nos grupos societários*: inovações. Indaiatuba, Editora Foco, 2023, p. 14): "A perspectiva do controle administrativo coloca os administradores estrategicamente no centro de poder das companhias. Os administradores possuem poder hierárquico, decorrente de suas expertises em organizar recursos e possui três características fundamentais: i) o controle hierárquico dos administradores sobre os processos de produção e circulação de bens e serviços; ii) o controle dos administradores sobre a burocracia interna); e iii) a forma de controle administrativos produz externalidades."

30. Como dizia Celso Barbi Filho (BARBI FILHO, Celso. Acordo de acionistas: panorama atual do instituto no direito brasileiro e propostas para a reforma de sua disciplina legal. *Revista de direito bancário, do mercado de capitais e da arbitragem*, nº 8, São Paulo, Revista dos Tribunais, p. 31-59, abr-jun. 2000, P. 49), "o arquivamento destina-se a criar para a sociedade o dever de observar o acordo, sendo ele "o depósito, para garda pela companhia, de uma via do cordo de acionistas, para que ela submeta-se à obrigação de observância do pacto, prevista em lei".

31. Arnoldo Wald (WALD, Arnoldo. Dispute Resolution Boards: evolução recente, *Doutrinas Essenciais Arbitragem e Mediação*. Thomson Reuters. v. 6, p. 1065-1078, set. 2014) diferencia os *dispute boards* da arbitragem, dizendo: "Os procedimentos submetidos ao dispute board também são mais céleres, visto que as controvérsias podem ter solução imediata, embora sejam normalmente resolvidas entre 90 e 180 dias, em contraposição à arbitragem, em que a resolução da disputa pode demorar de 1 a 3 anos,

Dentro dessa mesma lógica, a separação entre conselho e diretoria (sistema dual[32]) é algo fundamental, eis que o primeiro ocupa uma posição central, não só para fiscalização, como também para tomadas de decisão sobre os rumos da empresa *startup* exercida.

Apesar da dualidade, para atendimento dos fins acima, é salutar que conselho de administração não caminhe sozinho nessa tarefa, devendo-se criar na sociedade outros órgãos de apoio, como o conselho fiscal[33] e o conselho consultivo, este último municiado pela atuação de profissionais com expertise em demandas específicas[34].

É bem verdade que tal separação é, por vezes, fruto de um doloroso procedimento de divisão de forças, nem sempre aceita pelos membros da sociedade que recebe os aportes e, ainda que haja consenso, alguns cuidados com a forma de criação dos conselhos são inevitáveis. Exemplo disso é a limitação prevista no § 1º do artigo 143 da Lei 6.404/1976, acerca da restrita participação de membros do conselho de administração na diretoria, limitada ao máximo de 1/3 (um terço).

Estruturados os direitos e deveres do conselho e dos demais órgãos de apoio, o acordo de sócios pode prever que o debenturista ou o mutuante, titulares da opção de conversibilidade, possam obter direitos de voto e de liquidação de ações ou quotas (cláusula de saída forçada, ou cláusula de saída em caso de desempenho insatisfatório), de tal forma que o desempenho ruim da *startup* seja determinante para a saída dos sócios já integrantes do quadro social antes do investidor e a remessa do controle total seja feita ao investidor[35].

---

especialmente havendo perícia, e ao Poder Judiciário, cuja demora para o julgamento é ainda maior". Outra vantagem extremamente atrativa, segundo ele, é a garantia de não interrupção ou atraso do serviço em caso de conflitos.

32. "O sistema dual de governança tem sua origem atribuída ao regime alemão e é marcado pela rígida separação entre o órgão de administração ou executivo e o órgão de controle, pela estrita divisão de atribuições entre o conselho de fiscalização (*Aufsichtsrat*) e a diretoria (*Vorstand*). Cabe ao *Aufsichtsrat* a supervisão e o controle das atividades do *Vorstand*. Somente ao *Vorstand* cabe a representação e administração da sociedade." (LAUTENSHLEGER JUNIOR, Nilson. *Os desafios propostos pela governança corporativa ao direito empresarial brasileiro*. São Paulo: Malheiros, 2005, pp. 45-46)

33. Previsto pelo artigo 161 da Lei 6.404/1976, no caso das sociedades anônimas, e pelo artigo 1.066 do Código Civil, no das limitadas.

34. Conforme apontado por Djalma de Pinho Rebouças de Oliveira (OLIVEIRA, Djalma de Pinho Rebouças de. *Governança corporativa na prática*: integrando acionistas, conselho de administração e diretoria executiva na geração de resultados. 3. ed. São Paulo: Atlas, 2015, pp. 56-57), o conselho consultivo, multidisciplinar, tem atuação planejamento estratégico, marketing, análise e desenvolvimento de negócios, reengenharia, processos administrativos e organização empresarial, informações e relatórios gerenciais, desenvolvimento organizacional e das pessoas, controles econômico-financeiros e legislação fiscal e tributária.

35. Como afirmam Steven Kaplan e Per Stromberg (KAPLAN, Steven; STROMBERG, Per. *Financial Contracting Theory Meets the Real World*: an empirical analysis of venture capital contracts. Chicago: University of Chicago, Graduate School of Business, 2000. Disponível em: <https://papers.ssrn.com/sol3/papers.cfm?abstract_id=218175>. Acesso em: 02.01.2024]) isso e o contrário também podem

Tal tipo de dispositivo complementa hipóteses já conhecidas como cláusulas que estabelecem direitos de preferência[36], além de estruturas como o *tag along*[37], o *drag along*[38], o *lock-up* (cláusula de permanência de sócios após a aquisição ações ou quotas por terceiros) e os prazos de investimento e saída.

Finalmente, vale ressaltar a importância de cláusulas sucessórias, tanto dos sócios, como de investidores (cláusula que estabelece direito de preferência em cessão *intervivos* ou *causa mortis* do crédito do decorrente das debêntures do mútuo), como forma de salvaguardar a *startup* em caso de falecimento, divórcio ou rompimento de união estável de partes envolvidas na operação.

4. CONSIDERAÇÕES FINAIS

Destacou-se, inicialmente, que a conversão do mútuo ou das debêntures, como ato postestativo, pode provocar diversos efeitos na estrutura da sociedade que recebe os investimentos, em especial, quanto à mobilização de quotas ou ações para atendimento ao desinvestimento realizado pelo mutuante ou pelo credor das debêntures.

Além disso, antes ou depois dessa opção pelo investidor, a busca de remediação de problemas de conflito de interesses, de limitações técnicas individuais e de vieses cognitivos, que poderia ser objeto de tratamento nos próprios atos representativos dos referidos negócios jurídicos, é, por questões de eficácia, algo que deve estar contido em acordo de sócios celebrado pelos próprios quotistas ou acionistas da sociedade exercente de empresa *startup*.

Tal acordo deve conter cláusulas que evidenciem não só a dualidade entre conselho e diretoria, como também a existência de outros órgãos de apoio, com característica consultiva e de fiscalização.

Igualmente, as cláusulas de governança devem estabelecer, por consenso, apontamentos que alertem aos sócios já inclusos no quadro social sobre a neces-

---

ser previstos, ao dizerem que "these rights are allocated such that if the company performs poorly, the VCs obtain full control. As company performance improves, the entrepreneur retains / obtains more control rights. If the company performs very well, the VCs retain their cash flow rights, but relinquish most of their control and liquidation rights."

36. Não há, de acordo com o art. 36 da Lei 6.404/1976, limitação à circulação de ações em sociedades anônima, a não ser que o estatuto (ou o acordo de acionistas) a prevejam. Essa liberdade é mais restrita nas sociedades limitadas, onde, conforme o art. 1.057 do Código Civil, "na omissão do contrato, o sócio pode ceder sua quota, total ou parcialmente, a quem seja sócio, independentemente de audiência dos outros, ou a estranho, se não houver oposição de titulares de mais de um quarto do capital social."

37. Prevista no art. 254-A da Lei 6.404/1976, estabelece uma obrigação de venda de ações com direito a voto, assegurando aos minoritários o direito a preço de, no mínimo, 80% (oitenta por cento) do valor pago por terceiros ao integrante do bloco de controle.

38. Atípica, estabelece aos minoritários a obrigação de venda conjunta (cláusula de arraste), em caso de alienação de ações por parte do acionista controlador.

sidade de obtenção de bons resultados e de respeito ao patrimônio da sociedade, em preparação para o ingresso do mutuante ou do debenturista, possibilitando o regramento de efeitos que resultem na harmonização da gestão e ao possível recebimento de novos investimentos.

A implementação do que aqui se sugere é, em resumo. apenas uma maneira de se contribuir para a construção de um ambiente administrativo mais sólido.

Há que se concluir, assim, que a existência do contrato de mútuo conversível e das debêntures conversíveis, como instrumentos de investimento em *startups*, apesar de suas complexidades, não retira a eficácia jurídica dos mecanismos de governança corporativa, desde que verificada a legitimidade da autoria. Para tanto, as regras de governança devem ser elaboradas por sócios da sociedade empresária que recebe os aportes, principalmente, através da celebração de acordo de quotistas ou de acionistas, registrado em junta comercial, para que produza efeitos *erga omnes*.

5. REFERÊNCIAS

ASQUINI, Alberto. Perfis de empresa. Traduzido por Fabio Konder Comparato. *Revista de Direito Mercantil: industrial, econômico e financeiro*, São Paulo, v. 104, n. 159/160, p. 109-126, out.-nov. 1996.

BARBI FILHO, Celso. Acordo de acionistas: panorama atual do instituto no direito brasileiro e propostas para a reforma de sua disciplina legal. *Revista de direito bancário, do mercado de capitais e da arbitragem*, n. 8, São Paulo, Revista dos Tribunais, p. 31-59, abr.-jun. 2000.

BRENNAN, Michael. J.; SCHWARZ, Eduardo S. Analysing Convertible Bonds. *The Journal of Financial and Quatitative Analysis*, v. 15, n. 4, pp. 907-929, nov. 1980.

CAMINHA, Lucas; COELHO, Gustavo Flausino. *Captação de recursos por startups*: atualizado com o marco legal das startups. 2. ed. São Paulo: Almedina, 2023.

CARVALHOSA, Modesto. *Comentários à Lei de Sociedades Anônimas*: artigos 1º a 74. v. 1. São Paulo: Saraiva, 2009.

COELHO, Giulliano Tozzi; GARRIDO, Luiz Gustavo. Dissecando o contrato entre startups e investidores anjo. In: JÚDICE, Lucas Pimenta; Nybo, Erik Fontenele (Coord.). *Direito das startups*. Curitiba: Juruá, 2016.

DISTRITO FEDERAL. Tribunal de Justiça. Apelação Cível n. 07031.72-02.2021.8.07.0001; Apelante: Ricardo Pinheiro Braga. Apelado: Mult Tecnologia EIRELI – EPP e Fernando Veloso de Oliveira. Relatora: Des. Lucimeire Maria da Silva. Brasília, 26 abr. 2023.

DISTRITO FEDERAL. Tribunal de Justiça. Apelação Cível n. 07180.39-97.2021.8.07.0001; Apelante: Nestin Serviços e Comunicações Ltda – EPP. Apelado: Andre Gustavo Pinheiro da Costa. Relator: Des Rômulo de Araújo Mendes. Brasília, 25 maio 2022.

EIZIRIK, Nelson. *A Lei das S/A comentada*: arts. 1º a 120. v.1. São Paulo: Quartier Latin, 2011.

FEIGELSON, Bruno; NYBO, Erik Fontenelle; FONSECA, Victor Cabral. *Direito das startups*. São Paulo: Saraiva Educação, 2018.

HALL, Robert E.; WOODWARD, Susan. E. *The quantitative Economics of Venture Capital*. Working Paper. Stanford University, 2007, p. 7, disponível em: <https://web.stanford.edu/~rehall/QEVC012707.pdf>.Acesso em: 04.01.2024.

KAPLAN, Steven; STROMBERG, Per. *Financial Contracting Theory Meets the Real World*: an empirical analysis of venture capital contracts. Chicago: University of Chicago, Graduate School of Business, 2000. Disponível em: <https://papers.ssrn.com/sol3/papers.cfm?abstract_id=218175>. Acesso em: 02.01.2024.

LAUTENSHLEGER JUNIOR, Nilson. *Os desafios propostos pela governança corporativa ao direito empresarial brasileiro*. São Paulo: Malheiros, 2005.

NEIVA, Tomás. *Comentários ao Marco Legal das Startups*. São Paulo: Expressa, 2021.

OLIVEIRA, Fabrício; ROSENVALD, Nelson. *Governança nos grupos societários*: inovações. Indaiatuba, Editora Foco, 2023.

OLIVEIRA, Djalma de Pinho Rebouças de. *Governança corporativa na prática*: integrando acionistas, conselho de administração e diretoria executiva na geração de resultados. 3. ed. São Paulo: Atlas, 2015.

PRADO, Roberta Nioac, *Manual prático e teórico da empresa familiar*: organização patrimonial, planejamento sucessório, governança familiar e corporativa e estratégias societárias e sucessórias (Governança jurídica). São Paulo: SaraivaJur, 2023.

REIS, Edgar Vidigal de Andrade. *Startups*: análise de estruturas societárias e de investimento no Brasil. 2. ed. São Paulo: Almedina, 2022.

SILVEIRA, Alexandre Di Miceli da. *Governança corporativa no Brasil e no mundo*: teoria e prática. Rio de Janeiro: Elsevier, 2010.

WALD, Arnoldo. Dispute Resolution Boards: evolução recente, *Doutrinas Essenciais Arbitragem e Mediação*. Thomson Reuters. v. 6, p. 1065-1078, set. 2014.

POSSIBILIDADES JURÍDICAS INOVADORAS PARA ENGENHARIA DE CAPITAL E GESTÃO EMPRESARIAL: UMA LEITURA DAS LEIS COMPLEMENTARES 182/2021 E 123/2006

Gladston Mamede

Bacharel e Doutor em Direito pela UFMG. Membro do Instituto Histórico e Geográfico de Minas Gerais. Diretor do Instituto Pandectas.

Sumário: 1. O desafio conceitual – 2. Estrutura de capital inovadora – 3. Ambiente jurídico: possibilidades e resistências – 4. Referências.

1. O DESAFIO CONCEITUAL

Minhas limitações intelectuais levam-me a encasquetar com algumas coisas, não sabe? Não tenho vergonha de confessá-lo. Tenho dificuldade com a fé cega. Meus mestres[1] criaram um espírito fascinado pelo Direito – e sua função para a sociedade organizada em Estado. Não o posso negar e, mais, não posso deixar de lhes agradecer. Tenho ganas de meter aqui uma lista de nomes, como se cada letra fosse um aplauso, mas não lhe vou enfadar com isso. Mas estou me lembrando de muitos, agora, votando-lhe Paz e Luz. Mas eles não conseguiram me incutir um espírito crente, dolente, senão crítico. E nisso há um problema: sou dessas *bocas do inferno* (esses cínicos!) que não se sentem impelidas à glória da assertiva vistosa que nobilita e conduz aos louros de uma Ciência do Direito. Pelo anverso, somos daqueles que insistem em não resistir ao impulso do guerreiro que se bate sempre, ainda que quase nunca triunfe.[2] Gente que aceita o peso dessa sensação de ermo que tanto se acentua nesses sítios e nessas perspectivas: a solidão epistemológica da perspectiva insólita.

---

1. Eu os tive e tenho, geniais, começando pela Casa do Conselheiro Afonso Augusto Moreira Pena, a Faculdade de Direito da Universidade Federal de Minas Gerais, passando pelas páginas dos livros que podem nos trazer mestres de antanho, ainda não sepultados pela insensibilidade do tempo, para não falar daqueles que, embora me tomem por par, são por mim encarados como portadores de mais e mais lições. Muitos, aliás, assinam artigos neste livro.
2. Essa postura, aliás, foi consolidada em minha tese de doutoramento, depois publicado: MAMEDE, Gladston. *Semiologia do Direito*: tópicos para um debate referenciado pela animalidade e pela cultura. 3. ed. São Paulo: Atlas, 2009.

Anuncia-se assim, no parágrafo inicial – que bem poderia ser nominado *nariz de cera* na estilística da crônica jornalística –, um texto gauche, uma voz dissonante. Quer ver? Tenho o vício de duvidar até do que é (ou se parece óbvio) e, num livro como este, principia por se questionar: afinal de contas, que raio é essa tal de *startup*? E abro consciente, pela forma e pelo conteúdo da pergunta, as janelas do purgatório.

Por definição, uma *startup* é algo que começa; daí, uma empresa que começa.[3] Mas nem toda empresa que começa é uma *startup*. Qual é a diferença, então? A tradução do termo *startup* poderia oferecer uma solução, mas, cáspite! não ajuda em nada: *startup* traz a ideia de começar. Lascou-se. O vistoso rótulo em inglês parece nos empurrar para o já conhecido território das *empresas nascentes*, dos empresários recém-inscritos, das sociedades (simples ou empresárias: art. 4º, § 1º, da Lei Complementar 182/2021) recém-registradas, vale dizer, com arquivamento recente de seus atos constitutivos. No entanto, diz-nos a experiência cotidiana, dezenas de empresas iniciam-se semanalmente, nem todas se apresentam com talhe (ou qualificação?) de *startup*. Há que investigar mais.

A Lei Complementar 182/2021 também não virá em meu socorro. É o que resulta de uma leitura atenta de suas disposições. De abertura, diz-se instituidora de um marco legal das *startups* e do *empreendedorismo inovador* e nisso talvez desse uma pista: a diferença entre uma empresa que começa e uma startup estaria no fato de que, nesta, há empreendedorismo inovador. No entanto, parece-me que o desafio de qualificação apenas vai se deslocando para adiante sem que se consiga uma certeza, um conceito que permita uma diferenciação entre as empresas nascentes, identificando a subespécie *startup*. Agora, será preciso compreender o que é *empreendedorismo inovador* para a lei. É como tirar água de um barco furado. Se bem que pode haver um conforto: não afundar; e a esperança de não cansar até chegar à margem. Nunca se esqueça haver um enorme risco em significações arbitrárias, caminho curto para *você, sim; você, não*. Ou, preferindo-se a lógica infantil, *é por que é*; e pronto.

Nisso é que dá ler cínicos: nossa aversão às *hipocrisias sociais* (a incluir *hipocrisias conceituais*)[4] empurra-nos a apontar e denunciar detalhes incômodos. Poderia gastar meus parágrafos trabalhando na demonstração da hipocrisia ínsita

---

3. Não me darei ao trabalho de citações genéricas sobre conceitos que desenvolvi em meu manual e em minha coleção, *Direito Empresarial Brasileiro*; faço, então, uma citação genérica das autorreferências: *Teoria da Empresa e dos Títulos de Crédito*. 14. ed. Barueri: Atlas, 2022. *Direito Societário*: 14. ed. Barueri: Atlas, 2022. *Falência e recuperação de empresas*. 13. ed. Barueri: Atlas, 2022. Manual de direito empresarial. 17. ed. Barueri: Atlas, 2023.

4. Nem sempre conseguimos nos livrar das hipocrisias pessoas. Quiçá por que a questão deixa de ser filosófica e se torna psicanalítica, poderia argumentar. Mas valeria apenas para as hipocrisias pessoas inconscientes; as conscientes remeteriam à ética. Maiêutica? Claro! O cinismo é uma escola pós-socrática fundada por Antístenes (Atenas, 445 a 365 a.C).

à distinção entre empresa nascente (no começo) e *startup*. Mas prefiro atalhar caminho e simplesmente chamar atenção para o fato de que ser uma *startup* é uma pretensão e o resultado de um processo registral, abrindo possibilidades jurídicas e mercadológicas específicas. Em suma, não se apura no *objeto* da empresa, mas no *sujeito* da empresa, e com uma solução formal.[5] E isso, até mesmo, como medida de prudência: o primado de uma certeza mínima. Serei mais cuidadoso na análise do conceito.

O problema/desafio está justamente na definição/qualificação do que seja *inovação* e *empreendedorismo inovador* e, mais do que isso, a impossibilidade de se usar a peja não inovador (retrógrado, antiquado, arcaico, antigo, ultrapassado) para impedir que uma organização empresarial ou societária, nascente ou em operação recente pretenda se enquadrar como *startup*. A cabeça do art. 4º, ao demandar, atuação que se caracterize *pela inovação aplicada a modelo de negócios ou a produtos ou serviços ofertados*, cria uma referência hipócrita e abre mão para a retórica: *minha livraria é inovadora porque... minhas lanchonetes são inovadoras porque... minha oficina mecânica é inovadora porque... meu escritório de advocacia é inovador porque...* Aliás, os méritos e a indispensabilidade da inovação em escritórios e sociedades de advogados é tema pelo qual já passei.[6]

Note: pode-se inovar de múltiplas maneiras, do tipo de negócio ao tipo de administração empresarial ou gerência negocial, passando por incontáveis aspectos. A inovação pode estar no maquinário, na organização, no processo, na logística, na forma de tratar fornecedores e/ou consumidores, na forma de se relacionar com a comunidade, com o meio-ambiente. Qual a melhor inovação? É possível dizer-se isso *a priori*? Não é o tempo que no fim das contas irá definir sucesso e fracasso, remetendo diversas inovações ao *museu das grandes novidades*?

> *Eu vejo o futuro repetir o passado*
>
> *Eu vejo um museu de grandes novidades*
>
> *O tempo não para*
>
> *Não para, não para.*[7]

Conheço escritórios de advocacia que são inovadores. Conheço restaurantes e bares que são inovadores (nos cardápios, na forma de servir, na apresentação, na clientela visada). Conheço confecções que são inovadoras (em modelos, em

---

5. Veja que, sob uma perspectiva dinâmica do Direito Empresarial, a questão assim posta permite uma compreensão em termos de oportunidade, o que é próprio e proveitoso à cultura mercantil. De resto, peço desculpas por este *spoiler*.

6. Conferir: MAMEDE, Gladston. MAMEDE, Eduarda Cotta. *Holding Familiar e suas Vantagens*: planejamento jurídico e econômico do patrimônio e da sucessão familiar. 14.ed. Barueri: Atlas, 2022.

7. *O tempo Não Para* (Cazuza, Arnaldo Brandão), gravado por Cazuza para o álbum *O tempo Não Para* (Philips: 1988).

tecidos, na logística). Na mesma toada em que não há algo mais cansativo e repetitivo do que *um novo aplicativo para celular*. Como se não bastasse, muitas das inovações de sucesso constituem mero reavivar do que, há pouco, se considerou superado, fora de moda. Voltar a investir em relógios analógicos, mecânicos, com valor elevado, foi uma inovação num mercado que parecia definitivamente conquistado pelo quartzo, pelo digital.

Portanto, parece-me que a melhor compreensão do art. 4º da Lei Complementar 182/2021 empurra – e deve empurrar – para um segundo plano o que seja, ou não, inovador, vez que não comporta tratamento objetivo. Tenho mesmo a minha dúvida se impedir a *inovação copiada* não atentaria contra as normas constitucionais do Direito Concorrencial; mas não vou me enveredar por aí. Contudo, não posso deixar de registrar que muitas *startups* estão, na verdade, propondo implantar aqui soluções que foram implantadas acolá, lembrando que não são patenteáveis (não constituindo propriedade intelectual) *esquemas, planos, princípios ou métodos comerciais* (art. 10, III, da Lei 9.279/96).

Melhor será atentar para o aspecto subjetivo – o que é relativo ao sujeito (pessoa natural ou jurídica) que se pretende *startup* e empreendedor inovador.[8] E, sob tal prisma, concluir: aquele que preencha os requisitos formais dos parágrafos do mesmo art. 4º é uma *startup*. Assim, são elegíveis para o enquadramento na modalidade de tratamento especial destinada ao fomento de startup o empresário individual,[9] as sociedades empresárias, as sociedades cooperativas e as sociedades simples (1) com receita bruta de até R$ 16.000.000,00 no ano-calendário anterior ou de R$ 1.333.334,00 multiplicado pelo número de meses de atividade no ano-calendário anterior, quando inferior a 12 meses, independentemente da forma societária adotada; (2) com até 10 anos de inscrição no Cadastro Nacional da Pessoa Jurídica (CNPJ) da Secretaria Especial da Receita Federal do Brasil do Ministério da Economia; e que atendam a um dos seguintes requisitos, no mínimo: (a) declaração em seu ato constitutivo ou alterador e utilização de modelos de negócios inovadores para a geração de produtos ou serviços, nos termos do art. 2º, IV, da Lei 10.973/04; ou (b) enquadramento no regime especial Inova Simples, nos termos do art. 65-A da Lei Complementar 123/2006.

Não há espaço para disse-me-disse. É startup e há empreendedorismo inovador quando o sujeito (empresário ou sociedade [simples ou empresária]) preencha tais requisitos. E não se fala mais nisso. Ponto final. Definiu-se a

---

8. Não me passa despercebido que, coloquialmente, subjetivo é tomado como relativo à avaliação [por certo sujeito]. Em oposição, uso o termo de forma menos coloquial: objetivo diz respeito ao objeto; subjetivo diz respeito ao sujeito.

9. Retirei *a empresa individual de responsabilidade limitada* em face às disposições da Lei 13.874/19 e da Lei 14.195/2021.

startup. Por exemplo: se o engenheiro Montgomery Scott criar uma sociedade empresária explorar *Teletransporte Interplanetário* (Enteprise Ltda.), estimando uma receita bruta inicial de 50 milhões de reais, não será uma *startup*. Mas se o administrador societário da Silva, Rodrigues & Santos, recém-criada e estimando faturar R$ 200.000,00 neste ano, assinar *declaração em seu ato constitutivo ou alterador e utilização de modelos de negócios inovadores para a geração de produtos ou serviços, nos termos do art. 2º, IV, da Lei 10.973/04*, será uma *startup* e haverá *empreendedorismo inovador*. É irrelevante tratar-se de uma sociedade simples, registrada no Cartório de Registro de Pessoas Jurídicas, e que adote o tipo sociedade em nome coletivo.

Claro, poder-se-ia partir para a Lei 10.973/04, que *dispõe sobre incentivos à inovação e à pesquisa científica e tecnológica no ambiente produtivo*, para definir critérios objetivos do que seria inovação e atribuir-se a agentes públicos a função de aferir sua presença ou não. Mas esse passo força o texto da Lei Complementar 182/2021 que, embora faça remissões, aqui e ali, à Lei 10.973/2004, a ela não se vincula. Sublinhe-se, bem a propósito, que o art. 2º, II, dessa Lei 10.973/2004, considera criação *qualquer outro desenvolvimento tecnológico que acarrete ou possa acarretar o surgimento de novo produto, processo ou aperfeiçoamento incremental*, não obstante também se refira a figuras que têm tratamento e proteção em outras normas: *invenção, modelo de utilidade, desenho industrial, programa de computador, topografia de circuito integrado*. E um universo pode ser contido em *novo produto, processo ou aperfeiçoamento incremental*, insisto, nomeadamente em face da ausência de registro como propriedade intelectual ou de atribuição de direito autoral ou qualquer outra proteção de exclusividade: ao primeiro aplicativo de entrega de refeições, seguiu-se o segundo e o terceiro, assim como à primeira lanchonete seguiu-se a segunda e a terceira, para não falar em pousos de tropeiros etc.

Nos moldes em que postos pela legislação, sem uma agência ou instituto que devesse atender a critérios legais, como o Instituto Nacional de Propriedade Intelectual, a definição do que seja, ou não, inovador, ao ponto de alcançar *novo produto, processo ou aperfeiçoamento incremental* é improvável, para dizer o mínimo. E não se pode falar na possibilidade de corrupção, vez que não constituiria *inovação* à realidade brasileira. De qualquer sorte, seguir-se-ia recurso administrativo a órgão colegiado estadual e, enfim, recurso a alguém órgão federal, vinculado a esse ou aquele ministério. E ainda haveria todo um universo aberto pela *judicialização* da inovação, a incluir a própria desatualização e o desuso de critérios legais. Assim, somando o tempo do processo administrativo com o do processo judicial, surgiria a discussão sobre o prazo de 10 anos do art. 4º, § 1º, II, da Lei Complementar 182/2021, se não houvesse concessão de medida de segurança (liminar!), sendo por igual possível discussões sobre modalização de efeitos, responsabilidade civil do Estado pela perda de uma chance etc. Creiam-me: não há bom caminho por aí.

Como se não bastasse, vencer tal imbróglio artificial pela solução subjetiva – é startup o sujeito que preencha os requisitos formais –, atende mais confortavelmente ao art. 1º, parágrafo único, I, da norma: permite fomentar o *ambiente de negócios e ao aumento da oferta de capital para investimento em empreendedorismo* que se defina como inovador.[10] A disputa fica para o Direito Administrativo – e os administrativistas – no que diz respeito ao inciso III: *licitação e a contratação de soluções inovadoras pela administração pública.* Como não se trata da minha praia, pretendo manter distância da questão e da perspectiva pública. Meu alvo está na percepção de que a Lei Complementar 182/2021 abre espaço para um grande avanço na cultura jurídico-empresarial brasileira: tornar lícitos – e quiçá normais, usuais – o uso de tecnologias inovadoras de engenharia de capital e de gerência empresarial. Um passo fundamental para o desenvolvimento econômico, creio.

O art. 65-A da Lei Complementar 123/2006 aponta na mesma direção. Ao criar o *Inova Simples, regime especial simplificado que concede às iniciativas empresariais de caráter incremental ou disruptivo,* afirma destinar-se àqueles *que se autodeclarem como empresas de inovação tratamento diferenciado com vistas a estimular sua criação, formalização, desenvolvimento e consolidação como agentes*

---

10. Em outras palavras, importa pouco a retórica política que orienta a enunciação dos princípios e diretrizes inscritos no artigo 3º da Lei Complementar 182/2021: (1) "I – reconhecimento do empreendedorismo inovador como vetor de desenvolvimento econômico, social e ambiental; (2) incentivo à constituição de ambientes favoráveis ao empreendedorismo inovador, com valorização da segurança jurídica e da liberdade contratual como premissas para a promoção do investimento e do aumento da oferta de capital direcionado a iniciativas inovadoras; (3) importância das empresas como agentes centrais do impulso inovador em contexto de livre mercado; (4) modernização do ambiente de negócios brasileiro, à luz dos modelos de negócios emergentes; (5) fomento ao empreendedorismo inovador como meio de promoção da produtividade e da competitividade da economia brasileira e de geração de postos de trabalho qualificados; (6) aperfeiçoamento das políticas públicas e dos instrumentos de fomento ao empreendedorismo inovador; (7) promoção da cooperação e da interação entre os entes públicos, entre os setores público e privado e entre empresas, como relações fundamentais para a conformação de ecossistema de empreendedorismo inovador efetivo; (8) incentivo à contratação, pela administração pública, de soluções inovadoras elaboradas ou desenvolvidas por startups, reconhecidos o papel do Estado no fomento à inovação e as potenciais oportunidades de economicidade, de benefício e de solução de problemas públicos com soluções inovadoras; e (9) promoção da competitividade das empresas brasileiras e da internacionalização e da atração de investimentos estrangeiros."

Se bem que, obviamente, o bom legislador joga para o seu público, o seu eleitorado. E, não vou negar, quando o faz, oferece ao cidadão, à corporação (cidadania corporativa é um tema muito interessante e que merece ser abordado), e, principalmente, aos advogados, referências e argumentos excelentes para suas demandas. De minha parte, optei, há algum tempo, por considerar o litígio e o processo como manifestação doentia do direito (quando o Direito não funciona, nasce a demanda: é *a doença do dever-ser*); não foco minha atenção numa perspectiva contenciosa (administrativa, judiciária ou arbitral), mas numa perspectiva *societarista* focada construção criativa de alternativas lícitas, vale dizer, emprego de tecnologia jurídico-empresarial a bem da segurança e do sucesso das empresas e dos atores mercantis.

indutores de avanços tecnológicos e da geração de emprego e renda. Friso: aqueles que se autodeclarem. Um pouco adiante, o § 4º, II, pede, para os *titulares de empresa submetida ao regime do Inova Simples,* o preenchimento de um *cadastro básico* do qual deve constar *descrição do escopo da intenção empresarial inovadora, que utilize modelos de negócios inovadores para a geração de produtos ou serviços, e definição do nome empresarial, que conterá a expressão 'Inova Simples (I.S.)'.* Seria uma leviandade não lembrar, neste contexto, o texto do inciso V do mesmo parágrafo que permite declarar, *em caráter facultativo, a existência de apoio ou validação de instituto técnico, científico ou acadêmico, público ou privado, bem como de incubadoras, aceleradoras e instituições de ensino, nos parques tecnológicos e afins.* Mas é uma faculdade e não afasta o sistema declarativo previsto no restante da norma.

Mas, veja, trata-se de situação diversa da Lei Complementar 182/2021 que, por sua vez, não faz remissão ao Inova Simples, ainda que tenha feito alterações em sua regência. Aliás, a figura prevista na Lei Complementar 123/2006 chega a ser ainda mais bem cuidado, recordando-se que o inciso III do mesmo parágrafo, incluído que foi pela Lei Complementar 167/19, chega a exigir *autodeclaração, sob as penas da lei, de que o funcionamento da empresa submetida ao regime do Inova Simples não produzirá poluição, barulho e aglomeração de tráfego de veículos, para fins de caracterizar baixo grau de risco, nos termos do § 4º do art. 6º* daquela Lei Complementar. Uma preocupação ambiental e urbanística que não se deve com as *startups* em seu regimento.

Visto isso, onde é que pretendo chegar? Aos processos e ao regime privado que resultam das previsões anotadas na Lei Complementar 182/2021 e que constituem caminho interessante para empreender. Se pensarmos bem, um caminho que é inovador em si: optar pelo regime instituído pela norma. Chega a ser engraçado, mas, se pensarmos direitinho, optar por se definir como *startup* é, por si só, um ato (e uma demonstração) de *empreendedorismo inovador,* atendendo à súmula da norma. E assim, rindo rude, julgo melhor fechar essa seção, colocando um pouco de ordem no caos (Χάος). Não deve ser isso o logos (λογος)? Vamos passar à questão da regência legal do capital empresarial e as inovações trazidas pelas Leis Complementares 123/2006, com recentes alterações, e 182/2021. Creio haver alguns pontos interessantes para o debate.

2. ESTRUTURA DE CAPITAL INOVADORA

Vencida a questão do que é – ou pode ser – uma *startup,* parece-me que melhor andaremos se atentarmos para os instrumentos de investimento que são dispostos na Lei Complementar 182/2021. Como disse há pouco, numa nota de rodapé, sob uma perspectiva dinâmica do Direito Empresarial, a questão sobre quem (ou o que) é, ou não, uma *startup,* afastadas as questões de Direito Público (*ambiente regulatório experimental, contratação de soluções inovadoras pelo estado, contrato público para solução inovadora*), permite uma abordagem (e uma compreensão) em termos de oportunidades negociais, o que é próprio e proveitoso à cultura mercantil, num olhar que calcula, sem ilusórias beatitudes, todas as chances de ganhos, na peleja renhida entre elementos, fatores e agentes econômicos. Nunca é demais recordar o elementar raso: a empresa serve [também] a isso: produção de vantagens econômicas apropriáveis. E isso se faz com garantia Constitucional (art. 1º, IV, além da cabeça do art. 170).

É fundamental atentar para o fato de a legislação inovou num quesito que, entre nós, é primitivo: a *regência da participação de capital* ou, indo além, a *estrutura de capital* da empresa e/ou do empreendimento. Os empresários e os que desejam ser capitalistas (investidores em sentido largo), não podem se largar à contemplação dos astros e perder tal oportunidade, nomeadamente por viverem num *val de lágrimas* no que diz respeito ao levantamento de recursos necessários para dar fundo aos seus projetos empresariais. Não é pouco, como demonstrarei adiante.

Como se não bastasse, teve a cautela de disciplinar um hiato entre (1) *investimento na empresa* e (2) *participação na empresa*, alcançando mesmo as questões de responsabilidade e responsabilizações. E o fez, reitero, de uma maneira que pode servir tanto ao microempreendedor individual (MEI) que se dedique ao desenvolvimento de um programa para computador (ou para aparelho telefônico celular), quanto a uma cooperativa de rendeiras que pretenda uma logística diversa, alcançando mercados e públicos que antes lhes eram estranhos (*aperfeiçoamento incremental* de logística de distribuição).[11]

Vamos à demonstração legal das afirmações.

Em primeiro lugar, a legislação inova num quesito que, entre nós, é primitivo: a *regência da participação de capital* no empreendimento (indo além do aporte próprio: o capital registrado pelo empresário ou pela sociedade simples ou empresária, atendendo aos arts. 968, III, e 997, III, do Código Civil, art. 5º da Lei 6.404/76, bem como, para as cooperativas, o art. 21, III, da Lei 5.764/71). Noutras palavras, há outra inovação jurídica, em si, no estabelecimento de uma *estrutura de capital diversa* para as atividades negociais (e não apenas para as pessoas, físicas [empresário e microempreendedor individual] e jurídicas [sociedades simples ou empresárias]) e, portanto, a proposição de novos *parâmetros de adequação do capital* (*capital adequacy*, dizem os anglicistas), levando em conta os *encargos de capital* que são estimados como necessários para atender os riscos *da empresa*. Essa alternativa é revolucionária, nomeadamente num contexto sociológico e

---

11. Poder-se-ia falar mesmo num paradoxo legal: é preciso se declarar inovador para ter acesso às inovações legais. Afinal, como veremos adiante, a simples adesão ao regime licenciado pelo legislador constitui uma inovação assombrosa.

econômico que sobrevaloriza o financiamento do capital empresarial, vale dizer, o uso de capital financeiro, capital de instituições financeiras, o que implica trazer para a azienda os pesados custos de juros e outros consectários habitualmente constantes da agenda bancária: tarifas, taxas etc.

Assim, o art. 5º da Lei Complementar 182/2021 prevê que as *startups* (os sujeitos que se declarem como tal, adequando-se às respectivas definições legais) *poderão admitir aporte de capital por pessoa física ou jurídica, que poderá resultar ou não em participação no capital social da startup, a depender da modalidade de investimento escolhida pelas partes. Não será considerado como integrante do capital social da empresa o aporte realizado na startup por meio dos seguintes instrumentos: (1) contrato de opção de subscrição de ações ou de quotas celebrado entre o investidor e a empresa; (2) contrato de opção de compra de ações ou de quotas celebrado entre o investidor e os acionistas ou sócios da empresa; (3) debênture conversível emitida pela empresa nos termos da Lei 6.404/76; (4) contrato de mútuo conversível em participação societária celebrado entre o investidor e a empresa; (5) estruturação de sociedade em conta de participação celebrada entre o investidor e a empresa; (6) contrato de* investimento-anjo[12] *na forma da Lei Complementar 123/2006; (7) outros instrumentos de aporte de capital em que o investidor, pessoa física ou jurídica, não integre formalmente o quadro de sócios da* startup e/ou *não tenha subscrito qualquer participação representativa do capital social da empresa.* Detalhe: cabe à *Comissão de Valores Mobiliários estabelecer em regulamento as regras para aporte de capital por parte de fundos de investimento* (art. 6º), na forma dessa previsão legal.

Não é pouco. Basta dizer que há uma resistência do próprio Estado, nomeadamente da Fazenda Pública Federal, a aceitação de tais mecanismos/procedimentos, ou análogos e similares, de alocação de capital. Há um medo terrível de fraudes fiscais, contábeis ou afins o que, paradoxalmente, constitui um retrocesso regulatório assustador, na mesma toada em que alimenta uma lógica *financeirista* que beneficia bancos e demais instituições financeiras, em desproveito do desenvolvimento nacional. Não surpreende a envergadura do *spread* bancário entre nós: a Fazenda Nacional tende a trabalhar para que o investimento de capital esteja limitado ao *capital próprio* ou ao *capital financeiro*, com ressalva às debêntures de sociedades anônimas que, no geral, só encontram liquidez no Mercado de Capitais, ou seja: na prática (na realidade dos fatos) debêntures são essencialmente forma alternativa de captação de capital para companhias abertas. Basta lembrar as limitações que a Receita Federal, por meio de um parecer (vale dizer, sem se

---

12. Para os efeitos da Lei Complementar 182/2021 (artigo 2º, I), "considera-se investidor-anjo: investidor que não é considerado sócio nem tem qualquer direito a gerência ou a voto na administração da empresa, não responde por qualquer obrigação da empresa e é remunerado por seus aportes".

escorar em norma legal expressa e, assim, ferindo o princípio da legalidade, penso) limitou a figura do adiantamento para futuro aumento de capital (AFAC), como se afere do Parecer Normativo do Coordenador do Sistema de Tributação 17/84.

Portanto, só os sujeitos que se adequarem às condições formais para, dessa maneira, se declararem como *startups* poderão se beneficiar dessas formas inovadoras de alocação e gestão do capital, lembrando-se que, *realizado o aporte por qualquer das formas previstas no artigo 5º, a pessoa física ou jurídica somente será considerada quotista, acionista ou sócia da* startup *após a conversão do instrumento do aporte em efetiva e formal participação societária* (§ 2º), isto é, estabelece-se a regularidade de um hiato entre a definição da natureza jurídica do mesmo aporte de capital, considerados dois momentos diversos: (1) o aporte em si (quando tem a natureza correspondente a uma das hipóteses listadas nos incisos do art. 5º da Lei Complementar 182/2021)[13] e (2) a assunção da condição de sócio (quotista ou acionista). Em virtude desse hiato (e para o garantir), por força do art. 8º, *o investidor que realizar o aporte de capital a que se refere o artigo 5º (1) não será considerado sócio ou acionista nem possuirá direito a gerência ou a voto na administração da empresa, conforme pactuação contratual; (2) não responderá por qualquer dívida da empresa, inclusive em recuperação judicial, e a ele não se estenderá o disposto no artigo 50 do Código Civil, artigo 855-A da Consolidação das Leis do Trabalho, artigos 124, 134 e 135 do Código Tributário Nacional, e em outras disposições atinentes à desconsideração da personalidade jurídica existentes na legislação vigente*; isso, obviamente, excluindo as *hipóteses de dolo, de fraude ou de simulação com o envolvimento do investidor*.

Dessa forma, a Lei Complementar 182/2021 alarga um tratamento jurídico para a regência (e a estrutura) do capital empresarial que constava da Lei Complementar 123/03. Lembre-se que seu art. 61-A, incluído pela Lei Complementar 155/16, prevê que, *para incentivar as atividades de inovação e os investimentos produtivos, a sociedade enquadrada como microempresa ou empresa de pequeno porte, nos termos daquela Lei Complementar, poderá admitir o aporte de capital, que não integrará o capital social da empresa.* Mas há um erro técnico ao final; mas coisa pequena: o aporte de capital faz-se, sim, na empresa (no empreendimento, na atividade negocial); assim, ele integra *o capital* da empresa (da azienda, do empreendimento, da atividade negocial). Ele não integra o capital registrado do empresário ou da sociedade (capital social). Apenas mais uma demonstração de que nossos legisladores estudam pouco antes de exercer suas funções. Olvidam-se que o mesmo Congresso Nacional, aprovando o Código Civil, diferenciou empresário/sociedade (simples ou empresária) de (1) estabelecimento e de (2)

---

13. Os valores recebidos por empresa e oriundos dos instrumentos jurídicos estabelecidos no art. 5º serão registrados contabilmente, de acordo com a natureza contábil do instrumento (§ 3º).

atividade negocial (simples) ou empresa. Mas fazer o quê? Já ninguém dá importância à precisão e à adequação. O resultado são normas que confundem e, mais do que isso, dão margem a dúvidas que, no fim das contas, espalham insegurança e, mais do que isso, tornam o diálogo jurídico turvo, barrento. Sai enlameado do Congresso e danem-se a academia (na teorização) e os operários jurídicos (na aplicação) para filtrar o que se salve.

Então, vamos colocar alguma ordem no forrobodó. Uma coisa é o capital registrado que, em sendo sociedade, chama-se capital social. Diz respeito à pessoa (empresário ou sociedade), isto é, ao sujeito. Outra coisa é a empresa, objeto da atuação empresarial. O que o legislador disse, mal e porcamente, é que é permitido investir na empresa (em toda ela, ou em parte: certo empreendimento) sem participar da pessoa (do sujeito) que a titulariza: o capital registrado do empresário ou o capital social da sociedade que, como visto, constam do Registro Público. Assim, a norma permite-se investir no negócio (na empresa) sem participar da pessoa titular do negócio, isto é, sem constituir sociedade com o empresário ou sem participar, como sócio, da sociedade simples ou empresária.

Há outras distinções entre as duas normas – as Leis Complementares 123/2006 e 182/2021 – e as duas situações – (1) microempresa e empresa de pequeno porte e (2) *startup*. No regime da Lei Complementar 123/2006, embora o aporte de capital possa *ser realizado por pessoa física, por pessoa jurídica ou por fundos de investimento, conforme regulamento da Comissão de Valores Mobiliários, que serão denominados investidores-anjos* (art. 61-A, § 2º)[14], *as finalidades de fomento a inovação e investimentos produtivos deverão constar do contrato de participação, com vigência não superior a sete anos* (§ 1º). Note-se que, por força do § 5º, do mesmo dispositivo, para fins de enquadramento da sociedade como microempresa ou empresa de pequeno porte, os valores de capital aportado não são considerados receitas da sociedade.

Atente-se ainda para um aspecto interessante que se extrai do contraste entre as duas normas. No âmbito de microempresa ou empresa de pequeno porte, esclarece o § 3º do art. 61-A da Lei Complementar 123/2006, *a atividade constitutiva do objeto social é exercida unicamente por sócios regulares, em seu*

---

14. Art. 61-A, § 4º, da Lei Complementar 123/2006 (incluído pela Lei Complementar 155/2016): O investidor-anjo (1) não será considerado sócio nem terá qualquer direito a gerência ou a voto na administração da empresa, resguardada a possibilidade de participação nas deliberações em caráter estritamente consultivo, conforme pactuação contratual; (2) não responderá por qualquer dívida da empresa, inclusive em recuperação judicial, não se aplicando a ele o artigo 50 do Código Civil; (3) será remunerado por seus aportes, nos termos do contrato de participação, pelo prazo máximo de 7 (sete) anos; (4) poderá exigir dos administradores as contas justificadas de sua administração e, anualmente, o inventário, o balanço patrimonial e o balanço de resultado econômico; e (5) poderá examinar, a qualquer momento, os livros, os documentos e o estado do caixa e da carteira da sociedade, exceto se houver pactuação contratual que determine época própria para isso.

nome individual e sob sua exclusiva responsabilidade. Isso não se disciplinou na Lei Complementar 182/2021, dando azo a questionar-se sobre a possibilidade e licitude de, em caso de *startup*, haver cogestão e coparticipação na condução da empresa e ou de empreendimento, inclusive em situações híbridas nas quais a sociedade investidora atue em consórcio (*joint venture*) com a *startup* em que investiu. Veja que essa arquitetura negocial não é proibida pela Lei Complementar 182/2021 e, assim, beneficiar-se-ia do princípio da legalidade (art. 5º, II, da Constituição da República).

Seguindo em nossas investigações, destaco que a Lei Complementar 182/2021 fez alterações na Lei Complementar 123/2006, ou seja, trouxe previsões que se inseriram especificamente nos casos de microempresa e empresa de pequeno porte. Não o fez para as *startups* que, assim, parece-me, não estão afastadas de tais possibilidades, mas não estão a elas limitadas. Do que estou falando? Do § 6º do art. 61-A da Lei Complementar 123/2006, a estabelecer que *as partes contratantes poderão (1) estipular remuneração periódica, ao final de cada período, ao investidor-anjo, conforme contrato de participação; ou (2) prever a possibilidade de conversão do aporte de capital em participação societária.* Mais do que isso, emenda o § 7º, *o investidor-anjo somente poderá exercer o direito de resgate depois de decorridos, no mínimo, dois anos do aporte de capital, ou prazo superior estabelecido no contrato de participação, e seus haveres serão pagos na forma prevista no artigo 1.031 do Código Civil, não permitido ultrapassar o valor investido devidamente corrigido por índice previsto em contrato.*[15] Não há disciplina igual para as *startups* que não sejam microempresa e empresa de pequeno porte, deixando claro que o legislador estava consciente ao criar dois regimes parelhos que, apesar de alguma similaridade, experimentam um diversidade.

A alocação das normas – vale dizer: a percepção de que o legislador colocou certos cânones aqui e certos cânones acolá – exige considerar duas regências diversas, ainda que próximas e, mais do que isso, apontar mesmo para uma possibilidade de, recusando-se o empresário ou sociedade a definir-se como microempresa ou empresa de pequeno porte, optar pelo regime mais solto, menos regrado, da *startup*. E, ao fazê-lo, terá liberdade inclusive para adotar o que, sendo obrigatório pela Lei Complementar 123/2006 (na medida em que é determinado), é facultativo pela Lei Complementar 182/2021 (não é determinado, nem é vedado). Exemplo? O § 8º do mesmo art. 61-A da Lei Complementar 123/2006 (incluídos pela Lei Complementar 155/16): a limitação temporal para *exercer o direito de resgate* (§ 7º) *não impede a transferência da titularidade do aporte para terceiros*

---

15. Não se esqueça do § 10 do mesmo dispositivo: "O Ministério da Fazenda poderá regulamentar a tributação sobre retirada do capital investido".

que, por força do § 9º, se feita em favor de *terceiro alheio à sociedade, dependerá do consentimento dos sócios, salvo estipulação contratual expressa em contrário.*

Esse estudo topográfico das disposições, no entanto, sempre oferecerá algumas dificuldades, senão estupefações. Afinal, está previsto no art. 61-C da Lei Complementar 123/2006 (incluído pela Lei Complementar 155/2016): *Caso os sócios decidam pela venda da empresa, o investidor-anjo terá direito de preferência na aquisição, bem como direito de venda conjunta da titularidade do aporte de capital, nos mesmos termos e condições que forem ofertados aos sócios regulares.* Não há igual disposição na Lei Complementar 182/2021, isto é, salvo estipulação contratual do direito de preferência, o investidor na *startup*, anjo ou não (vale dizer, sob qualquer das modalidades anotadas no art. 5º da Lei Complementar 182/2021, não terá a escora da previsão legal em seu favor. No entanto, nada que não se resolva com uma adequada redação do instrumento de contrato.[16]

3. AMBIENTE JURÍDICO: POSSIBILIDADES E RESISTÊNCIAS

Seguindo a linha do que até aqui se desenvolveu e, mais do que isso, das conclusões a que se chegou, outra investigação se coloca: não seria a Lei Complementar 182/2021 um diploma de estímulo ao *investimento oportunista*? E, à sua sombra (como paradigma, contraste), a Lei Complementar 123/2006? Quais são as possibilidades oferecidas pelos textos normativos para a engenharia de capital e para a gestão de empresas?

- Engenharia de capital?

Como já tivemos ocasião de desenvolver,[17] capital é o dinheiro alocado (investido) para produzir dinheiro; uma conceituação simplista, mas suficiente para os objetivos deste ensaio. Visto pelo ângulo oposto, empreendimentos demandam investimento de capital. Sendo ainda simplista: eu invisto R$ 467,00 na compra de 180 latas de cerveja (junho de 2023) para, gelando-as, vender na porta do Mineirão em dia de jogo do glorioso (sic!) Clube Atlético Mineiro. Incluindo transporte (para ir e voltar), um investimento de capital de R$ 500,00. Pretendo vender cada latinha a R$ 5,00, apurando R$ 900,00. Um lucro de R$ 400,00. Excelente: 80%. Mas, como adverti, simplista.

Nas empresas, essa engenharia financeira é mais complexa: passa por engenharia de custos, a envolver uma multiplicidade de fatores, passa por questões

---

16. Sobre o papel da regência normativa na estruturação de atividades empresariais: MAMEDE, Gladston. MAMEDE, Eduarda Cotta. *Estruturação e Reestruturação Jurídicas das Empresas*: advocacia societarista e o uso estratégico das possibilidades corporativas. Barueri: Atlas, 2023.

17. *Teoria da Empresa e dos Títulos de Crédito.* 14. ed. Barueri: Atlas, 2022. *Direito Societário*: 14. ed. Barueri: Atlas, 2022.

tormentosas como desgastes, perdas e, mesmo, custo de capital. A engenharia de capital é uma especialização sobre uma dessas fases: como obter capital, como organizar/manter o capital obtido, como alocar adequadamente o capital, como avaliar riscos de capital, custos de capital e lucro (remuneração do capital). Sim, eu sei! Ficção científica ou surrealismo para 99% das atividades negociais brasileiras, infelizmente. Mas, veja: não para fundos de investimentos que, de resto, estão expressamente contemplados nas disposições anotadas nas Leis Complementares 123/2006 e 182/2021. E, sim, a melhor engenharia de capital analisa oportunidades e, portanto, é oportunista. Isso não quer dizer que seja deletéria; quer dizer que não há neutralidade, mas busca por sucesso, por resultados seguros e positivos, por lucro. E uma engenharia de capital bem-feita inclui mesmo a projeção de resultados e lucratividade em cenários diversos (não aleatórios, mas resultado de probabilística).

Simpatias verdadeiras pelo que se qualifique como oportunista são incomuns, no que há uma injustiça. A oportunidade é uma referência essencial para o mercado, o comércio, a empresa (e mesmo alhures): *oppotunitas* traduz a ideia *algo* [ocasião, posição, lugar] *favorável*, facilidade para transitar, para alcançar coisas maiores.[18] Portanto, é preciso que estejamos atentos para o fato de que oportunismo no investimento não é um mal em si; se não há abusividade, pode ser benfazejo, quiçá essencial para que algo ocorra. Mais do que isso: quem precisa de capital para empreender, e não o tem, precisa demonstrar para os terceiros que deseja atrair, que deseja ver investir em sua empresa, que se trata de uma grande oportunidade. De preferência, uma oportunidade imperdível e segura. Por que os outros que com ele concorrem por investimentos estarão – ou deveriam estar – fazendo isso.

O que importa para este ensaio é chamar atenção para uma oportunidade jurídica com expressão mercantil. A Lei Complementar 182/2021, seja pela definição de um regime jurídico para os empresários e as sociedades que se definam como *startups*, seja produzindo alterações na Lei Complementar 123/2006 e, assim, no regime jurídico das microempresas e empresas de pequeno porte, abriu espaço jurídico não só para uma engenharia de capital menos ortodoxa nessas figuras (*startups*, microempresa e empresa de pequeno porte), como mesmo para a sua gestão. E, por se tratar de lei complementar, isso deverá ser respeitado pela Receita Federal e demais órgãos tributários e parafiscais. É uma autorização legal. Quando muito, o *Ministério da Fazenda poderá regulamentar a tributação sobre retirada do capital investido* (art. 61-A, § 10 da Lei Complementar 123/2006 (incluídos pela Lei Complementar 155/2016). E, ao *regulamentar*, deve fazê-lo

---

18. SARAIVA, F. R. dos Santos. Novíssimo Dicionário Latino-Português. 10ed. Rio de Janeiro, Belo Horizonte: Livraria Garnier, 2000 (edição fac-símile à de 1927); p. 822.

respeitando a legislação posta pelo Poder Legislativo e não se dar a faculdade de desbordá-la para atender aos seus interesses.

Capital é uma questão central num regime capitalista, com o perdão do raciocínio tautológico. A pretensão de que os atores mercantis utilizem apenas capital próprio ou capital financiado (a implicar pagamento de juros e verbas acessórias às instituições financiadoras) cria um entrave muito grande ao desenvolvimento econômico do país. A possibilidade de se recorrer a outros mecanismos de engenharia de capital é alvissareira; atores que invistam na empresa (na atividade negocial) ou no empreendimento (determinado), por tempo determinado, em condições originais ou por meios diversos do habitual é possibilidade que deve ser bem-vinda. Não me passa despercebido que o original e diverso desafia a fiscalização tributária; mas todos enfrentam desafios em suas funções e *proibir-para-facilitar* é postura que está cobrando um preço alto da economia nacional e do mercado.

Assusta-me essa esperteza estatal que se concretiza na feição dupla de suas normas. Saúdam-se iniciativas como a Lei Complementar 182/2021 como expressão de um pacto do Estado brasileiro com a modernidade e o futuro, mas há um outro lado nessa moeda; um anverso oposto: o número de regulamentos, entre decretos, instruções normativas, pareceres etc. que *compensa* as concessões, fazendo que normas novinhas em folha sejam lidas como parte dessa massa de mesmas regras que faz com que o ambiente empresarial nacional seja um fuzuê ineficiente. É inevitável, portanto, desconfiar das hipocrisias do Aparelho de Estado brasileiro. É o caráter da instituição. Um conservadorismo institucional que trabalha para que tudo fique como está porque é assim que sabemos trabalhar; é a nossa rotina, o nosso jeito e somos bem pagos para isso. O resto que se dane. E o resto tem se danado. Os milhões de brasileiros que compõem o resto.

Insisto na leitura do que se legislou por meio de leis complementares: para as disposições da Lei Complementar 123/2006, basta ao empresário ou sociedade (simples ou empresária) atender aos critérios objetivos para a qualificação como microempresa ou empresa de pequeno porte; para as disposições da Lei Complementar 182/2021, não há licença para limitar o que seja *empreendedorismo inovador*; a condição de *startup* não se apura no *objeto* da empresa, mas no *sujeito* da empresa, e com uma solução formal. A cabeça do art. 4º, ao demandar, atuação que se caracterize pela *inovação aplicada a modelo de negócios ou a produtos ou serviços ofertados*, não cria uma oportunidade para interpretação restritiva e, como dito, pode-se inovar de formas variadas. Assim, aquele que preencha os requisitos formais dos parágrafos do art. 4º é uma *startup* e há empreendedorismo inovador. E isso, viu-se, alcança mesmo figuras empresariais mais clássicas, como empresário (firma individual), sociedades simples, sociedades em nome coletivo e sociedades em comandita simples. É indiferente para o Direito Privado, embora, como demonstrado, possa haver relevância, no âmbito do Direito Administrativo, no que tange à *licitação e a contratação de soluções inovadoras pela administração pública*.

No que tange ao Direito Privado e, sob uma perspectiva econômica, no que diz respeito ao empreendedorismo, há uma nítida e incontestável intenção legislativa não só de modernizar os instrumentos de investimento, mas de permitir mecanismos mais modernos de engenharia de capital e de gestão empresarial no que diz respeito a microempresas e empresas de pequeno porte (Lei Complementar 123/2006, com alterações produzidas pelas Leis Complementares 155/2016 e 182/2021, todas apontando na mesma direção), bem como *startups* (Lei Complementar 182/2021). Houve um ganho de espaço, uma licença para alternativas financeiras e gerenciais; não pode o regulamentador (mesmo no Direito Tributário) fazer tábula rasa disso à bem da folgança de suas rotinas burocráticas. Não pode pôr a perder, por interesse de tecnocracia, o que restou permitido no alto forno dos debates parlamentares.

Os atores de mercado não precisam olhar para os lados com olhos de culpado, vexadíssimos. Não são uma cambadinha ou corja ou cáfila apenas por que miram o lucro a partir de seus investimentos. Não há nisso perversão. O Estado brasileiro não só lhes garante espaço para a livre iniciativa e a correlata apropriação das vantagens econômicas que dali resultem (art. 1º, IV, além da cabeça do art. 170), como tem nisso mecanismo para atingir seus objetivos fundamentais, nomeadamente *garantir o desenvolvimento nacional, erradicar a pobreza e a marginalização e reduzir as desigualdades sociais e regionais* (art. 3º, II e III). É indispensável haver atividade econômica vigorosa para que haja receita para o aparelho de Estado: no grosso, ela provém da tributação, mesmo que os adulões da tecnocracia queiram pensar diverso. É preciso compreender e proteger adequadamente essa simbiose ou se terá fraqueza: econômica, social, estatal.

Fundamentalmente, a Lei 182/2021 consolida entre nós – ainda que limitado a microempresas, empresas de pequeno porte e *startups* – uma distinção e um hiato entre (1) *investimento na empresa* e (2) *participação na empresa*, alcançando mesmo as questões de responsabilidade e responsabilizações, bem como permitindo alterar a *regência da participação de capital* dos empreendimentos. Os beneficiários desse sistema não mais estão atados ao binômio capital próprio (*registrado*) e capital financiado (*bancário, mutuário*). Admite-se que a *estrutura de capital* da azienda seja composta por aportes de terceiros, sem que se tornem sócios/responsáveis, sem que se definam como financiadores (mutuantes), em sentido estrito. Formas as mais variadas de engenharia de capital podem ser compostas, sem merecer a peja de depravação fiscal. E quem o garante é o art.

5º da Lei Complementar 182/2021, viu-se há pouco, a incluir, uma previsão generalizadora: *outros instrumentos de aporte de capital em que o investidor, pessoa física ou jurídica, não integre formalmente o quadro de sócios da* startup *e/ou não tenha subscrito qualquer participação representativa do capital social da empresa.* Detalhe: seja no ambiente do mercado comezinho (das relações de curto alcance), seja no ambiente do mercado aberto, cabendo à *Comissão de Valores Mobiliários estabelecer em regulamento as regras para aporte de capital por parte de fundos de investimento* (art. 6º). Não pode haver Parecer Normativo em sentido contrário; seria um ilícito em si.

Essencialmente, permite-se investir no negócio sem participar da pessoa titular do negócio, isto é, sem constituir sociedade com o empresário ou sem participar, como sócio, da sociedade simples ou empresária. É quanto basta para garantir e fomentar as especulações e esforços criativos do mercado e seus atores. Não me cansei de repetir que não foi a brutalidade das leis que nos trouxeram *shopping centers*, faturização, franquia empresarial, securitização, etc. Foram criados nos ermos da necessidade/oportunidade mercantis, geralmente no exterior (e, depois, importados), onde não é preciso inovar apenas ao descuido da fiscalização opressiva e seu bordão: *não pode! não pode! não pode!* Quando o mundo inteiro já está fazendo, a exemplo da *securitization*, a Fazenda nacional, espavorida, aceita para não se confessar – ou tentar ocultar – esse promontório que, dizendo-se regular, vive a impedir, complicar, estorvar, tumultuar. Não sem razão, sempre que mencionada, mesmo em discursos oficiais, é alvo do rame-rame já gasto: *é preciso simplificar*. Apre!

Mais uma oportunidade legal se coloca para a prosperidade plena que, ao longo da história da humanidade, resultou do engenho criativo humano. Nesse caso, uma oportunidade de transformação econômica da empresa, do investimento às formas alternativas de administração e gestão. Sim, é preciso desconfiar das hipocrisias e é possível que classes atrasadas do aparelho de Estado já estejam a se movimentar para anular o ganho legislativo. Criados a pancadas, muitos sequer perderão seu tempo tentando; conhecem o peso ignóbil das autuações fiscais em baciadas e, vendo o futuro com olhos passados, não perderão seu tempo: legisladores em geral são maus protetores. É preciso vencer isso para tirar a economia brasileira dessa reclusão severa em que se vê condenada.

4.   REFERÊNCIAS

MAMEDE, Gladston. *Semiologia do direito*: tópicos para um debate referenciado pela animalidade e pela cultura. 3. ed. São Paulo: Atlas, 2009.

MAMEDE, Gladston. MAMEDE, Eduarda Cotta. *Holding Familiar e suas Vantagens*: planejamento jurídico e econômico do patrimônio e da sucessão familiar. 14. ed. Barueri: Atlas, 2022.

MAMEDE, Gladston. *Teoria da Empresa e dos Títulos de Crédito*. 14. ed. Barueri: Atlas, 2022.

MAMEDE, Gladston. *Direito Societário*: 14. ed. Barueri: Atlas, 2022.

MAMEDE, Gladston. MAMEDE, Eduarda Cotta. *Estruturação e Reestruturação Jurídicas das Empresas*: advocacia societarista e o uso estratégico das possibilidades corporativas. Barueri: Atlas, 2023.

STARTUPS E INSTRUMENTOS JURÍDICOS DE CAPTAÇÃO DE INVESTIMENTOS

Eduardo Goulart Pimenta

Doutor e Mestre em Direito Empresarial pela Faculdade de Direito da UFMG. Professor Associado de Direito Empresarial na UFMG e professor Adjunto de Direito Empresarial na PUC/MG. Membro do Corpo Permanente do Programa de Pós-graduação em Direito (mestrado e doutorado) da PUC Minas e da UFMG. Procurador do Estado de Minas Gerais. Arbitro e Consultor em Direito Societário.

Sumário: 1. A empresa e a necessidade de capital – 2. Sócios e credores: as duas modalidades de fornecedores de capital à empresa – 3. Ações e quotas: aspectos comuns e distinções – 4. Os investidores "anjo" e o "capital semente" – 5. As "opções" de ações ou quotas e o financiamento de *startups* – 6. As "incubadoras" e as "aceleradoras" – 7. Os fundos de investimento e *venture capital*.

1. A EMPRESA E A NECESSIDADE DE CAPITAL

Ao se analisar as atividades de produção ou distribuição de bens e prestação de serviços e, principalmente, a forma pela qual são implementadas no mercado, é possível constatar que elas envolvem uma complexa e organizada gama de recursos economicamente mensuráveis, além de várias transações juridicamente relevantes.

Neste sentido a empresa é a soma de recursos materiais, mão de obra, dinheiro (fator capital) e conhecimentos (fator tecnologia) para que estes recursos, devidamente organizados por uma pessoa física ou jurídica (o empresário), gerem bens ou serviços.

Esta também é, em essência, a realidade das chamadas startups, cuja peculiaridade talvez esteja no fato de pautar suas atividades a partir da tecnologia, que se reflete no oferecimento de inovadores produtos ou serviços ao mercado.

Cada um dos fatores de produção de que precisa o empreendedor, para constituir e exercer a empresa, exige a devida recompensa, seja esta na forma de salários, juros, renda, preços ou royalties. Ditas recompensas são modalidades de custos de produção, a retribuição econômica canalizada pelo empresário em favor daquele que lhe forneça um determinado fator de produção.

Assim, para conseguir capital – objeto de análise neste texto – este empresário necessita de estabelecer transações com o Poder Público, instituições financeiras ou pessoas físicas ou jurídicas privadas que disponham deste recurso para ceder-lhe mediante uma recompensa.

Há diversas formas de se estabelecer juridicamente a relação entre capital e empresa/empresário. Termos como "venture capital", "private equity", "investidor anjo", "incubadoras", "aceleradoras" e "opções" são, hoje, comumente empregados para identificar exatamente estas diferentes possibilidades de se investir dinheiro diretamente em um determinado empreendimento econômico.

Antes, porém, de se abordar as particularidades de cada uma destas hipóteses é necessário explicar que, seja qual for o modelo juridicamente empregado, a pessoa que investe recursos financeiros em uma atividade empresarial assume, sempre, a posição de sócio e/ou credor do empreendimento no qual investiu.

Sócios e credores têm muito em comum, mas também algumas importantes distinções que precisam ser observadas. São estas distinções que devem ser ponderadas quando da decisão – tanto do investidor quanto do empreendedor – sobre qual modelo de financiamento adotar.

2. SÓCIOS E CREDORES: AS DUAS MODALIDADES DE FORNECEDORES DE CAPITAL À EMPRESA

As sociedades – sejam elas anônimas ou limitadas – e empresários têm, em essência, dois meios para formalizar a captação dos recursos financeiros necessários às suas atividades negociais.

O primeiro deles está na contribuição dos sócios e se concretiza quando cada um deles integraliza suas respectivas quotas ou ações e, assim, se tem constituído o capital social.

O segundo está na contratação de empréstimos – de curto, médio ou longo prazos para pagamento – no denominado mercado financeiro, composto essencialmente, no polo credor, por instituições bancárias.

Ambas as formas de captação têm, para o empreendedor, diferentes custos a serem considerados.

A captação de recursos através do lançamento de novas ações ou quotas – e, em consequência, admissão de novos sócios – implica em alteração da estrutura de controle e poder sobre a sociedade.

A entrada de novos integrantes modifica o percentual da participação de todos no capital social e, em virtude disso, altera o exercício de certos direitos de sócio, principalmente no que diz respeito ao percentual de cada nos lucros e nas deliberações sociais.

O custo direto da captação de recursos, por uma sociedade, através do lançamento de novas ações ou quotas é, portanto, esta alteração – a princípio permanente – no percentual de todos os sócios sobre o capital social.

Já a busca por dinheiro através de empréstimos contraídos no mercado bancário impõe à sociedade/mutuária os encargos – essencialmente constituídos por juros, correção monetária e garantias – exigidos, pelos bancos, para a realização do contrato. O custo direto da captação de recursos no mercado bancário está, por óbvio, nos encargos financeiros atrelados ao contrato.

Sócio e credor têm em comum, pode-se afirmar, o fato de serem, cada um a seu modo, os provedores dos recursos financeiros a serem empregados pela sociedade no exercício de sua atividade. São, porém, significativas as diferenças entre um e outro, como se passa a demonstrar.

O direito do credor contra o devedor – no caso, a sociedade – é, pode-se dizer, incondicionado, posto que futuramente exigível desde a data de sua criação. O credor de uma sociedade tem, desde a data de constituição de seu crédito, o direito de exigir, no futuro, o valor emprestado, mais os encargos financeiros oferecidos pela devedora.

Já o sócio tem, neste sentido, o que se pode chamar de direito condicionado, posto que, por um lado, sua remuneração se concretiza na participação nos lucros gerados pelo empreendimento – os quais não são garantidos – e, por outro lado, a restituição do valor de seus títulos somente se dará com a dissolução parcial – exclusão ou recesso – ou total da pessoa jurídica.

O credor pode, pois, exigir o valor do principal mais os encargos oferecidos, e este direito existe desde a constituição de sua relação com sociedade devedora.

Já o sócio somente poderá exigir a sua forma de remuneração própria – participação nos lucros – se as atividades de sociedade forem economicamente bem-sucedidas e, além disso, o valor por ele investido somente será reembolsado – após descontados os débitos da pessoa jurídica – em caso de recesso ou dissolução total da companhia.

O direito do credor contra a sociedade devedora é quantitativamente limitado, posto que consiste no valor do principal mais os encargos financeiros preestabelecidos. O credor não pode exigir e não receberá nada além disso.

O sócio, porém, é remunerado na forma de participação nos lucros gerados pelas atividades da sociedade, os quais são potencialmente ilimitados. Assim, quanto maior for o sucesso financeiro da empresa, proporcionalmente será maior a remuneração do sócio, na forma de participação nos lucros gerados.

Isto não ocorre com o credor, cujo crédito é, como se viu, exigível, mas limitado aos valores preestabelecidos.

Uma terceira diferença está na modalidade de risco de cada um destes tipos de investimento. O risco do credor está na possível incapacidade patrimonial de pagamento do devedor – no caso, a sociedade. É o que se chama de risco de insolvência. O credor não recebe se o devedor não tiver bens suficientes para honrar tal compromisso.

Já o sócio assume uma outra modalidade de risco, que é o de fracasso econômico das atividades a serem desenvolvidas pela sociedade. Todas as sociedades têm finalidade lucrativa. Isto, porém, não significa que todas elas alcançarão o lucro almejado. Assim, se a sociedade não for economicamente bem-sucedida, não haverá lucro a partilhar. O risco do sócio é, portanto, o risco de insucesso da sociedade.

A quarta e significativa distinção entre credores e sócios está na prerrogativa de interferir, ou não, sobre os atos a serem praticados pela devedora e sobre a gestão do patrimônio dela.

Em princípio, os sócios têm direito de participação na sociedade, o qual se desdobra exatamente na prerrogativa de votar nas deliberações sociais e na eleição dos administradores do patrimônio e atividades sociais.

Já os credores não têm, em regra, tal poder de participação, permanecendo alheios tanto à forma pela qual age a sociedade devedora quanto à escolha dos gestores do capital por eles fornecido.

Feitas estas distinções necessárias e fundamentais, pode-se passar à análise das principais formas de captação de recursos financeiros por uma empresa *start-up*, seja na forma de admissão de novos sócios ou de novos credores.

3. AÇÕES E QUOTAS: ASPECTOS COMUNS E DISTINÇÕES

As chamadas ações ordinárias são normalmente conceituadas como a espécie que confere a seus titulares a integralidade do "estado de sócio" ou "direito de participação", pois asseguram a estes acionistas, além dos seus direitos essenciais, a faculdade de intervir, com base no direito de voto, nas deliberações sociais em geral.

As ações ordinárias são as únicas de existência obrigatória, tanto nas companhias abertas quanto nas fechadas. Isto significa que, salvo previsão estatutária, a totalidade do capital da companhia será composto por ações desta espécie, o que coloca todos os seus acionistas no mesmo grau de direitos e deveres em relação à sociedade.

As ações preferenciais, por sua vez, decorrem de criação estatutária, tanto nas companhias abertas quanto fechadas. Assim, elas somente existem quando forem previstas no estatuto social, ao qual também cabe estruturar, dentro das premissas fixadas em lei, os direitos de seus titulares e as possíveis restrições a eles aplicáveis.

A característica que mais evidentemente individualiza as ações preferenciais está no fato de terem, em relação às ações ordinárias, uma vantagem ou preferência especificamente a elas atribuída, por previsão estatutária. (Tal vantagem pode ser de natureza patrimonial ou política.

Por outro lado, o estatuto social pode retirar das ações preferenciais, por previsão expressa, um ou mais dos direitos pertinentes às ações ordinárias, inclusive o direito de voto nas deliberações sociais.

Assim – e diferentemente do que se tem nas ações ordinárias – as ações preferenciais podem, em caso de previsão estatutária neste sentido, ser "não votantes" nas deliberações sociais, o que acaba, na prática, permitindo que o capital de uma companhia com ações desta espécie seja dividido entre o "votante" e o "não votante".

Afiguram-se elas, deste modo, como possível instrumento de atração de capital para a companhia, sem alteração no poder de controle sobre as deliberações e gestão da sociedade, ambos concentrados nos titulares de ações ordinárias. Os titulares de ações preferenciais não votantes – chamados de preferencialistas – são, portanto, um grupo de sócios sem poder de interferir nas decisões da companhia e, por consequência, na estrutura interna de controle.

Denomina-se quota a fração constitutiva do capital de uma sociedade limitada ou qualquer outra daquelas disciplinadas pelo Código Civil. Por consequência, pode-se afirmar que o valor do capital social destas sociedades é o resultado da soma aritmética do valor das quotas em que está dividido.

Ao contrário do que se tem com as ações, as quotas não são legalmente classificadas em diferentes espécies ou classes. É da essência da quota o conferimento, ao seu titular, dos mesmos direitos e deveres em relação à sociedade, sem qualquer vantagem ou restrição específica para alguns, em relação aos demais.

As quotas componentes do capital de uma sociedade podem ser de valores iguais ou diferentes entre si, assim como uma mesma pessoa pode ser titular de uma ou várias delas (Código Civil, art. 1.055). Assim, em determinada sociedade uma pessoa pode ter cem quotas no valor de R$ 1,00 (um real) cada enquanto outra pode ser, por exemplo, titular de única quota no valor de R$ 100,00 (cem reais).

O exercício dos direitos de sócio é diretamente proporcional ao percentual que a quota ou as quotas de um sócio representam no capital social. Assim, sejam cem quotas de R$ 1,00 (um real) cada ou uma quota de R$ 100, 00 (cem) reais o percentual é, em ambos os casos, o mesmo em relação ao montante total do capital social e, em decorrência, os direitos de sócio serão exercidos, neste exemplo, em igual proporção.

O número de quotas integrantes do capital social, assim como o valor e titularidade de cada uma delas, é fixado em cláusula constante do contrato social assinado por todos os sócios (Código Civil, art. 997), instrumento no qual são também fixadas as formas de integralização de cada uma destas frações.

A condição de quotista se prova, em cláusula do contrato social assinado por todos os sócios e devidamente arquivado no órgão de registro competente, pela referência ao nome daquela pessoa física ou jurídica como titular de uma ou mais quotas de determinada sociedade.

Já a transferência de titularidade sobre uma ou mais das quotas integrantes do capital social se opera pela alteração no contrato social assinada pelo alienante, pelo adquirente e demais sócios remanescentes e posterior arquivamento no órgão de registro competente.

4. OS INVESTIDORES "ANJO" E O "CAPITAL SEMENTE"

Trata-se de um termo amplo, que identifica, em essência, uma relação de fornecimento de capital a uma *startup* na qual uma pessoa física investe seus recursos financeiros disponíveis com o objetivo de tornar a nascente empresa economicamente mais fortalecida.

Este investidor – em regra uma pessoa com grande experiência no mercado no qual está situada a *startup* – tem, como acima ressaltado, basicamente duas formas de realizar esta "injeção" de capital: ou assumindo a condição de sócio no empreendimento ou tornando-se credor da sociedade (hipótese menos comum).

Seja na condição de sócio, seja na de credor, este investidor agrega capital e também colabora ativamente para o desenvolvimento das atividades da *startup*, não sendo, assim, apenas um credor ou sócio que aguarda passivamente o retorno financeiro de seu investimento – na forma de juros e correção monetária ou participação nos lucros.

Por se tratar, em geral, de pessoa com grande experiência e/ou networking na área de atuação econômica da *startup*, este investidor colabora também com sua experiência e contatos profissionais para o sucesso da empresa, abrindo-lhe novas oportunidades ou fornecendo-lhe novos conhecimentos.

Este investidor (sócio ou não) funciona, assim, como um consultor sem, entretanto, ocupar posição administrativa na sociedade.

Adotou-se o termo "anjo", sem dar ao investimento um caráter filantrópico. Ressalta-se aqui o fato de que este investidor não é apenas um credor, mas alguém que colabora ativamente para o sucesso da sociedade.

A forma de entrada do investidor "anjo" normalmente se realiza através de sua admissão como sócio do empreendimento, e não como credor. Para isso, há diferentes formas, quer pela sua direta inclusão no contrato social, quer pelas denominadas "opções", que são meios mais elaborados.

Uma modalidade específica de investimento em sociedades nascentes – *startups* – é a denominada "capital semente" (seed capital), que se constitui nos aportes realizados nos estágios ainda iniciais da atividade empreendedora.

Realizado muitas vezes pelos próprios sócios ou pessoas a eles próximas – como parentes e amigos – serve para, literalmente, viabilizar a implementação inicial da atividade empresarial a ser realizada pela *startup*. De modo semelhante ao que se dá nas outras hipóteses mencionadas no texto, o investidor formaliza tal aplicação como sócio ou como credor da nascente sociedade.

5. AS "OPÇÕES" DE AÇÕES OU QUOTAS E O FINANCIAMENTO DE *STARTUPS*

A "opção" é, em essência, uma operação financeira na qual as partes acordam, em momento presente, o direito de, em data futura, comprar e vender entre si uma determinada participação no capital de uma sociedade (na forma de ações ou quotas), a preço já fixado.

Segue um exemplo simples: A adquire de B, em 20 de maio de 2015, a opção de comprar, em 20 de dezembro de 2015, determinado número de ações preferenciais que B possui na companhia X pelo valor de, digamos R$ 100,00 cada.

Assim, na data de vencimento da opção, 20 de dezembro de 2015, caberá à A (adquirente da opção) decidir se deseja ou não comprar as ações preferenciais de B, pelo preço estipulado entre eles. Se A desiste de comprá-las, perde o valor pago pela opção, ou seja, pelo direito de adquiri-las. Se, por outro lado, A resolve efetuar a compra (realizar a opção), B tem o dever de vendê-las, pelo valor estipulado.

Tal contrato está atrelado ao valor das ações em questão. Além disso, apresenta forte e evidente caráter especulativo, pois, como está previamente estipulado o valor de cada ação, o titular da opção de compra irá exercê-la se, na data fixada para tal exercício, o valor de negociação das ações objeto no mercado estiver superior àquele pelo qual a outra parte se obrigou a vendê-las.

O titular de uma opção de compra – chamada *call* – aposta que, na data futura, fixada para a realização da opção de compra, a ação objeto estará valendo mais do que o preço estabelecido por ele e pelo vendedor, quando da estipulação da opção.

O titular da opção de compra tem, como dito, o direito de comprar a ação objeto pelo preço anterior (seu valor na opção) e não pelo preço atual, o que significa que, se efetivada a sua expectativa de aumento no valor da ação objeto, ele, titular do direito de comprá-las a preço inferior, realizará os ganhos desta diferença.

Já o titular de uma opção de venda – chamada *put* – adquire o direito de vender certo número de ações objeto, pelo preço fixado, na data futura estabelecida. Ele acredita que, na data da efetivação da compra e venda, a ação objeto valerá menos do que o estabelecido na opção e busca, por meio deste derivativo, evitar a perdas decorrentes de tal desvalorização, minimizando seus riscos.

6. AS "INCUBADORAS" E AS "ACELERADORAS"

Dada a sua própria natureza, as *startups* são em geral organizadas a partir de elementos intangíveis inovadores (tecnologia), grande disponibilidade e capacidade dos empreendedores, mas, por outro lado, relativa inexperiência gerencial, aliada à necessidade premente de captação de recursos financeiros.

De forma a preencher estas duas lacunas inerentes à generalidade das *startups* – relativamente pouca experiência gerencial e necessidade de capital – é corrente a atuação de duas modalidades particulares de investidores. São eles as denominadas "incubadoras" e as "aceleradoras".

Embora sejam conhecidas no mercado como realidades distintas, ambas têm significativos pontos de contato: são, em regra, dotadas de relevantes ativos financeiros destinados ao fortalecimento econômico de *startups* com forte potencial de crescimento.

Além disso, "incubadoras" e "aceleradoras" são fortemente caracterizadas por serem instituições com grande conhecimento de mercado e gestão, o qual é usufruído pela *startup* por elas financiada.

As "incubadoras" são caracterizadas por serem entidades destinadas ao fomento financeiro de empresas *startup* cujo produto ou serviço tenham particular interesse estratégico ou econômico para uma determinada região ou entidade do Poder Público.

Deste modo, as "incubadoras" estão interessadas em um determinado "nicho" de mercado e buscam se aliar a empresas que ofereçam produtos ou serviços vinculados a tal "nicho".

É também comum que a "incubadora" tenha seu capital direta ou indiretamente proveniente do Poder Público, o que torna a formalização da relação com a *empresa startup* e os controles sobre o uso dos recursos investidos mais burocrático e sujeito a regras mais rígidas.

Já as denominadas "aceleradoras" são, como as "incubadoras", dotadas de ativos financeiros de grande monta e experiência de mercado destinados a serem aplicados em empresas que lhes demonstrem alta capacidade de crescimento econômico.

STARTUPS E INSTRUMENTOS JURÍDICOS DE CAPTAÇÃO DE INVESTIMENTOS **183**

A decisão das "aceleradoras" em investir ou não em uma determinada *startup* é baseada essencialmente no potencial de lucratividade que o produto ou serviço oferecido apresenta. Não há, em geral, preocupação com um determinado "nicho" de mercado ou com critérios outros além da futura geração de alto retorno para o investimento feito.

7. OS FUNDOS DE INVESTIMENTO E *"VENTURE CAPITAL"*

O fundo de investimento agrega o capital de inúmeros investidores para, com este montante, investir no mercado de valores mobiliários ou diretamente em empresas para, em consequência, proporcionar aos seus quotistas os ganhos oriundos da variação no preço ou decorrentes dos lucros gerados pelos títulos adquiridos.

Para o investidor, a vantagem básica é poder contar com a capacitação técnica e elevado grau de informação dos administradores do fundo de investimento. Com isto o investidor fica, em princípio, desonerado dos custos de buscar, ele mesmo, as informações sobre as boas opções de compra disponíveis no mercado.

Por outro lado, como agregam um volume imenso de capital, estes fundos têm enorme potencial de investimento em diferentes tipos de atividades empresariais.

Fundos abertos são aqueles que admitem a livre entrada e saída de quotistas e o aumento, mediante novos aportes, da participação de cada um. Os fechados, ao contrário, somente permitem o resgate do valor das cotas ao final de suas operações.

As quotas de fundos de investimento passaram, com a Lei n. 10.303/2001, a ser consideradas valores mobiliários, o que atraiu para elas a possibilidade de negociação ao público no mercado, mas também as normas e demais competências a cargo da Comissão de Valores mobiliários.

Fundos de investimento são, como "investidores anjo", "incubadoras" ou "aceleradoras", pessoas (físicas ou jurídicas) que aportam capital em atividades empresariais através de sua admissão – ainda que temporária – à condição de sócio do empreendimento ou por meio da posição de credor desta empresa.

Pode-se mesmo tomá-los como agentes que figuram em um dos polos das operações de "venture capital" (capital de risco), entendida esta como qualquer aporte financeiro realizado por uma pessoa física ou jurídica em uma atividade empresarial com o objetivo de, seja na condição de sócio ou de credor, auferir lucros decorrentes do sucesso da atividade da empresa na qual se deu o investimento.

O termo "capital de risco" sugere que o investidor – qualquer que seja a modalidade – vincula o retorno de seu investimento ao grau de sucesso econômico da atividade. Por isso, empresas vinculadas a inovações tecnológicas – como é o caso das *startups* – costumam atrair mais diretamente o interesse dos titulares deste tipo de capital.

A PRESTAÇÃO DE CONTAS NA SOCIEDADE EM CONTA DE PARTICIPAÇÃO PARA INVESTIMENTOS EM *STARTUPS*

Marlon Tomazette

Doutor e Mestre em Direito (Centro Universitário de Brasília – CEUB). Professor de Direito Comercial (CEUB e Instituto de Direito Público – IDP). Procurador do Distrito Federal e Advogado.

Sumário: 1. Introdução – 2. As *startups* – 3. A necessidade de investimentos para as *startups* – 4. Os vários tipos de investimento em *startups* – 5. As sociedades em conta de participação como alternativa de investimento em *startups* – 6. A teoria da agência e a relação entre o investidor e a *startup* por meio de sociedades em conta de participação – 7. O dever de prestação de contas aos investidores por meio de sociedade em conta de participação – 8. Considerações finais – 9. Referências.

1. INTRODUÇÃO

A economia está em constante evolução e, nesse caminho, é muito frequente o surgimento de negócios inovadores, no que se costumou denominar de *startups*. Ocorre que o desenvolvimento de atividades econômicas, em geral, especialmente as inovadoras exige investimentos que nem sempre os empreendedores são capazes de realizar sozinhos, ou seja, é muito comum que existam investimentos externos para o desenvolvimento desses novos projetos. Essas relações entre esses empreendedores e investidores é moldada pelo direito e, entre as molduras jurídicas para essa disciplina encontra-se a sociedade em conta de participação, na qual surgem diversos questionamentos, ainda pendentes de resposta definitiva. Um desses questionamentos diz respeito a existência ou não do dever de a *startup* ou seus administradores prestarem contas aos investidores, sendo o foco do presente trabalho.

Para responder a esse questionamento, é fundamental entender o que se define por *startup*, à luz da doutrina e da legislação a respeito do tema. A partir da compreensão desse conceito, será possível demonstrar a necessidade de investimentos como algo inerente a quase todos os novos empreendimentos operacionalizados por meio de *startups*. Após o que serão apresentados os diversos instrumentos jurídicos apresentados para a realização de investimentos nas *startups*.

Dentre os meios de investimento existentes, o presente trabalho irá focar em uma das modalidades legalmente previstas: a sociedade em conta de participação.

Assim, será fundamental entender o que caracteriza esse instrumento e quais são os direitos e obrigações que decorrem dessa relação jurídica, cujo conteúdo nem sempre é muito bem definido pela legislação.

À luz dos vários conceitos apresentados, é possível verificar o problema das informações a serem prestadas pela *startup* aos investidores, uma vez que não há nenhuma disciplina específica sobre o tema. Será analisada a importância dessas informações para a segurança do investidor e para a própria *startup* melhor desenvolver seus objetivos, bem como os fundamentos para justificar ou não um direito a prestação de contas, apontando-se inclusive quem será o responsável por isso.

2. AS *STARTUPS*

As *startups* são "uma instituição humana projetada para criar novos produtos e serviços sob condições de extrema incerteza"[1]. Em outras palavras, as *startups* são voltadas a novos produtos ou serviços e se encontram numa fase inicial de desenvolvimento da sua atividade. Em outras palavras, elas são uma "empresa que promove inovação disruptiva e, por conta disso, opera em condições de alto risco e incerteza"[2].

O Marco Legal das *Startups* (MLS), instituído pela Lei Complementar 182/2021, as definiu, em seu artigo 4º, como "organizações empresariais ou societárias, nascentes ou em operação recente, cuja atuação caracteriza-se pela inovação aplicada modelos de negócios ou a produtos ou serviços ofertados". Vê-se, pois, no próprio dispositivo a ideia de negócios novos ou em operação recente, que tenha por objeto algo inovador para disponibilizar ao mercado.

Para esse enquadramento, o MLS traz algumas exigências para configurar um negócio novo ou em operação recente. Assim, se exige que uma *startup* tenha até 10 anos de inscrição no CNPJ, entendendo-se que para esse prazo, serão contadas também as operações iniciais de sociedade que foram originadas de operações de fusão cisão ou incorporação. Além disso, exige-se que o negócio ainda não tenha alcançado um nível maduro de faturamento, vale dizer, as *startups* devem ter um faturamento anual inferior a R$ 16.000.000,00 (dezesseis milhões de reais).

De outro lado, exige-se que o traço da inovação seja estabelecido de forma expressa no seu objeto social, no qual deve constar a declaração em seu ato constitutivo ou alterador e utilização de modelos de negócios inovadores para a

---

1. RIES, Eric. *A startup enxuta*. São Paulo: Leya, 2012, p. 24.
2. FONSECA, Victor Cabral; DOMINGUES, Juliana Oliveira. Financiamento de startups: aspectos econômicos dos investimentos de alto risco e mecanismos jurídicos de controle. *Revista de Direito Econômico e Socioambiental*, Curitiba, v. 9, n. 1, p. 319-354, jan./abr. 2018. doi: 10.7213/rev.dir.econ. soc.v9i1.

geração de produtos ou serviços. O MLS não define o que vem a ser inovação, mas, podemos buscar um conceito na Lei de Inovação (Lei 10.973/2021), cujo artigo 2º, IV assim define a inovação: "introdução de novidade ou aperfeiçoamento no ambiente produtivo e social que resulte em novos produtos, serviços ou processos ou que compreenda a agregação de novas funcionalidades ou características a produto, serviço ou processo já existente que possa resultar em melhorias e em efetivo ganho de qualidade ou desempenho". É dispensada essa declaração nos casos de negócios enquadrados no Inova-Simples a que se refere o artigo 65-A da Lei Complementar 123/2006.

A origem desses novos negócios decorre essencialmente de ideias, individuais ou coletivas, para o desenvolvimento de novas soluções, que possuem papel fundamental na estratégia de outros negócios (produção), bem como na satisfação de necessidades pessoais (consumo). Em todo caso, a concretização das ideias dessa inovação costumar demandar bem mais que o conhecimento individual dos criadores. É natural que o desenvolvimento de tais ideias dependa de investimentos (capital), inclusive estruturas próprias para testes e aperfeiçoamento das soluções.

3. A NECESSIDADE DE INVESTIMENTOS PARA AS *STARTUPS*

As necessidades para o desenvolvimento desses novos negócios geram custos adicionais, que nem sempre podem ser arcados pelos seus idealizadores. Assim, ganham papel fundamental os investidores que se dispõe a fornecer os recursos necessários para o desenvolvimento das soluções, em troca, naturalmente, de participação nos resultados do negócio desenvolvido. A conjugação da atuação dos profissionais idealizadores com os investidores se adequa claramente à concepção de sociedade, como instrumento para organização de desenvolvimento dos negócios.

Assim, o dinheiro dos investidores passa a ter um papel fundamental no desenvolvimento dessas atividades inovadoras e nascentes. Sem o dinheiro necessário, dificilmente uma *startup* conseguirá atingir estágios mais avançados de desenvolvimento de seu negócio. Essa necessidade de recursos impõe a criação de mecanismos de investimento que atendam às peculiaridades dos negócios operados pelas *startups*, especialmente pela dificuldade na obtenção de empréstimos bancários, tendo em vista o próprio estágio inicial do negócio[3].

Nas *startups*, existem vários ciclos de desenvolvimento que ensejam tipos diferentes de investimento. Em todos esses ciclos, é necessário criar mecanismos para que haja incentivos para os investidores, não apenas incentivos econômi-

---

3. LOPES, Joana Costa; CHEN, Chen. Startups Funding Legal Regime. *Revista electrónica de direito*, n. 2, v. 28, p. 21-56, jun. 2022.

cos – obtenção de ganhos – mas, também, incentivos jurídicos que lhes deem a segurança necessária para aportar recursos num negócio nascente. Nesse ponto, o direito possui um papel fundamental, pois, como disse Katharine Pistor "a lei é o tecido do qual o capital é cortado; dá aos detentores de capital ativos o direito ao uso exclusivo e aos retornos futuros sobre seus ativos; permite que o capital governe não pela força, mas pela lei"[4].

Assim, o direito possui um papel fundamental na disciplina dos mecanismos de investimento nas *startups*, especialmente para dar segurança aos investidores e incentivá-los a aplicar recursos nesses novos projetos.

4. OS VÁRIOS TIPOS DE INVESTIMENTO EM *STARTUPS*

As necessidades para o desenvolvimento desses novos negócios geram custos adicionais, que nem sempre podem ser arcados pelos seus idealizadores, surgindo os investidores como os fornecedores do capital necessário para o desenvolvimento dessas atividades.

Naturalmente, o começo dos negócios como um todo envolve um financiamento por seus próprios fundadores ("bootstrapping"), que aportam os recursos necessários para o começo do negócio. "o bootstrapping é uma forma de autofinanciamento, em que os empreendedores usam seus próprios recursos para darem início à atividade empresária, podendo, assim, iniciar o desenvolvimento da ideia inovadora"[5]. Apesar de fundamental, esse capital inicial "próprio" nem sempre é suficiente para o desenvolvimento do projeto.

Além dos próprios fundadores, terceiros podem investir nas *startups*, normalmente, num momento inicial, por meio da aquisição de participações societárias ("equity"), isto é, os investidores se tornam sócios, em geral minoritários, do negócio. Nesse ponto, ainda há muita dificuldade em obter financiamento de investidores profissionais, pelo próprio estágio inicial do negócio. Surgem as pessoas mais próximas aos empreendedores iniciais, para aplicar o dinheiro. Entram, nesse momento, normalmente, os 3 F's Family, Friends and Fools" (família, amigos e tolos), ou "love money". Há facilidades maiores para obter esse tipo de recurso, mas, por vezes, há muitas cobranças pessoais envolvidas.

---

4. PISTOR, Katharina. *The Code of Capital*: How the Law Creates Wealth and Inequality. Princeton: Princeton University Press, 2019, p. 209, tradução livre de "Law is the cloth from which capital is cut; it gives holders of capital assets the right to exclusive use and to the future returns on their assets; it allows capital to rule not by force, but by law".

5. PIMENTA, Eduardo Goulart; LANA, Henrique Avelino. Fomento econômico das startups e o novo marco legal. In: PIMENTA, Eduardo Goulart; BASTOS, Luciana de Castro (Orgs.). *Estudos sobre o Marco Legal das Startups e do Empreendedorismo Inovador*. Belo Horizonte: Expert, 2021, p. 80.

Nem sempre esses recursos também são suficientes. Pensando nisso, o MLS, trouxe outras formas de investimento, que não são consideradas aquisições de participação societária, para todos os efeitos. O artigo 5º, § 1º do MLS lista as seguintes formas de investimento: contrato de opção de subscrição de ações ou de quotas celebrado entre o investidor e a empresa; contrato de opção de compra de ações ou de quotas celebrado entre o investidor e os acionistas ou sócios da empresa; debênture conversível emitida pela empresa nos termos da Lei 6.404, de 15 de dezembro de 1976; contrato de mútuo conversível em participação societária celebrado entre o investidor e a empresa; estruturação de sociedade em conta de participação celebrada entre o investidor e a empresa; contrato de investimento-anjo na forma da Lei Complementar 123, de 14 de dezembro 2006; outros instrumentos de aporte de capital em que o investidor, pessoa física ou jurídica, não integre formalmente o quadro de sócios da *startup* e/ou não tenha subscrito qualquer participação representativa do capital social da empresa.

Nas duas primeiras modalidades de investimentos – opção de subscrição e opção de compra de quotas – o investidor, sem adquirir a qualidade de sócio de imediato, "paga um valor para ter o direito de se tornar sócio da empresa investida no futuro, por um preço pré-estabelecido"[6]. Trata-se, em última análise de um direito de preferência, com a diferença de que, na opção de subscrição, é uma preferência para subscrever aumentos de capital social que irão ocorrer, ao passo, que na opção de compra, a ideia será ter a preferência para adquirir quotas, que já existem, estando em tesouraria, por exemplo.

Nas hipóteses de mútuo conversível e debêntures conversíveis, o que se tem em última análise, é um empréstimo de recursos feito pelo investidor para a *Startup*. Mas, ao contrário dos investimentos tradicionais, o investidor terá uma obrigação alternativa, com escolha a seu critério, isto é, ele decide se vai receber o dinheiro de volta ou se vai receber participações societária como forma de pagamento. A grande diferença entre as duas modalidades de empréstimo é a negociabilidade das debêntures, além da formação de uma comunhão de interesses entre os vários debenturistas da mesma emissão.

No contrato de participação ou contrato de investimento anjo, o investidor irá aportar recursos na *startup*, pelo prazo máximo de 7 anos. Esses recursos, porém, não lhe darão qualquer tipo de ingerência na gestão da sociedade, a não ser em caráter consultivo. Ele será remunerado por seus aportes de forma periódica ou pela conversão de seu investimento em participação societária, permitindo ainda o resgate do investimento por parte do investidor, após 2 anos do investimento., de acordo com critérios estabelecido no contrato. Em contrapartida, ele não res-

---

6. MICHILES, Saulo. *Marco legal das startups.* Salvador: JusPodivm, 2021, p. 35.

ponderá por dívidas da *startup*. Tal modalidade possui uma dupla tributação, no sentido de que o retorno do investimento também será objeto de tributação na pessoa do investidor, o que o torna uma modalidade pouco atrativa[7].

O foco do presente trabalho será o investimento por meio de sociedades em conta de participação, que são modalidades societárias, não personificadas, reguladas no Código Civil, nos artigos 991 a 996.

5. AS SOCIEDADES EM CONTA DE PARTICIPAÇÃO COMO ALTERNATIVA DE INVESTIMENTO EM *STARTUPS*

A sociedade em conta de participação "é uma sociedade na qual uma ou mais pessoas fornecem recursos a um empreendedor, que os empregará em determinados negócios, com o objetivo de, ao final do prazo estipulado ou ao término do empreendimento, repartir os resultados auferidos"[8]. A sociedade em conta de participação é uma sociedade oculta[9], que não aparece perante terceiros, sendo desprovida de personalidade jurídica, mesmo quando registrada.

A sociedade em conta de participação não aparece para o público, quem aparece é o sócio ostensivo, daí dizerse que ela é uma sociedade oculta, o que não significa que tenha fins fraudulentos, mas que não é ou não precisa ser conhecida pelo público[10]. Ela não aparece, porque a sua existência e o seu funcionamento independem de quaisquer formalidades, não há livros, não é necessário o registro e não há um nome próprio. Ademais, ela não possui órgãos que a representam na vida jurídica e nem possui sede social[11].

O acerto entre os sócios pode ser firmado verbalmente ou por escrito, não se exigindo qualquer formalidade para a validade do contrato. Os sócios podem prová-la por qualquer meio. Caso seja firmada por escrito, é indiferente o seu registro, isto é, mesmo que o contrato seja registrado não surgirá uma pessoa jurídica (art. 992). No que tange ao conteúdo do ajuste, há uma total margem de liberdade para os sócios.

Apesar da ausência de personificação, reconhecese a existência de um patrimônio especial formado pela contribuição do sócio ostensivo e do sócio participante (art. 994). Tratase em verdade de um destaque de certos bens para

---

7. MICHILES, Saulo. *Marco legal das startups*. Salvador: JusPodivm, 2021, p. 73.
8. SPINELLI, Luís Felipe; SCALZILLI, João Pedro; TELLECHEA, Rodrigo. *Sociedade em conta de participação*. 2. Ed. São Paulo: Almedina, 2023, p. 34.
9. ESCARRA, Jean; ESCARRA, Edouard; RAULT, Jean. *Traité théorique et pratique de droit commercial*. Paris: Librairie du Recueil Sirey, 1950, p. 540.
10. CARVALHO DE MENDONÇA, J. X. Tratado de direito comercial brasileiro. Atualizado por Ruymar de Lima Nucci. Campinas: Bookseller, 2001, v. 2, t. 3, p. 265.
11. MIRANDA, Pontes de. Tratado de direito privado. 3. ed. São Paulo: Revista dos Tribunais, 1984, v. 49, p. 322.

PRESTAÇÃO DE CONTAS NA SOCIEDADE EM CONTA DE PARTICIPAÇÃO EM *STARTUPS* 191

ligá-los a certa finalidade, sem transferir a sua propriedade, vale dizer, tal patrimônio especial pertence aos sócios em condomínio e não à sociedade[12], que não possui capacidade patrimonial. Tanto é verdade que esse patrimônio especial só produz efeitos entre os sócios (art. 994, § 1º).

O que a caracteriza é a existência de dois tipos de sócio, quais sejam, o sócio ostensivo, que aparece e assume toda responsabilidade perante terceiros, e o sócio participante (também denominado sócio oculto), que não aparece perante terceiros e só tem responsabilidade perante o ostensivo, nos termos do ajuste entre eles. O sócio ostensivo seria a *startup* e o sócio oculto seria justamente o investidor.

O sócio ostensivo, que será a *startup*, é aquele que exercerá a atividade em seu próprio nome, vinculando-se e assumindo toda a responsabilidade perante terceiros. A sociedade em conta de participação não firmará contratos. Quem firmará os contratos necessários para o exercício da atividade é *startup*, usando tão somente seu próprio crédito[13], seu próprio nome. Quando ele age, não age como um administrador de uma sociedade, mas como um empresário, seja ele individual, seja uma sociedade.

De outro lado, há o sócio participante (investidor) que não aparece perante terceiros, não assumindo qualquer responsabilidade perante o público. Daí a denominação *sócio oculto*. A responsabilidade dele é apenas perante o sócio ostensivo, nos termos em que acertado entre os dois[14]. Se ele participar da atividade-fim, responderá solidariamente com o sócio ostensivo (CC – art. 993). Como já afirmou o STJ, "na sociedade em conta de participação o sócio ostensivo é quem se obriga para com terceiros pelos resultados das transações e das obrigações sociais, realizadas ou empreendidas em decorrência da sociedade, nunca o sócio participante ou oculto que nem é conhecido dos terceiros nem com estes nada trata"[15].

Trata-se de uma sociedade de pessoas[16], isto é, a qualidade pessoal dos sócios é extremamente importante, há um vínculo pessoal entre o sócio participante e o sócio ostensivo. Diante disso, é vedado ao sócio ostensivo admitir outros sócios sem o consentimento expresso dos demais sócios, isto é, não é livre a entrada de novas pessoas na sociedade em conta de participação. Apesar disso, é certo que

---

12. CARVALHO DE MENDONÇA, J. X. Tratado de direito comercial brasileiro. Atualizado por Ruymar de Lima Nucci. Campinas: Bookseller, 2001, v. 2, t. 3, p. 268.
13. CARVALHO DE MENDONÇA, J. X. Tratado de direito comercial brasileiro. Atualizado por Ruymar de Lima Nucci. Campinas: Bookseller, 2001, v. 2, t. 3, p. 262.
14. CARVALHO DE MENDONÇA, J. X. Tratado de direito comercial brasileiro. Atualizado por Ruymar de Lima Nucci. Campinas: Bookseller, 2001, v. 2, t. 3, p. 262.
15. STJ – REsp n. 192.603/SP, relator Ministro Barros Monteiro, Quarta Turma, julgado em 15/4/2004, DJ de 1/7/2004, p. 197.
16. RIPERT, Georges; ROBLOT, René. Traité élémentaire de droit commercial. 5. ed. Paris: Librairie Générale de Droit et de Jurisprudence, 1963, v. 1, p. 421; ESCARRA, Jean, ESCARRA, Edouard e RAULT, Jean. Traité théorique et pratique de droit commercial. Paris: Librairie du Recueil Sirey, 1950, p. 541.

a liberdade atribuída aos sócios na disciplina da sociedade permite que em determinados casos específicos ela assuma as vestes de uma sociedade de capitais, especialmente quando as participações são livremente transferíveis[17].

Assim, vê-se que se trata de uma alternativa interessante de investimento, que traz um inconveniente que é a impossibilidade de a *startup* ser mantida no Simples Nacional, no caso de investimentos por sociedade em conta de participação[18]. A nossa ver, a intepretação está equivocada, mas é importante deixar registrada a interpretação da Receita Federal do Brasil[19].

6. A TEORIA DA AGÊNCIA E A RELAÇÃO ENTRE O INVESTIDOR E A *STARTUP* POR MEIO DE SOCIEDADES EM CONTA DE PARTICIPAÇÃO

Naturalmente, o grande interesse o investidor (sócio oculto) é maximizar os seus ganhos e o da *startup* (sócia ostensiva) é captar os recursos sem os custos e a ingerência do investidor na gestão dos negócios. Além disso, é a *startup* que terá a gestão do negócio, tomando as decisões gerenciais necessárias, cabendo ao investidor apenas acompanhar essas decisões e controlar eventuais abusos. Assim sendo, vê-se que essa relação pode ser explicada tipicamente por meio da chamada teoria da agência[20].

A teoria da agência é perfeitamente aplicável a todos os casos em que "propriedade e controle são designados a pessoas distintas"[21]. Essa é justamente a situação do investimento nas *startups* por meio da SCP, à medida em que o investidor possui um direito de propriedade sobre o patrimônio especial investido, mas o controle desse patrimônio será da *startup*. A grande questão aqui é que a *startup* é que tomará as decisões que irão afetar os interesses do investidor, podendo surgir conflitos que atrapalharão o desenvolvimento do negócio. Assim, caberá ao contrato de investimento, por meio de SCP, trazer as regras de governança que sejam capazes de resolver esses conflitos, ou ao menos, reduzi os seus custos.

---

17. GONÇALVES NETO, Alfredo de Assis. *Direito de Empresa*. 8. Ed em ebook. São Paulo: Thomson Reuters Brasil, 2023, Página RL-1.27.
18. MICHILES, Saulo. *Marco legal das startups*. Salvador: JusPodivm, 2021, p. 69.
19. Solução de Consulta n.139 – Cosit.
20. COELHO, Giuliano Tozzi; CAMARGO, Henrique Cabral; RIGÃO, Romulo de Oliveira. Contrato de investimento em startup pela ótica da teoria da agência: análise de cláusulas e a relação com os conflitos de agência. *Revista dos Tribunais* [recurso eletrônico], São Paulo, n. 976, p. 221-239, fev. 2017.
21. COELHO, Giuliano Tozzi; CAMARGO, Henrique Cabral; RIGÃO, Romulo de Oliveira. Contrato de investimento em startup pela ótica da teoria da agência: análise de cláusulas e a relação com os conflitos de agência. *Revista dos Tribunais* [recurso eletrônico], São Paulo, n. 976, p. 221-239, fev. 2017.

Com efeito, o direito "pode desempenhar um papel importante na redução dos custos de agência"[22]. Não se fala aqui apenas do direito legislado, mas das próprias regras a serem estabelecidas no contrato privado, criando boas práticas de gestão e de transparência que viabilizem um caminho de sucesso para todos os envolvidos.

Nesse particular, a governança corporativa, com o papel fundamental de minimizar esses custos de agência (*agency costs*)[23]. Ela serve para mediar conflitos entre os vários envolvidos na vida da *startup*, bem como para inibir a prática de autobenefício por parte da *startup* em relação aos investidores.

Para atingir sua finalidade, a governança corporativa é pautada por quatro linhas mestras: a transparência, a integridade, a prestação de contas[24] e a responsabilidade corporativa. Pela transparência, devem ser prestadas todas as informações necessárias para manter os acionistas e os investidores potenciais completamente informados acerca da efetiva situação da companhia. Pela integridade, equidade ou lealdade, deve haver um respeito aos interesses dos minoritários e um efetivo cumprimento da lei, tornando a sociedade mais confiável. Pela prestação de contas, é possível um melhor controle dos administradores, evitando abusos e assegurando um melhor desempenho. Pela responsabilidade corporativa, devem ser adotadas práticas que permitam a perenização da sociedade, como o respeito a preocupações ambientais e sociais.

A adoção de boas práticas de governança corporativa tende a trazer benefícios para a *startup* como um todo. Tais benefícios consistem geralmente numa melhora da organização, além de um incremento nos processos de decisão relacionados à gestão da sociedade. Ademais, a governança permite que a sociedade tenha mais capacidade para atrair e reter talentos, além de um aprimoramento nos critérios de avaliação de desempenho e remuneração dentro da sociedade.

7. O DEVER DE PRESTAÇÃO DE CONTAS AOS INVESTIDORES POR MEIO DE SOCIEDADE EM CONTA DE PARTICIPAÇÃO

A opção pela sociedade em conta de participação como alternativa de investimento é um mecanismo eficiente, que, contudo, como visto, pode trazer problemas de agência. A transparência e a prestação de informações são meca-

---

22. ARMOUR, John et al. Problemas De Agência E Estratégias Jurídicas. In: PARGENDLER, Mariana et al (coord.). *A anatomia do direito societário*: uma abordagem comparada e funcional. Tradução Mariana Pargendler. São Paulo: Singular, 2018, p. 81.

23. CAHN, Andreas; DONALD, David C. *Comparative company law*. New York: Cambridge, 2010, p. 300.

24. WALD, Arnoldo. O governo das empresas. *Revista de Direito Bancário, do Mercado de Capitais e da Arbitragem*, São Paulo, ano 5, nº 15, jan./mar. 2002, p. 56.

nismos fundamentais para aumentar a confiança do investidor e reduzir os custos dos eventuais conflitos de agência.

A relação entre os sócios da SCP é regida, a princípio, pelo direito societário, havendo direitos e deveres recíprocos, inerentes à própria ideia de sociedade, além de uma grande margem de autonomia na disciplina da relação entre as partes. Assim, no mínimo, existirão os deveres de contribuição e lealdade, além dos direitos de participação nos lucros, de fiscalização e de voto, além do direito à dissolução do vínculo societário, com a divisão do patrimônio especial[25].

Especificamente sobre o direito de fiscalização, há seu reconhecimento expresso no artigo 993, parágrafo único. Todavia, o referido artigo não entra em detalhes sobre a forma que essa fiscalização poderá ocorrer. Diante disso, indaga-se: o sócio participante (investidor) pode exigir a prestação de contas? Em caso afirmativo, quando e de quem?

Não se pode negar aos investidores o direito de saber o que está acontecendo com o seu investimento. O próprio CC determina a aplicação subsidiária das regras das sociedades simples que garantem aos sócios o direito de receberem a prestação de contas, anualmente (art. 1.020). Assim, é inegável o direito de exigir as contas, ao menos uma vez por ano. Nesse sentido, a jurisprudência vem reconhecendo o direito de os sócios participantes ajuizarem ações de exigir contas[26].

Apesar de os investidores não serem sócios da *startup* pessoa jurídica, é certo que eles têm direito de exigir as contas dos administradores dessas *startups*. Ora, tais administradores estão administrando o dinheiro dos investidores e quem gere o dinheiro dos outros tem o dever de prestar contas[27], ainda que não exista uma relação contratual direta.

Assim, a criação de regras de divulgação de informações é o principal marco nessa relação, para minimizar os riscos dos investidores, por meio de uma SCP. Apesar de não poderem intervir na gestão de negócio que cabe exclusivamente à própria *startup*, devem ser assegurados mecanismos que viabilizem o conhecimento adequado do que está acontecendo com o negócio e a adoção das medidas para corrigir as práticas indevidas e estancar eventuais prejuízos.

---

25. SOUSA, Marcos Andrey de. Comentários ao artigo 991 do CC In: COELHO, Fábio Ulhoa (Coord.). *Sociedades* [livro eletrônico]: Normas Societárias do Código Civil Comentadas: volume 1. São Paulo: Thomson Reuters Brasil, 2023, p. RL-1.14.

26. TJSP; Agravo de Instrumento 2043934-71.2023.8.26.0000; Relator (a): J. B. Franco de Godoi; Órgão Julgador: 1ª Câmara Reservada de Direito Empresarial; Foro Central Cível – 2ª VARA EMPRESARIAL E CONFLITOS DE ARBITRAGEM; Data do Julgamento: 26/09/2023; Data de Registro: 26/09/2023.

27. BAIRD, Douglas G. & HENDERSON, M. Todd. Other people's money. *Stanford Law Review*, v. 60, issue 5, p. 1309-1344, 2008.

8. CONSIDERAÇÕES FINAIS

O surgimento de novos produtos e novos serviços é inerente à criatividade do empreendedor e essas novidades devem ser incentivadas em prol de todo o desenvolvimento econômico. Essas inovações são realizadas especialmente por organizações empresariais ou societárias, denominadas de *startups*. Pelo ineditismo desses produtos ou serviços criados, a incerteza do sucesso do empreendimento é natural. Apesar disso, é certo que tais inovações devem ser incentivadas por meio de ferramentas jurídicas que viabilizem o seu melhor desenvolvimento possível.

Dentro dessa perspectiva, foi reconhecido pelo MLS que as *startups*, em regra, necessitam de investimentos e esses investimentos devem possuir uma roupagem jurídica que não retire a autonomia de gestão do empreendedor, mas, também não exponha exageradamente os investidores. O equilíbrio desses interesses variados faz com o direito reconheça a necessidade de vários instrumentais jurídicos para esses investimentos atendam, na medida do possível, os vários interesses envolvidos.

As sociedades em conta de participação surgem como um desses instrumentais muito úteis para a formalização dos investimentos em *startups*, uma que esta assumirá o papel de sócio ostensivo, ficando responsável exclusivamente pela gestão e pela atuação perante terceiros. De outro lado, os investidores assumirão o papel de sócios participantes (ocultos), o que lhes favorece, na medida em que limita o risco ao investimento combinado.

Ocorre que o investidor não quer apenas limitar o seu risco, ele quer obter ganhos e naturalmente quer monitorar como as atividades são desenvolvidas. Nessa perspectiva, a disciplina do CC reconhece ao sócio oculto um direito de fiscalização, bem como o direito à prestação de contas pela aplicação das regras inerentes às sociedades simples. Contudo, como o investidor não é formalmente sócio da *startup* pessoa jurídica isso gerou dúvidas, as quais devem ser afastadas, uma vez que a *startup* está gerindo um dinheiro dos investidores e, nessa condição, surgem deveres fiduciários para os próprios gestores da *startup*, no sentido da prestação de contas.

De todo modo, é altamente recomendável, dentro da autonomia privada assegurada às partes, que essa forma de prestação de contas e de fornecimento de informações seja detalhada no próprio contrato de investimento realizado. Com a disciplina pelas partes, reduz-se custos que as eventuais incerteza e dúvidas nesse tema possam trazer. Naturalmente, não se pode garantir ao investidor uma ingerência diária nos negócios da *startup*, sob pena de atrapalhar o seu desenvolvimento.

Naturalmente, o grande interesse o investidor (sócio oculto) é maximizar os seus ganhos e o da *startup* (sócia ostensiva) é captar os recursos sem os custos e a ingerência do investidor na gestão dos negócios. Além disso, é a *startup* que terá a gestão

9. REFERÊNCIAS

BAIRD, Douglas G. & HENDERSON, M. Todd. Other people's money. *Stanford Law Review*, v. 60, issue 5, p. 1309-1344, 2008.

CAHN, Andreas; DONALD, David C. *Comparative company law*. New York: Cambridge, 2010.

CARVALHO DE MENDONÇA, J. X. Tratado de direito comercial brasileiro. Atualizado por Ruymar de Lima Nucci. Campinas: Bookseller, 2001, v. 2, t. 3.

COELHO, Fábio Ulhoa (coordenação). *Sociedades* [livro eletrônico]: normas societárias do Código Civil comentadas: volume 1. São Paulo: Thomson Reuters Brasil, 2023.

COELHO, Giuliano Tozzi; CAMARGO, Henrique Cabral; RIGÃO, Romulo de Oliveira. Contrato de investimento em *startup* pela ótica da teoria da agência: análise de cláusulas e a relação com os conflitos de agência. *Revista dos Tribunais* [recurso eletrônico], São Paulo, n. 976, p. 221-239, fev. 2017.

ESCARRA, Jean; ESCARRA, Edouard; RAULT, Jean. *Traité théorique et pratique de droit commercial*. Paris: Librairie du Recueil Sirey, 1950.

FONSECA, Victor Cabral; DOMINGUES, Juliana Oliveira. Financiamento de *startups*: aspectos econômicos dos investimentos de alto risco e mecanismos jurídicos de controle. *Revista de Direito Econômico e Socioambiental*, Curitiba, v. 9, n. 1, p. 319-354, jan./abr. 2018. doi: 10.7213/rev.dir.econ.soc.v9i1.

GONÇALVES NETO, Alfredo de Assis. *Direito de empresa*. 8. Ed em ebook. São Paulo: Thomson Reuters Brasil, 2023.

LOPES, Joana Costa; CHEN, Chen. Startups Funding Legal Regime. *Revista electrónica de direito*, n. 2, v. 28, p. 21-56, junho 2022.

MICHILES, Saulo. *Marco legal das* startups. Salvador: JusPodivm, 2021.

MIRANDA, Pontes de. *Tratado de direito privado*. 3. ed. São Paulo: Ed. RT, 1984, v. 49.

PARGENDLER, Mariana et al. (Coord.). *A anatomia do direito societário*: uma abordagem comparada e funcional. Tradução Mariana Pargendler. São Paulo: Singular, 2018.

PIMENTA, Eduardo Goulart; LANA, Henrique Avelino. Fomento econômico das startups e o novo marco legal. In: PIMENTA, Eduardo Goulart; BASTOS, Luciana de Castro (Orgs.). *Estudos sobre o Marco Legal das Startups e do Empreendedorismo Inovador*. Belo Horizonte: Expert, 2021.

PISTOR, Katharina. *The Code of Capital*: How the Law Creates Wealth and Inequality. Princeton: Princeton University Press, 2019.

RIES, Eric. *A startup enxuta*. São Paulo: Leya, 2012.

RIPERT, Georges; ROBLOT, René. Traité élémentaire de droit commercial. 5. ed. Paris: Librairie Générale de Droit et de Jurisprudence, 1963. v. 1.

SPINELLI, Luís Felipe; SCALZILLI, João Pedro; TELLECHEA, Rodrigo. *Sociedade em conta de participação*. 2. Ed. São Paulo: Almedina, 2023.

WALD, Arnoldo. O governo das empresas. *Revista de Direito Bancário, do Mercado de Capitais e da Arbitragem*, São Paulo, ano 5, n. 15, jan./mar. 2002.

LIMITES E MEIOS JURÍDICOS DE PROTEÇÃO AOS INTERESSES DO INVESTIDOR ANTE A GESTÃO DE UMA *STARTUP*

Saulo de Omena Michiles

Advogado com mais de 12 anos de atuação em direito empresarial e economista formado pela Universidade de Brasília. Presidente da Comissão de Direito Digital, Tecnologias Disruptivas e *Startups* da OAB-DF. Autor do livro "Marco Legal das Startups". *Master of Laws* – LLM, Direito Empresarial na FGV-RJ. Ex-Presidente da Comissão Nacional de Direito Empresarial da Associação Brasileira de Advogados (ABA). Árbitro Especialista em Direito Empresarial e *Startups* na CAMES. Professor do IESB e ESA-DF. *Master* em Governança pela GoNew. Investidor e conselheiro de *Startups*.

Pedro Henrique Saad Messias de Souza

Graduado em Direito pela Universidade de Brasília e especialista em Direito Ambiental pela Universidade Federal do Paraná. Associado ao escritório Michiles Tavares Advocacia Empresarial. Secretário-geral da Comissão de Direito Digital, Tecnologias Disruptivas e *Startups* da OAB/DF. Foi membro do Conselho de Meio Ambiente do Distrito Federal, entre 2019 e 2022, representando a OAB/DF. Advogado, com foco em Societário e M&A.

Sumário: 1. Introdução – 2. *Venture capital*: conceito e objetivos do investidor – 3. O uso do contrato de mútuo conversível em participação societária como meio de investimento em *startups* e demais instrumentos utilizados no direito brasileiro – 4. A proteção contratual dos interesses dos investidores frente a administração da sociedade investida – 5. Limites à interferência do investidor de *startups* na administração da sociedade investida – 6. Considerações finais – 7. Referências.

1. INTRODUÇÃO

As *startups* ganharam e têm ganhado proeminência no cenário econômico – e em especial como forma de empreendedorismo – no mundo nos últimos anos. Seu surgimento e sua relevância crescente se relaciona com a evolução do capitalismo contemporâneo. E sua emergência está intimamente relacionada com o surgimento de uma nova abordagem de fundos de *private equity*.

A evolução de negócios inovadores e sua forma de viabilização financeira são um fator não apenas para o desenvolvimento de tecnologias no campo das ciências exatas, das ciências biológicas ou das engenharias. A ciência jurídica deve se aperfeiçoar de modo a garantir a segurança e a confiabilidade dos negócios, em especial nesse cenário de evolução das forças de mercado.

Conforme conceitua Klaus Schwab, fundador do Fórum Econômico Mundial, a revolução industrial é um processo contínuo, iniciado no século XVIII e desenvolvido até os dias atuais[1]. Suas duas primeiras fases foram caracterizadas, respectivamente, pela utilização da água e energia a vapor para mecanizar a produção e pelo uso da energia elétrica para criar produção em massa. A Terceira Revolução Industrial, iniciada a partir da década de 1970, usou eletrônica e tecnologia da informação para automatizar a produção.

Atualmente, vemos a emergência de uma Quarta Revolução Industrial, baseada na continuidade da revolução digital e caracterizada por uma fusão de tecnologias que está confundindo os limites entre as esferas física, digital e biológica.

As bases das duas últimas fases da revolução industrial em curso fizeram com que surgissem, em contraposição a modelos de negócio tradicionais[2], as *startups*. Sua ascensão fez com que aqueles que, em outros tempos, nunca tinham ouvido falar dessa modalidade empreendedora, atualmente, certamente, são stakeholders de algumas delas[3], ainda que não saibam.

As ferramentas que caracterizam a Terceira e a Quarta Revolução Industrial – o uso da eletrônica, da tecnologia da informação, da aplicação da tecnologia da informação ao mundo físico – possibilitam o surgimento de negócios replicáveis e escaláveis.

Por escalável, por sua vez, entende-se a capacidade que um negócio possui de crescer cada vez mais por meio da venda de um produto ou serviço que pode ser produzido em grandes quantidades, resultando em uma economia de escala, sem a necessária alteração do modelo de negócios ou de uma aplicação significativa de seus custos[4].

Por replicável, entende-se o negócio no qual é possível entrar o produto ou serviço em escala de maneira potencialmente ilimitada, sem a necessidade de adaptação ou customização para o cliente[5].

Como exemplificam Bruno Feigelson, Erik Fontenele Nybo e Victor Cabral Fonseca:

---

1. SCHWAB, Klaus. *The Fourth Industrial Revolution*: What It Means and How to Respond. Foreign Affairs, 2015. Disponível em: https://www.foreignaffairs.com/world/fourth-industrial-revolution. Acesso em 3 de dezembro de 2023.
2. Utiliza-se a nomenclatura "tradicional" em oposição a startups, por falta de melhor conceituação pelo mercado, mas sem qualquer crítica ou demérito.
3. Uber, Nubank, iFood, são apenas alguns dos exemplos mais conhecidos.
4. FEIGELSON, Bruno; NYBO, Erik Fontenele; FONSECA, Victor Cabral. *Direito das Startups*. São Paulo: Saraiva Educação, 2018.p. 35.
5. FEIGELSON, Bruno; NYBO, Erik Fontenele; FONSECA, Victor Cabral. *Direito das Startups*. São Paulo: Saraiva Educação, 2018.p. 34.

Assim, se uma cafeteria de bairro encontra seu modelo de negócio, cobra pela venda de café, consegue encontrar o *product/market fit* e encaixa com a demanda da localidade, enfrentará uma limitação natural para atender potenciais clientes após certo limite. Isso porque, para a venda de cada café, terá que empregar esforço, comprar insumo, agregar um serviço e, enfim, realizar a venda. Por outro lado, uma plataforma eletrônica permitiria que incontáveis usuários comprassem seu café sem um esforço individual e aumento de estrutura de custos da empresa para atendê-los.[6]

A oferta de valor de uma *startup* é conceitualmente caracterizada por ser escalável e replicável. Essas características levam a especificidades gerenciais e conceituais dessas empresas.

Apesar da notoriedade das *startups*, ainda são pouco conhecidas as especificidades e características gerenciais e de modelo de negócio em contraposição aos modelos de negócio tradicionais.

Em primeiro lugar, a inovação e a disrupção estão no cerne do modelo de negócio de uma *startup*. Ambas são sua característica essencial. A oferta de empresas essencialmente original, rompendo substancialmente com padrões anteriores. Empresas de modelo de negócio tradicional, por sua vez, também podem assimilar a inovação, mas ela possui o papel de introduzir melhorias incrementais a um modelo já existente.

Em segundo lugar, como decorrência do aspecto indicado no parágrafo anterior, empresas tradicionais visam atender uma demanda de mercado já conhecida, de modo que elas são precedidas de pesquisas de demanda de mercado. *Startups*, por sua vez, desenvolvem negócios disruptivos ou pelo menos inovadores, desenvolvendo novos modelos de negócio ou soluções para demandas até mesmo desconhecidas no momento de seu lançamento, sendo precedidas, portanto, de experimentação.

Nesse contexto, elas desenvolvem em estágios iniciais produtos mínimos viáveis, de modo verificar a sua viabilidade mercadológica ou tecnológica. Elas operam de modo financeiramente e procedimentalmente enxuto, em contraposição a investimentos mais altos e procedimentos mais formalizados usualmente empregados em empresas de um modelo de negócio tradicional.

Essas características se relacionam com os objetivos iniciais de cada modelo de negócio. Empresas com um modelo de negócio tradicional já de início visam obter o lucro, o retorno e a quitação, o quanto antes, do investimento inicial. A expectativa futura é de um crescimento linear de faturamento e lucro.

---

6. FEIGELSON, Bruno; NYBO, Erik Fontenele; FONSECA, Victor Cabral. *Direito das Startups*. São Paulo: Saraiva Educação, 2018.p. 34-35.

Startups visam inicialmente validar o modelo de negócio, com vistas – após bem-sucedida essa etapa – ao ganho de escala no futuro, ao custo de um prejuízo quase certo no presente. A escalabilidade e a replicabilidade do serviço ou produto por elas concebido abrem margem para a possibilidade de ganhos exponenciais com a ampliação da oferta e da base de clientes.

Ainda, há negócios nos quais o ganho rápido de escala é essencial para seu sucesso – o qual deve ser alcançado antes que outro negócio o consiga.

Inicialmente, não é esperado que *startups* distribuam resultados ou alcance o ponto de equilíbrio entre investimento e receita rapidamente. Em vez disso, é priorizada a validação do modelo de negócio e o ganho de escala antes da distribuição de lucros.

Isso faz com que *startups* e empresas de modelo de negócio tradicional sejam financiados de forma diferente.

Empresas de modelo de negócio tradicional se financiam por meio de uma dívida comum materializada em títulos que podem ser cobrados por um credor – muitas vezes, um banco. O fluxo de caixa possibilita a restituição financeira deste credor, que tem seus ganhos com os juros acrescidos ao valor emprestado, que são pagos juntos com a amortização do valor principal e a devolução do valor do crédito.

Startups, por sua vez, em decorrência da inexistência de lucro no curto prazo, do alto risco envolvido e da possibilidade de ganhos exponenciais, se financiam de maneira diversa: investimento em troca de participação societária ("*equity*"). Nesta modalidade de financiamento não estamos tratando de uma dívida tradicional em que o credor deseja ter o seu capital emprestado de volta acrescido de juros. Aqui o investidor deseja se tornar sócio da *startup* investida para que ele possa ter o seu capital multiplicado o valor da sua participação societária também se multiplicar. Elas têm seu financiamento caracterizado pelos ganhos futuros almejados pelo investidor obtidos a partir do recebimento futuro de dividendos, após o sucesso da empresa. Os recursos são aportados pelo financiador em troca de participação societária.

Essa especificidade das *startups* – de se viabilizarem por meio do financiamento por meio de operações de *private equity* – fez com que surgisse a indústria de *venture capital*. Ela otimizou a abordagem tradicional do *private equity*, adaptando-o à dinâmica financeira do modelo de negócio de *startups*.

O delineamento dos direitos e limites à atuação de investidores de *startups* não prescinde de noções do funcionamento do *venture capital*, o qual deve ser avaliado com maior detalhamento.

2. *VENTURE CAPITAL*: CONCEITO E OBJETIVOS DO INVESTIDOR

O *venture capital* é uma espécie do gênero *private equity*. Entendem-se por *private equity* os investimentos em participações societárias de empresas não listadas em mercados públicos de valores[7].

A Agência Brasileira de Desenvolvimento Industrial diferencia *venture capital* e *private equity* na medida em que estariam relacionados a investimentos em estágios diferentes da empresa investida. O *venture capital* ocorre enquanto a empresa está em fase de desenvolvimento do negócio – em contraposição à fase inicial, na qual se aporta o chamado capital semente, e às fases de expansão e de maturidade, na qual a empresa recebe investimentos de *private equity* propriamente ditos[8].

O mercado brasileiro tem feito a diferenciação com base no grau de controle e de participação societária, então, o *venture capital* teria participação societária minoritária e pouco ou nenhum controle enquanto o *private equity* investiria em empresas mais consolidadas, buscando participações maiores e controle societário. Essa abordagem tem, por consequência lógica, que o *venture capital* investe em empresas mais incipientes e em busca de retornos maiores enquanto o *private equity* estará em busca de empresas mais maduras e com potenciais de retornos menores.

O *venture capital* surgiu nos Estados Unidos. A primeira *startup* a receber investimentos sob tal abordagem foi uma empresa de semicondutores, a *Fairchild Semiconductor*, em 1958. Nos doze anos seguintes, 31 outras empresas surgiram a partir da *Fairchild Semiconductor*, entre as quais a *Intel*[9].

Desde então, empresas impulsionadas dessa maneira tiveram uma relevância cada vez maior na economia mundial. Como observou Scott Kupor:

> De fato, se você olhar para as maiores empresas de capital aberto hoje (pensei que isso poderia estar desatualizado quando você ler este livro!) – Apple, Microsoft, Facebook, Google, Amazon – todas elas foram financiadas por *venture capital*. Nada mal para uma indústria que, como veremos, é uma parte bem minúscula do mundo geral das finanças.[10]

---

7. AGÊNCIA BRASILEIRA DE DESENVOLVIMENTO INDUSTRIAL. *A Indústria de Private Equity e Venture Capital*: 2º Censo Brasileiro. Brasília, 2011. p. 41.
8. AGÊNCIA BRASILEIRA DE DESENVOLVIMENTO INDUSTRIAL. *A Indústria de Private Equity e Venture Capital*: 2º Censo Brasileiro. Brasília, 2011. p. 70-71.
9. ENDEAVOR INSIGHT. *How Did Silicon Valley Become Silicon Valley*: Three Surprising Lessons for Other Cities and Regions. 2022. Disponível em: https://endeavor.org/wp-content/uploads/2022/04/How-Did-Silicon-Valley-Become-Silicon-Valley.pdf. Acesso em 4 de dezembro de 2023. p. 8-9.
10. KUPOR, Scott. *Secrets of Sand Hill Road*: venture capital and how to get it. Londres: Virgin Books, 2019. p. 25.

O *venture capital*, tal como as empresas por ele financiadas e viabilizadas, ganhou e tem ganhado uma relevância crescente. Seu funcionamento está relacionado intimamente à fase da empresa na qual o investimento é feito: a de desenvolvimento.

Primeiramente, ele tem por diretriz essencial a valorização da participação societária – o *equity*.

Até uma *startup* validar o seu modelo de negócio e ganhar a escala necessária para a maturidade de seu negócio, ela provavelmente dará prejuízo durante anos – sacrifício que faz sentido quando se tem em mente seu potencial de crescimento exponencial e a valorização das quotas ou ações.

Por consequência, formas de valoração de empresas tradicionais, como o fluxo de caixa descontado, não são adequadas para *startups*. O valor futuro, a ser obtido com o ganho de escala e o crescimento devem ser considerados:

> No *valuation* de startups, não consideramos apenas dados como lucro e receita, adotamos premissas e projeções que possibilitam uma análise de probabilidade de determinada startup atingir um estágio mais avançado e que consiga atingir métricas e grandes resultados futuros. Basicamente, o alto valor da avaliação se baseia em uma expectativa de ganhos expressivos num futuro mais próximo.[11]

Sob o ponto de vista prático, explica João Kepler, investidor-anjo e CEO da Bossanova Investimentos:

> O que é considerado em um *valuation*, nesse caso, é o potencial de crescimento e valorização graças ao investimento constante sendo feito. Em suma, o fundamento do alto valor de uma startup está baseado na expectativa de ganhos, no futuro, em função desse alto risco.
>
> Em resumo, elas valem tanto porque os investidores que investem nelas acreditam que tenham potencial para gerar muito dinheiro no futuro e, mais importante, porque elas próprias acreditam que podem vender (sua participação) para outro investidor por um preço ainda mais alto.
>
> Portanto, nesse sentido, a lógica dessa modalidade de investimento me faz determinar algumas premissas básicas para aumentar o valor do negócio:
>
> - Eu não entro em um negócio para ter lucro;
> - Eu não entro em um negócio para ter um sócio;
> - Eu não entro para ter dividendos trimestrais, semestrais ou anuais;
> - Eu não entro em um negócio dependente;
> - Eu não entro em um negócio sazonal.
>
> Eu entro pelo *valuation* atual e futuro do negócio. É isso que chamamos de *equity*.[12]

---

11. KEPLER, João. *O poder do equity*: como investir em negócios inovadores, escaláveis e exponenciais e se tornar um investidor-anjo. São Paulo: Editora Gente, 2021. p. 89.
12. KEPLER, João. *O poder do equity*: como investir em negócios inovadores, escaláveis e exponenciais e se tornar um investidor-anjo. São Paulo: Editora Gente, 2021. p. 89-90.

Ademais, quando se trata de investimentos em *startups*, o papel do investidor frequentemente não se limita aos aportes financeiros. É possível que sua contribuição envolva também o aconselhamento estratégico da empresa. Nesse caso, o valor aportado consiste – além dos recursos financeiros – no conhecimento aplicado e na rede de relacionamento do investidor, o chamado *smart money*[13].

Ganhos exponenciais não seriam possíveis sem riscos potencializados.

A maior parte dos negócios inovadores não será bem-sucedida, e por consequência investidores perderão os recursos investidos. Fundos de *venture capital* investem em diversas empresas, com vistas a compensar as perdas ocorridas com a grande maioria das empresas com a valorização das participações de empresas investidas que sejam bem-sucedidas.

Aos riscos financeiros, somam-se os riscos jurídicos – os quais estão intimamente relacionados entre si.

Ainda que a *startup* escolha um tipo societário com limitação de responsabilidade dos sócios ao valor do capital social – tal como uma sociedade limitada ou uma sociedade anônima – as possibilidades de desconsideração da personalidade jurídica em litígios tributários e trabalhistas são abrangentes no Brasil. Elas são frequentes no cotidiano forense nacional.

Os riscos não se limitariam apenas ao capital investido. A participação de um investidor no quadro societário de uma *startup* poderia levar a sua responsabilização pessoal por decisões dos administradores da sociedade investida, das quais ele sequer participou.

Os instrumentos jurídicos utilizados para o investimento em *startups* devem contemplar as características financeiras das operações, tais como a inviabilidade de realização de uma precificação das participações societárias naquele momento e a necessidade de premiar investidores que tenham aportado recursos em estágios mais iniciais – e assumido riscos maiores.

Nos Estados Unidos, a forma jurídica encontrada foram as *convertible notes*, instrumento jurídico pelo qual a empresa emite títulos de dívida posteriormente conversíveis pelo seu titular em participações societárias[14],[15].

---

13. KEPLER, João. *O poder do equity*: como investir em negócios inovadores, escaláveis e exponenciais e se tornar um investidor-anjo. São Paulo: Editora Gente, 2021. p. 86-87.
14. ENTREPRENEURS LEGAL CLINIC OF PENN CAREY LAW, UNIVERSITY OF PENNSYLVANIA. *ELC StartUp Kit*: Convertible Note. Disponível em: https://www.law.upenn.edu/clinic/entrepreneurship/startupkit/convertible-note.pdf. Acesso em: 04.12.2023.
15. FELD, Brad; MENDELSON, Jason. *Venture Deals*: be smarter than your lawyer and venture capitalist. 4 ed. Hoboken: Wiley, 2019. Ebook.

Em países de tradição jurídica romano-germânica, semelhante resultado tem sido obtido com a celebração de contrato de mútuo com obrigação alternativa de conversão do valor aportado em participação societária. No Brasil, esse contrato recebe o nome de contrato de mútuo conversível em participação societária, e tem sido a forma mais utilizada.

3. O USO DO CONTRATO DE MÚTUO CONVERSÍVEL EM PARTICIPAÇÃO SOCIETÁRIA COMO MEIO DE INVESTIMENTO EM *STARTUPS* E DEMAIS INSTRUMENTOS UTILIZADOS NO DIREITO BRASILEIRO

O contrato de mútuo conversível em participação societária é um contrato híbrido, que combina elementos de dívida e de investimento em *equity*.

Como um contrato de mútuo, o investidor, na qualidade de mutuante, concede à *startup* investida, na qualidade de mutuária, quantia financeira que deverá ser paga pela mutuária em determinado prazo. De modo alternativo a essa obrigação, em possibilidade facultada pelo *caput* do art. 252 do Código Civil, há a possibilidade de o valor aportado ser convertido em participação societária, satisfazendo a obrigação.

A principal vantagem desse contrato é que o investidor não assume os riscos da operação da sociedade tal como assumiria se estivesse no quadro societário. Ele somente passará a integrá-lo em situações previstas contratualmente, em geral de sucesso da empresa investida.

Além disso, é um instrumento que pode ser adaptado tanto a rodadas de investimento nas quais a *startup* já se encontra precificada quanto em rodadas nas quais ela não está precificada. Como um mútuo, não é necessário que se discuta o *valuation* da empresa, ainda que seja possível estabelecer um teto para o valor a ser considerado quando da conversão em participação societária, o chamado *valuation cap*[16].

Interessante que sejam também considerados outros instrumentos jurídicos utilizados para o aporte de recursos em *startups*.

A sociedade em conta de participação é uma sociedade sem personalidade jurídica, regulada pelos arts. 991 a 996 do Código Civil. Nela, uma ou mais pessoas, como sócias participantes, fornecem recursos a uma outra pessoa, a sócia ostensiva – recursos esses que podem ser financeiros ou mesmo bens ou serviços – de modo que essa última realize o as atividades do objeto social em seu nome. Em prazos

---

16. FELD, Brad; MENDELSON, Jason. *Venture Deals*: be smarter than your lawyer and venture capitalist. 4 ed. Hoboken: Wiley, 2019. Ebook.

estipulados, períodos definidos ou após a finalização das atividades necessárias para a realização do objeto social, os resultados auferidos são repartidos.

Como sociedade despersonificada, a sociedade em conta de participação não assume obrigações; elas são assumidas pela sócia ostensiva, à qual se obrigam as sócias participantes. Ela possui um caráter contratual, inexistindo um registro obrigatório para sua constituição.

Ela é uma forma de agrupar investidores, em especial em situações de captação de recursos por meio de *crowdfunding*. Nesse sentido, como forma de agrupar investimentos e investidores, é uma alternativa à constituição de fundos de investimentos, que possuem uma densa regulação e demandam muitos custos. Ainda que seja uma alternativa, porém, a utilização de sociedade em conta de participação para a realização característica de fundos de investimento é uma ilicitude no direito brasileiro, sendo vedado, por exemplo, uma oferta pública de suas quotas.

Necessário que se mencione uma de suas principais limitações, razão pela qual *startups* deixam de utilizá-la. A grande maioria das *startups* opera no regime de arrecadação tributária do Simples Nacional, previsto pela Lei Complementar 123/2006, facultado a microempresas e empresas de pequeno porte, que possuam receita bruta igual ou inferior a R$ 4.800.000,00, nos termos do art. 12 da referida lei. A Receita Federal tem negado a possibilidade de empresas optantes pelo Simples Nacional participarem de sociedades em conta de participação.

O entendimento da Receita Federal é pautado na combinação de dois enunciados: o primeiro, constante no art. 3º, § 4º, incisos I, V e VII, que dispõe que não podem se beneficiar do tratamento jurídico diferenciado empresas que participem do capital de outra pessoa jurídica; o segundo art. 160 do Decreto 9.580/2018, que equipara a sociedade em conta de participação às pessoas jurídicas.

Dessa maneira, a sociedade em conta de participação pode ser desinteressante para boa parte das *startups*, especialmente em seus estágios iniciais.

Outra possibilidade é aquisição pelo investidor de opções de compra de participação societária. Nesse caso, o investidor adquire a possibilidade de comprar quotas ou ações por um valor específico. A operação que é concluída no futuro, no momento do exercício da opção de compra, a partir da qual o investidor passará a figurar no quadro societário da empresa investida.

As opções de compra de participação societária são especialmente interessantes nos casos nos quais o conhecimento e as redes de relacionamento do investidor são o aspecto mais importante do investimento, ou seja, para a formalização do *smart money*. Ou ainda para a retenção de talentos – que podem estar investindo recursos não financeiros que tenham papel estratégico para o negócio.

A predeterminação de condições envolvida num contrato de opção de compra, no entanto, pode ser incompatível com a necessidade de dinamismo das empresas investidas, fato que o torna aplicável especialmente em situações específicas tais como descritas.

Por fim, há que se mencionar o investimento-anjo, introduzido no direito brasileiro pela Lei Complementar 155/2016.

Ele é o contrato de investimento-anjo tem como objetivo incentivar a inovação em empresas enquadradas como microempresa ou empresa de pequeno porte[17], sendo ele celebrado por uma pessoa – que pode ser física ou jurídica, inclusive gestora de fundo de investimento[18] – que aporta recursos financeiros em uma empresa com as referidas características, não integrando esses recursos o capital social nem receita da empresa investida. Ele possui um prazo máximo de duração de sete anos[19].

O investidor-anjo não é considerado sócio, não pode ter ingerência nos rumos da empresa, exceto em caráter consultivo e não responde por dívidas da empresa investida[20]. Nesse contato, as partes poderão estipular remuneração periódica ao final de cada período ou prever a possibilidade de conversão do aporte em participação societária[21].

O contrato de investimento-anjo tem sido pouco utilizado, dadas as suas amarras e limitações – incompatíveis com a dinâmica do mercado de *startups*.

---

17. Art. 61-A. Para incentivar as atividades de inovação e os investimentos produtivos, a sociedade enquadrada como microempresa ou empresa de pequeno porte, nos termos desta Lei Complementar, poderá admitir o aporte de capital, que não integrará o capital social da empresa.

18. § 2º O aporte de capital poderá ser realizado por pessoa física, por pessoa jurídica ou por fundos de investimento, conforme regulamento da Comissão de Valores Mobiliários, que serão denominados investidores-anjos.

19. § 1º. As finalidades de fomento a inovação e investimentos produtivos deverão constar do contrato de participação, com vigência não superior a sete anos.

20. § 4º. O investidor-anjo:

    I – não será considerado sócio nem terá qualquer direito a gerência ou a voto na administração da empresa, resguardada a possibilidade de participação nas deliberações em caráter estritamente consultivo, conforme pactuação contratual;

    II – não responderá por qualquer dívida da empresa, inclusive em recuperação judicial, não se aplicando a ele o art. 50 da Lei no 10.406, de 10 de janeiro de 2002 – Código Civil;

    III – será remunerado por seus aportes, nos termos do contrato de participação, pelo prazo máximo de 7 (sete) anos;

    IV – poderá exigir dos administradores as contas justificadas de sua administração e, anualmente, o inventário, o balanço patrimonial e o balanço de resultado econômico; e

    V – poderá examinar, a qualquer momento, os livros, os documentos e o estado do caixa e da carteira da sociedade, exceto se houver pactuação contratual que determine época própria para isso.

21. § 6º As partes contratantes poderão:

    I – estipular remuneração periódica, ao final de cada período, ao investidor-anjo, conforme contrato de participação; ou

    II – prever a possibilidade de conversão do aporte de capital em participação societária.

Como já pontuou anteriormente Saulo de Omena Michiles, um dos autores do presente artigo:

> Vejamos as principais desvantagens ou restrições desse tipo de contrato:
>
> 1. Prazo pré-determinado e curto. O ciclo de uma startup até amadurecer pode chegar até dez anos, inclusive esse é o período de existência de muitos fundos de investimento;
>
> 2. Impossibilidade de participação na administração da empresa;
>
> 3. Remuneração por aportes e não por participação societária. Essa última possibilidade passou a surgir, não por padrão, somente agora com a alteração trazida pelo Marco Legal;
>
> 4. Resgate do capital apenas corrigido por índice inflacionário pré-estabelecido (apenas correção, sem remuneração do capital) e a partir de, no mínimo, dois anos do aporte;
>
> 5. Tributação dupla e sem incentivos.[22]

Feitas as presentes considerações sobre as formas jurídicas com maior aderência – ou nem tanto – aos investimentos de *venture capital* em *startups*, cumpre ressaltar que elas envolvem uma dinâmica com atores que possuem, em diversas situações, interesses contrapostos.

O direito brasileiro – em disposição legal que reitera o que já seria possível aduzir sistematicamente do conjunto normativo – reconhece a legalidade dos propósitos e das formas adotadas para o investimento *startups* atualmente praticados. De modo expresso, o Marco Legal das *Startups* traz em seu art. 5º:

> Art. 5º As startups poderão admitir aporte de capital por pessoa física ou jurídica, que poderá resultar ou não em participação no capital social da startup, a depender da modalidade de investimento escolhida pelas partes.
>
> § 1º Não será considerado como integrante do capital social da empresa o aporte realizado na startup por meio dos seguintes instrumentos:
>
> I – contrato de opção de subscrição de ações ou de quotas celebrado entre o investidor e a empresa;
>
> II – contrato de opção de compra de ações ou de quotas celebrado entre o investidor e os acionistas ou sócios da empresa;
>
> III – debênture conversível emitida pela empresa nos termos da Lei 6.404, de 15 de dezembro de 1976;
>
> IV – contrato de mútuo conversível em participação societária celebrado entre o investidor e a empresa;
>
> V – estruturação de sociedade em conta de participação celebrada entre o investidor e a empresa;
>
> VI – contrato de investimento-anjo na forma da Lei Complementar 123, de 14 de dezembro 2006;

---

22. MICHILES, Saulo de Omena. *Marco Legal das Startups*: um guia para advogados, empreendedores e investidores. São Paulo: Editora JusPodivm, 2021. p. 72-73.

VII – outros instrumentos de aporte de capital em que o investidor, pessoa física ou jurídica, não integre formalmente o quadro de sócios da startup e/ou não tenha subscrito qualquer participação representativa do capital social da empresa.

O sucesso de *startups*, de modo geral, resulta da soma de esforços humanos e financeiros de seus fundadores e investidores. No entanto, se de modo geral a colaboração é necessária, por outro, pontualmente, fundadores e investidores podem possuir interesses contrapostos em relação à administração e à gestão do negócio.

4. A PROTEÇÃO CONTRATUAL DOS INTERESSES DOS INVESTIDORES FRENTE A ADMINISTRAÇÃO DA SOCIEDADE INVESTIDA

O controle, em algum grau, sobre as decisões da empresa investida é uma das principais preocupações de investidores em *startups*.

Como descrevem Brad Feld e Jason Mendelson:

Em geral, existem apenas duas coisas com as quais *venture capitalists* realmente se preocupam quando fazem investimentos: economia e controle. A economia refere-se ao retorno que os investidores acabarão por obter num evento de liquidez, geralmente uma venda da empresa, uma liquidação ou uma oferta pública inicial, e os termos que têm impacto direto neste retorno. Controle refere-se aos mecanismos que permitem aos investidores exercerem afirmativamente o controle sobre o negócio ou vetar determinadas decisões que a empresa pode tomar. Se estiver negociando um acordo e os investidores estiverem a insistir numa disposição que não tem impacto na economia ou no controle, muitas vezes estão jogando fumaça sobre o acordo, em vez de discutir questões substantivas. (tradução nossa)[23]

Há uma racionalidade no desejo do investidor participar das decisões da *startup* por ele investida. Ele possui uma preocupação com o comprometimento dos fundadores com a empresa, com eventual diluição injustificada do seu investimento, com decisões societárias que alterem o time envolvido nas atividades da empresa ou mesmo com a realização do objeto social.

É comum que sejam previstos em contratos de mútuo conversível tópicos relativos às decisões de sócios e administradores.

Um exemplo é a previsão da criação de um conselho consultivo composto por pessoas indicadas pela *startup* investida e pelo investidor, antes mesmo da conversão do mútuo em participação, com a atribuição de recomendar atos e medidas estratégicas de gestão aos administradores. Dessa forma, o investidor pode atuar de modo a influenciar as decisões da administração.

---

23. FELD, Brad; MENDELSON, Jason. *Venture Deals*: be smarter than your lawyer and venture capitalist. 4 ed. Hoboken: Wiley, 2019. Ebook.

Outro é o direito de veto – ou mesmo o direito ao voto afirmativo, isto é, a necessidade de seu voto favorável – em questões como o endividamento da startup, alienação de bens, aprovação do diretor financeiro ou mesmo o recebimento de novos investimentos.

Ainda, é possível que haja em contrato a exigência de dedicação exclusiva pelos fundadores da empresa investida, bem com o estabelecimento de metas de receita e de crescimento.

Por fim, é comum a aprovação de um orçamento a ser executado com os recursos aportados pelos investidores.

Assim, não somente é possível como é habitual que cláusulas destinadas a conferir algum grau de controle aos investidores sobre a administração da empresa investida sejam incluídas em contratos de mútuo conversível em participação societária ou demais formas contratuais empregadas para a formalização jurídica de operações de *venture capital*.

No entanto, o próprio Marco Legal das *Startups* traz limites ao investidor quando se trata da sua interferência em contratos de investimento – em especial nos contratos de investimento-anjo.

O art. 5º, § 2º, do referido diploma legal estabelece que somente após a conversão em participação societária será considerada sócia. E ainda, os incisos I e II do art. 8º estabelecem que o investidor-anjo, respectivamente: (i) não será considerado sócio ou acionista nem possuirá o direito a gerência ou a voto na administração da empresa; e (ii) não responderá por qualquer dívida da empresa, inclusive em recuperação judicial.

A proteção do investidor, a que se refere o Marco Legal das *Startups* e do Empreendedorismo Inovador, portanto, encontra-se relacionada a sua ingerência na empresa. O excesso pode ocasionar a perda da proteção. E isso não é uma especificidade dos contratos de investimento-anjo.

A questão é ainda mais sensível quando o aconselhamento é parte crucial do investimento recebido por uma *startup* e pode, em especial no dia a dia do desenvolvimento do negócio, ser confundido com efetivos atos de gestão.

5. LIMITES À INTERFERÊNCIA DO INVESTIDOR DE *STARTUPS* NA ADMINISTRAÇÃO DA SOCIEDADE INVESTIDA

Formalmente, os atos de gestão de uma sociedade são realizados por órgãos societários específicos.

Nas sociedades limitadas, a administração é responsável por representar a sociedade perante terceiros, bem como elaborar inventários, balanços patrimoniais e balanços de resultado econômico. A administração é responsável pelos atos de gestão da sociedade – isto é, atos destinados a execução de atos e negócios jurídicos da sociedade, não abrangidos pela esfera de decisão dos sócios.

Os administradores são escolhidos em decisão tomada pelos sócios da sociedade.

Nas sociedades anônimas, a administração é exercida, por sua vez, por diretores e pelo conselho de administração. Eles também, em linhas gerais, são escolhidos pelos acionistas.

A escolha de administradores nas sociedades, seja qual for o seu tipo, é atribuída aos seus sócios.

A ingerência de investidores em atos de gestão, bem como na escolha de membros de órgãos de administração da sociedade pode vir a prejudicar os interesses dos próprios investidores, especialmente se a ingerência for feita em momento anterior à conversão do mútuo em participação societária. Ou ainda, se utilizada outra forma contratual para o investimento, antes da efetiva entrada do investidor no quadro societário.

Esse é um fato pouco intuitivo, considerando que a maior autonomia de decisões pela *startup* tende a ser interpretada como favorável aos fundadores.

Essa ingerência pode incorrer na configuração de uma sociedade de fato. A sociedade de fato – também chamada de sociedade irregular – consistem em qualquer sociedade a que falte o instrumento contratual escrito ou a inscrição desse instrumento[24].

Trata-se de uma situação não formalizada, verificada por meio dos fatos, a qual pode ser alegada por terceiro que venha a, por exemplo, executar uma dívida.

Um investidor, que formalmente seria um mutuante no caso de um contrato de mútuo conversível, pode vir a ser considerado sócio de fato da sociedade investida, na medida em que decide atos de gestão e realiza atos atribuídos por lei a sócios, como a escolha de administradores.

Às sociedades de fato são aplicadas as regras da sociedade em comum[25], tal como enunciadas pelos arts. 986 a 990 do Código Civil. E essa sociedade pode ser provada por terceiros de qualquer modo[26].

É meio de prova, inclusive, o próprio conteúdo do instrumento contratual utilizado para o mútuo conversível.

---

24. BORBA, José Edwaldo Tavares. *Direito Societário*. 17. ed. São Paulo: Atlas, 2019. Ebook.
25. Art. 986. Enquanto não inscritos os atos constitutivos, reger-se-á a sociedade, exceto por ações em organização, pelo disposto neste Capítulo, observadas, subsidiariamente e no que com ele forem compatíveis, as normas da sociedade simples.
26. Art. 987. Os sócios, nas relações entre si ou com terceiros, somente por escrito podem provar a existência da sociedade, mas os terceiros podem prová-la de qualquer modo.

O reconhecimento de sociedade de fato – e consequente aplicação das regras da sociedade em comum – é situação desvantajosa na medida em que a responsabilidade dos sócios passa a ser ilimitada[27].

É preciso mencionar que, na prática, temos visto uma crescente ânsia por parte dos investidores de cada vez mais atribuírem a si próprios mais e mais poderes de gestão. Entre as cláusulas que temos visto em *Term Sheets* e Contratos de Mútuos Conversíveis estão a escolha de um diretor, assento em conselho de administração, aprovação de gastos, limites à contratação e demissão, limitações de alteração de objeto da sociedade e até definições ou limitações de atuações mercadológicas da startup.

A descaracterização do contrato de mútuo, decorrente da ingerência do investidor na sociedade investida é uma possibilidade que maximiza os riscos de forma drástica para o investidor. Se o objetivo com o contrato de mútuo conversível era a redução de riscos de modo a adiar a entrada do investidor no quadro de uma sociedade que confere responsabilidade dos sócios limitada ao capital social, a realidade seria a participação do investidor numa sociedade de fato sem qualquer limitação da sua responsabilidade.

Ingerências indevidas – aqui entendidas como os atos de investidores atribuídos por lei a sócios e administradores de uma sociedade – pode levar a um verdadeiro desastre do planejamento jurídico empregado na operação de *venture capital*.

Ainda, válido ressaltar que as disposições presentes no Marco Legal das *Startups* podem ser utilizadas como parâmetro para a descaracterização do mútuo, em especial:

Art. 61-A [...]

§ 4º [...]

I – não será considerado sócio nem terá qualquer direito a gerência ou a voto na administração da empresa, resguardada a possibilidade de participação nas deliberações em caráter estritamente consultivo, conforme pactuação contratual; [...].

A existência desse enunciado é um fator a ser considerado mesmo na celebração de contratos de mútuo conversível na medida em que ele pode ser aplicado por meio da analogia, fonte do direito reconhecida por nosso ordenamento pela Lei de Introdução às Normas do Direito Brasileiro[28].

A analogia é um mecanismo de autointegração do ordenamento jurídico, de modo a conferi-lo completude. Ele consiste num procedimento pelo qual se

---

27. Art. 990. Todos os sócios respondem solidária e ilimitadamente pelas obrigações sociais, excluído do benefício de ordem, previsto no art. 1.024, aquele que contratou pela sociedade.

28. Art. 4º – Quando a lei for omissa, o juiz decidirá o caso de acordo com a analogia, os costumes e os princípios gerais de direito.

atribui a um caso não regulado a mesma disciplina de um caso regulado de maneira similar, em semelhança juridicamente relevante.

Há no caso os dois elementos necessários para sua aplicação analógica pelo Poder Judiciário em uma discussão em juízo. Primeiramente, não há um critério expresso que diferencie e defina as delimitações entre o contrato de mútuo de uma sociedade de fato. Em segundo lugar, há a semelhança juridicamente relevante, na medida em que ambos os contratos têm por objeto aportes em empresas de modelo de negócio inovador, em fase de desenvolvimento e a norma e sua analogia possuiriam o propósito de diferenciar a relação do investidor-anjo com a sociedade investida com a sociedade em comum.

Ressalte-se que não se defende neste trabalho a aplicação analógica das normas relativas ao contrato de investimento-anjo ao contrato de mútuo conversível em participação societária. As presentes considerações são um alerta da insegurança que a tipificação do contrato de investimento-anjo trouxe aos investimentos de *venture capital* no Brasil, ainda que eles sejam raramente utilizados.

Como já mencionado, o direito brasileiro reconhece a legalidade dos propósitos e formas empregadas usualmente para investimento em *startups*, inclusive de modo expresso. O art. 5º, § 1º, é expresso ao indicar que não será considerado integrante de capital social o aporte realizado em *startup* por meio de contrato de opção de subscrição, contrato de opção de compra de ações ou de quotas, debênture conversível, contrato de mútuo conversível em participação societária, estruturação de sociedade em conta de participação, contrato de investimento--anjo e outros instrumentos de aporte de capital em que o investidor não integre formalmente o quadro de sócios da startup.

No entanto, em especial quando se tem em mente as relações entre investidores e a administração da empresa investida, é necessário que se evite a descaracterização dos contratos de investimento, sob pena do reconhecimento de uma sociedade de fato.

Ou ainda, é possível que haja o entendimento de que ele, uma vez considerado sócio da sociedade investida, seja alvo de desconsideração da personalidade jurídica. O patrimônio do investidor estaria exposto, ilimitadamente, por outro caminho, dada a ausência de proteção da limitação responsabilidade.

Como já escreveu Saulo de Omena Michiles:

> Nossa interpretação é que, caso o investidor venha a realizar qualquer ato de direção ou gerência ou venha a ter voto na administração da empresa, ele também não terá a proteção dada e poderá vir a ser alvo de uma desconsideração da personalidade jurídica, se for o caso.[29]

---

29. MICHILES, Saulo de Omena. *Marco Legal das Startups*: um guia para advogados, empreendedores e investidores. São Paulo: Editora JusPodivm, 2021. p. 82.

De diferentes formas, a descaracterização dos contratos utilizados para o investimento em uma *startup* resultaria na exposição ilimitada do patrimônio do investidor aos riscos do negócio.

O equilíbrio contratual em contratos de mútuo conversível é algo necessário não apenas para garantir que fundadores de *startups* não sejam alienados de seus próprios negócios, mas uma necessidade para a segurança jurídica e patrimonial de investidores.

6. CONSIDERAÇÕES FINAIS

A Terceira e a Quarta Revolução Industrial possibilitaram o surgimento de modelos de negócio pautados na escalabilidade e replicabilidade da oferta do produto ou serviço e na consequente possibilidade de crescimento exponencial de lucros e receitas. Elas possibilitaram também o surgimento de uma abordagem de investimento em *equity* otimizada para a fase de desenvolvimento de negócios, o *venture capital*.

Nessas operações, o foco é a valorização do *equity* com o crescimento esperado da empresa investida. Há assim uma visão de longo prazo do investimento.

É justificável que o investidor tenha um interesse em manter algum grau de controle sobre a empresa investida. No entanto, é necessário que os meios de controle levem em consideração a caracterização da forma de investimento empregada.

É recomendável que as formas de controle anteriores à conversão em participação societária estejam associadas ao papel consultivo e orientativo do negócio ou ainda aspectos essenciais da viabilização da conversão em participação societária, nos instrumentos que assim prevejam.

Os instrumentos contratuais devem ser elaborados de forma que, inclusive, não constituam eles próprios a prova de uma sociedade de fato ou de aspecto que justifique a desconsideração da personalidade jurídica – expondo o investidor à responsabilização ilimitada das obrigações assumidas pela empresa.

Além disso, a gestão contratual deve levar em consideração a necessidade de se evitar a prática de ingerências na administração e nas deliberações de sócios que levem à descaracterização de formas contratuais.

Ademais, as regras aplicáveis ao contrato de investimento-anjo trazida pelo Marco das *Startups* e do Empreendedorismo Inovador afeta outras modalidades contratuais, como o mútuo conversível em participação societária, na medida que – por meio da analogia – oferece subsídios normativos ao judiciário para o reconhecimento de sociedades de fato ou causas de desconsideração da personalidade jurídica.

O equilíbrio em relação a estipulações contratuais relativas a formas de controle das deliberações de empresas investidas é necessário, não apenas como demanda de seus fundadores, mas para evitar a descaracterização dos meios jurídicos empregados e garantir a segurança patrimonial de investidores.

7. REFERÊNCIAS

AGÊNCIA BRASILEIRA DE DESENVOLVIMENTO INDUSTRIAL. *A Indústria de Private Equity e Venture Capital*: 2º Censo Brasileiro. Brasília, 2011.

BORBA, José Edwaldo Tavares. *Direito societário*. 17. ed. São Paulo: Atlas, 2019. Ebook.

ENDEAVOR INSIGHT. *How Did Silicon Valley Become Silicon Valley*: Three Surprising Lessons for Other Cities and Regions. 2022. Disponível em: https://endeavor.org/wp-content/uploads/2022/04/How-Did-Silicon-Valley-Become-Silicon-Valley.pdf. Acesso em: 04.12.2023.

ENTREPRENEURS LEGAL CLINIC OF PENN CAREY LAW, UNIVERSITY OF PENNSYLVANIA. *ELC StartUp Kit*: Convertible Note. Disponível em: https://www.law.upenn.edu/clinic/entrepreneurship/startupkit/convertible-note.pdf. Acesso em: 04.12.2023.

FEIGELSON, Bruno; NYBO, Erik Fontenele; FONSECA, Victor Cabral. *Direito das Startups*. São Paulo: Saraiva Educação, 2018.

FELD, Brad; MENDELSON, Jason. *Venture Deals*: be smarter than your lawyer and venture capitalist. 4. ed. Hoboken: Wiley, 2019. Ebook.

KEPLER, João. *O poder do equity*: como investir em negócios inovadores, escaláveis e exponenciais e se tornar um investidor-anjo. São Paulo: Editora Gente, 2021.

KUPOR, Scott. *Secrets of Sand Hill Road*: venture capital and how to get it. Londres: Virgin Books, 2019.

MICHILES, Saulo de Omena. *Marco Legal das Startups*: um guia para advogados, empreendedores e investidores. São Paulo: Editora JusPodivm, 2021.

SCHWAB, Klaus. *The Fourth Industrial Revolution*: What It Means and How to Respond. Foreign Affairs, 2015. Disponível em: https://www.foreignaffairs.com/world/fourth-industrial-revolution. Acesso em: 03.12.2023.

LIMITAÇÃO DE RESPONSABILIDADE DO INVESTIDOR NO MARCO LEGAL DAS *STARTUPS* E DO EMPREENDEDORISMO INOVADOR

Nelson Rosenvald

Pós-Doutorado em Direito Civil na Universidade Roma Tre/ Itália (2011) e Pós-doutorado em Direito Societário pelo Universidade de Coimbra (2015). Doutorado em Direito pela Pontifícia Universidade Católica de São Paulo (2007). Mestrado em Direito pela Pontifícia Universidade Católica de São Paulo (2004). Possui graduação em Direito pela Universidade do Estado do Rio de Janeiro (1988). *Visiting Academic* na Faculdade de Direito da Universidade de Oxford no período de 2016 a 2017. Professor Visitante na Faculdade de Direito da Universidade Carlos III de Madrid (2017). Atualmente, é Professor Permanente do Programa de Pós-Graduação Stricto Sensu em Direito do IDP/DF. Ex-Procurador de Justiça do Ministério Público do Estado de Minas Gerais. Parecerista e Advogado inscrito na OAB/MG. Sócio de Rosenvald Advogados.

Fabrício de Souza Oliveira

Professor adjunto de Direito Empresarial na UFJF. Pós-doutorando pela Faculdade de Direito da USP (Largo São Francisco). Doutor pela Faculdade de Direito da Universidade de Coimbra com diploma reconhecido pela UFMG. *Visiting researcher na Berkeley University* (EUA) no ano de 2015. Membro-fundador do IBERC, da Sociedade Tocqueville. Vice-presidente Acadêmico da Associação Mineira de Direito e Economia. Membro do Comitê de ESG da Camarb e parecerista da RSDE e da Revista Iberc. Autor de artigos premiados pelo Instituto de Cidadania Empresarial (ICE) e pela ASPI – Associação Paulista da Propriedade Intelectual. É líder no grupo de pesquisa em governança corporativa comparada Brasil-China. Atua, principalmente, nas áreas do Direito Societário e da Governança Corporativa.

José Luiz de Moura Faleiros Júnior

Doutor em Direito Civil pela Universidade de São Paulo – USP/Largo São Francisco. Doutorando em Direito, na área de estudo "Direito, Tecnologia e Inovação", pela Universidade Federal de Minas Gerais – UFMG. Mestre e Bacharel em Direito pela Universidade Federal de Uberlândia – UFU. Especialista em Direito Digital. Advogado. Professor.

Sumário: 1. Introdução – 2. Considerações sobre as modalidades de investimentos no marco legal das *startups* – 3. Alcance da norma e delimitação teleológica da proteção dos investidores no ecossistema das *startups* – 4. Conclusão – 5. Referências.

1. INTRODUÇÃO

A promulgação da Lei Complementar 182, de 1º de junho de 2021, marcou um momento significativo na legislação brasileira, trazendo à tona discussões vitais para o ecossistema de *startups* e empreendedorismo inovador. Essa lei, conhecida como o "Marco Legal das Startups", emergiu como resposta a uma necessidade crescente de regulamentação específica para empresas nascentes no Brasil. Ela aborda, principalmente, as questões de financiamento e alavancagem de novas empresas, reconhecendo a importância vital do capital inicial no lançamento e crescimento de *startups*.

Antes da Lei Complementar 182/2021, mudanças significativas já haviam sido implementadas, como a introdução do investidor-anjo pela Lei Complementar 155/2016. No entanto, foi apenas com a Lei Complementar 182/2021 que um conjunto mais detalhado de instrumentos para a formalização de investimentos em *startups* foi estabelecido. Isso demonstra um avanço legislativo no reconhecimento e no apoio às necessidades específicas das *startups*.

Crucialmente, a lei define legalmente o que constitui uma "startup" a partir de critérios objetivos de enquadramento, baseando-se em características como faturamento e tempo de inscrição no Cadastro Nacional da Pessoa Jurídica, além de possuir em seu objeto a inovação atrelada ao modelo de negócio. A lei ainda detalha vários instrumentos de investimento disponíveis para *startups*, incluindo contratos de opção de subscrição e compra, debêntures conversíveis, entre outros. Essa diversidade de opções reflete a complexidade e as necessidades variadas do setor. Além disso, a lei aborda as dificuldades inerentes à avaliação e ao investimento em *startups*, temas que sempre foram desafiadores no contexto brasileiro.

Na mesma linha, um aspecto crucial da Lei Complementar 182/2021 é a proteção oferecida aos investidores, garantindo que eles não sejam indevidamente responsabilizados por dívidas do empresário. Isso aumenta a segurança jurídica para os investidores, ao mesmo tempo em que estabelece exceções claras para casos de dolo, fraude ou simulação. Essas disposições refletem um equilíbrio cuidadoso entre incentivar o investimento e manter a integridade do sistema de investimentos em *startups*.

Conforme estipulado no art. 8º, inciso I, da referida lei, o investidor não é considerado sócio ou acionista da startup, não possuindo, portanto, direito a gerência ou a voto na administração social. Adicionalmente, o inciso II do mesmo artigo oferece uma proteção significativa ao investidor no que concerne à responsabilidade por dívidas da sociedade.

Com base nisso, esse estudo analisará especificamente as previsões dos incisos I e II do art. 8º da Lei Complementar 182/2021 no intuito de aferir seu alcance e sua teleologia, com vistas a aclarar o contexto no qual se limita a responsabilização de investidores no ecossistema de investimento em *startups*.

2. CONSIDERAÇÕES SOBRE AS MODALIDADES DE INVESTIMENTOS NO MARCO LEGAL DAS *STARTUPS*

Do ponto de vista etimológico, o termo "startup" deriva do inglês, simbolizando o início ou o começo de uma entidade. Essa terminologia sugere a ideia de um empreendimento, conceito ou modelo de negócios que está em sua fase inaugural, ainda necessitando de estruturação tanto em aspectos jurídicos quanto administrativos. Tal denominação encapsula a noção de um projeto nascente que aguarda desenvolvimento e formalização em sua estrutura operacional.[1]

A definição de *startups* é um tópico que gera debates na literatura acadêmica, sem consenso estabelecido. Diversos estudiosos têm explorado essa área para distinguir *startups* de entidades empresariais convencionais. Um exemplo notório é a abordagem de Eric Ries, que introduz o conceito de "startup enxuta" em sua obra homônima, descrevendo-a como uma "instituição humana projetada para criar novos produtos e serviços em um ambiente de extrema incerteza"[2]. Esta definição sublinha o principal desafio enfrentado pelas *startups*, que é operar sob condições incertas e imprevisíveis. Contudo, a teoria de Ries não especifica o tamanho, a atividade ou o setor econômico em que a startup opera.

Expandindo o conceito proposto por Ries, Steve Blank e Bob Dorf descrevem *startups* como organizações temporárias, operando sob um modelo de negócios repetível e escalável.[3] Esta perspectiva de escalabilidade incorpora a premissa de "alto risco, alto ganho" ("*high risk, high reward*"), uma ideia que Schumpeter já explorava em relação à complexidade de certos modelos de negócios.[4] Estes modelos são percebidos como atrativos devido ao risco inerente que eles carregam, o qual pode resultar em alta lucratividade, embora exista a possibilidade de perdas totais do investimento.

---

1. FALEIROS JÚNIOR, José Luiz de Moura. Startups e empreendedorismo de base tecnológica: perspectivas e desafios para o direito societário brasileiro. *In*: EHRHARDT JÚNIOR, Marcos; CATALAN, Marcos; MALHEIROS, Pablo (coord.). *Direito civil e tecnologia*. 2. ed. Belo Horizonte: Fórum, 2021, t. I, p. 551-553.
2. RIES, Eric. *The lean startup*: how today's entrepreneurs use continuous innovation to create radically successful businesses. Nova York: Crown, 2011, p. 24. No original: "(...) an organization dedicated to creating something new under conditions of extreme uncertainty".
3. BLANK, Steve; DORF, Bob. *The startup owner's manual*: The Step-by-Step Guide for Building a Great Company. Pescadero: K&S Ranch, 2012, p. 19.
4. SCHUMPETER, Joseph Alois. *Teoria do desenvolvimento econômico*: uma investigação sobre lucros, capital, crédito, juro e o ciclo econômico. Tradução de Maria Sílvia Possas. São Paulo: Nova Cultural, 1982, p. 92.

A popularização do empreendedorismo startup ganhou ímpeto na década de 1990, coincidindo com a expansão da internet nos Estados Unidos e, posteriormente, em escala global. O aumento do acesso à informação catalisou o surgimento de novas ideias, contribuindo para a aceleração do empreendedorismo. Este movimento, em grande parte, fundamenta-se no uso e aplicação de tecnologias inovadoras, evidenciando a interação entre o acesso à informação e o surgimento de novas formas de empreendimentos comerciais.[5]

A Lei Complementar 182, de 1º de junho de 2021, que "institui o marco legal das *startups* e do empreendedorismo inovador", trouxe à tona temas de grande relevância para o ecossistema de investimentos e de alavancagem empresarial no Brasil, pois, "diante de um novo empreendimento econômico, uma questão que sempre se coloca diz respeito às fontes de recursos necessárias para que a atividade empresarial nascente seja colocada em marcha".[6] Referida lei, dentre outros temas, tratou dessa questão.

E, de fato, embora reformas importantes já tivessem sido realizadas anteriormente, a exemplo da criação da figura do investidor-anjo pela Lei Complementar 155, de 27/10/2016, que inseriu o artigo 61-A e seus respectivos parágrafos na Lei Complementar 123, de 14/12/2006, somente agora o legislador delineou um rol de instrumentos para a formalização de aportes de capital a sociedades enquadradas como *startups*.

Antes de mencioná-los, convém lembrar que o próprio conceito de startup – que remete aos emblemáticos textos de Eric Ries[7] –, agora, está definido no texto da lei. São consideradas *startups* "as organizações empresariais ou societárias, nascentes ou em operação recente, cuja atuação caracteriza-se pela inovação aplicada a modelo de negócios ou a produtos ou serviços ofertados" (art. 4º, *caput*), desde que observados os critérios de elegibilidade (natureza

---

5. Como anotam Victor Cabral Fonseca e Juliana Oliveira Domingues, "(...) em determinado momento a empresa recorre a investimentos externos para desenvolver suas atividades, o que faz com que o problema envolva um terceiro: o investidor, que busca o melhor retorno para o capital aportado. A questão, neste caso, é que startups possuem potencial de retorno, mas operam em situação de notória incerteza – como demonstrado. Assim, acabam sendo consideradas como investimentos de risco, principalmente no momento em que estão em etapas mais embrionárias". FONSECA, Victor Cabral; DOMINGUES, Juliana Oliveira. Financiamento de startups: aspectos econômicos dos investimentos de alto risco e mecanismos jurídicos de controle. *Revista de Direito Econômico e Socioambiental*, Curitiba, v. 9, n. 1, p. 319-354, jan./abr. 2018, p. 325.
6. OIOLI, Erik Frederico; RIBEIRO JR., José Alves; LISBOA, Henrique. Financiamento da startup. In: OIOLI, Erik Frederico (org.). *Manual de direito para startups*. São Paulo: Thomson Reuters Brasil, 2019, p. 99.
7. RIES, Eric. *The lean startup*: how today's entrepreneurs use continuous innovation to create radically successful businesses. Nova York: Crown, 2011, p. 24. Em seu clássico conceito, uma *startup* pode ser definida como "(...) an organization dedicated to creating something new under conditions of extreme uncertainty."

jurídica, faturamento, tempo de constituição etc.) e de prazo dos §§ 1º e 2º do art. 4º da LC 182/2021.[8]

Dois meses antes, curiosamente, o legislador havia delineado um conceito um pouco diverso – mas não incompatível –, na nova Lei de Licitações e Contratos Administrativos (Lei 14.133, de 1º de abril de 2021), ao tratar do Procedimento de Manifestação de Interesse. Referida norma, em seu artigo 81, §4º, prevê que "o procedimento previsto no *caput* deste artigo poderá ser restrito a *startups*, assim considerados os microempreendedores individuais, as microempresas e as empresas de pequeno porte, de natureza emergente e com grande potencial, que se dediquem à pesquisa, ao desenvolvimento e à implementação de novos produtos ou serviços baseados em soluções tecnológicas inovadoras que possam causar alto impacto, exigida, na seleção definitiva da inovação, validação prévia fundamentada em métricas objetivas, de modo a demonstrar o atendimento das necessidades da Administração."

Não há dúvidas do escopo mais restritivo da descrição contida na nova Lei de Licitações e Contratos Administrativos, que se limita a mencionar microempreendedores individuais, microempresas e empresas de pequeno porte, ao passo que o

---

8. "Art. 4º São enquadradas como startups as organizações empresariais ou societárias, nascentes ou em operação recente, cuja atuação caracteriza-se pela inovação aplicada a modelo de negócios ou a produtos ou serviços ofertados.

§ 1º Para fins de aplicação desta Lei Complementar, são elegíveis para o enquadramento na modalidade de tratamento especial destinada ao fomento de startup o empresário individual, a empresa individual de responsabilidade limitada, as sociedades empresárias, as sociedades cooperativas e as sociedades simples:

I – com receita bruta de até R$ 16.000.000,00 (dezesseis milhões de reais) no ano-calendário anterior ou de R$ 1.333.334,00 (um milhão, trezentos e trinta e três mil trezentos e trinta e quatro reais) multiplicado pelo número de meses de atividade no ano-calendário anterior, quando inferior a 12 (doze) meses, independentemente da forma societária adotada;

II – com até 10 (dez) anos de inscrição no Cadastro Nacional da Pessoa Jurídica (CNPJ) da Secretaria Especial da Receita Federal do Brasil do Ministério da Economia; e

III – que atendam a um dos seguintes requisitos, no mínimo:

a) declaração em seu ato constitutivo ou alterador e utilização de modelos de negócios inovadores para a geração de produtos ou serviços, nos termos do inciso IV do caput do art. 2º da Lei nº 10.973, de 2 de dezembro de 2004; ou

b) enquadramento no regime especial Inova Simples, nos termos do art. 65-A da Lei Complementar nº 123, de 14 de dezembro de 2006.

§ 2º Para fins de contagem do prazo estabelecido no inciso II do § 1º deste artigo, deverá ser observado o seguinte:

I – para as empresas decorrentes de incorporação, será considerado o tempo de inscrição da empresa incorporadora;

II – para as empresas decorrentes de fusão, será considerado o maior tempo de inscrição entre as empresas fundidas; e

III – para as empresas decorrentes de cisão, será considerado o tempo de inscrição da empresa cindida, na hipótese de criação de nova sociedade, ou da empresa que a absorver, na hipótese de transferência de patrimônio para a empresa existente."

conceito trazido pelo Marco Legal das *Startups* e do Empreendedorismo Inovador considera, além dessas figuras, o empresário individual (não necessariamente enquadrado como MEI, para os fins da Lei Complementar 128, de 19/12/2008), a empresa individual de responsabilidade limitada (extinta da ordem jurídica brasileira ante a revogação do inciso VI do art. 44 e do art. 980-A do Código Civil pela Lei n. 14.382/2022[9]), as sociedades empresárias, as sociedades cooperativas e as sociedades simples. O rol, portanto, é amplo.

Voltando aos investimentos, prevê o art. 5º, § 1º, do Marco Legal das *Startups* e do Empreendedorismo Inovador os seguintes instrumentos: (i) contrato de opção de subscrição de ações ou de quotas celebrado entre o investidor e a empresa (inc. I); (ii) contrato de opção de compra de ações ou de quotas celebrado entre o investidor e os acionistas ou sócios da empresa (inc. II); debênture conversível emitida pela empresa nos termos da Lei 6.404, de 15 de dezembro de 1976 (inc. III); contrato de mútuo conversível em participação societária celebrado entre o investidor e a empresa (inc. IV); estruturação de sociedade em conta de participação celebrada entre o investidor e a empresa (inc. V); o já citado contrato de investimento-anjo do art. 61-A da Lei Complementar 123/2006 (inc. VI); outros instrumentos[10] de aporte de capital em que o investidor, pessoa física ou jurídica, não integre formalmente o quadro de sócios da startup e/ou não tenha subscrito qualquer participação representativa do capital social da empresa (inc. VII).[11]

Para o fomento às *startups*, já era usual, em anos recentes, a utilização da maioria dos instrumentos acima listados. A grande dúvida, como ressalta Éderson Garin Porto, sempre envolveu a avaliação de uma startup e do consequente risco

---

9. Antes da revogação expressa dos dispositivos, a Lei 14.195/2021 (Lei de Melhoria do Ambiente de Negócios) já havia, no nosso entendimento, operado a sua revogação tácita, em virtude do disposto no art. 41 dessa lei. Segue o texto legal: "Art. 41. As empresas individuais de responsabilidade limitada existentes na data da entrada em vigor desta Lei serão transformadas em sociedades limitadas unipessoais independentemente de qualquer alteração em seu ato constitutivo. Parágrafo único. Ato do Drei disciplinará a transformação referida neste artigo."

10. Nesse conceito aberto, pode-se enquadrar o *vesting* empresarial, omitido na lei, embora houvesse grande expectativa de que alguns delineamentos conceituais sobre sua aplicabilidade fossem nela inseridos. Acerca do tema e de suas peculiaridades, convém ressaltar que "independentemente de ser tratado como contrato em espécie ou mera cláusula contratual, o *vesting* sempre estará atrelado à presença de um elemento acidental do negócio jurídico: a condição. Entretanto, a se considerar o modelo de aquisição paulatina e a transferência da participação societária por condição suspensiva, que condicione a eficácia do negócio jurídico a evento futuro e incerto sob qualquer das três subespécies mencionadas, de fato, o atingimento das metas garantirá aquisição de crédito (equivalente ao percentual de quotas/ações do capital social)". FALEIROS JÚNIOR, José Luiz de Moura. *Vesting empresarial*: aspectos jurídicos relevantes à luz da teoria dos contratos relacionais. 2. ed. Indaiatuba: Foco, 2022, p. 129.

11. Para uma averiguação mais detalhada de cada um desses instrumentos, cf. MICHILES, Saulo. *Marco Legal das Startups*. Salvador: Juspodivm, 2021, p. 31-84.

de nela investir, além, é claro, da dificuldade de seleção do melhor instrumento para isso.[12]

De fato, os chamados *pitchs* – eventos realizados para a apresentação de ideias ou negócios inovadores[13] – se tornaram frequentes no Brasil. Rodadas de investimentos também já eram uma realidade antes do advento da lei e, sem dúvidas, a pujança da inovação no país, especialmente no contexto do empreendedorismo de base tecnológica, já havia se tornado verdadeira força-motriz de um novo modo de empreender. Como consequência, a formalização de pactos estruturados das mais diversas maneiras – nem sempre adequadas –, com o objetivo precípuo de permitir investimentos, demandava resposta legislativa.

3. ALCANCE DA NORMA E DELIMITAÇÃO TELEOLÓGICA DA PROTEÇÃO DOS INVESTIDORES NO ECOSSISTEMA DAS *STARTUPS*

O resguardo dos investidores, como se sabe, nunca foi absoluto e sempre provocou inquietação na doutrina.[14] Riscos são inerentes a qualquer negócio, em especial aos que ainda estão em estágios muito iniciais, pouco maduros, ou que dependam de ideias inovadoras, mas carentes de testagem.[15] Por isso, conflitos de interesse entre investidores e empreendedores sempre assombraram o ecossistema de inovação brasileiro.

Além disso, soluções adaptadas, como mútuos feneratícios pouco claros e mal estruturados, ou até mesmo a constituição de sociedades em comandita simples, serviam como expedientes alternativos para tentativas vãs de "blindagem" contra o insucesso. Porém, outras formas de investimento, como mútuos conversíveis e *stock options*, propiciavam resultados mais satisfatórios e melhor segurança jurídica.

Indivíduos categorizados como investidores e definidos como agentes cujas decisões de investimento são influenciadas pela situação jurídica da startup, pelo seu modelo de negócio e pelas perspectivas de retorno do investimento, possuem um interesse fundamental no cumprimento das diretrizes de transparência por

---

12. PORTO, Éderson Garin. *Manual jurídico da startup*. 2. ed. Porto Alegre: Livraria do Advogado, 2020, p. 65-69.

13. CREMADES, Alejandro. *The art of startup fundraising*: pitching investors, negotiating the deal, and everything else. Nova Jersey: John Wiley & Sons, 2016, p. 26.

14. Para uma análise aprofundada sobre as complexidades e desafios enfrentados no processo de ressarcimento de investidores no Brasil, conferir PRADO, Viviane Muller. Os desafios para o ressarcimento dos investidores. In: CARVALHOSA, Modesto Souza Barros; LEÃES, Luiz Gastão Paes de Barros; WALD, Arnoldo (Org.). *A responsabilidade civil da empresa perante investidores*. São Paulo: Quartier Latin, 2018, p. 365-427.

15. FREEMAN, John; ENGEL, Jerome S. Models of Innovation: startups and mature corporations. *California Management Review*, Berkeley, v. 50, n. 1, p. 94-119, set./dez. 2007, p. 96-101.

parte dos empresários. É imprescindível para esses agentes econômicos terem acesso a informações acuradas e fidedignas para fundamentar suas ações no mercado, seja investindo, desinvestindo, ou mantendo sua posição, seja qual for a modalidade de investimento selecionada – típica ou atípica – a partir do repertório definido na LC 182/2021.

Uma análise minuciosa é necessária para compreender a posição jurídica do investidor em relação à startup, sobretudo no contexto normativo do regime informacional vigente no mercado emergente de empresas que possuem, em seu cerne, a própria incerteza como elemento caracterizador.[16] O investidor, portanto, pode ser qualquer indivíduo que não mantém ou não manteve a posição de quotista ou acionista da sociedade, ou mesmo que nunca deteve ativos relacionados à mesma, a indicar a desnecessidade de um *status* específico em relação à sociedade (acionista, quotista ou credor), somente ocorrendo o seu ingresso no quadro societário se o tipo de investimento o permitir e a se considerar a enfática regra do § 2º do art. 5º da LC 182/2021: "Realizado o aporte por qualquer das formas previstas neste artigo, a pessoa física ou jurídica somente será considerada quotista, acionista ou sócia da startup após a conversão do instrumento do aporte em efetiva e formal participação societária".

Por essa razão, a relação estabelecida entre investidores e *startups* pode ser classificada sob duas perspectivas distintas: uma de natureza societária, emergindo do ingresso do investidor na estrutura interna do ato constitutivo, e uma de natureza extrassocietária, regida pelos princípios e regras do direito dos contratos. Naturalmente, a determinação da esfera mais apropriada para enquadrar e qualificar essa relação exige uma investigação detalhada do tipo de investimento que se pretende realizar, de seus riscos e da forma pela qual foi levado a efeito.

Nesse contexto, identificam-se três elementos fundamentais que contribuem para uma caracterização jurídica mais precisa dessa relação. O primeiro abrange os sujeitos participantes da relação jurídica de investimento: a startup, de um lado, e o investidor de outro, embora não haja absoluta clareza sobre os requisitos que ensejam a configuração dessa relação, em comparação aos requisitos típicos do vínculo jurídico negocial.

O segundo elemento envolve a relação de independência entre investidores e *startups*. De fato, não se pressupõe um vínculo nas esferas societária ou comercial. Ela estabelece-se nos domínios do mercado e das relações negociais, em que os investidores atuam como participantes, e não necessariamente como membros integrantes da estrutura societária.

---

16. DRAPER III, William H. *The startup game*: inside the partnership between venture capitalists and entrepreneurs. Nova York: Palgrave Macmillan, 2011, p. 81-82.

O terceiro elemento é a consistência do regime que estrutura a organização societária e as relações internas entre os seus membros, a denotar a relevância de elementos de governança corporativa para as *startups*, pois, embora existam particularidades nas legislações que regem cada tipo de sociedade empresária, incluindo as normativas específicas do mercado de capitais, por exemplo, essas não modificam a natureza fundamental da sociedade ou das relações internas entre seus membros.

Naturalmente, eventual falência e suas nefastas consequências sempre foram e continuarão sendo abominadas por investidores que desejam investir, lucrar e fomentar a inovação disruptiva. Para criar um ambiente de maior segurança e incentivo, a própria figura do investidor-anjo já havia sido salvaguardada por previsão legal expressa de não responsabilização e não contemplação pela desconsideração da personalidade jurídica, como se lê na própria legislação: "o investidor-anjo (...) não responderá por qualquer dívida da empresa, inclusive em recuperação judicial, não se aplicando a ele o art. 50 da Lei 10.406, de 10 de janeiro de 2002 – Código Civil" (art. 61-A, § 4º, II, LC 155/2016).

O mesmo se fez, agora, quanto aos demais instrumentos definidos no Marco Legal, cujo artigo 8º prevê, em seu inciso I, que o investidor "não será considerado sócio ou acionista nem possuirá direito a gerência ou a voto na administração da empresa, conforme pactuação contratual"; além disso, também prevê, em seu inciso II, que "não responderá por qualquer dívida da empresa, inclusive em recuperação judicial, e a ele não se estenderá o disposto no art. 50 da Lei 10.406, de 10 de janeiro de 2002 (Código Civil), no art. 855-A da Consolidação das Leis do Trabalho (CLT), aprovada pelo Decreto-Lei 5.452, de 1º de maio de 1943, nos arts. 124, 134 e 135 da Lei 5.172, de 25 de outubro de 1966 (Código Tributário Nacional), e em outras disposições atinentes à desconsideração da personalidade jurídica existentes na legislação vigente".

Tais previsões estão plenamente alinhadas ao que já se esperava da nova lei e ao que já existia para a figura do investidor-anjo, e revelam o incremento da segurança jurídica para o investidor que deseje se valer de algum dos instrumentos listados no artigo 5º da lei. Não o responsabilizar, por não ter ele qualquer ingerência sobre a administração empresarial, é medida coerente e lógica; da mesma forma, impedir que se lhe atinja eventual desconsideração da personalidade jurídica da startup na qual investiu é medida que produz equilíbrio no ecossistema brasileiro de inovação.

Como alerta Leonardo Parentoni, "não há que se falar em desconsideração da personalidade jurídica, qualquer que seja a modalidade, quando não se está diante de ao menos dois centros autônomos de imputação, cada qual dotado de patrimônio próprio, ao qual se limita a responsabilidade de seus membros, pois a função desta teoria é justamente responsabilizar um deles por dívida formalmente contraída pelo outro".[17]

Porém, há uma regra excepcional. Pelo que consta do parágrafo único do artigo 8º, "as disposições do inciso II do *caput* (...) não se aplicam às hipóteses de dolo, de fraude ou de simulação com o envolvimento do investidor."

Tais situações conduzirão à responsabilização do investidor e, naturalmente, dependerão de provas robustas do elemento subjetivo descrito na norma para que as garantias definidas sejam afastadas. Nota-se, nessa exceção, a preocupação do legislador com a garantia da higidez das relações jurídicas e da responsabilidade contratual nos instrumentos de investimento e fomento à inovação e ao empreendedorismo.

Um rol claro de instrumentos, com garantias explícitas que equilibram o referido ecossistema e geram incentivos, certamente produzirá bons efeitos, pois a lei não estabelece um "salvo-conduto" ao investidor. Ao contrário, o que se espera – inclusive em desejável atuação cooperativa e direcionada à consecução das finalidades contratuais – é que haja constante fiscalização do bom desempenho da startup, com vistas à constituição de ambientes favoráveis ao seu florescimento e à sua alavancagem no mercado. Para tanto, a valorização da segurança jurídica e da liberdade contratual atuam como premissas para a promoção do investimento e do aumento da oferta de capital direcionado a iniciativas inovadoras, que conectam investidores e empreendedores nesse irrefreável ecossistema.

A nova lei, apesar de omissa quanto a alguns temas que poderia ter abordado melhor, tem muitos méritos, pois traz clareza a assuntos que já haviam se tornado comuns na práxis contratual e não perde de vista a complexidade da matéria, uma vez que não cria contextos de absoluta irresponsabilidade para investidores.

4. CONCLUSÃO

A Lei Complementar 182/2021, instituindo o Marco Legal das *Startups*, representa um marco significativo na legislação brasileira, direcionado ao fortalecimento e à regulamentação do ecossistema de *startups*. Através desta legislação, o Brasil dá um passo importante na criação de um ambiente mais favorável ao empreendedorismo inovador, reconhecendo as peculiaridades e os desafios enfrentados por aquele que empreende observando esse modelo. A lei não somente oferece uma definição legal clara de *startups*, mas também estabelece um conjunto de regras que facilitam os investimentos e protegem os interesses dos investidores, sem comprometer a autonomia e a inovação inerentes às *startups*.

---

17. PARENTONI, Leonardo Netto. *Desconsideração contemporânea da personalidade jurídica*: dogmática e análise científica da jurisprudência brasileira. São Paulo: Quartier Latin, 2014, p. 195.

Um dos aspectos mais notáveis do Marco Legal é a proteção conferida aos investidores. Ao garantir que eles não sejam considerados sócios ou acionistas com responsabilidades administrativas ou financeiras diretas pelas estruturas jurídicas nas quais investem, a lei cria um cenário mais seguro e atraente para o investimento. Isso é crucial para atrair capital, especialmente em um setor caracterizado por alto risco e inovação. Além disso, ao estabelecer claramente a não responsabilização do investidor por dívidas ou obrigações legais da *startup*, a lei encoraja uma maior entrada de investimentos, fundamentais para o crescimento e sustentação dessas empresas em fase inicial.

A implementação do Marco Legal das *Startups* e do Empreendedorismo Inovador é um passo significativo na direção de fortalecer o ecossistema de empreendedorismo no Brasil. Ela não apenas simplifica processos e reduz barreiras para o lançamento e crescimento de *startups*, mas também estabelece um quadro regulatório que incentiva a inovação e o desenvolvimento tecnológico. Com isso, espera-se um aumento na criação de *startups*, na geração de empregos qualificados e no desenvolvimento de novas tecnologias, impulsionando assim a economia brasileira e posicionando o país como um polo de inovação no cenário global.

Em conclusão, a Lei Complementar 182/2021 abre novas portas para o empreendedorismo inovador no Brasil, equilibrando proteção aos investidores e incentivo à inovação. Enquanto cria um ambiente de negócios mais seguro para investimentos, também desafia *startups* e investidores a explorarem novas oportunidades de crescimento e inovação. Embora ainda possam surgir questões e desafios na interpretação e aplicação desta lei, seu impacto positivo potencial no ecossistema de *startups* brasileiro é indiscutível. À medida que o Brasil avança, a expectativa é de que esta legislação contribua significativamente para o dinamismo e a competitividade do setor de tecnologia e inovação do país.

5. REFERÊNCIAS

BLANK, Steve; DORF, Bob. *The startup owner's manual*: The Step-by-Step Guide for Building a Great Company. Pescadero: K&S Ranch, 2012.

CREMADES, Alejandro. *The art of startup fundraising*: pitching investors, negotiating the deal, and everything else. Nova Jersey: John Wiley & Sons, 2016.

DRAPER III, William H. *The startup game*: inside the partnership between venture capitalists and entrepreneurs. Nova York: Palgrave Macmillan, 2011.

FALEIROS JÚNIOR, José Luiz de Moura. Startups e empreendedorismo de base tecnológica: perspectivas e desafios para o direito societário brasileiro. *In*: EHRHARDT JÚNIOR, Marcos; CATALAN, Marcos; MALHEIROS, Pablo (Coord.). *Direito civil e tecnologia*. 2. ed. Belo Horizonte: Fórum, 2021. t. I.

FALEIROS JÚNIOR, José Luiz de Moura. *Vesting empresarial*: aspectos jurídicos relevantes à luz da teoria dos contratos relacionais. 2. ed. Indaiatuba: Foco, 2022.

FONSECA, Victor Cabral; DOMINGUES, Juliana Oliveira. Financiamento de startups: aspectos econômicos dos investimentos de alto risco e mecanismos jurídicos de controle. *Revista de Direito Econômico e Socioambiental*, Curitiba, v. 9, n. 1, p. 319-354, jan./abr. 2018.

FREEMAN, John; ENGEL, Jerome S. Models of Innovation: startups and mature corporations. *California Management Review*, Berkeley, v. 50, n. 1, p. 94-119, set./dez. 2007.

MICHILES, Saulo. *Marco Legal das Startups*. Salvador: JusPodivm, 2021.

OIOLI, Erik Frederico; RIBEIRO JR., José Alves; LISBOA, Henrique. Financiamento da startup. In: OIOLI, Erik Frederico (Org.). *Manual de direito para startups*. São Paulo: Thomson Reuters Brasil, 2019.

PARENTONI, Leonardo Netto. *Desconsideração contemporânea da personalidade jurídica*: dogmática e análise científica da jurisprudência brasileira. São Paulo: Quartier Latin, 2014.

PORTO, Éderson Garin. *Manual jurídico da startup*. 2. ed. Porto Alegre: Livraria do Advogado, 2020.

PRADO, Viviane Muller. Os desafios para o ressarcimento dos investidores. In: CARVALHOSA, Modesto Souza Barros; LEÃES, Luiz Gastão Paes de Barros; WALD, Arnoldo (Org.). *A responsabilidade civil da empresa perante investidores*. São Paulo: Quartier Latin, 2018.

RIES, Eric. *The lean startup*: how today's entrepreneurs use continuous innovation to create radically successful businesses. Nova York: Crown, 2011.

SCHUMPETER, Joseph Alois. *Teoria do desenvolvimento econômico*: uma investigação sobre lucros, capital, crédito, juro e o ciclo econômico. Trad. Maria Sílvia Possas. São Paulo: Nova Cultural, 1982.

ESTRATÉGIAS DE *STARTUPS* NO TABULEIRO LEGAL: PERSPECTIVAS DA TEORIA DOS JOGOS SOBRE OS INSTRUMENTOS DE INVESTIMENTO EM INOVAÇÃO

Henrique Arake

Sócio de Henrique Arake Advocacia Empresarial. Mestre e Doutor em análise econômica do direito. Professor de direito empresarial.

Sumário: 1. Introdução – 2. O que é o MLSEI? – 3. O que é a teoria dos jogos? – 4. Modelando a interação entre investidor e investida – 5. Discussão e conclusão – 6. Referências.

1. INTRODUÇÃO

Há pouco mais de dois anos, com a promulgação da Lei Complementar 182/2021, também chamada de "Marco Legal das *Startups* e do Empreendedorismo Inovador", ou, simplesmente, de "MLSEI", o Brasil estabeleceu um novo paradigma legal para as *startups*, introduzindo mudanças significativas no ambiente de negócios e inovação. Em trabalhos anteriores, discutimos aspectos chave do MLSEI quando ainda era apenas um projeto de lei, bem como as suas implicações para o ecossistema de *startups*, destacando a importância de uma definição clara para *startups* e a proteção de investidores, além de mudanças na legislação previdenciária e tributária que afetariam as estruturas de remuneração e investimento (Arake & Ramagem, 2020; Arake & Ramagem, 2021). O texto final não trouxe alterações relevantes, razão pelas quais aqueles comentários e observações permanecem válidos.

No entanto, este não é um trabalho de hermenêutica: não pretendemos revisitar esses comentários apenas sob um enfoque jurídico, mas realizar um pequeno exercício de prognose, ou seja, de previsão e estimativa das interações e das decisões estratégicas dos agentes do ecossistema das *startups* e como eles deverão (não no sentido deontológico, mas ontológico) se portar diante das normas que emergiram no novo contexto legal. Nesse contexto, a Teoria dos Jogos, uma ferramenta analítica que permite modelar interações estratégicas entre partes interdependentes, será de grande valia para responder ao seguinte problema de pesquisa: diante dos chamados Instrumentos de Investimento em Inovação, que explicitaram formas mais flexíveis e mais rígidas (conforme definiremos mais adiante neste trabalho) para captação de recursos de investidores, qual é a estrutura mais eficiente?

Para garantir uma compreensão abrangente deste estudo, é crucial detalhar como especificamente a Teoria dos Jogos se aplica ao MLSEI. Este modelo teórico nos ajuda a analisar como as decisões de *startups* e investidores, influenciadas pelas novas regras legais, podem resultar em diferentes cenários de negócios. Por exemplo, as "estratégias" neste contexto representam as várias abordagens contratuais disponíveis para investimento, enquanto os *payoffs* refletem o sucesso empresarial e o retorno sobre o investimento. Por meio da Teoria dos Jogos, podemos prever e analisar o impacto de diferentes estruturas contratuais no comportamento das partes envolvidas. Essa abordagem não só esclarece a teoria, mas também oferece insights práticos para otimizar as disposições do MLSEI no cenário brasileiro de *startups*.

Para tanto, dividiremos este trabalho em seções: na primeira delas, delimitaremos o escopo de análise do texto legal. Depois, apresentaremos os fundamentos básicos da Teoria dos Jogos que serão necessários para a análise proposta. Então, utilizaremos esses elementos dentro do escopo delimitado na primeira seção para, então, apresentar os impactos e implicações possíveis no comportamento dos agentes econômicos em breves conclusões.

Acreditamos que este trabalho atenderá a dois objetivos: fomentar a discussão a respeito do MLSEI e disseminar a aplicação da Teoria dos Jogos como elemento auxiliar para as análises legais, proporcionando uma visão mais clara e aplicável dos conceitos teóricos no contexto prático das *startups* brasileiras.

2. O QUE É O MLSEI?

Tradicionalmente, em uma economia capitalista e de mercado, como é o caso do Brasil, a microeconomia defende que a intervenção estatal seja excepcional, reservada apenas para casos de "Falhas de Mercado". Isto se deve ao princípio de que, em uma economia de mercado, as "decisões do planejador central são substituídas pelas decisões de milhões de empresas e famílias" (Mankiw, 2021, p. 8) que teoricamente tomam decisões buscando maximizar o seu "bem-estar", contribuindo assim para o bem-estar coletivo da sociedade. Embora existam ressalvas a essa ideia, historicamente, é o que tem sido observado. Em resumo, em um mercado (perfeitamente) competitivo, há pouco espaço para a intervenção estatal.

Nesse panorama, Michiles (2021, p. 11) observa que, enquanto o ecossistema das *startups* é frequentemente associado com conceitos como "crescimento exponencial, agilidade, tecnologia, disrupção e empreendedorismo", a atuação estatal é comumente vinculada a "burocracia, lentidão, tributação e ineficiência".

Portanto, à primeira vista, criar o MLSEI e convidar o Estado a intervir poderia parecer uma grande contradição. Contudo, o autor identifica que o MLSEI, na verdade, atua para proteger o ecossistema das *startups* da intervenção estatal, limitando o escopo de atuação do Estado e diminuindo as incertezas jurídicas, muitas vezes exploradas por alguns agentes para promover suas próprias agendas em detrimento do desenvolvimento do setor.

Dentro desse escopo reduzido de atuação estatal, identificam-se as falhas de mercado, situações em que o mercado, por si só, não consegue produzir uma "alocação eficiente de recursos" (Mankiw, 2021, p. 10), e que, portanto, necessitam da intervenção estatal para alcançar um estado ótimo de bem-estar para aquele contexto. Neste estudo, escolhemos analisar, à luz da Teoria dos Jogos, os diferentes "instrumentos de investimento em inovação" previstos no art. 5º do MLSEI:

> Art. 5º As startups poderão admitir aporte de capital por pessoa física ou jurídica, que poderá resultar ou não em participação no capital social da startup, a depender da modalidade de investimento escolhida pelas partes.
>
> § 1º Não será considerado como integrante do capital social da empresa o aporte realizado na startup por meio dos seguintes instrumentos:
>
> I – contrato de opção de subscrição de ações ou de quotas celebrado entre o investidor e a empresa;
>
> II – contrato de opção de compra de ações ou de quotas celebrado entre o investidor e os acionistas ou sócios da empresa;
>
> III – debênture conversível emitida pela empresa nos termos da Lei 6.404, de 15 de dezembro de 1976;
>
> IV – contrato de mútuo conversível em participação societária celebrado entre o investidor e a empresa;
>
> V – estruturação de sociedade em conta de participação celebrada entre o investidor e a empresa;
>
> VI – contrato de investimento-anjo na forma da Lei Complementar 123, de 14 de dezembro 2006;
>
> VII – outros instrumentos de aporte de capital em que o investidor, pessoa física ou jurídica, não integre formalmente o quadro de sócios da startup e/ou não tenha subscrito qualquer participação representativa do capital social da empresa.
>
> § 2º Realizado o aporte por qualquer das formas previstas neste artigo, a pessoa física ou jurídica somente será considerada quotista, acionista ou sócia da startup após a conversão do instrumento do aporte em efetiva e formal participação societária.

O primeiro instrumento, "opção de subscrição de ações ou de quotas" permite que o investidor que realize um determinado na startup e, em troca, adquira o direito (mas não a obrigação) de subscrever ações e quotas do capital social da startup quando esta emita novas ações ou quotas no futuro. Sua principal característica, portanto, está em que a decisão de subscrever, ou não, as quotas/ações advindas do aumento de capital são exclusivas do investidor.

O segundo instrumento, "opção de compra de ações ou de quotas" permite que o investidor contrate com os atuais sócios da startup o direito (mas não a obrigação) de adquirir ações ou quotas destes contra a realização de determinado investimento[1]. Do mesmo modo, a decisão de comprar as quotas/ações é, também, exclusiva do investidor.

O terceiro instrumento, "debênture conversível" emitida pela startup permite que a startup que seja sociedade anônima ou em comandita por ações emita debêntures que podem, no vencimento, ser convertidas em ações. Nesse caso, o grau de liberdade/discricionariedade que o investidor terá para converter as debêntures em ações vai depender do edital de seu lançamento. Portanto, compete à sociedade conceder ou não essa liberdade.

O quarto instrumento, "contrato de mútuo conversível" permite que a startup celebre contrato de mútuo com o investidor que pode, no vencimento, ser quitado pela integralização do crédito no capital social subscrito da startup. Aqui, o grau de liberdade/discricionariedade do investidor será negociado com a sociedade investida.

O quinto instrumento, "estruturação de sociedade em conta de participação" entre o investidor e a *startup* permite que aquele se torne "sócio-participante" de sociedade em conta de participação com a startup ("sócia ostensiva"), nos termos dos arts. 991 e seguintes do Código Civil. Do mesmo modo, as partes negociarão os critérios para eventual ingresso do investidor nos quadros sociais da sociedade investida.

O sexto instrumento, "contrato de investimento-anjo" entre o investidor e a startup permite a utilização do regime especial previsto no art. 61-A da LC 123/06. Idem com relação ao contrato de mútuo conversível.

O legislador, então, deixa a cargo da livre-iniciativa e da liberdade econômica entre investidor e investidos para estruturarem o melhor negócio jurídico para a sua realidade, possivelmente por reconhecer que não é interessante restringir a criatividade dos agentes econômicos.

Ao final desse capítulo do MLSEI, no art. 8º, excepcionou o investidor de qualquer responsabilidade advinda da startup enquanto não se tornar sócio/acionista:

---

1. Aqui, fazemos uma crítica ao texto legal. Considerando-se que tanto as *startups* podem manter quotas ou ações de seu próprio capital social em tesouraria, não vejo por que o referido contrato não possa ser celebrado com a própria startup.

Art. 8º O investidor que realizar o aporte de capital a que se refere o art. 5º desta Lei Complementar:

I – não será considerado sócio ou acionista nem possuirá direito a gerência ou a voto na administração da empresa, conforme pactuação contratual;

II – não responderá por qualquer dívida da empresa, inclusive em recuperação judicial, e a ele não se estenderá o disposto no art. 50 da Lei 10.406, de 10 de janeiro de 2002 (Código Civil), no art. 855-A da Consolidação das Leis do Trabalho (CLT), aprovada pelo Decreto-Lei 5.452, de 1º de maio de 1943, nos arts. 124, 134 e 135 da Lei 5.172, de 25 de outubro de 1966 (Código Tributário Nacional), e em outras disposições atinentes à desconsideração da personalidade jurídica existentes na legislação vigente.

Parágrafo único. As disposições do inciso II do caput deste artigo não se aplicam às hipóteses de dolo, de fraude ou de simulação com o envolvimento do investidor.

Ao analisar os Instrumentos de Inovação sob a perspectiva da Teoria dos Jogos, observa-se que todos compartilham uma estrutura comum: o investidor realiza um aporte financeiro, mas não ingressa imediatamente no quadro societário da startup, reservando-se o direito de fazê-lo mais tarde. Essa estrutura permite que o investidor minimize sua exposição aos riscos inerentes ao início da atividade da startup, sem perder a oportunidade de um investimento potencialmente lucrativo, condicionado ao cumprimento de determinadas condições.

A questão crucial que surge é: considerando que a decisão do investidor de investir na startup depende das condições estabelecidas no Instrumento de Inovação pela sociedade, seria mais eficiente para a sociedade oferecer maior liberdade nessa decisão ou vinculá-la a condições objetivas previstas no contrato? A Teoria dos Jogos, neste contexto, oferece uma ferramenta valiosa para explorar esta questão, permitindo uma análise detalhada das estratégias e incentivos envolvidos, e como elas podem influenciar as decisões dos investidores e o sucesso das *startups* no ecossistema de inovação.

3. O QUE É A TEORIA DOS JOGOS?[2]

A Teoria dos Jogos é um ramo da matemática aplicada que estuda situações estratégicas onde os agentes (chamados de "jogadores") escolhem diferentes ações em função do que os demais jogadores farão na tentativa de otimizar seus resultados. Ela é usada para analisar diversas situações de interação estratégica entre os jogadores (os "jogos"), onde as escolhas de cada um podem afetar o resultado dos demais. Seus principais expoentes são John von Neumann e Oskar Morgenstern, há quem se atribui o pioneirismo na área (Kuhn & Tucker, 1958). Por se tratar de um ramo matemático que estuda a tomada de decisão estratégica,

---

2. Para um maior aprofundamento do assunto, especialmente em como a Teoria dos Jogos pode ser aplicada no contexto de um processo judicial, ver nosso trabalho em Arake (2021).

ou seja, levando em consideração as decisões de terceiros, a Teoria dos Jogos é particularmente útil para as ciências sociais e, em particular, para o Direito (Baird, Gertner, & Picker, 1994)

Assim, um comportamento é considerado estratégico quando o retorno esperado (*payoff*) da conduta de um agente depende da conduta a ser tomada por outro agente, i.e., quando há interdependência entre as ações de cada jogador e a decisão maximizadora de utilidades depende da decisão de outros agentes (Gico Jr., 2007). Estruturando esse tipo de situação em uma linguagem da Teoria dos Jogos, tem-se que cada parte (jogador) tem um número de ações possíveis (estratégias) e elas são escolhidas (escolha) em resposta à ação esperada de cada um dos outros jogadores. Estes, por sua vez, estão desenvolvendo o mesmo raciocínio ao escolherem que ação tomar. Assim, um jogo estratégico consiste em (Osborne, 2009):

(a) Um conjunto J com uma quantidade i de jogadores, tal que $J = \left\{ j_1, j_2, ..., j_i \right\}$;

(b) Conjuntos S_n de estratégias possíveis (ações) para cada jogador j_n, tal que o conjunto S composto por todas as estratégias possíveis é dado por $S = \left\{ S_1, S_2, ..., S_i \right\}$;

(c) Preferências individuais sobre o conjunto de ações anteriormente definidas.

Um jogo é dito "simultâneo com informação perfeita" quando a tomada de decisão entre os jogadores é feita ao mesmo tempo, mas todos sabem, exatamente, quais são as preferências dos demais. Por outro lado, um jogo é dito "sequencial com informação perfeita", quando todos os jogadores sabem quais são as preferências dos demais, porém as escolhas são feitas em turnos. Por fim define-se "Equilíbrio de Nash" a situação em que, em um jogo envolvendo dois ou mais jogadores, nenhum jogador tem a ganhar mudando sua estratégia unilateralmente.

Apenas para fins de ilustração, esses conceitos serão demonstrados em um dos jogos mais conhecidos das ciências sociais: o dilema do prisioneiro. Dois suspeitos de um crime grave (e.g. assalto a banco) estão presos em celas separadas sem comunicação. Há provas suficientes para condenar a ambos por um crime de menor potencial ofensivo (e.g. porte ilegal de arma), mas não para o assalto ao banco, a menos que um deles delate o outro. Se ambos permanecerem em silêncio, responderão apenas por porte ilegal de arma e permanecerão um ano na cadeia. Por outro lado, se um deles confessar e delatar o outro, o delator será solto (colaboração premiada) e o delatado ficará preso por três anos. Contudo, se ambos confessarem, ambos serão condenados, porém, em razão da confissão espontânea, ficarão apenas dois anos na prisão. Qual a decisão racional a se tomar?

Modelando o cenário como um jogo simultâneo com informação perfeita, têm-se os seguintes elementos:

(a) Jogadores: Suspeito 1 e o Suspeito 2;

(b) Ações: "Calar" ou "Testemunhar";

(c) Preferências: ordenando as preferências de ambos os jogadores da mais preferível para a menos preferível, tem-se que: (i) preferem testemunhar, desde que o outro fique calado; (ii) preferem permanecer calados, desde que o outro também fique calado; (iii) preferem testemunhar, se o outro também testemunhar; e (iv) preferem permanecer calado, se o outro testemunhar.

Adotando a notação $u_i(a,b)$ para denotar o *payoff* de ambas as partes, em que i indica o número do jogador (sendo 1 para o Suspeito 1 e 2 para o suspeito 2), a a ação do Suspeito 1 e b a ação do Suspeito 2, pode-se representar o cenário acima tal que, para o Suspeito 1:

$$u_1 (test, calar) > u_1 (calar, calar) > u_1 (test, test) > u_1 (calar, test)$$

e para o Suspeito 2:

$$u_2 (calar, test) > u_2 (calar, calar) > u_2 (test, test) > u_2 (test, calar)$$

Com base nessas definições é possível ordenarem-se essas preferências em uma tabela:

Suspeito 1	Anos
u_1 *(test, calar)*	0
u_1 *(calar, calar)*	1
u_1 *(test, test)*	2
u_1 *(calar, test)*	3

Suspeito 2	Anos
u_2 *(calar, test)*	0
u_2 *(calar, calar)*	1
u_2 *(test, test)*	2
u_2 *(test, calar)*	3

Esse jogo pode ser representado no formato de uma bimatriz:

		Suspeito 2	
		Test	Calar
Suspeito 1	Test	(2,2)	(0,3)
	Calar	(3,0)	(1,1)

Assim, no dilema os prisioneiros, do ponto de vista coletivo, a melhor conduta para os jogadores seria cooperar, ou seja, ambos permanecerem calados, conduta que gera a menor pena total: dois anos (um para cada). No entanto como no modelo não há mecanismo crível que garanta a cada jogador que o outro não o trairá (comportamento desviante), a estratégia dominante de cada um é adotar a conduta divergente, i.e., testemunhar, mesmo que o outro opte por cooperar, pois essa estratégia sempre lhe gerará o melhor resultado, independente da ação do outro.

Se o Suspeito 2 escolher permanecer calado, a melhor resposta do Suspeito 1 é testemunhar, pois não passará nenhum ano preso. Por outro lado, se o Suspeito 2 escolher testemunhar, a melhor resposta do Suspeito 1 também é testemunhar, pois evita o pior cenário que é passar três anos na prisão. Como esse jogo é simétrico, o Suspeito 2 tem o mesmo cenário diante de si. Assim sendo, como os jogadores não podem assumir um compromisso crível de que não testemunhará contra o outro, a estratégia dominante de ambos é testemunhar. Verificando, desse modo, que o conjunto de escolhas (*test, test*) – que resulta numa soma de penas que totalizam quatro anos – é o equilíbrio não cooperativo[3] de Nash desse jogo, ainda que não resulte no melhor resultado socialmente considerado.

Agora, para ilustrar o segundo tipo de jogo, vejamos como funciona um jogo sequencial de informação perfeita. Suponha que uma pessoa, o "Mutuário", queira tomar um empréstimo de R$ 100,00 de uma segunda pessoa, o "Mutuante", a juros. Suponha, ainda, que ambos os jogadores vivem em um cenário em que há 100% de certeza de que os mecanismos de cobrança são eficazes[4]. O jogo se inicia com a tomada de decisão do Mutuante: empresta ou não o dinheiro? Se ele não emprestar, o jogo não passa para a próxima fase e se encerra. Se ele emprestar, a próxima decisão a ser tomada é pelo Mutuário: paga ou não o empréstimo? Se ele pagar, o Mutuário recebe de volta o valor emprestado com juros. Se não pagar, o Mutuário o processará. Vejamos como podemos estruturar esse jogo.

Para descrever um jogo sequencial de informação perfeita, precisamos definir os jogadores e suas preferências, tal como fizemos no jogo anterior. Ademais, precisamos definir a ordem que cada jogador tomará sua decisão, bem como todas as decisões possíveis de serem tomadas a cada sequência. Cada possível sequência é definida como "história terminal" e a função que define qual jogador toma decisão a cada história terminal o nome de "função do jogador".

Modelando o cenário descrito como um jogo sequencial com informação perfeita, têm-se os seguintes elementos:

(a) Jogadores: Mutuante e o Mutuário;

(b) Sequências de Decisões: ("Emprestar"; "Pagar"), ("Emprestar"; "Não Pagar") e ("Não Emprestar");

(c) $P(\emptyset) = Mutuante$ e $P(Emprestar) = Mutuario$

(d) Preferências do Mutuante: as preferências do Mutuante serão representadas pela função u_1 de modo que $u_1(Emprestar, Pagar) = 110$, $u_1(NaoEmprestar) = 0$ e $u_1(Emprestar, NaoPagar) = -10$.

---

3. Na Teoria dos Jogos, não cooperativo significa apenas que não é possível celebrar um contrato entre os jogadores, i.e., não é possível fazer valer um acordo por meio da força (*enforcement*).

4. É possível modelar esse jogo de forma a trazer expectativas mais realistas para a tomada da decisão. No entanto, para fins de ilustração do método, optamos por um cenário simplificado.

(e) Preferências do Mutuário: as preferências do Mutuário serão representadas pela função u_2 de modo que $u_2(Emprestar, Pagar) = 20$, $u_2(NaoEmprestar) = 5$ e $u_2(Emprestar, NaoPagar) = 0$.

Explicando a estrutura de preferências, o Mutuário necessita do empréstimo para aplicar em seu negócio e obter um retorno positivo de R$ 20,00. Sem o empréstimo, ele perderá uma boa oportunidade de negócio, mas não será prejudicado, obtendo um retorno positivo de R$ 5,00. Contudo, se tomar o empréstimo e não pagar, ele será processado e terá um prejuízo de R$ 10,00. Por sua vez, se o Mutuante emprestar o dinheiro, ele obterá um retorno de 10%, logo, o retorno positivo é de R$ 10,00. Se ele não emprestar o dinheiro, ele também não terá nenhum retorno. Se ele emprestar o dinheiro, e o Mutuário não pagar, ele terá que processar o Mutuário e seu retorno será reduzido em função das despesas com advogado para R$ -10,00.

Esse jogo é mais bem ilustrado pelo diagrama abaixo, em que o primeiro nó representa a tomada de decisão do Mutuante que tomará a primeira decisão ($P(Ø) = Mutuante$). Os dois ramos abaixo representam as escolhas do Mutuante: "Emprestar" ou Não Emprestar. O ramo "Emprestar" leva a um novo nó em que é a vez do Mutuário escolher ($P(Emprestar) = Mutuario$) e suas escolhas são "Pagar" ou "Não Pagar". O par de números ao final de cada história terminal representam, respectivamente, os *payoffs* do Mutuante e do Mutuário:

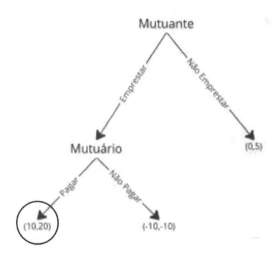

Considerando-se que quem toma a primeira decisão, nesse caso, induz o final do jogo, verificamos que é esperado que o Mutuante escolha aquele caminho que levará à maximização de seu retorno esperado. Desse modo, se ele escolher "Não Emprestar", o resultado que obterá é 0. Se ele escolher "Emprestar", dois são os resultados possíveis: R$ 10,00 (se o Mutuário pagar) ou -R$10,00 (se o Mutuário não pagar).

Ocorre que também é esperado que o Mutuário pague, pois, pagando, ele obterá um resultado positivo de R$ 20,00 que é preferível ao resultado de -R$10,00, caso não pague. Desse modo, o cenário em que o Mutuante empresta e o Mutuário não paga, não é crível, pois o Mutuário estaria tomando uma decisão irracional. Nesse passo, os resultados críveis desse jogo são os seguintes: o Mutuante não empresta ou o Mutuante empresta e o Mutuário paga. Considerando que este último dá um retorno maior do que o primeiro, a solução desse jogo é o Mutuante emprestar e o Mutuário pagar[5].

Após explorarmos os fundamentos e conceitos da Teoria dos Jogos, é crucial estabelecer uma ponte clara entre esses princípios teóricos e suas aplicações no contexto prático do Marco Legal das *Startups* para ver como esses conceitos se aplicam diretamente ao MLSEI e às interações entre *startups* e investidores.

4. MODELANDO A INTERAÇÃO ENTRE INVESTIDOR E INVESTIDA

Para ilustrar como a Teoria dos Jogos se encaixa neste novo paradigma legal, vamos considerar cenários práticos enfrentados por *startups* e investidores. Por exemplo, a escolha de um tipo de contrato de investimento não ocorre isoladamente; ela é influenciada por expectativas mútuas, estratégias de mercado e o quadro legal estabelecido pelo MLSEI. Aqui, a Teoria dos Jogos nos fornece uma ferramenta analítica para desvendar essas interações complexas e prever os desfechos possíveis de diferentes estratégias.

Na análise da relação entre investidores e sociedades sob o MLSEI, o modelo de jogo sequencial de informação perfeita é o mais adequado, considerando a natureza das decisões de investimento. Nesse modelo, a sociedade primeiro decide o tipo de Instrumento de Investimento, e o investidor responde a essa decisão.

Presumimos que o investidor prefere mais liberdade de escolha, representada por contratos de investimento flexíveis, que trazem menos riscos em comparação com contratos rígidos. Por outro lado, a sociedade investida tende a preferir contratos rígidos, pois isso minimiza o risco de descapitalização. Presumimos, por fim, que o Investidor prefere investir, independente da flexibilidade ou rigidez do instrumento, do que não investir. Contudo, reconhecemos que estes valores são representações simplificadas das preferências e podem variar na prática. Portanto, nossa análise utiliza uma abor-

---

5. Esse resultado muda drasticamente se ambos estivessem em um País em que os mecanismos de cobrança disponíveis para o Mutuante não são eficazes e, portanto, haja chance de o Mutuário não ser condenado a restituir o Mutuante. No entanto, como já mencionamos na nota 5, optamos por simplificar o modelo apenas para ilustrar o raciocínio.

ESTRATÉGIAS DE *STARTUPS* NO TABULEIRO LEGAL **237**

dagem qualitativa, focando nas tendências gerais de preferências ao invés de quantificar os retornos exatos.

Modelando o cenário descrito como um jogo sequencial com informação perfeita, têm-se os seguintes elementos:

(a) Jogadores: Sociedade (s) e Investidor (In).

(b) Sequências de Decisões: ("Flexível","Investir"), ("Flexível","Não Investir"), ("Rígido","Investir") e ("Rígido","Não Investir"), onde "Flexível" será F, "Inflexível" será I, "Não Investir" será NI e "Rígido" será R.

(c) $P(\emptyset) = S, P(F) = In$ e $P(R) = In$.

(d) Preferências da Sociedade: as preferências da Sociedade serão representadas pela função u_s de modo que $u_s(R, I) = 200, u_s(F, I) = 150, u_s(F, NI) = u_s(R, NI) = 0$.

(e) Preferências do Investidor: as preferências do Investidor serão representadas pela função u_{In} de modo que $u_{In}(F, I) = 15, u_{In}(R, I) = 10, u_{In}(F, NI) = u_{In}(R, NI) = 0$

Explicando a estrutura de preferências, sem o investimento, nem a Sociedade, nem o Investidor terão qualquer retorno e ficarão estagnados, i.e., $u_s(F, NI) = u_s(R, NI) = u_{In}(F, NI) = u_{In}(R, NI) = 0$. Se a Sociedade obtiver o investimento e não tiver que se preocupar em pagar o Investidor, ela poderá trabalhar o aporte de maneira mais livre e poderá obter retornos mais robustos: R\$ 200 mil, i.e., $u_s(R, I) = 200$. Se a sociedade tiver que se preocupar em pagar o Investidor, ela será mais conservadora e seus retornos serão menores: R\$ 150 mil, i.e., $u_s(F, I) = 150$.

Por sua vez, o Investidor valoriza a liberdade de escolher entre converter o seu investimento em quotas/ações ou exigir a restituição do aporte, de modo que, para ele, o retorno advindo dessa liberdade, mais a valorização do investimento é precificada por ele em R\$ 15 mil, .i.e., $u_{In}(F, I) = 15$, e, sem essa liberdade, a valorização do investimento é precificada em R\$ 10 mil, i.e., $u_{In}(R, I) = 10$.

Ilustrando essa árvore decisional, verificamos que o primeiro nó representa a tomada de decisão da sociedade que tomará a primeira decisão ($P(\emptyset) = S$). Os dois ramos abaixo representam as escolhas da Sociedade: "Flexível" e "Rígido". Ambos os ramos levam a dois novos nós em que é a vez do Investidor escolher ($P(F) = In$) e ($P(R) = In$) e suas escolhas são "Investir" ou "Não Investir". O par de números ao final de cada história terminal representam, respectivamente, os *payoffs* da Sociedade e do Investidor:

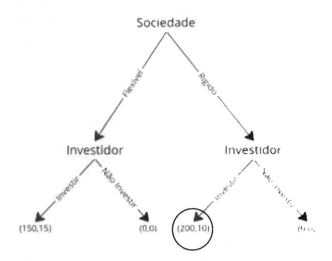

Novamente, sabendo que quem toma a primeira decisão induz o final do jogo, verificamos que é esperado que a Sociedade escolha o caminho que levará à maximização de seu retorno esperado. Desse modo, se ela escolher "Rígido", o resultado que obterá é R$ 200 mil, pois é esperado que o Investidor prefira R$ 10 mil a zero. Se ela escolher "Flexível", o resultado que obterá é R$ 150 mil, pois é esperado que o Investidor prefira R$ 15 mil a zero. Assim, considerando que o contrato rígido leva a um retorno esperado superior que o contrato flexível, a solução desse jogo é a Sociedade apresentar um contrato de investimento rígido e o Investidor investir.

Nesse passo, dos Instrumentos de Investimento em Inovação previstos no art. 5º do MLSEI, a debênture conversível, o mútuo conversível e o contrato de investimento-anjo (todos esses com critérios objetivos para conversão do mútuo em aporte) e a sociedade em conta de participação são preferíveis aos contratos de opção de subscrição, opção de compra e demais contratos que flexibilizem a conversão do aporte em capital.

5. DISCUSSÃO E CONCLUSÃO

A proposta desse artigo foi estudar de que maneira as novidades introduzidas pelo MLSEI especificamente no que tange aos Instrumentos de Investimento em Inovação afetam a estrutura de incentivos da sociedade investida e de seus potenciais investidores à luz da Teoria dos Jogos. Tivemos, portanto, dois objetivos: estudar esses instrumentos e demonstrar como a Teoria dos Jogos, ainda que de maneira bastante simplificada, pode ilustrar essa análise.

No entanto, algumas premissas adotadas para simplificar essa ilustração podem ter afastado o modelo da realidade do ecossistema das *startups*. Com efeito,

ESTRATÉGIAS DE *STARTUPS* NO TABULEIRO LEGAL **239**

a experiência profissional denota que as *startups* têm preferido celebrar contratos de investimento mais flexíveis. Uma possível explicação para essa observação que contradiz os resultados teóricos de nosso modelo é o fato de os investidores possuírem um "poder de barganha"[6] superior ao da sociedade (talvez em função de eventual restrição de crédito ou alta de juros bancários como alternativa). Possivelmente, o problema do risco moral[7] entre o investidor e a sociedade, tais como a impossibilidade de a sociedade investida provar que está envidando seus melhores esforços após o investimento ser realizado (Bettignies & Brander, 2007; Fairchild, 2011).

Uma solução interessante foi levantada por Elitzur & Gavious (Elitzur & Gavious, 2003) para quem esse risco moral pode ser reduzido quando o investidor consegue postergar ao máximo o pagamento do investimento. Desse modo, um contrato de investimento contínuo, em que nenhuma das partes pudesse resilir imotivadamente o contrato, nem descumprir o compromisso do investimento e que a continuidade desse pagamento estivesse vinculada à observação de resultados observáveis e periódicos, reduziria o risco do investidor ao passo que o vincularia a um contrato rígido de investimento, tal como definido neste trabalho. Conclusão semelhante foi observada por Cherif & Elouaer (2008).

Reconhecemos, no entanto, que este modelo, embora útil para análise teórica, tem limitações. Ele pressupõe racionalidade perfeita e não considera variáveis externas ou de mercado que podem influenciar as decisões. Além disso, sugerimos pesquisas futuras ou estudos de caso para testar e validar este modelo no contexto real do mercado de startup, principalmente com enfoque no ecossistema das *startups* brasileiras, de modo a verificar se os modelos estrangeiros explicam nossa realidade ou se deverão sofrer algum tipo de ajuste.

De qualquer sorte, atendidas as premissas escolhidas, concluímos que a sociedade investida tende a preferir contratos de investimento rígidos, enquanto o investidor prefere investir, dada a liberdade de escolha. Este modelo oferece insights valiosos para entender as preferências e estratégias sob o MLSEI, podendo influenciar futuras legislações e práticas de mercado.

---

6. Para um modelo sobre como o poder de barganha pode influenciar negociações e transações judiciais, ver Dixit (2011, pp. 30-31).
7. Segundo Mankiw (2021, p. 365), risco moral "[...] é um problema que surge quando alguém, chamado agente, realiza alguma tarefa em nome de outra pessoa, denominada principal. Se o principal não puder monitorar perfeitamente o comportamento do agente, este tende a empregar menos esforços do que o principal consideraria desejável. A expressão risco moral refere-se ao risco de comportamento inadequado ou 'imoral' por parte do agente. Em tal situação, o principal tenta, de diversas maneiras, encorajar o agente a agir de maneira mais responsável". Nesse contexto, o risco moral advém, por exemplo, da impossibilidade de o investidor fiscalizar o nível de esforço do investido, uma vez que o aporte de capital foi realizado.

6. REFERÊNCIAS

ARAKE, H. *O Princípio Da Eficiência No Processo Civil*: Uma Leitura Do Código De Processo Civil À Luz Do Princípio Da Eficiência. São Paulo: Dialética, 2021.

ARAKE, H., & Ramagem, I. *Consultor Jurídico*, 23 de outubro de 2020. Fonte: Conjur: Https://Www.Conjur.Com.Br/2020-Out-23/Arake-Ramagem-Comentarios-Projeto-Lei-Complementar-2492020/.

ARAKE, H., & Ramagem, I. *Consultor Jurídico*, 1º de março de 2021. Fonte: Conjur: Https://Www.Conjur.Com.Br/2021-Mar-01/Arake-Lima-Comentarios-Marco-Legal-Startups/.

BAIRD, D., Gertner, R., & Picker, R. *Game Theory And The Law*. Cambridge: Harvard University Press, 1994.

BETTIGNIES, J.-E., & Brander, J. A. Financing Entrepreneurship: Bank Finance Versus Venture Capital. *Journal Of Business Venturing*, 2007. Pp. 808-832. Doi:Https://Doi.Org/10.1016/J.Jbusvent.2006.07.005

CHERIF, M., & Elouaer, S. Venture Capital Financing: A Theoretical Model. *The Journnal Of Applied Business And Economics*, 2008. Pp. 56-82.

DIXIT, A. K. (2011). *Lawlesness And Economics: Alternative Modes Of Governance*. Princeton University Press, 2011.

ELITZUR, R., & Gavious, A. (2003). A Multi-Period Game Theoretic Model Of Venture Capitalists And Entrepreneurs. *European Journal Of Operational Research*, Pp. 440-453. Doi:Https://Doi.Org/10.1016/S0377-2217(02)00144-3.

FAIRCHILD, R. (2011). An Entrepreneur's Choice Of Venture Capitalist Or Angel-Financing: A Behavioral Game-Theoretic Approach. *Journal Of Business Venturing*, Pp. 359-374. Doi:Https://Doi.Org/10.1016/J.Jbusvent.2009.09.003.

GICO JR., I. T. *Cartel*: teoria unificada da colusão. São Paulo: Lex, 2007.

KUHN, H. W., & Tucker, A. W. (1958). John Von Neumann's Work In The Theory Of Games And Mathematical Economics. *Bull. Amer. Math. Soc., 64*, Pp. 100-122. Doi:Https://Doi.Org/10.1090/S0002-9904-1958-10209-8.

MANKIW, N. G. *Princípios Da Microeconomia*. Sp: Cengage Learning, 2021.

MICHILES, S. *Marco Legal Das Startups – Um Guia Para Advogados, Empreendedores E Investidores*. São Paulo: JusPodivm, 2021.

OSBORNE, M. J. *An Introduction To Game Theory*. Oxford: Oxford University Press, 2009.

COMO *STARTUPS* (NÃO) SE SOBRESSAEM PELO USO DO SISTEMA DE PROPRIEDADE INTELECTUAL

Débora Cristina de Andrade Vicente

Mestre (LL.M.) em Direito e Economia e especialização em Análise Econômica da Inovação e Propriedade Intelectual pelo *European Master in Law & Economics* (EMLE). Bacharel Magna *Cum Laude* em Ciências Jurídicas e Sociais pela Faculdade Nacional de Direito da Universidade Federal do Rio de Janeiro (FND-UFRJ). Membro do Conselho da Liga Acadêmica da Propriedade Intelectual da UFRJ (LAPI). Advogada.

Kone Prieto Furtunato Cesário

Professora adjunta de Direito Empresarial e Propriedade Intelectual da Faculdade Nacional de Direito da Universidade Federal do Rio de Janeiro (FND-UFRJ). Doutora pela Pontifícia Universidade Católica de São Paulo (PUC/SP), com pesquisas conduzidas na Universidade St. Gallen, Suíça. Docente Orientadora e Supervisora das Atividades da Liga Acadêmica da Propriedade Intelectual da UFRJ (LAPI).

Sumário: 1. Introdução – 2. Revisão de literatura – 3. Evidências da atual conjuntura brasileira – 4. Considerações finais – 5. Referências.

1. INTRODUÇÃO

Com o advento da Lei Complementar 182/2021 (o Marco Legal das *Startups* – "MLS") em vigor desde 31 de agosto de 2021, resta como tarefa dos juristas e economistas envolvidos com a economia Brasileira identificar quais são as inovações trazidas pelo MLS e quais efeitos tem propiciado no Brasil.

Em síntese, o principal objetivo do MLS foi criar mecanismos que propiciassem o aumento de investimentos e investidores, por exemplo, por meio da figura do "investidor-anjo" em sociedades empresárias em fase inicial, as *startups*[1].

---

1. A definição por lei é de que *startups* são "organizações empresariais ou societárias, nascentes ou em operação recente, cuja atuação caracteriza-se pela inovação aplicada a modelo de negócios ou a produtos ou serviços ofertados" (art. 4, *caput*, MLS).

   São elegíveis em tal enquadramento: "o empresário individual, a empresa individual de responsabilidade limitada, as sociedades empresárias, as sociedades cooperativas e as sociedades simples: I – com receita bruta de até R$ 16.000.000,00 (dezesseis milhões de reais) no ano-calendário anterior ou de R$ 1.333.334,00 (um milhão, trezentos e trinta e três mil trezentos e trinta e quatro reais) multiplicado

Inovações nem sempre são positivas, mas sempre apresentam o desafio de medição. Portanto, para cumprir a função de identificar alguns dos efeitos trazidos pelo MLS, o presente trabalho tem por objetivo responder "de que maneira *startups* podem se sobressair por meio do uso do sistema de propriedade intelectual, diante da MLS, no território brasileiro" por meio de uma abordagem exploratória da literatura, documentos, textos normativos e análise comparada.

Além de evidências teóricas advindas do direito, são destacados trabalhos empíricos advindos da ciência jurídica e econômica, ciência que visa compreender os efeitos econômicos das normas legais.

Apresenta-se também alguns exemplos estrangeiros para estabelecer um diálogo com o atual cenário Brasileiro, buscando identificar potenciais casos de sucesso no exterior e até que ponto se faz eficiente e suficiente o transpasse de tais exemplos à realidade brasileira, bem como quais podem ser as medidas de prevenção a exemplos que se mostram malsucedidos.

A importância do presente estudo deriva do fato de que *startups* são fonte de tecnologias, produtos, sistemas e modelos de negócios que impulsionam o mercado diariamente. Assim sendo, os mecanismos jurídico-econômicos e corporativos devem estar eficaz e eficientemente prontos a regular, conduzir e impulsionar tais *startups* ao sucesso, o que, em regra, representa a possibilidade de diretamente propiciar o aumento de suas atividades econômicas e indiretamente promover resultados socialmente úteis e de acordo com os interesses coletivos.

O capítulo 2 revê algumas lições da literatura sobre como a propriedade intelectual se conecta às *startups* (e vice-versa). O capítulo 3 evidencia (i) a atual conjuntura brasileira sobre o desenvolvimento das *startups*, (ii) o uso da propriedade intelectual pelas *startups* no Brasil, e (iii) alguns exemplos advindos do exterior, em particular dos Estados Unidos e da Índia. Por fim, o capítulo 4 conclui e o 5 atribui as referências utilizadas, que também se encontram em notas de rodapé.

2. REVISÃO DE LITERATURA

O processo de empreender em uma nova atividade econômica requer também esforços para proteger ativos intelectuais. Marcas e patentes, por exemplo,

---

pelo número de meses de atividade no ano-calendário anterior, quando inferior a 12 (doze) meses, independentemente da forma societária adotada; II – com até 10 (dez) anos de inscrição no Cadastro Nacional da Pessoa Jurídica (CNPJ) da Secretaria Especial da Receita Federal do Brasil do Ministério da Economia; e III – que atendam a um dos seguintes requisitos, no mínimo: a) declaração em seu ato constitutivo ou alterador e utilização de modelos de negócios inovadores para a geração de produtos ou serviços, nos termos do inciso IV do caput do art. 2º da Lei 10.973, de 2 de dezembro de 2004; ou b) enquadramento no regime especial Inova Simples, nos termos do art. 65-A da Lei Complementar 123, de 14 de dezembro de 2006" (art. 4º, § 1º, inc. I, II e III, MLS).

representam títulos de propriedade industrial exclusiva concedidos para exploração comercial por determinado sujeito, por intermédio do poder do Estado e de suas instituições públicas, como o Instituto Nacional da Propriedade Industrial (a seguir "INPI").

A postura de cada empreendedor ao buscar proteção dos ativos intelectuais que são fundamentais ou decisivos à exploração da atividade econômica que realiza pode ser determinante ao (in)sucesso da empresa. Não apenas importa a proteção em si, mas também o modo e o momento certo de fazê-la.

Nesse cenário, a gestão dos ativos intelectuais de uma empresa, conduzida pela sua governança corporativa, é considerada fator fundamental e decisivo. Este trabalho, ao incorporar as lições expostas por Silveira[2] e Marques[3], este define como governança corporativa um conjunto de mecanismos ou princípios internos e externos que governam o processo decisório dentro de uma empresa e visam harmonizar a relação entre gestores e investidores e minimizar os problemas de agência.

Considera-se a existência de uma relação direta entre uma melhor estrutura de governança corporativa e o positivo desempenho e valor de mercado[4]. Além disso, entende-se que a governança corporativa é capaz de agregar valor à sociedade empresária (bem como ao Estado, quando entendemos ele como um ente empreendedor) ao equilibrar competitividade e produtividade da empresa por meio de uma gestão responsável e transparente[5]. Como resultado, infere-se que uma governança corporativa mais eficiente é capaz de afetar direta e positivamente a melhor gestão dos ativos e propriedades intelectuais de uma empresa, bem como o seu desempenho e valor de mercado.

Entende-se que a gestão dos ativos de propriedade intelectual deve ocorrer por meio de uma postura aberta, transversal e holística pelas figuras que exercem papel de poder nesses ambientes. Holgersson e Santen[6] evidenciam que uma abordagem holística e inteligente sobre esses ativos é necessária porque eles intrinsecamente envolvem um potencial competitivo que se frequentemente dá-se de forma plural e dinâmica. O fator competitivo pode advir de diferentes recursos intelectuais, como invenções técnicas, dados, comunidades de usuários, parcerias etc.

Portanto, além da gestão da propriedade intelectual precisar levar em conta diferentes tipos de direito de propriedade intelectual, precisa também ser integrada

---

2. SILVEIRA, 2002, pp. 1-2.
3. MARQUES, 2007.
4. SILVEIRA, 2002.
5. MARQUES, 2007.
6. HOLGERSSON; SANTEN, 2018.

ao que os autores chamam de "gestão geral" (conceito que neste trabalho entende-se como sinônimo de governança corporativa) e à "estratégia de negócios"[7].

Além disso, tem-se o poder público como outro fator fundamental e decisivo ao desenvolvimento e sucesso das atividades econômicas que se atrelam a tais ativos intelectuais, uma vez que os títulos de propriedade intelectual quando não concedidos pelo poder público, como no caso dos títulos industriais, são exequíveis por esse, como por meio do poder judiciário.

As marcas e patentes são possivelmente os ativos intelectuais de mais fácil estudo, pois, por serem ativos industriais, a proteção requer aplicabilidade objetiva e depósito junto ao INPI e, portanto, divulgação oportuna de acesso público.

O título de propriedade de uma patente, por exemplo, é comumente entendido como capaz de reduzir informações assimétricas entre partes sobre determinada inovação. Pela medição ou quantificação de riscos, inventores e investidores são inseridos em um ambiente de maior segurança jurídica, propício à exponenciar investimentos e desenvolvimentos de atividades econômicas. Esse é um dos elementos da lógica econômica no sistema de propriedade industrial, conforme ensinam Long[8] e Conti et al[9]. Em conjunto com ele, a possibilidade de instaurar um equilíbrio de mercado entre a exclusividade para exploração comercial por parte de um ator e a disponibilidade da inovação à sociedade, o que justifica a utilização do monopólio, explicam o funcionamento de tal sistema, conforme ensinam Cooter e Ulen[10].

Os autores Kuhn e Teodorescu[11] ressaltam como Conti et al.[12] tiveram sucesso ao demonstrar como a patente é um título de propriedade eficiente para sinalizar o valor de *startups* para potenciais financiadores ou investidores. Outro exemplo dado por esses dois primeiros autores é o pontuado por Hochberg et al.[13] em um estudo empírico publicado no *Journal of Financial Economics* em 2018, onde os autores revelaram que o *Silicon Valley Bank* detém considerável portfólio de patentes que foi adquirido por meio da inadimplência de empresas sobre empréstimos securitizados. Ou seja, o título de uma patente expressa seu valor até mesmo na busca por crédito.

Kuhn e Teodorescu[14] são cirúrgicos ao afirmar que (i) pequenas empresas têm maior probabilidade de preferir requerer aceleração do julgamento de suas

---

7. *Ibidem.*
8. LONG, 2002.
9. CONTI et al., 2013, a.
10. COOTER; ULEN, 2016, p. 38 e pp. 116-126.
11. KUHN; TEODORESCU, 2020.
12. CONTI et al, 2013, b.
13. HOCHBERG et al., 2018.
14. KUHN; TEODORESCU, 2020.

patentes do que demais empresas, bem como que (ii) empresas com um portfólio de patentes menor têm maior probabilidade de preferir requerer aceleração do julgamento de suas patentes do que as empresas com um portfólio de patentes maior. Para embasar tal raciocínio teórico – posteriormente comprovado por meio do estudo empírico por eles conduzido – os autores citam trabalhos de outros teóricos: como Moeen[15], que demonstra como o ato de patentear com a devida antecedência pode facilitar o surgimento de estratégias para uma indústria emergente e, portanto, o seu fortalecimento e crescimento e as demonstrações de Farre-Mensa et al.[16] e Gans et al.[17], respectivamente, à evidência de que patentear com antecedência aumenta a probabilidade de obter financiamento de risco e a demora na concessão de patentes prejudica a comercialização de tecnologias entre empresas.

Os autores também destacam o estudo de Balasubramanian & Lee[18] sobre o fato de que empresas maiores tendem a dar mais importância ao seu portfólio de patentes, ou seja, à junção de todas as patentes essenciais à exploração de suas atividades comerciais, não mais importando necessariamente o tempo que um novo pedido de patente demora para ser analisado. Em contrapartida a esse fato, destacam o estudo empírico de Helmers e Rogers[19], que demonstra exatamente como a busca antecipada para a proteção de uma patente pode aumentar a probabilidade de sobrevivência de uma empresa recém-criada e o aumento do seu valor.

Não apenas as patentes são determinantes ao sucesso de uma atividade econômica, mas também as marcas são capazes de resolver o problema de informações assimétricas entre partes ao capacitarem a identificação sobre a origem de determinado produto ou serviço. As marcas são capazes de reunir informações e transmitirem para partes interessadas, facilitando, assim, o processo de tomada de decisão sobre escolha e investimento em determinada marca para investidores externos, consumidores daqueles produtos e serviços, bem como os próprios detentores da marca, dado que maior reputação da marca é capaz de elevar suas atividades econômicas[20]. Em outras palavras, o sistema marcário pode maximizar a eficiência do mercado.

Ao contrário do que ocorre com as patentes, contudo, as marcas não indicam limite no que tange ao tempo, dado a sua proteção e exploração, no geral, *ad infinitum*, haja visto a possibilidade de prorrogação da vigência por pagamento de taxas e comprovação da exploração comercial da marca. Todavia, outros me-

---

15. MOEEN, 2017.
16. FARRE-MENSA et al., 2020.
17. GANS et al., 2008.
18. BALASUBRAMANIAN; LEE, 2008.
19. HELMERS; ROGERS, 2011.
20. RAMELLO, 2006.

canismos do sistema de marcas, como a caducidade, que é a perda do direito pelo não uso, e a especialidade, que limita a proteção a uma determinada categoria de produtos ou serviços, fazem com que esses ativos sejam tidos como instrumentos para competição.

A possibilidade de explorar o tempo e novas formas é positiva ao empresário e seus investidores no processo de competição porque economicamente cria um *"premium price"* atrelado aos produtos e serviços de seus interesses[21]. Todavia, quando usado de forma abusiva pode representar dano aos consumidores[22] e, portanto, tem a capacidade de propiciar uma falha de mercado advinda de uma má sinalização ou de má reputação das marcas[23]. O registro de marcas sem distintividade ou marcas fracas, pertencentes ao vocábulo, servem ao modelo intento de incrementar o custo de pesquisa de consumo quando um único fornecedor se assenhora desse vocábulo e incrementa o custo para informação e competição, quando estes deverão investir ainda mais na busca de novos vocábulos para descrever a sua categoria de produtos ou serviços aos consumidores.[24]

Nesse cenário, a importância da proteção e exploração dos ativos intelectuais, e principalmente os industriais, dado a sua obrigatoriedade de registro público, se sobressai para garantir uma boa governança empresarial. A forma como a cultura da empresa lida com o desenvolvimento dos ativos intelectuais e suas proteções; os recursos disponíveis para tanto; a planificação e acompanhamento de uma agenda de R&D; a escolha de parceiros para financiamento e crédito – todos esses elementos são fundamentais para garantir anterioridade, eficiência e eficácia de produtos, serviços e inovações das atividades comerciais.

Tal importância é ainda mais pulsante no caso das *startups*, pois tais títulos de propriedade podem perfazer tanto uma barreira de entrada ao mercado aos seus concorrentes, como uma barreira de entrada ao mercado para as próprias *startups*.

3. EVIDÊNCIAS DA ATUAL CONJUNTURA BRASILEIRA

Entender o cenário Brasileiro no que tange à criação, investimento e desenvolvimento de *startups* é fundamental para comentar legislações, identificar potenciais problemas e sugerir endereçamentos em nível público, privado e de parcerias.

Os subcapítulos a seguir ressaltam lições no território nacional no que tange às *startups* sobre (a) investimento de risco, (b) conhecimento sobre propriedade

---

21. CESÁRIO, 2016, p. 152-123.
22. *Ibidem.*
23. RAMELLO, 2006.
24. ASSAFIM, 2015, p. 228.

intelectual, (c) o uso do INPI, bem como revela (d) alguns exemplos estrangeiros de facilitação ao acesso ao sistema de propriedade intelectual para *startups*, advindos especificamente dos Estados Unidos e da Índia.

Tais lições são úteis para tecer conclusões sobre de que forma os aparatos públicos e privados, no que tange aos direitos de propriedade intelectual, podem ser melhor direcionados para propiciar um ambiente cada vez mais propício ao desenvolvimento de *startups*.

(a) Investimento de Risco e *Startups*

A crise financeira de 2008, cumulada com a desaceleração do crescimento econômico da China e a queda nos preços de *commodities* causaram relevante queda na rentabilidade de títulos financeiros e de ações de sociedades empresárias da economia tradicional (como as empresas de petróleo), levando investidores a investir em *startups*, principalmente aquelas voltadas ao setor tecnológico[25].

Entre os diversos tipos de investimentos que podem ser destinados às *startups*, destacam-se as modalidades de *venture*, incubadoras, aceleradoras, crowdfunding e investimento-anjo[26]. Especificamente, os investidores-anjo são indivíduos que fornecem capital financeiro às sociedades empresárias em estágio inicial, assim, desempenhando um papel crucial no ecossistema empreendedor. Sá[27] e Silva e Silva[28] destacam que, ao contrário do que ocorre, por exemplo, no investimento *venture*, no investimento-anjo a *expertise* e a rede de contatos dos investidores somam positivamente ao ecossistema empreendedor. Possivelmente advinda desse fato tal denominação, pois se transfere ativos virtuosos frequentemente de maior valor que os monetários.

O MLS no Brasil pode ser entendido como uma tentativa de endereçar problemas nacionais em favor do desenvolvimento de *startups* ao (i) definir legalmente o conceito de *startup*, (ii) simplificar processos de licitação e contratação das *startups*, (iii) introduzir um novo regime de participação societária nesse tipo de sociedade empresária, bem como (iv) facilitar o acesso delas à proteção de ativos intelectuais por meio do sistema de propriedade intelectual.

No geral, tal diploma legal tem por objetivo propor a criação de mecanismos que sustentam o aumento de investimento de risco, crédito e o nível de atividade econômica dessas empresas.

---

25. SÁ, 2017.
26. *Ibidem.*
27. *Ibidem.*
28. SILVA; SILVA, 2023.

Ao possibilitar que *startups* sejam empresas de capital aberto na bolsa de valores, por exemplo, o MLS oportuniza o investimento de capital direto em um ambiente de risco que é, então, novo para tais sociedades empresárias, mas muito bem conhecido e de fácil acesso aos investidores.

Contudo, de acordo com Silva e Silva[29], apesar dos avanços o MLS também acabou por evidenciar algumas limitações regulatórias do Brasil. Especificamente, o sistema tributário brasileiro é apontado como um dos principais obstáculos aos investidores anjos e, por consequência, às atividades econômicas em estágio inicial, inibindo, portanto, o escalonamento do processo de investimentos e desenvolvimento de *startups* no país.

Uma forma de viabilizar a promoção do desenvolvimento das *startups* no que tange aos ativos intelectuais seria por meio dos mecanismos de atuação dos atores institucionais presentes na Estratégia Nacional da Propriedade Intelectual[30], cujo desenho jurídico-institucional prevê participação de sessenta atores públicos e privados. Uma vez que, como ensinam Bucci e Ruiz[31], a compreensão acurada do desenho jurídico-institucional do ambiente de tomada de decisão além de identificar órgãos gestores, identifica suas atribuições específicas e o funcionamento.

Considerando todo o exposto no presente subcapítulo, no que tange à atual conjuntura brasileira sobre investimento de risco e *startups*, entende-se que o cenário nacional se beneficiou com a entrada em vigor do MLS, ainda que pendente esforços para melhoramento das questões tributárias, tanto para prover condições mais benéficas à empresários e investidores como para destinar de forma mais eficiente e eficaz as receitas pela máquina pública, bem como para favorecer um diálogo transversal entre diferentes atores institucionais no sustento ao desenvolvimento das *startups*.

Evidências a seguir demonstram de que forma o poder público nacional atrelado à boa governança corporativa pode alavancar ainda mais o desenvolvimento das *startups* tendo como ferramenta principal a gestão dos ativos intelectuais.

(b) *Startups* e PI: conexão via Redesim

A modificação do art. 65-A pelo MLS busca conceder alguns tratamentos diferenciados às empresas que se declarem como empresas de inovação, como as *startups*. As mudanças indicam que o Legislador racionalizou exatamente a necessidade de diminuir alguns aspectos burocráticos e custos de transação advindos da atuação dos entes públicos e, por consequência, diminuição dos custos

---

29. *Ibidem.*
30. BRASIL, 2021.
31. BUCCI; RUIZ, 2019, p. 1.161.

COMO *STARTUPS* (NÃO) SE SOBRESSAEM PELO USO DO SISTEMA DE PROPRIEDADE INTELECTUAL | **249**

de transação relativos à profissionais contratados para lidar com tais entes, como contadores, despachantes e advogados.

Em particular, no que tange à propriedade intelectual, o artigo traz modificações nos parágrafos 7 e 8 para prever (i) orientações sobre o depósito de pedido de patentes e de marca a serem disponibilizadas a tais empresas por meio do portal público oficial de comunicação com o Governo, e (ii) análise em caráter prioritário pelo INPI dos pedidos de patente e registro de marca feitos por essas empresas.

Pela nova lei, é possível concluir que para o ideal funcionamento desse arcabouço jurídico e institucional é necessário o correto funcionamento de um programa intitulado como "Rede Nacional para a Simplificação do Registro e da Legalização de Empresas e Negócios" (a seguir "Redesim"). A Redesim não é uma rede de uso exclusivo por *startups*, mas de uso por todas as atividades econômicas do país. Em teoria, ela integra Receita Federal, Junta Comercial, Secretaria da Fazenda Estadual e prefeituras de todo o país.

Há relatos de que a facilitação proporcionada pela rede de fato simplifica os processos para empresas, por exemplo, reduzindo a dois dias a conclusão de um procedimento de abertura ou fechamento de uma sociedade empresária, o que por meio do processo anterior poderia representar a duração de até mais de quarenta dias.

Chama-se atenção, contudo, que nem todos os municípios do Brasil fazem uso da Redesim. De forma geral, ainda que verificadas exceções à regra, as capitais e cidades metropolitanas são as cidades que parecem lograr maior êxito na implementação e no uso do novo sistema. Enquanto as cidades afastadas dos centros metropolitanos encontram dificuldades para a introdução da rede como um novo sistema para lidar com os direitos e obrigações das empresas brasileiras.

Isso significa que a busca pela facilitação dos procedimentos para as *startups* no Brasil ainda está em fase de entendimento e implementação tanto pelos órgãos públicos como por uma parcela da população que será alavancada ao uso e entendimento desta rede apenas quando requerido pelo setor público. Em outras palavras, quando o modo tradicional de lidar com as burocracias das atividades econômicas perante os órgãos públicos deixar de ser utilizado.

Uma vez que ainda há a necessidade de maximização da implementação, uso e funcionamento da Redesim, visto que a efetivação da rede e de suas capacidades ainda encontram desafios e limitações dentro da realidade brasileira, se mostra coerente afirmar que a facilitação do conhecimento à governança corporativa sobre a gestão de ativos intelectuais e suas proteções e do acesso à instituições que lidam com esses temas, como o INPI, também ainda não foi maximizada por meio dessa rede.

Portanto, no que diz respeito ao INPI, ressalta-se que um tratamento diferenciado às *startups*, tipo empresarial nascido da essência da inovação e do sistema de propriedade intelectual, ainda não foi implementado de forma homogênea e, portanto, maximizada. Isso não quer dizer que o INPI e os registros sejam inacessíveis às *startups,* porque à despeito da sua integração à Redesim, o formato eletrônico de requerimento de registro e as taxas diferenciadas para Meis, MEs e EPPs tornam o mecanismo de registro de ativos industrial fácil e muitíssimo barato para o usuário.

Além das falhas na implementação da Redesim e, por consequência, da limitação ao aplicar as capacidades institucionais que o MLS havia lhe atribuído, ressalta-se que a rede em si não dispensa completamente, ou até mesmo de nenhum modo, a atuação de profissionais especializados como intermediários entre sociedades empresárias e órgãos públicos. Ao contrário, a Redesim não parece ser *user friendly*; não permite a conclusão de procedimentos atinentes às atividades econômicas sem ajuda de profissionais especializados na área; tampouco disponibiliza treinamentos oficiais sobre o uso da rede e acesso a informações. Por exemplo, a informação sobre quais prefeituras fazem uso efetivo da rede aparenta estar constantemente desatualizada. Diante desse cenário, a facilitação que a Redesim pode promover aparenta em realidade estar distante.

Além disso, conforme pontuar-se-á no capítulo 4, entende-se que o objetivo do MLS não foi diminuir ou excluir a atuação dos profissionais especializados em procedimentos burocráticos específicos, mas sim promover maior inclusão na participação do empresário no processo de tomada de decisão sobre as atividades econômicas da empresa, inclusive a gestão dos ativos intelectuais. Portanto, entende-se que a efetivação de canais virtuais que propiciem a formação e fortalecimento de diálogos transversais entre os diferentes atores institucionais (Governo, empresário e profissionais) é a abordagem mais adequada para atingir a finalidade de maximizar o desenvolvimento das *startups*.

(c) Inova Simples e INPI

Da previsão de análise prioritária dos pedidos de marcas e patentes, o INPI publicou duas portarias para regulamentação desse processo formal. São elas: a Portaria 247 de junho de 2020 e a Portaria 365 de novembro de 2020.

A Normativa mais recente determina fazer parte do regime Inova Simples perante o INPI as empresas inscritas sob natureza jurídica de "Empresa Simples de Inovação" (a seguir "empresas de simples inovação"), isto é, com a indicação do termo "Inova Simples (I.S.)" ao final do nome empresarial da atividade econômica.

A Normativa de Junho, por sua vez, determinou quais formalidades devem ser cumpridas para que o titular depositante possa requerer um pedido de marca ou patente em trâmite prioritário. Em resumo, a comprovação da prioridade é feita exatamente por meio da indicação do "Inova Simples (I.S.)" ao final do nome empresarial por meio de um documento oficial.

Dados oficiais do Inova Simples (Figura 1) mostram que entre 2021 e 2023 duas mil setecentos e oitenta e duas (2.782) empresas desse tipo foram abertas no Brasil. Os dados não evidenciam quantas dessas empresas seguem abertas até a presente data. Contudo, ressalta que a maior parte dessas empresas são dos setores de desenvolvimento e licenciamento de programas de computador, atividades de intermediação e licenciamento e agenciamento de serviços, pesquisa e desenvolvimento experimental em ciências físicas, desenvolvimento de programas de computador sob encomenda, portais, provedores de conteúdo e outros serviços de informação e consultoria em tecnologia da informação[32].

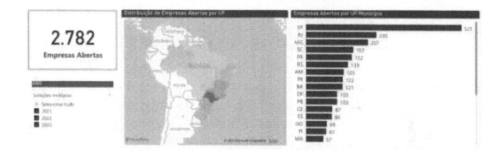

Figura 1: Estatísticas do Inova Simples entre 2021 e 2023[33].

Busca por meio da ferramenta de pesquisa do INPI[34] por empresas de simples inovação titulares de pedidos de registro de marcas ou patentes perante o INPI demonstra que o uso do sistema de propriedade industrial por esses atores ainda é tímido no país. Ademais, a falta de uma classificação no órgão sobre os requerimentos de ativos por título *startups* dificulta a formação e análise de dados de quanto essas empresas buscam o sistema ou o porquê não buscam o sistema de registro do INPI.

No que tange a marcas, a busca para o termo "Inova Simples" junto ao nome empresarial retorna com o resultado de duzentos e noventa e três (293) titulares

---

32. BRASIL, 2023.
33. BRASIL, 2023, a.
34. BRASIL, 2023, b. Busca realizada às 12h14 do dia 06.11.2023, por meio do portal Pesquisa em Propriedade Industrial (pePI) disponibilizado no website do INPI. Acesso às 12h3 do dia 06.11.2023 em: <https://busca.inpi.gov.br/pePI/>.

que fizeram requerimento para exploração comercial de alguma marca até o momento da pesquisa. Importante ressaltar, contudo, que esses dados não trazem informação sobre o número total de pedidos de registro de marca depositados por esses titulares junto ao INPI, nem revelam quantos desses pedidos foram concedidos e estão atualmente em vigor no país.

No que diz respeito a patentes, também sem referência de quantos pedidos foram concedidos e estão atualmente em vigor, cinquenta (50) são os pedidos totais de patentes ou modelos de utilidade feitos por depositantes que têm o termo "Inova Simples" como parte final do nome empresarial.

Ressalta-se uma limitação inerente aos dados acima expostos dado ao fato de que, muitas vezes, os pedidos de marcas e patentes são depositados em nome de pessoa física, e não jurídica, o que dificulta o acesso à informação sobre o uso do sistema de proteção dos ativos industriais pelas empresas de simples inovação e, portanto, à formulação e acompanhamento de métricas e estratégias para o desenvolvimento da inovação e economia dentro do território nacional.

(d) Pedidos de patente pela via rápida junto ao INPI

No geral, a análise dos pedidos de registro por via rápida ainda apresenta muitas limitações. No que tange aos pedidos de patente, por exemplo, mesmo que uma *startup* decida por fazer uso da via rápida, o tempo total do depósito até concessão é de 4,15 anos[35], representando uma diferença aproximada de apenas 2,05 anos[36] em comparação à via normal.

Ainda que tal dado não leve em conta apenas as *startups* (o que por si já representa limitação do Governo e suas instituições na coleta de dados e monitoramento das políticas e capacidades públicas e privadas), quando comparado à eficiência dos Estados Unidos indicada no próximo capítulo, chama atenção negativamente, revelando necessidade de endereçamento de problemas.

Dados demonstram que o Brasil é o principal país de origem dos depositantes, dos inventores e das famílias de patentes de pedidos de patentes prioritárias[37]. Tal estatística é muito importante, pois traduz a importância que o empreendedor nacional tem na proteção dos ativos intelectuais e, por estar buscando proteção em território nacional, também na importância das suas atividades econômicas para o desenvolvimento econômico do país.

---

35. INPI, 2023.
36. Diferentes fontes indicam diferentes médias sobre a duração da análise de um pedido de patente pela via normal. SALERNO et al. (2023) indicam 6,7 anos; UAI (2020) 5,7 anos.
37. INPI, 2023.

Se a realidade estadunidense de que empreendedores pequenos, essencialmente as *startups*, são os principais atores a fazer uso de tal sistema de proteção se verifica no Brasil, entende-se quanto maior o apreço por parte dos atores envolvidos nesse ecossistema nacional para com esses ativos, mais propício é o fortalecimento de uma cultura de governança corporativa que de igual forma valorize a importância desses ativos à empresa.

Se pode crer que a falta de prestígio político e reconhecimento do INPI pela população no Brasil[38], bem como, o baixo custo punitivo judicial pela violação de direitos da propriedade industrial de terceiros sejam os desmotivadores dos empreendedores tecnológicos brasileiros em detrimento dos norte-americanos que são expostos à todo tipo de publicidade direta e indireta, como filmes e séries alardeando a importância dos registros da propriedade industrial e o custo para os negócios que não fazem.

Outro fato que merece destaque é que as universidades se destacam como partes interessadas nos pedidos de patentes prioritárias[39]. Em um primeiro momento isso indica direcionamento de recursos a esses ambientes. Em segundo, pode indicar que a efetivação desses recursos dentro do ambiente universitário, por exemplo, por meio das agências de inovação, incubadoras e spin-offs, é elemento essencial para alavancar o desenvolvimento de *startups* no Brasil.

(e) Exemplos estrangeiros sobre facilitação ao sistema de PI para *startups*

(i) Estados Unidos da América

O Escritório de Marcas e Patentes dos Estados Unidos da América (a seguir "USPTO") é bastante conhecido por seus programas de via rápida para facilitar o acesso ao sistema de propriedade industrial para determinados atores. Um dos programas de via rápida mais famoso no USPTO é o *Track One*, por meio do qual os depositantes de pedidos de patentes pagam uma taxa adicional para acesso à decisão final do pedido dentro de doze (12) meses.

Essa via é considerada a menos onerosa para os depositantes porque não requer, por exemplo, comprovação de interesse social ou ambiental sobre o pedido de patente, que tem caráter subjetivo e pode envolver outros custos de transação como auxílio de profissionais especializados em outras áreas, mas apenas o pagamento de uma taxa adicional.

Ainda que o pagamento de uma taxa adicional possa ser a medida menos onerosa ao depositante e a mais eficiente para a maximização do funcionamento do sistema de patentes, chama-se atenção ao fato de que ela pode ser suficiente

---

38. VALOR, 2023.
39. *Ibidem.*

onerosa para travar investimentos e desenvolvimentos de empreendimentos de pequeno e médio porte, como as *startups*.

Justamente para solucionar esse potencial problema, o USPTO propôs a facilitação ao acesso à via rápida à "*smaller entities*" por meio do oferecimento de cinquenta por cento (50%) de desconto ao depositar patentes pelo programa *Track One*.

Considerando que o acesso à via rápida por pagamento poderia gerar uma falha no funcionamento do *Track One*, dado que potencial aumento do número de pedidos poderia ultrapassar o limite de recursos que o USPTO tem para promover a funcionalidade do programa em primeira instância, o USPTO também prevê o número máximo de pedidos de patentes que podem optar pelo programa *Track One* dentro de um (1) ano fiscal.

Ressalta-se que o programa existe há mais de dez (10) anos e, de acordo com as estatísticas apontadas pelo USPTO[40], ele usualmente excede as metas previstas. Em 2023, em média, o programa possibilitou acesso à decisão final sobre o pedido de patente dentro de cinco (5) meses[41].

Em um artigo publicado em 2020, Kuhn e Teodorescu[42] evidenciaram empiricamente que *startups* com portfólios limitados são as mais propensas a fazer uso do *Track One* para acelerar seus pedidos de patentes. Isso demonstra como a proteção de ativos intelectuais auxilia empreendedores na comercialização de suas tecnologias, seja para facilitar financiamento, entrar no mercado, ou evitar expropriação de ideias.

Contudo, os autores também evidenciaram que (i) o *Track One* é subutilizado pelos depositantes, ou seja, de acordo com os autores esse programa de aceleração teria capacidade para comportar mais pedidos e (ii) as patentes que fazem uso do *Track One* são citadas e litigadas mais vezes que as patentes que optam por outros caminhos.

Esse último ponto sugere que, mesmo diante da subutilização, as patentes que fazem uso do *Track One* são as que têm relevância substancial para os depositantes e, portanto, importantes para elevar o nível de atividade econômica e inovação pelos atores que a requerem (maior parte *startups*) no referido país.

(ii) Índia

A Índia, considerando que a devida proteção de uma inovação aumenta o valor da própria inovação[43], também prevê um esquema de facilitação dos registros

---

40. USPTO, 2023.
41. *Ibidem.*
42. KUHN; TEODORESCU, 2020.
43. ÍNDIA, 2023.

industriais por *startups* desde 2016, o chamado *Scheme for Facilitating Startups Intellectual Property Protection* (a seguir "SIPP").

Com propósito semelhante ao programa estadunidense, o SIPP objetiva acelerar a análise dos pedidos de patentes, marcas e desenhos industriais propostos por *startups*. Com uma particularidade, contudo, o SIPP propõe a participação de mais de dois mil (>2.000) facilitadores – como agente de patentes, marcas, advogados, órgão públicos e centros de tecnologia e inovação – para auxiliar nos pedidos de registro conforme designação do Controlador Geral de Patentes, Desenhos e Marcas (o CGPDTM)[44].

O SIPP prevê o pagamento dos honorários dos facilitadores para qualquer número de patentes, marcas registradas ou desenhos que uma Startup possa registrar por parte do Governo da Índia; enquanto as Startups arcam com o custo das taxas legais[45]. Importante ressaltar que os honorários previstos são fixos, o que garante que os facilitadores não aumentem o preço do trabalho mesmo diante do aumento da demanda, bem como possibilita aumento do controle sobre a disponibilização de recursos ao SIPP por parte do Governo.

É interessante notar que o diploma legal do SIPP não se limita à proteção da propriedade industrial das *startups*, mas estatísticas do Departamento para Promoção da Indústria e Comércio Interior da Índia[46] demonstram que, desde a sua criação, o SIPP já promoveu 2,975 isenções de taxas e financiou 3.647 *startups*.

Rani[47] ressalta exatamente como o programa traz benefícios à economia indiana ao garantir apoio financeiro para o desenvolvimento das *startups*. Todavia, o fato de que as *startups* ao mesmo tempo enfrentam problemas estruturais para crescimento no país[48], o que prejudica a performance do SIPP quando não corretamente endereçados, não podem ser ignorados.

Apesar de ser difícil mensurar potencial sucesso da SIPP – dado, por um lado, a falta de acesso à especificação de quantas *startups* e títulos industriais o Governo Indiano pretendia alcançar com tais medidas e, por outro lado, a ausência de conhecimento sobre qual a porcentagem de *startups* no país fazem ou fizeram uso do SIPP -, chama-se atenção ao fato de que o programa está ativo há mais de sete (7) anos e periodicamente é destinatário de ajustes que tem por objetivo ampliar seu alcance. Por exemplo, provisionando o aumento da retribuição dos honorários dos facilitadores, o que aumenta os incentivos desses profissionais e, por consequência, o acesso ao sistema de propriedade industrial pelas *startups*.

---

44. *Ibidem.*
45. *Ibidem.*
46. STARTUP ÍNDIA, 2023.
47. RANI, 2017.
48. *Ibidem.*

Tais fatos podem, em certa medida, servir como subsídio para exemplificar o sucesso dessa política dentro do território indiano.

4. CONSIDERAÇÕES FINAIS

Em primeiro lugar, resta evidente que uma boa governança corporativa aliada à eficácia de políticas públicas e atuação do poder público, por suas instituições e parcerias com o setor privado, é fundamental para maximizar o investimento e desenvolvimento das *startups* no Brasil.

Nesse contexto, para que os resultados de uma empresa possam ser maximizados por suas decisões corporativas, uma boa gestão dos ativos intelectuais envolve compreender quais são as (potenciais) inovações que determinada atividade econômica pode produzir e de que forma elas se relacionam com tais atividades, bem como definir vantagens e desvantagens de decisões, considerando a realidade e propósito da atividade empresarial, seu país de vínculo legal, bem como regiões às quais visa a exploração de suas atividades econômicas.

Tal entendimento permite que os atores envolvidos nesse ecossistema consigam visualizar quais são as estratégias mais eficientes para gerir esses ativos, considerando o diferencial competitivo de uma empresa, seus concorrentes e o mercado e até mesmo de se lançar como um negócio inovador de exploração de ativos em domínio público ou inovação aberta.

Assim, a propriedade intelectual desempenha papel essencial para suportar a proteção de ativos intelectuais, tendo potencial de maximizar os resultados de uma atividade econômica, mas também de gerar novos *players* competidores por força daquilo que já fez parte do sistema e que agora pode ser explorado amplamente, principalmente as pequenas e médias, e pelo caráter inovador intrínseco às *startups* que podem gerar um reuso ou transformar esses ativos, com menores custos e maior agilidade do que uma grande corporação e seu processo engessado de P&D.

A literatura demonstra que as *startups* fazem uso expressivo do sistema de propriedade intelectual, ainda que haja espaço para maximizar tal uso, por serem tendencialmente os atores mais frágeis em uma negociação, seja para busca de parcerias, financiamento ou crédito e evidências estadunidenses e indianas demonstram que o investimento em *startups* tende a alavancar o nível das atividades econômicas do país.

No Brasil, o fato de que entre os depositantes dos pedidos de patentes prioritárias no país se destacam, principalmente, empresas e universidades nacionais demonstra a potencial força que esses agentes – *startups* – têm para promover o aumento dos níveis das atividades econômicas no país, onde, verificou-se que, no geral, o aparato jurídico normativo e as políticas públicas de suporte às *star-*

tups são positivas para essas empresas, investidores e mercado, porém, não pode dizer o mesmo do sistema normativo da propriedade industrial, vez que a Lei da Propriedade Industrial (a seguir "LPI") está parada no tempo desde 1996, sem qualquer revisão ou alteração[49] que pudessem acompanhar as formas de negócios e a agilidade das *startups*, um modelo legislativo fundamentado na proteção de ativos estrangeiros e corporativos em respeito ao TRIPS.

A Receita Federal do Brasil, por exemplo, por meio da Redesim, objetiva facilitar o acesso desse tipo de sociedade empresária à regularização junto ao poder público, bem como ao INPI. O INPI, por sua vez, coloca a alcance público ferramentas que tornam o acesso à proteção de ativos industriais mais efetivo para essas empresas por meio dos pedidos prioritários, contudo, uma série de dificuldades para implementação e maximização dessas ações, as quais acabam por afetar, direta e indiretamente, uma boa governança corporativa para a gestão de ativos intelectuais quando, por exemplo, fornece limitado acesso à informação.

Nesse sentido, a coleta e monitoramento de dados específicos sobre *startups* pelas diferentes instituições públicas possibilitaria o avanço das políticas públicas sobre esse tema. No caso da base de dados do INPI, por exemplo, ressaltou-se a limitação no acesso à informação sobre quantos titulares de marcas e patentes são empresas de simples inovação, uma vez que a LPI permite o depósito de tais pedidos tanto em pessoa física quanto jurídica, sem identificação da exploração econômica, isto porque a velha e ultrapassada base legal, de quase 30 anos, não foi pensada para tal.

Dados são fundamentais para a avaliação das atividades econômicas, do uso do sistema de propriedade industrial dentro e fora do território nacional, bem como para avaliação dos esforços e gastos da atividade pública, mas especialmente no processo de formulação e acompanhamento de políticas públicas, que parecem ser desconectados quando feitos sem dados, à exemplo da Estratégia Nacional da Propriedade Industrial e a Estratégia Nacional de Inovação, desconexas e tratadas por ministérios distintos[50], quando da inovação nascem os ativos da propriedade

---

49. Exceção a declaração de inconstitucionalidade pelo STF do parágrafo único do art. 40 da Lei 9279/96, em que as patentes de produtos e processos farmacêuticos e equipamentos e/ou materiais em uso de saúde já concedidas não terão mais o prazo estendido. Ação Direta de Inconstitucionalidade (ADI) 5529.

50. A Estratégia Nacional de Inovação estabelece as iniciativas para o tema nos próximos 4 anos, dando continuidade à Política Nacional de Inovação, formalizada no Decreto 10.534, de 28 de outubro de 2020, está sob os cuidados do Ministério da Inovação e Gestão de Serviços (Decreto 10.534 de 28 de Outubro de 2020); enquanto a Estratégia Nacional da Propriedade Intelectual (ENPI – Decreto 10.886 de 7 de Dezembro de 2021) é de 10 anos (2021-2030), prevê 7 eixos estratégicos que serão implementadas por Planos de Ação bienais, sendo que o período do primeiro Plano de Ação foi válido Agosto de 2021 a Julho de 2023, está sob o comando do Ministério do Desenvolvimento, Indústria, Comércio e Serviços.

industrial registráveis ou possíveis de uso sem registro, mas sem violar direitos de terceiros.

Assim, sugere-se o melhoramento no uso do arcabouço jurídico-institucional ora em funcionamento, para que as ferramentas postas sejam melhor aproveitadas, novos programas de desenvolvimento e formas de implementação podem ser propostos pelo Governo Federal em conjunto com seus entes, como Receita Federal e INPI; o aperfeiçoamento do diálogo institucional é essencial para maximizar a produção de inovação no território nacional e propiciar um ambiente social e econômico que acolha *startups*, de origem brasileira ou que explorem atividades comerciais no país, da forma mais eficiente.

A governança corporativa sempre enfrenta os desafios de insegurança. Seja de ordem jurídica, econômica, gerencial, tecnológica ou todas as anteriores, a insegurança é intrínseca ao ato de inovar e empreender, mas é obrigação constitucional do Estado Brasileiro gerar meios, por exemplo de marcos legais atualizados e conectados entre si, para proporcionar o desenvolvimento social e econômico almejado e trilhado com base no estudo de dados científicos, e não meras especulações.

5. REFERÊNCIAS

ASSAFIM, J. M. D. L. *Funções da propriedade intelectual*: abuso de direito de marca e sinais desprovidos de poder distintivo – Notas sob a ótica da livre concorrência, v. 8. I Encontro de Internacionalização do CONPEDI. Barcelona, Espanha, 2015.

BALASUBRAMANIAN, N.; LEE, J. Firm age and innovation. Industrial and Corporate Change, v. 17(5), 2008. pp. 1019-1047. Disponível em: <https://doi.org/10.1093/icc/dtn028>.

BRASIL (2021). *Decreto 10.886/2021*, Institui a Estratégia Nacional de Propriedade Intelectual. Diário Oficial da União, ed. 230, seção 1, p. 4.

BRASIL (2023, a). *Estatísticas do Inova Simples*, publicado em 01.12.2022 e atualizado em 26.10.2023 às 9h25m. Disponível às 11h36 do dia 06.11.2023 em: <https://www.gov.br/empresas-e-negocios/pt-br/inova-simples/preciso-de-informacoes/estatisticas>.

BRASIL (2023, b). *Pesquisa em Propriedade Industrial (pePI)*. Disponível às 12h13m do dia 06.11.2023 em: <https://busca.inpi.gov.br/pePI/>.

BUCCI, M. P. D.; RUIZ, I. Quadro de Problemas de Políticas Públicas: uma ferramenta para análise jurídico-institucional. *REI – Revista de Estudos Institucionais*, v. 5, n. 3, 2019. Disponível em: <https://estudosinstitucionais.com/REI/article/view/443>.

CESÁRIO, K. P. F. *As novas marcas visuais à luz dos princípios do direito comercial* – (Tese de Doutorado). Pontifícia Universidade Católica de São Paulo, São Paulo, 2016. Disponível em: <https://repositorio.pucsp.br/handle/handle/19359>.

CONTI, A.; THURSBY, M.; ROTHAERMEL, F. T. Show Me the Right Stuff: Signals for High-Tech Startups. *Journal of Economics & Management Strategy*, v. 20(2) (2013, a). Disponível em: <https://www.researchgate.net/publication/228303633_Show_Me_the_Right_Stuff_Signals_for_High_Tech_Startups>.

CONTI, A.; THURSBY, J.; THURSBY, M. Patents as signals for startup financing. *The Journal of Industrial Economics*, v. 61(3), pp. 592-622, (2013, b). Disponível em: <https://ssrn.com/abstract=2287049>.

COOTER, R.; ULEN, T. *Law and Economics*. Berkeley Law Books. 6th edition, 2016. Disponível em: <http://www.econ.jku.at/t3/staff/winterebmer/teaching/law_economics/ss19/6th_edition.pdf>.

UAI (2020). Portal UAI, Seção Estado de Minas Nacional. INPI: tempo médio para registrar patente no Brasil é de 5,8 anos. Disponível em: <https://www.em.com.br/app/noticia/nacional/2020/08/31/interna_nacional,1180975/inpi-tempo-medio-para-registrar-patente-no-brasil-e-de-5-8-anos.shtml>.

FARRE-MENSA, J.; HEGDE, D.; LJUNGQVIST, A. What is a patent worth? Evidence from the US patent "lottery". *The Journal of Finance*, 75(2), 639-682, 2020. Disponível em: <https://onlinelibrary.wiley.com/doi/10.1111/jofi.12867>.

GANS, J. S., HSU, D. H., & STERN, S. *The impact of uncertain intellectual property rights on the market for ideas*: Evidence from patent grant delays. Management Science, 54(5), 982-997, 2008. Disponível em: <https://pubsonline.informs.org/doi/10.1287/mnsc.1070.0814>.

ÍNDIA (2023). *Governo da Índia*. Ministério do Comércio e da Indústria. Departamento para Promoção da Indústria e Comércio Interno. Disponível às 11h00 do dia 07.11.2023 em: <https://ipindia.gov.in/SIPP.htm>.

INPI. Disponível em: *Serviços, Patentes, Trâmite Prioritário, Estatísticas gerais*, 2023. <https://www.gov.br/inpi/pt-br/servicos/patentes/tramite-prioritario/estatisticas-gerais>.

HELMERS, C.; ROGERS, M. Does patenting help high-tech start-ups? *Research Policy*, 40(7), 1016-1027, 2011. Disponível em: <https://www.sciencedirect.com/science/article/abs/pii/S0048733311000680?via%3Dihub>.

HOCHBERG, Y. V.; SERRANO, C. J.; ZIEDONIS, R. H. *Patent collateral, investor commitment, and the market for venture lending*. Journal of Financial Economics, v. 130(1), pp. 74-94, 2018. Disponível em: <https://doi.org/10.1016/j.jfineco.2018.06.003>.

HOLGERSSON, M.; SANTEN, V. S. The Business of Intellectual Property: A Literature Review of IP Management Research. *Stockholm Intellectual Property Law Review*, v. 1, No. 1, pp. 44-63, 2018. Disponível em: <https://papers.ssrn.com/sol3/papers.cfm?abstract_id=3202847>.

KUHN, J.M.; TEODORESCU, M.H.M. The Track One Pilot Program: Who benefits from prioritized patent examination? *Strategic Entrepreneurship Journal*, 15: 185-208, 2021. Disponível em: <https://doi.org/10.1002/sej.1387>.

LONG, C. Patents Signals. The University of Chicago Law Review, v. 69 (2), pp. 625-279, 2002. Disponível em: <https://www.jstor.org/stable/1600501>.

MARQUES, M. C. C. Aplicação dos Princípios da Governança Corporativa ao Sector Público. *Rev. Adm. Contemp.* v. 11 (2), 2007. Disponível em: <https://doi.org/10.1590/S1415-65552007000200002>.

MOEEN, M. Entry into nascent industries: Disentangling a firm's capability portfolio at the time of investment versus market entry. *Strategic Management Journal*, 38(10), 1986-2004, 2017. Disponível em: <https://onlinelibrary.wiley.com/doi/10.1002/smj.2642>.

RAMELLO, G. What's in a sign? Trademark Law and Economic Theory. *Journal of Economic Surveys*, v. 20(4), pp. 547-565, 2006. Disponível em: <https://onlinelibrary.wiley.com/doi/full/10.1111/j.1467-6419.2006.00255.x?casa_token=J8xvKgZHjQoAAAAA%3A5m6NhPkCBNNNy_OQbxv2yXNMwOv2eMmNA_AbhnjSKS2NURVZBZJPDF7qsLassv-wJtY0ZoUdZgfm-S8>.

RANI, A. Startup India: Opportunities & challenges "Start up India stand up India". *An International Multidisciplinary Research Journal*, v. 7(1), 2017. Disponível em: <https://www.indianjournals.com/ijor.aspx?target=ijor:aca&volume=7&issue=1&article=008>.

USPTO (2023). *Patent Track One Data September 2023*. Disponível às 9h06m do dia 07.11.2023 em: <https://www.uspto.gov/dashboard/patents/track-one.html>.

SALERNO, G.; BRITO, A. P. A.; JAEGGER, C.; ARAÚJO, S. N. S.; JUNQUEIRA, M. E. O. B. *Major changes in the Brazilian IP system in the year 2022*. Disponível em: <https://www.lexology.com/library/detail.aspx?g=4ef6fbc1-936e-416b-9f20-440db95815a9>.

SÁ, M. G. C. *O capital de risco aplicado em start-ups no Brasil*: uma reflexão sobre o ecossistema dos empreendimentos inovadores a partir da visão do investidor, 2016. Disponível em: <https://www.revistas.uneb.br/index.php/financ/article/view/3073/2029>.

SILVA, D. M.; SILVA, O. F. *Incentivos fiscais e benefícios para investidores-anjo*: uma comparação entre o Marco Legal das Startups no Brasil e a Lei JOBS nos Estados Unidos, 2023. Disponível em: <https://jnt1.websiteseguro.com/index.php/JNT/article/view/2497>.

SILVEIRA, A. D. M. *Governança corporativa, desempenho e valor da empresa no Brasil* – (Tese de Mestrado). Universidade de São Paulo, 2002. Disponível em: <https://doi.org/10.11606/D.12.2002.tde-04122002-102056>.

STARTUP ÍNDIA. *Startup India Scheme*, 2023. Disponível às 9h22m do dia 7.11.2023 em: <https://www.startupindia.gov.in/content/sih/en/startup-scheme.html>.

VALOR. Pesquisa revela que o INPI não é popular entre os brasileiros e nem no governo, 2023. Disponível em 17.11.2023 em: <https://valor.globo.com/legislacao/valor-juridico/coluna/pesquisa-revela-que-inpi-nao-e-nada-popular-entre-os-brasileiros-e-nem-no-proprio-governo.ghtml>.

O "DIREITO DAS *STARTUPS*" NO BRASIL: ASSIMETRIA CONTRATUAL ATÍPICA, CONTRATOS RELACIONAIS E *VESTING*

José Luiz de Moura Faleiros Júnior

Doutor em Direito Civil pela Universidade de São Paulo – USP/Largo de São Francisco. Doutorando em Direito, na área de estudo "Direito, Tecnologia e Inovação", pela Universidade Federal de Minas Gerais – UFMG. Mestre e Bacharel em Direito pela Universidade Federal de Uberlândia – UFU. Especialista em Direito Digital. Advogado. Professor.

Sumário: 1. Introdução – 2. O empreendedorismo e seu papel no "direito das *startups*"; 2.1 Inovação disruptiva, inovação descontínua e testagem; 2.2 Pivotagem e MVP – 3. O "direito das *startups*" no Brasil; 3.1 Relações B2B, B2C e a assimetria contratual atípica das relações B2b; 3.2 *Startups* e redes contratuais; 3.3 *Vesting* e a teoria dos contratos relacionais – 4. Considerações finais – 5. Referências.

1. INTRODUÇÃO

A ascensão da tecnologia e o fomento à inovação são fenômenos que ampliam sobremaneira o potencial do empreendedorismo no Brasil. Grandes ideias surgem e a possibilidade de trazê-las para a prática é esforço que demanda alavancagem e influxos técnicos, jurídicos e administrativos, além de capital, parcerias e testagem.

O que se visualizou no Brasil, especialmente ao longo das duas primeiras décadas do século XXI foi o incremento de iniciativas que se voltam à propagação de mecanismos para a operacionalização da inovação, em grande parte das vezes pela Internet, e o direito não permanece à margem desse contexto.

É com as chamadas *startups* – empresas inovadoras e que, como o termo extraído da Língua Inglesa já denota, permitem ao empreendedor novato se lançar ao mercado – que o fomento à reformulação de vetustas classes de estruturação societária passa a, efetivamente, despertar a necessidade de ajustes ao direito, particularmente na experiência dos contratos e no direito societário.

O *vesting* propicia justamente a solidez almejada para uma *startup* do ponto de vista das relações interpessoais e, embora o legislador tenha deixado passar uma oportunidade valiosa de estruturação do tema no Marco Legal das *Startups* e do Empreendedorismo Inovador (Lei Complementar 182/2021), o que se percebe é que há compatibilidade jurídica do *vesting* com as regras do ordenamento. Todavia, o que também se observa é que sua aplicação não pode ser concretizada de forma simplista.

Com base nessas premissas, o presente trabalho procurará identificar os principais aspectos desse movimento relativamente recente, anotando os seus principais desdobramentos jurídicos para, construtivamente, avançar rumo a uma teorização sobre o que seria o chamado "direito das *startups*" e como o mesmo, sendo ou não uma categoria autônoma da dogmática jurídica, permitiria o fomento ao empreendedorismo de base tecnológica no Brasil com as estruturas jurídicas previstas no vigente Código Civil.

2. O EMPREENDEDORISMO E SEU PAPEL NO "DIREITO DAS *STARTUPS*"

A própria ideia de empreendedorismo sofre mudanças com o avanço das novas tecnologias – especialmente da Internet – e com a propagação de uma cultura de fomento à produção de novas ideias. É de Schumpeter a clássica frase segundo a qual "o empresário nunca é aquele que corre risco"[1], e as razões desta constatação emergem da própria ideia de empreendedorismo, que está lastreada em três elementos essenciais: inovação tecnológica, crédito bancário e o perfil inovador do empresário.

Segundo Ronald Degen, "ser empreendedor significa ter, acima de tudo, a necessidade de realizar coisas novas, pôr em prática ideias próprias, característica de personalidade e comportamento que nem sempre é fácil de se encontrar".[2] Neste conceito, nota-se uma correlação clara entre aspectos subjetivos, colhidos da análise do perfil empreendedor do sujeito, e objetivos, emanados das oportunidades de mercado e do estado da arte do desenvolvimento da técnica.

É nesse ambiente que amadurece o conceito de *startup*, palavra inglesa que, como já se adiantou na introdução, denota a ideia de partida, início, começo, refletindo a configuração de um projeto, ideia ou modelo de negócio que tem um ponto de partida, mas que é carecedor de formatação jurídico-administrativa e testagem.

A literatura já se dedicou ao estudo do tema, especialmente na segunda metade da década de 1990, quando as primeiras *Big Techs* da Internet, nascidas no Vale do Silício californiano, instigavam o estudo sobre as novas fronteiras do empreendedorismo.[3] Entretanto, é a partir da segunda década do século XXI que conceitos mais maduros sobre o assunto passam a permear o ambiente empresarial.

---

1. SCHUMPETER, Joseph A. *Teoria do desenvolvimento econômico*: uma investigação sobre lucros, capital, crédito, juro e o ciclo econômico. São Paulo: Abril Cultural, 1982, p. 92.
2. DEGEN, Ronald J. *O empreendedor*: fundamentos da iniciativa empresarial. São Paulo: Pearson Prentice Hall, 2009, p. 10.
3. *Cf.* KAPLAN, Jerry. *Startup*: a Silicon Valley adventure. Nova York: Houghton Mifflin, 1995.

O "DIREITO DAS *STARTUPS*" NO BRASIL | **263**

Eric Ries cunhou a famosa expressão "*startup* enxuta" (*lean startup*) em sua obra de mesmo título, na qual apresenta o seguinte conceito: "(...) uma instituição humana projetada para criar novos produtos e serviços sob condições de extrema incerteza".[4]

Este conceito, desdobrado a "extrema incerteza" propugnada pelo autor, revela o principal desafio que se tem na condução das atividades empresariais desenvolvidas quando da criação de uma *startup*. Entretanto, a visão de Ries não revela nenhum elemento concernente ao tamanho da empresa, da atividade ou do setor da Economia em que supostamente se insere este peculiar modelo societário.

É indubitável que qualquer pessoa que decida se aventurar e empreender a partir de uma ideia ou modelo de negócio que desenvolva, enfrentará uma série de incertezas (muitas delas extremas), que poderão inviabilizar sua proposta. E, nesse contexto, tentando detalhar melhor o conceito apresentado por Ries, Steve Blank e Bob Dorf definem *startup* como a organização temporária e que é constituída sob um modelo de negócio recorrente e escalável.[5]

Uma *startup* se inicia a partir de um número ilimitado de metas, algumas delas ligadas a pontos de referência da empresa e voltadas à delimitação de um progresso importante ao longo da estrada para o sucesso e para a prosperidade empresarial. Dentre vários desses aspectos, Guy Kawasaki, elenca sete aspectos preponderantes: (i) a comprovação da concepção da ideia; (ii) a geração de especificações completas de projeto; (iii) a conclusão de um protótipo; (iv) o levantamento de capital; (v) a realização de testes com o público-alvo; (vi) levar aos consumidores uma versão final do produto; (vii) gerenciar com equilíbrio as receitas e despesas.[6]

O crescimento pode ser exitoso a partir do reconhecimento de uma oportunidade real, pela qual o empreendedor precisará conectar sua nova tecnologia ou *know-how* a uma necessidade de mercado, a uma demanda real que lhe crie uma oportunidade comercial. Além disso, não se pode olvidar do compromisso do empreendedor, especialmente até o surgimento do negócio, quando precisará tomar ações e decisões com a persistência necessária ao sucesso do negócio.

O primeiro estágio para se empreender parte, segundo Bessant e Tidd e em continuidade às ideias de Kawasaki, da avaliação da oportunidade, momento em

---

4. RIES, Eric. *The lean startup*: how today's entrepreneurs use continuous innovation to create radically successful businesses. Nova York: Crown, 2011, p. 24, tradução livre. No original: "(...) an organization dedicated to creating something new under conditions of extreme uncertainty."
5. BLANK, Steve; DORF, Bob. *The startup owner's manual*: The step-by-step guide for building a great company. Pescadero: K&S Ranch, 2012, p. 19.
6. KAWASAKI, Guy. *The art of the start 2.0*: The time-tested, battle-hardened guide for anyone starting anything. Nova York: Penguin, 2015, *passim*.

que ocorre a geração, a avaliação e o aprimoramento do conceito de negócio, ou seja, a ideia para o negócio que se pretende criar poderá surgir a partir de extensões ou adaptações de produtos ou serviços já existentes, aplicação de produtos existentes em outros mercados, adição de valor a um produto ou a um serviço ou, até mesmo, o desenvolvimento de um produto ou serviço completamente novo.[7]

Em segundo lugar, os mesmos autores apontam a necessidade de desenvolvimento de um plano de negócio (ou *business plan*, em inglês), que serve para dar tangibilidade à ideia, eliminando ou reduzindo falsas ilusões e eliminando discussões futuras sobre papeis e responsabilidades, sendo composto de definições importantes como detalhes do produto, oportunidade de mercado, público-alvo, barreiras de entrada e análise de concorrentes, estratégia, definição e identificação de riscos. Ainda, tem-se a tomada de decisão com relação à estrutura da empresa, passo fundamental para que seja viabilizada a etapa seguinte.

Enfim, tem-se a etapa de crescimento, obtenção de financiamento e acompanhamento do empreendimento, além da obtenção de resultados, estágio no qual é importante destacar que há várias maneiras de um negócio crescer e criar valor adicional, como o crescimento orgânico. É nesse momento em que se cogita da aquisição ou fusão com outras empresas, da venda do negócio para uma outra empresa ou até mesmo da oferta pública de ações nas bolsas de valores.[8]

Para além disso, a sobrevivência de uma *startup* dependerá de fatores como a criação e manutenção de uma estrutura organizacional flexível, composta de pessoas engajadas com o propósito da empresa; ainda, dependerá da gestão do conhecimento a partir da disponibilidade de recursos humanos altamente qualificados e da presença, na organização, de indivíduos que apoiem os projetos de inovação tecnológica em momentos críticos; o apoio à inovação tecnológica e a implementação de ferramentas de gestão.[9]

Também é importantíssimo destacar que, em termos regulatórios, é elogiável a promulgação, no Brasil, da Lei Complementar 182, de 1º de junho de 2021 (Marco Legal das *Startups* e do Empreendedorismo Inovador), na qual estão estabelecidos inúmeros instrumentos para alavancar os investimentos em *startups* (particular-

---

7. BESSANT, John; TIDD, Joe. *Inovação e empreendedorismo*. Tradução de Elizamari Rodrigues Becker, Gabriela Perizzolo e Patrícia Lessa Flores da Cunha. Porto Alegre: Bookman, 2009, p. 305.
8. Stanley Sutton identifica, neste campo, um compilado de características comuns às *startups*: (i) a pouca experiência acumulada no ramo negocial explorado, que é comum em empreendimentos novos e sem grande história em termos de processos empresariais; (ii) a escassez de recursos; (iii) a maior suscetibilidade a influências internas e externas do mercado, de competidores e investidores, o que as obrigam a adaptações mais céleres e frequentes; (iv) a utilização da tecnologia e sua inserção em mercados dinâmicos. SUTTON, Stanley M. The role of process in a software start-up. *IEEE Software*, Nova York, v. 17, n. 4, p. 33-39, 2000, p. 34.
9. BARAÑANO, Ana Maria. Gestão da inovação tecnológica: estudo de cinco PMEs portuguesas. *Revista Brasileira de Inovação*, Rio de Janeiro, n. 1, v. 4, 2005, p. 61.

O "DIREITO DAS *STARTUPS*" NO BRASIL **265**

mente em seu art. 5º), embora não se trate de legislação voltada à delimitação do aspecto relacional de contratos formalizados por parceiros negociais.

Se o fomento ao empreendedorismo propicia o surgimento de novas ideias, cuja implementação, dado o avanço contínuo da tecnologia, ocorre cada vez mais no plano virtual, seja para a criação de modelos de negócio que rompem com os arquétipos usuais, seja para facilitar a adaptação dos envolvidos às peculiaridades negociais disruptivas, fato é que ainda não se tem legislação capaz de responder a todas as dúvidas relacionadas ao grande contexto de pesquisa relacionado às *startups*.

2.1   Inovação disruptiva, inovação descontínua e testagem

Quando se fala em inovação, tem-se a expectativa de algum grau de impacto, podendo ser incremental ou disruptivo (radical), ou seja, uma inovação pode propiciar melhorias que apenas incrementam algum produto ou serviço já existente, ou podem propiciar mudanças absolutamente drásticas, que transformam por completo a aplicação de um produto ou serviço no campo prático (com desdobramentos jurídicos), como alerta Alejandro Cremades:

> As ideias não têm sentido sem uma execução magistral. Atrair investidores é mais do que uma ótima ideia. Trata-se de mostrar as habilidades preparatórias corretas que convencerão os potenciais investidores de que você lidará com o capital diligentemente. A maneira mais eficaz de fazer isso é criar a estrutura principal de seus negócios antes de começar a buscar um investimento substancial. Se você não tomou as medidas necessárias para preparar seus negócios adequadamente, isso será importante para você durante as negociações.[10]

Naturalmente, a convergência do ciclo de restrições em objetivos propicia a busca por novos meios e novos objetivos, acarretando uma expansão do ciclo dos recursos empresariais, o que justifica o potencial de escalabilidade do grau de novidade de um produto ou serviço.[11] Com isso, a própria ideia de inovação perpassa por investimentos sólidos e contínuos no desenvolvimento e na materialização de ideias para que se tenha, no plano prático, a verdadeira eficácia.[12]

---

10.   CREMADES, Alejandro. *The art of startup fundraising*: pitching investors, negotiating the deal, and everything else. Nova Jersey: John Wiley & Sons, 2016, p. 26, tradução livre. No original: "Ideas are meaningless without a masterful execution. Attracting investors is about more than a great idea. It's about showing the correct preparatory skills that will persuade potential investors that you will handle their capital diligently. The most effective way to do this is to put the core structure of your business in place before you begin seeking substantial investment. If you have not taken the steps to prepare your business adequately, this will count against you significantly during negotiations."

11.   WILTBANK, Robert; DEW, Nicholas; READ, Stuart; SARASVATHY, Saras D. What to do next? The case for non-predictive strategy. *Strategic Management Journal*, Nova Jersey, v. 27, n. 10, p. 981-998, 2006, p. 992.

12.   No inglês, esta noção é colhida do termo *effectuation*, que pode ser traduzido para efetuação ou eficácia, sendo o oposto de algo "causal". Noutros termos, traduziria o aspecto racional da noção de eficácia a

Surge, então, uma "visão da empresa", lastreada na inovação almejada, que é o traço que diferencia as *startups*.[13]

Nesse mesmo contexto, pode-se cogitar de uma inovação descontínua, baseada na separação dos estágios de experimentação da empresa. Fala-se, por exemplo, em testagem alfa/beta para ilustrar a validação da ideia que, destacadamente em plataformas de base tecnológica, trabalha quase sempre com um pequeno grupo de usuários externos para garantir que o produto funcione conforme especificado.[14]

Oportunidades devem ser identificadas, pois, segundo Eric Ries, em uma *startup*, os produtos mudam de forma constantemente através do processos de otimização[15], comumente relacionados às ideias de tempo e ação.[16] Segundo Igor Ansoff, também são diversas as situações em que, durante um processo de inovação, pode ocorrer algum evento que desloque o padrão e as regras pré-estabelecidas, tendo tais acontecimentos o poder de redefinir as condições para que a inovação aconteça, a partir de mudanças na penetração de mercado ou na sua diversificação.[17] Tudo é aferido a partir de métricas. Todas as informações coletadas nos estágios alfa e beta são equacionadas em números que permitirão aprimorar as atividades que impulsionam o sucesso da *startup*.[18]

2.2   Pivotagem e MVP

Conforme já foi dito, o conceito de *startup* "enxuta" é atribuído a Eric Ries e sua conceituação se baseia na abordagem de produção coerente com alguns princípios fundamentais relacionados ao aproveitamento do conhecimento e da

---

partir de simples ideias ou concepções abstratas. Sobre isso, o estudo de experiências anteriores – especialmente os *cases* de insucesso – revela faceta fundamental do aprendizado e da testagem de uma *startup*. É o que explica Steve Blank: "Every traveler starts a journey faced with the decision of what road to take. The road well-traveled seems like the obvious choice. The same is true in the search for startup success: following a path ofcommon wisdom – one taken by scores of startups before, seems like the right way. Yet the advice offered two thousand years ago is relevant for startups today, namely that the wide road often leads straight to disaster". BLANK, Steve. *The four steps to the epiphany*: successful strategies for products that win. 3. ed. Sussex: Quad/Graphics, 2007, p. 4.

13. LIVINGSTON, Jessica. *Founders at work*: stories of startups' early days. Berkeley: Apress, 2007, p. xiv. A autora comenta: "Startups are different from established companies – almost astonishingly so when they are first getting started. It would be good if people paid more attention to this important but often misunderstood niche of the business world, because it's here that you see the essence of productivity. In its plain form, productivity looks so weird that it seems to a lot of people to be "unbusinesslike." But if early-stage startups are unbusinesslike, then the corporate world might be more productive if it were less businesslike".

14. BLANK, Steve. *The four steps to the epiphany*, cit., p. 5-6.

15. RIES, Eric. *The lean startup*, cit., p. 20.

16. PORTER, Michael E. *Competitive strategy*. Nova York: The Free Press, 1980, p. 41.

17. ANSOFF, Igor. *Strategic management*. Nova Jersey: John Wiley & Sons, 1979, p. 92.

18. GRUBER, Frank. *Startup mixology*: tech cocktail's guide to building, growing & celebrating startup success. Nova Jersey: John Wiley & Sons, 2014, p. 89.

criatividade de cada partícipe da sociedade classificada como *startup*. É nesse campo que se inserem conceitos como o da construção de um mínimo produto viável (*minimum viable product*, ou MVP) e de pivotagem, tendo o cliente como núcleo de direcionamento das pesquisas e do desenvolvimento focado na execução, nos prazos de entrega e no processo contraposto às demandas reais de cada cliente.[19]

A partir disso, Ries destaca que uma *startup* de sucesso precisa "aprender" o que os clientes de fato querem, e a partir desse *iter* cognitivo, traçar as diretrizes de desenvolvimento que viabilizarão todo o processo de demonstração empírica das necessidades de seu implemento. Para o autor, por tanto, na medida em que ocorrem interações dos clientes com os produtos, dados qualitativos e quantitativos são extraídos e disso se obtém conclusões importantes para a implementação do modelo de negócio, a partir de um processo ideal circular, que se repete entre as atividades de construir, medir e aprender, que conduzirão ao estágio final de uma *startup* considerada "enxuta": a implementação inovadora, com capacidade de prosperar, ou, em caso de inviabilidade, os alertas para os riscos de se prosseguir e a apresentação de uma saída ou válvula de escape que permita ao empreendedor retroagir e lapidar melhor seu projeto a fim de repensá-lo ou até mesmo desistir.[20]

Com essas breves notas, foi possível compreender os aspectos mais essenciais do funcionamento de uma *startup*, o que permite situá-las no direito brasileiro em um ambiente ainda opaco de regulação mais específica. Assim, tendo por base tais substratos, os tópicos seguintes se dedicarão mais detidamente à aferição da existência de um direito das *startups* no país.

3. O "DIREITO DAS *STARTUPS*" NO BRASIL

Nesse contexto em que inovação e empreendedorismo são as marcas do intuito de formatar uma sociedade empresária, ganha destaque a investigação quanto à suficiência dos tradicionais institutos do direito civil e do direito empresarial, particularmente dos contratos e das sociedades empresárias, para o adequado enquadramento dessas notáveis figuras chamadas de *startups*. A pergunta que se lança é a seguinte: seria o caso de se cogitar de um "direito das *startups*" como ramo autônomo? E mais: de que maneira essas figuras poderiam ser enquadradas nas relações empresariais, à luz das previsões do ordenamento brasileiro?

Não há dúvidas de que inovação e empreendedorismo devem ser entendidos como competências que permitem a introdução de novidade ou aperfeiçoamento

---

19. Segundo Ries, o MVP é a versão do produto que permite uma volta completa do ciclo 'construir-medir-aprender', com o mínimo de esforço e o menor tempo de desenvolvimento, embora carecendo de diversos recursos que podem se provar necessários *a posteriori*. Sobre isso: RIES, Eric. *The lean startup*, cit., p. 70.

20. RIES, Eric. *The lean startup*, cit., p. 108.

no ambiente produtivo e social do qual novos produtos e serviços sejam gerados, e, ainda, quando resultem em novos produtos, serviços ou processos ou mesmo que compreenda a agregação de novas funcionalidades ou características a produtos, serviços ou processos já existentes e capazes de propiciar ganhos sociais.[21]

Dessa premissa se desdobraram diversas normativas específicas com vistas à regulamentação da inovação, sendo a primeira delas a Lei 10.973/2004, conhecida como Lei de Inovação Tecnológica, da qual se desdobraram diversas nuances importantes para a compreensão do papel que os núcleos de inovação, principalmente devido à alavancagem tecnológica, passariam a desempenhar no que diz respeito ao sucesso empresarial.

Entretanto, foi somente em 2016, com a promulgação da Lei 13.243, que a inter-relação entre ciência, tecnologia e inovação ganhou novos contornos para, de fato, se poder trabalhar com a ideia de um verdadeiro marco regulatório.

A Lei Complementar 182, de 1º de junho de 2021, que é resultado de proposta apresentada pelo Executivo Federal[22] e que "institui o marco legal das *startups* e do empreendedorismo inovador", trouxe à tona temas de grande relevância para o ecossistema de investimentos e de alavancagem empresarial no Brasil, pois, "diante de um novo empreendimento econômico, uma questão que sempre se coloca diz respeito às fontes de recursos necessárias para que a atividade da empresa nascente seja colocada em marcha".[23] Referida lei, dentre outros temas, tratou dessa questão.[24]

E, de fato, embora reformas importantes já tivessem sido realizadas anteriormente, a exemplo da criação da figura do investidor-anjo pela Lei Complementar 155, de 27/10/2016, que inseriu o art. 61-A e seus respectivos parágrafos na Lei Complementar 123, de 14/12/2006, tendo como objetivo primordial o fomento

---

21. FEIGELSON, Bruno; NYBØ, Erik Fontenele; FONSECA, Victor Cabral. *Direito das startups*. São Paulo: Saraiva, 2018, p. 263-264. Os autores comentam: "Admite-se que a pesquisa e o desenvolvimento (P&D) de novas tecnologias possui papel importante no progresso do país. Além disso, é notório que a participação das instituições governamentais e acadêmicas no processo de inovação é subsidiário à atuação das próprias empresas, de acordo com o modelo conhecido como Tríplice Hélice – no qual a inovação é fruto de interação e cooperação de três esferas: indústria, universidade e governo."

22. BELCHIOR, Wilson Sales. Executivo apresenta marco legal das startups e do empreendedorismo inovador. *Consultor Jurídico*, 24 out. 2020. Disponível em: https://www.conjur.com.br/2020-out-24/belchior-executivo-apresenta-marco-legal-startups. Acesso em: 25 nov. 2023.

23. OIOLI, Erik Frederico; RIBEIRO JR., José Alves; LISBOA, Henrique. Financiamento da startup. *In*: OIOLI, Erik Frederico (coord.). *Manual de direito para startups*. São Paulo: Thomson Reuters Brasil, 2019, p. 99.

24. JABORANDY, Clara Cardoso Machado; GOLDHAR, Tatiane Gonçalves Miranda. Marco legal para startups no Brasil: um caminho necessário para segurança jurídica do ecossistema de inovação. *In*: EHRHARDT JÚNIOR, Marcos; CATALAN, Marcos; MALHEIROS, Pablo (Coord.). *Direito civil e tecnologia*. 2. ed. Belo Horizonte: Fórum, 2021, t. I, p. 574-579.

O "DIREITO DAS *STARTUPS*" NO BRASIL **269**

à inovação[25], somente agora o legislador delineou um rol de instrumentos para a formalização de aportes de capital a empresas enquadradas como *startups*.[26]

Para além disso, contudo, importa saber como o ordenamento cuida de indivíduos que se lançam a um mercado repleto de complexidades e que, por serem empreendedores inexperientes, são desafiados ferozmente pelo mercado e por suas práticas. Sobre isso, alguns comentários merecem destaque.

3.1 Relações B2B, B2C e a assimetria contratual atípica das relações B2b

Com o advento da Internet, germinaram as interações que, hoje, são a base essencial do comércio eletrônico. Os Estados Unidos da América foram o local apropriado para isso, haja vista a pujança de seu meio empresarial, sempre fomentado por relações variadas em todos os *fronts*. E, a partir disso, foram cunhadas as siglas B2B, B2C e B2b.

A primeira delas, B2B (*Business to Business*), é a sigla utilizada no comércio eletrônico para definir transações comerciais entre empresas ou entre fornecedores. Noutras palavras, é um ambiente no qual uma empresa (indústria, distribuidor, importador ou revendedor) comercializa seus produtos para outras empresas, seja por operações de revenda, de transformação ou de consumo. A segunda, B2C (*Business to Consumer*) é a sigla que define a transação comercial entre uma empresa (indústria, distribuidor ou revendedor) e um consumidor final, através de uma plataforma de comércio eletrônico, cuja natureza tende a ser apenas de consumo. Finalmente, a terceira, B2b (*Business to business*), com a inicial maiúscula na grafia do primeiro elemento, e minúscula na do segundo, é a sigla cunhada pela doutrina italiana[27] para descrever a relação assimétrica na

---

25. MORETTI, Eduardo. Investimento-anjo: instrumentos legais e os impactos da Lei Complementar nº 155/2016. *In*: MORETTI, Eduardo; OLIVEIRA, Leandro Antonio Godoy (org.). *Startups*: aspectos jurídicos relevantes. 2. ed. Rio de Janeiro: Lumen Juris, 2019, p. 25. Anota: "Por expressa disposição legal, a finalidade de fomento a inovação e investimentos produtivos deverá constar expressamente no contrato de investimento-anjo, por disposição do §1º, art. 61-A, da LC 155/2016. O mencionado dispositivo regulamenta, ainda, a denominação do contrato de investimento-anjo adotada pela lei ("contrato de participação") e define como prazo máximo de vigência o período de 7 anos".

26. PIMENTA, Eduardo Goulart; LANA, Henrique Avelino. Fomento econômico das startups e o novo marco legal. In: BASTOS, Luciana de Castro; PIMENTA, Eduardo Goulart (org.). *Estudos sobre o Marco Legal das Startups e do Empreendedorismo Inovador*. Belo Horizonte: Expert, 2021, p. 76-78.

27. Vincenzo Roppo é assertivo ao destacar que, mesmo nas relações havidas entre empresários, é possível observar-se desequilíbrios no que se refere à disponibilização de informações. Isto ocorreria, nos dizeres do autor, nos casos como os das contratações realizadas por micro e pequenas empresas, ou mesmo por empresas de médio porte, frente a grandes corporações, como bancos que se valem de fórmulas sofisticadas de financiamento ou mesmo grandes corporações que explorem atividades ligadas a informações de difícil compreensão ao mercado comum. ROPPO, Vincenzo. Ancora su contratto assimmetrico e terzo contratto: le coordinate del dibattito con qualche elemento di novità. *In*: ALPA,

qual o empresário detentor de maior poder seria representado pelo "B" (maiúsculo) e o mais vulnerável seria representado pelo "b" (minúsculo); o segundo é designado de *imprenditore debole*, ou seja, o comerciante mais fraco na relação comercial entabulada.

A dicotomia entre as relações B2B e B2C parece bastante evidente, na medida em que o destinatário final de uma e de outra definirá, em essência, o objetivo das atividades que se pretenda explorar. Isso caracterizará, naturalmente, uma relação assimétrica que poderá ser marcada pela disparidade informacional, mas, também, pela carência de outros tipos de assimetria – como a econômica.[28]

Fato é que, se estas situações específicas já não estariam subsumidas ao amparo da legislação (ainda que não específica), ou seja, se já existe legislação suficiente no ordenamento, seja ela de natureza civil ou consumerista, não seria inócua uma teoria que defendesse a aplicação do sistema de proteção do consumidor ao empresário em posição desfavorável na relação contratual, do ponto de vista econômico, e não apenas informacional?

Na sociedade da informação, se a assimetria dá a tônica das novas relações, é através do reconhecimento destas relações entre empresários, nas quais algum deles seja considerado parte mais fraca, isto é, em que ocorra a desigualdade negocial, que se vai analisar a observância da disciplina específica de contratações que possam elevar riscos e tornar inviáveis determinadas relações jurídicas.[29] Roppo cunha a expressão *terzo contratto* ("terceiro contrato") e exemplifica este

---

Guido; ROPPO, Vincenzo (a cura di). *La vocazione civile del giurista*: saggi dedicati a Stefano Rodotà. Roma: Laterza, 2013, p. 178-203.

28. PAGLIANTINI, Stefano. Per una lettura dell'abuso contrattuale: contratti del consumatore, dell'imprenditore debole e della microimpresa. *Rivista del Diritto Commerciale*, Pádua, n. 2, ano CVIII, p. 409/446, jan./dez. 2010, p. 413.

29. PATTI, Francesco Paolo. Dai «contratti standard» al «contratto asimmetrico». Considerazioni su metodo e obiettivi delle ricerche di Vincenzo Roppo. *Jus Civile*, Roma: Università Roma Tre, n. 2, p. 226-245, jul./dez. 2018, p. 229. Diz o autor: "In relazione al metodo utilizzato, occorre osservare che l'argomento delle condizioni generali di contratto già nel 1975 non era un tema nuovo. Le disposizioni contenute nel codice civile del 1942, agli artt. 1341 e 1342 c.c., che nelle intenzioni del legislatore avrebbero dovuto eliminare gli abusi del passato, avevano indotto la dottrina a interrogarsi su specifiche questioni applicative che riguardavano soprattutto l'esigenza di conciliare la rilevanza attribuita alle determinazioni unilaterali del predisponente con il tradizionale schema dell'atto di autonomia privata, che richiede la cooperazione di entrambi i contraenti. Uno studio che rispecchia le questioni generalmente affrontate dalla dottrina italiana è quello di Anteo Genovese del 1954. Si trattava, in definitiva, di opere che, pur rigorose, affrontavano la tematica con metodi tramandati dal passato e che spesso si risolvevano in una esegesi delle norme del codice civile, concentrata sull'analisi del fenomeno in chiave negoziale, come problema relativo alla fase della formazione del contratto. Per risolvere il problema «sostanziale» della tutela dell'interesse dell'aderente occorreva ricorrere a metodi nuovi e valutare normative entrate in vigore in ordinamenti stranieri. La negoziazione standardizzata era da più parti considerata una delle espressioni più clamorose dela Herrschaft von Menschen über Menschen. Questo era già emerso nel corso del convegno organizzato a Catania nel maggio del 1969, i cui atti costituiscono un punto di riferimento in tutti gli studi in materia di condizioni generali di contratto".

O "DIREITO DAS *STARTUPS*" NO BRASIL **271**

seu posicionamento ao citar a situação das empresas franqueadas em relação às empresas franqueadoras, mencionando a existência de legislação específica que protege o franqueado de eventuais abusos de poder econômico do franqueador, ainda que esta não seja uma relação de consumo, tampouco de fornecimento.[30]

O tema é relevante na medida em que se percebe, por todas as características que orbitam o universo das *startups*, a preponderância da inexperiência do empreendedor que se lança ao mercado com o único propósito de dar vazão a uma ideia, comumente carente de testagem específica e que se sujeita a relações para as quais não está totalmente preparado, podendo, eventualmente, se colocar em situação de vulnerabilidade.

Ricardo Luis Lorenzetti salienta que "a maioria das leis e das propostas de legislação separam o comércio eletrônico entre empresas e comerciantes das relações entre governo e particulares e daquelas realizadas entre consumidores e fornecedores."[31] Embora não pareça haver dúvidas sobre a assimetria nas relações de consumo, ao se transpor essa ideia para o universo das *startups*, que são concebidas usualmente por empresários iniciantes que buscam parcerias com investidores e outros empresários, podem tais relações serem desbalanceadas sob os pontos de vista econômico, informacional e mercadológico.[32]

O *terzo contratto* parece ter sua hipótese de cabimento bem contextualizada nesse ambiente exatamente por isso, e desde que se consiga separar as relações de vulnerabilidade atípica (B2b) das relações de consumo. Noutros termos, é imperioso que se apresente, em termos conceituais, quem é a figura denominada consumidor e qual é o objeto da relação contratual desenvolvida entre as partes para que se afaste deste campo protetivo o outro grupo de relações empresariais assimétricas, onde podem se situar as *startups*.

Faltando este requisito conceitual, ou seja, o enquadramento de uma das partes como consumidora, não se terá relação de consumo. E, conforme aponta Vincenzo Roppo, a relação contratual de consumo é o paradigma das relações assimétricas, mas estas não abrangem apenas o direito do consumidor, considerado em seu sentido estrito, mas sim um vasto campo de contratos assimétricos, dentre eles os contratos eventualmente firmados entre empresas ou empresários.[33]

---

30. ROPPO, Vincenzo. Ancora su contratto assimmetrico e terzo contratto, p. 178-203.
31. LORENZETTI, Ricardo Luis. *Comércio eletrônico*. Tradução de Fabiano Menke. São Paulo: Ed. RT, 2004, p. 362.
32. BUONOCUORE, Vincenzo. Contratti del consumatore e contratti d´impresa. *Rivista di Diritto Civile*, Pádua: CEDAM, n. 1, p. 01-41, jan./fev., 1995, p. 09. Anota: "(...) perché non tutti i possibili contraenti deboli potrebbero essere considerati consumatori: il consumatore è, infatti, per definizione ritenuto un contraente debole, ma non tutti i contraenti deboli possono considerarsi consumatori alla stregua delle definizioni normative."
33. ROPPO, Vincenzo. *Il contratto del duemila*. Turim: Giappichelli, 2000, p. 106-107.

A relação de consumo é observada sob o prisma da disparidade, possuindo, de um lado, um consumidor identificado como elo mais frágil, e, de outra banda, um fornecedor de produtos ou serviços, considerado a parte contratual mais destacada. Dessa forma, se uma das partes não for considerada consumidora, não se estará diante de uma relação de consumo, ainda que outros elementos, como a hipossuficiência, estejam presentes. Este é, portanto, o ponto de partida para a sua caracterização, ou seja, a vulnerabilidade é um aspecto intrínseco à delimitação da qualidade de consumidor; já a hipossuficiência é vista como a característica individual que pode estar presente ou não na relação contratual concreta. Trata-se de uma dinâmica que revela desigualdade, desequilíbrio e assimetria.

Nas relações de consumo, busca-se a proteção pessoal do consumidor[34] (ainda que se trate de empresa-consumidora[35]), de modo que, restando descaracterizada a hipossuficiência no caso concreto, a justificativa para a proteção com base nas regras de proteção ao consumidor perde sua razão de ser, pois não se vislumbra o desequilíbrio potencialmente causador do prejuízo à parte e, dessa forma, retoma-se a ideia de paridade.

Segundo Lorenzetti, podem ser elencadas as seguintes situações díspares:

B.1) *Disparidades econômicas*. No mundo da economia real existem diferenças econômicas entre os fornecedores de bens e serviços e os consumidores, em razão das quais foram criadas normas de proteção com o escopo de neutralizar esta deficiência. (...)

B.2) *Disparidades de informação quanto ao objeto*. No meio virtual também se verificam as diferenças no volume de informações referentes ao bem ou serviço que constitui o objeto da prestação, o que deu lugar ao surgimento da categoria de "fornecedores profissionais" e à imposição de deveres de informação, de ônus da prova etc. Na área que analisamos no momento, ocupamo-nos não apenas da economia digital, mas também da economia da informação, e, portanto, nos referimos a produtos que são constituídos de informação, o que

---

34. Nesse sentido, defende Bruno Miragem que: "a proteção da pessoa, que no direito privado se traduz pelos direitos da personalidade, é fundamento indisponível do direito do consumidor e da legislação que determina o seu conteúdo. Daí porque, para identificar a abrangência das normas de proteção pessoal do microssistema do consumidor, é necessário servir-se de outras fontes normativas, dentre as quais a Constituição que, ao consagrar os direitos fundamentais, tem precedência absoluta. As normas do novo Código Civil, assim, devem ser observadas como elementos de especialização dos direitos da personalidade reconhecidos ao consumidor para sua proteção pessoal. (...) Os direitos da personalidade, tal qual previstos no novo Código Civil, devem ser utilizados como instrumento de apreensão de sentido da proteção pessoal do consumidor pelo Código de Defesa do Consumidor, promovendo, em última análise, as normas e valores que a Constituição determinará à pessoa." MIRAGEM, Bruno. Os direitos da personalidade e os direitos do consumidor. *Revista de Direito do Consumidor*, São Paulo, v. 49, p. 258-272, jan./mar. de 2004, p. 270.

35. TEPEDINO, Gustavo. Os contratos de consumo no Brasil. *In*: TEPEDINO, Gustavo. *Temas de direito civil*. Rio de Janeiro: Renovar, 2006, v. II, p. 127. Anota: "Cuida-se de opção legislativa que suscita controvérsias, na medida em que não restringe a utilização dos mecanismos de proteção da parte contratual mais fraca a pessoas físicas, incluindo, ao revés, em seu âmbito de atuação, as empresas-consumidoras, desde que adquiram produtos ou serviços como destinatárias finais dos produtos – ou seja, desde que adquiram produtos ou serviços para uso próprio, não para a sua atividade profissional."

O "DIREITO DAS *STARTUPS"* NO BRASIL **273**

instaura uma nova diferença qualitativa. Não se trata apenas do desconhecimento acerca de aspectos relativos às características do automóvel, do imóvel ou do empréstimo em dinheiro contratado. (...)

B.3) *Disparidades tecnológicas.* No ambiente virtual, além do que já foi dito, floresce uma diferença cognoscitiva sobre o meio empregado. No direito comparado há normas jurídicas que estabelecem um esquema protetivo relacionado com o surgimento de novas tecnologias de marketing agressivo, o que se acentua no caso da Internet, que possibilita a realização de publicidade dentro da residência do consumidor. (...) Pode-se afirmar que a tecnologia aumenta a vulnerabilidade dos consumidores, instaurando uma relação que não lhes é familiar.

Concluímos este ponto afirmando a necessidade de um desenvolvimento do princípio protetivo no âmbito da economia da informação e da tecnologia digital (...).[36]

Nesse contexto, cumpre responder à seguinte indagação: em uma *startup*, quando é que um contratante poderá ser considerado "débil" a ponto de demandar proteção atípica, como parte vulnerável e em posição atípica de disparidade? No que diz respeito às *startups*, é inegável o potencial de assimetria inter-relacional, na medida em que se tem, via de regra, uma ideia ou modelo de negócio recém-concebido e ainda carente de lapidação, testagem e verificação de viabilidade. Para além disso, a participação de investidores, colaboradores e fornecedores é essencial, e nem sempre o idealizador da empresa estará apto a lidar com as contingências de mercado que encontrará, especialmente nos estágios iniciais da empresa.

Por vezes, então, o fator preponderante será a experiência ou o conhecimento técnico, embora não se descarte o disparate econômico como critério de aferição do desequilíbrio contratual.[37] Cristiano Chaves de Farias e Nelson Rosenvald comentam: "Os contratos relacionais e os associativos são o fruto histórico deste novo contexto, representando um paradigma em expansão, notadamente em áreas como contratos empresariais de fornecimento, contratos de franquia e contratos de consumo de longa duração."[38]

A menção aos contratos relacionais produz ecos e – já adiantando, será analisada mais à frente, quando se vier a tratar do *vesting* empresarial – e denota elemento fundamental para que se possa considerar a assimetria econômica: o aspecto subjetivo, a fidúcia, entre os contratantes deve ter seu papel analisado, no paradigma de expansão que mencionam os autores, para que se possa falar em vulnerabilidade. Isso porque a assimetria econômica deve se manifestar de

---

36. LORENZETTI, Ricardo Luis. *Comércio eletrônico*, cit., p. 363-365.
37. DELLI PRISCOLI, Lorenzo. La rilevanza dello status per la protezione dei soggetti deboli nel quadro dei principi europei di rango costituzionale. *Rivista del Diritto Commerciale*, Pádua, n. 2, p. 311-353, jan./dez. 2012, p. 334. O autor explica: "Un contraente può essere definito 'debole' quando abbia un potere contrattuale significativamente inferiore rispetto all´altro contraente, quando, in altre parole, esista un significativo squilibrio di potere contrattuale tra i due contraenti."
38. FARIAS, Cristiano Chaves de; ROSENVALD, Nelson. *Curso de direito civil*: contratos. 9. ed. Salvador: JusPodivm, 2019, v. 4, p. 375.

maneira que, em uma relação contratual, se tenha uma das partes ocupando *locus* econômica e financeiramente mais vantajoso do que a outra, potencialmente impondo condições ou situações desfavoráveis de uma parte em relação à outra, embora a ocupação desses polos possa não ser uma constante, vindo a sofrer variações nas relações de longo trato e à medida em que não apenas a fidúcia, mas a experiência dos envolvidos, crescem.

Individualmente considerada, a assimetria econômica pode representar um problema à manutenção do sinalagma contratual quando gerar alguma distorção relacionada à ausência ou à indisponibilidade de meios para o indivíduo que esteja em posição economicamente desprivilegiada perante o outro, o que pode implicar inegável discrepância de poder econômico, rompendo o equilíbrio do contrato de forma nociva.

Apesar disso, nem sempre que for observada uma discrepância desse jaez, ter-se-á problemas estruturais automáticos na relação contratual, uma vez que, nas hipóteses em que o contrato for cumprido de forma adequada e escorreita entre as partes, não fará diferença alguma a discrepância de poderio econômico entre uma e outra.

3.2 *Startups* e redes contratuais

O avanço da tecnologia, especialmente em décadas recentes, pretendeu adaptar o direito aos recorrentes influxos produzidos pela aceleração das relações, propiciando novas leituras dos vetustos institutos jurídicos à luz de novas interpretações. Nesse contexto, começou-se a cogitar das chamadas redes contratuais, de inegável pertinência a esta investigação concernente às *startups*, pois, dada a complexidade de certas ideias lastreadas em novas tecnologias, é possível a existência de uma rede na qual um determinado conjunto de contratos esteja vinculado por um objetivo geral unificador, como um projeto comercial constitutivo ou uma ideia central inovadora, mas dependente da participação de terceiros.[39]

---

39. Segundo Ângelo Gamba Prata de Carvalho: "As bases fundamentais da teoria das organizações indicam que a apreensão adequada das múltiplas dimensões do comportamento organizacional exige tanto a análise de estruturas formais como elementos não racionais, a exemplo dos já mencionados aspectos reputacionais e relacionais que permeiam grande parte das relações empresariais. Além disso, é necessário que se verifique um sistema minimamente estável de coordenação – e, adicione-se, de cooperação – que forneça, de um lado, um sistema de ação estruturado – isto é, uma estrutura mais ou menos formal de delegação e controle que delineie os próprios contornos da estrutura social e econômica em questão, de modo a garantir a sua interação com o mercado e seus agentes – e, de outro, um sistema formal que abarque a organização em questão, fornecendo o ambiente institucional que indicará as normas e pressões que constrangerão o comportamento dos sujeitos." CARVALHO, Ângelo Gamba Prata de. Sociologia do poder nas redes contratuais. *In*: FRAZÃO, Ana; CARVALHO, Ângelo Gamba Prata de. *Empresa, mercado e tecnologia*. Belo Horizonte: Fórum, 2019, p. 29-30.

O "DIREITO DAS *STARTUPS*" NO BRASIL **275**

Por característica, haveria um contrato principal (ou um número de contratos principais) ao qual outros contratos seriam ligados, direta ou indiretamente, formando, efetivamente, uma rede contratual, como ilustra Roger Brownsword:

> Obviamente, a ideia de uma rede, conforme descrito acima, não é totalmente original. Na lei inglesa da propriedade, regras especiais para a execução de convênios se aplicam quando um empreendimento é estabelecido como o chamado "esquema de construção"; a ideia de uma estrutura contratual foi apoiada por alguns juízes, a fim de impedir que as alegações de delito fossem usadas onde isso seria inconsistente com o que são, de fato, as expectativas da rede; e a rede não é diferente do conceito de "grupos de contratos".[40]

Nessa linha, a reordenação jurídica a partir das redes (*networks*) possibilita o unidirecionamento e a coordenação em uma única direção para que os diversos agentes que compõem a rede atuem de maneira funcionalmente análoga à dos grupos societários (coletividades de sociedades empresárias) ou grupos contratuais (como os contratos associativos, a exemplo dos consórcios e das *joint ventures*), – ainda que estejam na condição de entes independentes.

Nota-se a ressignificação tecnológica das redes contratuais a partir de cinco aspectos que Hugh Collins enumera ao tratar da arquitetura das cadeias de fornecimento: (i) pedidos do vendedor (*seller's orders*); (ii) decisões de *marketing* (*marketing decisions*); (iii) transparência informacional (*information disclosure*); (iv) projetos comuns (*joint designs*); (v) codificações arquitetônicas (*architectural codings*).[41] Com isso, quando se pensa no empreendedorismo de base tecnológica, a aproximação entre empresas e mercado não pode se afastar do imperativo da regulação – e, nesse ponto, as *startups* enfrentam desafios ainda maiores, pois, por mais que a presença da tecnologia altere a forma com que as cadeias negociais ocorrem, não é crível que essa mesma tecnologia não produza substratos suficientes para a estruturação cooperativa dos vários membros dessas novas atividades empresariais.

Se é certo que os computadores podem conectar diversos membros de uma cadeia comercial, formando essencialmente uma relação B2B (ou, eventualmente, uma relação B2b), também é certo que as tomadas de decisão ocorrerão de forma integrada e em prol dessa rede de participantes da cadeia produtiva.

---

40. BROWNSWORD, Roger. Network contracts revisited. *In*: AMSTUTZ, Marc; TEUBNER, Gunther (ed.). *Networks*: legal issues of multilateral co-operation. Oxford: Hart Publishing, 2009, p. 32, tradução livre. No original: "Of course, the idea of a network, as outlined above, is not entirely original. In the English law of property, special rules for the running of covenants apply where a development is laid out as a so-called 'building scheme'; the idea of a contractual structure has been relied on by some judges in order to prevent tort claims being used where this would be inconsistent with what are, in effect, network expectations; and the network is not dissimilar to the concept of 'groups of contracts' (...)."

41. COLLINS, Hugh. The weakest link: legal implications of the network architecture of supply chains. *In*: AMSTUTZ, Marc; TEUBNER, Gunther (ed.). *Networks*: legal issues of multilateral co-operation. Oxford: Hart Publishing, 2009, p. 192-197.

Segundo Gunther Teubner, a rede não é um instituto jurídico em si mesma[42], pois, não obstante o papel significativo que a análise científica do direito pode propiciar na identificação de seu funcionamento, o direito precisa estar muito mais preocupado com as orientações normativas na sociedade, pois é esse o papel que as demais ciências não têm condições de fornecer. Dessa forma, faz-se a análise dos riscos representados por novas formas de dependência "sistêmica" em arranjos contratuais *just-in-time*, comuns às *startups* e que são baseados em estudos organizacionais detalhados e reveladores da importância da integração baseada em computadores, em detrimento da dependência meramente contratual ou corporativa e, por analogia, das lacunas normativas relacionadas às redes contratuais.

O resguardo corporativo frente aos inúmeros riscos apresentados pela própria evolução tecnológica e pela mudança das estratégias organizacionais impuseram a necessidade de constante aprimoramento das empresas, notadamente no trato de seus controles internos e em suas políticas de transparência, o que garante realce à implementação de parâmetros regulatórios próprios, tornando desejável a governança.[43]

3.3 *Vesting* e a teoria dos contratos relacionais

Um terceiro aspecto que merece considerações específicas diz respeito ao *vesting* contratual, que "consiste em uma promessa de participação societária estabelecida em contrato particular com colaboradores estratégicos, que objetivam estimular a expansão, o êxito e a consecução dos objetivos sociais da *startup*."[44] Para Edgar Reis, "o *vesting* pode ser definido como um negócio jurídico por meio do qual é oferecido a alguém o direito de adquirir, de forma progressiva e mediante o cumprimento de certas métricas pré-estabelecidas, uma determinada participação societária de uma empresa."[45]

---

42. TEUBNER, Gunther. *Coincidentia oppositorum*: hybrid networks beyond contract and organisation. *In*: AMSTUTZ, Marc; TEUBNER, Gunther (ed.). *Networks*: legal issues of multilateral co-operation. Oxford: Hart Publishing, 2009, p. 3.

43. Sobre o tema, conferir: CARVALHO, Ângelo Gamba Prata de. Sociologia do poder nas redes contratuais, cit. p. 29-30. Ademais, não deixa de vir à tona o comentário de Nelson Rosenvald e Fabrício de Souza Oliveira: "E quando os mecanismos de governança *ex ante* falham? E quando os interesses presentes no conjunto de contratos (*nexus* contratual) não são suficientes para resolver os conflitos de agência? Uma resposta pode ser dada pelo conceito de *forbearance*. Nesse caso, a solução judicial deve ser evitada de maneira a forçar as partes a encontrarem a solução ótima. Isso, na proposta de Williamson, contribui para o desenvolvimento do conceito de hierarquia, elaborado por Coase, na medida em que o judiciário não deve se prestar a ser uma instância de resolução de conflitos existentes entre divisões internas da empresa, envolvendo matéria técnica." ROSENVALD, Nelson; OLIVEIRA, Fabrício de Souza. *O ilícito na governança dos grupos de sociedades*. Salvador: JusPodivm, 2019, p. 129-130.

44. FEIGELSON, Bruno; NYBØ, Erik Fontenele; FONSECA, Victor Cabral. *Direito das startups*, cit., p. 203.

45. REIS, Edgar Vidigal de Andrade. *Startups*: análise de estruturas societárias e de investimento no Brasil. São Paulo: Almedina, 2018, p. 348. O autor ainda acrescenta: "É válido neste ponto aproveitar para

É importante anotar que há vertente doutrinária minoritária que denomina o *vesting* de "contrato", descrevendo-o a partir de uma lógica meritocrática e que consolida direitos adquiridos pelo atingimento de metas preestabelecidas: "O *vesting* é um contrato em que as partes pactuam que haverá uma distribuição das ações disponíveis em uma sociedade empresária, de maneira gradual e progressiva, levando em conta parâmetros especificados de produtividade."[46] Entretanto, alertando para as idiossincrasias desse mecanismo, prepondera a visão de que o *vesting* não é, em si, uma espécie contratual, mas um instrumento delimitado em cláusulas de um contrato firmado entre particulares – ou, em algumas hipóteses, do próprio contrato social –, com repercussões variadas para a formatação de parcerias mediante aquisição paulatina de participação societária:

> Enfim, pode-se afirmar que, independentemente de ser tratado como contrato em espécie ou mera cláusula contratual, o *vesting* sempre estará atrelado à presença de um elemento acidental do negócio jurídico: a condição. Entretanto, a se considerar o modelo de aquisição paulatina e a transferência da participação societária por condição suspensiva, que condicione a eficácia do negócio jurídico a evento futuro e incerto sob qualquer das três subespécies mencionadas, de fato, o atingimento das metas garantirá aquisição de crédito (equivalente ao percentual de quotas/ações do capital social).[47]

A problemática surge, como se extrai do excerto, a partir da forma de construção da estrutura contratual pela qual se concederá a participação societária a um terceiro, e não pela própria concessão de quotas ou ações.[48] Porém, a formatação tradicional do *vesting*, a partir do estabelecimento de metas a serem apuradas mais adiante – nos chamados *Cliffs*[49] (traduzíveis literalmente como "penhascos", denotando um momento de virada) – acaba por não abarcar todos os perigos desse procedimento.

---

abordar o *vesting*, tendo em vista ser este também um tipo de investimento formalizado por meio de contrato de opção de compra de participação societária. (...) Trata-se de um instrumento muito utilizado pelas *startups* com o objetivo de tentar preservar no negócio os seus colaboradores mais importantes (...)."

46. OLIVEIRA, Fabrício Vasconcelos de; RAMALHO, Amanda Maia. O contrato de *vesting*. *Revista da Faculdade de Direito da UFMG*, Belo Horizonte, n. 69, pp. 183-200, jul./dez. 2016, p. 184.

47. FALEIROS JÚNIOR, José Luiz de Moura. *Vesting empresarial*: aspectos jurídicos relevantes à luz da teoria dos contratos relacionais. 2. ed. Indaiatuba: Foco, 2022, p. 129.

48. Aliás, bem ao contrário, conceder participação societária é uma ótima maneira de motivar e atrair a ajuda de mais pessoas, como comenta Alejandro Cremades: "Giving equity is a great way to motivate and enroll the help of more individuals when your startup is lean on cash. This can be applied to cofounders, key team members, friends and family investors in the seed stage, and even advisors and professionals such as lawyers. However, too much equity in the hands of too many (especially inexperienced) early shareholders can be problematic. Even too many team members at the beginning can be problematic from an investor's point of view. So keep your fundraising goals in mind when hiring and considering bringing on cofounders." CREMADES, Alejandro. *The art of startup fundraising*, cit., p. 188.

49. Para elucidar o que são os *Cliffs*, cumpre dizer que "basicamente, o substantivo inglês se traduz como penhasco ou falésia, ou seja, é um ponto de virada, um momento de quebra/mudança de paradigma. Faz todo sentido terminológico, na medida em que a meta estabelecida para o interessado, quando atingida, garantirá a ele uma mudança de sua situação jurídica, independentemente de se interpretar a aquisição de direitos ou as consequências da resolução contratual (ainda que parcial)." FALEIROS JÚNIOR, José Luiz de Moura. *Vesting empresarial*, p. 130.

278 JOSÉ LUIZ DE MOURA FALEIROS JÚNIOR

Sobre isso:

> (...) ao se trabalhar o *vesting* como um direito de aquisição paulatina da participação societária, o adquirente passará a 'vestir' percentual do capital social sempre que se implementar um *cliff*. Em cada um desses momentos, o adquirente se tornará credor da sociedade, que, por outro lado, será sua devedora de quotas ou ações.
>
> Essencialmente, haverá aumento do patrimônio e o famigerado 'ganho de capital', que torna passível de discussão dos impactos do *vesting* à luz da legislação concernente ao imposto de renda. (...) Outrossim, há precedente específico denotando implicações previdenciárias pela utilização do *vesting*, ao se considerar a opção de compra como evento gerador de benefício remuneratório pelo cálculo da diferença do valor-dia da base salarial do indivíduo e o valor pago pela opção de compra da participação societária.[50]

Esses riscos tributários e previdenciários já foram alertados há anos pela doutrina, tendo sido sinalizados, já em 2016, nos escritos de Lucas Júdice e Erik Nybø.[51] Porém, não se pode deixar de ter em conta as implicações trabalhistas do *vesting* mal estruturado ou mal elaborado, mesmo após a reforma de 2017, que trouxe certa flexibilização.[52] Com isso, torna-se importante distinguir o próprio *vesting* da ideia de *outsourcing*, mesmo quando esta contemple apenas algumas áreas da gestão administrativa da empresa, que, embora seja juridicamente viável, parece não trazer grandes vantagens para toda e qualquer atividade que orbite o núcleo essencial das atividades da empresa.

Em arremate, nota-se clara conexão do *vesting* com a estruturação jurídica dos chamados contratos relacionais[53] descritos por Ian Macneil:

---

50. FALEIROS JÚNIOR, José Luiz de Moura. *Vesting empresarial*, cit., p. 114-115. E, complementando o trecho para ilustrar com o precedente citado no excerto, tem-se: "Trata-se do Processo 10980.728541/2012-13, julgado pelo Conselho Administrativo de Recursos Fiscais – CARF, no qual se entendeu que a empresa Pop Internet Ltda., ao oferecer opções de compra da participação societária para seus colaboradores, estaria havendo benefício remuneratório, gerando impactos na delimitação da base de cálculo de contribuições previdenciárias" (nota de rodapé 25).
51. JÚDICE, Lucas Pimenta; NYBØ, Erik Fontenele. Natureza jurídica do *vesting*: como uma tradução errada pode acabar com o futuro tributário e trabalhista de uma *startup*. *In*: JÚDICE, Lucas Pimenta; NYBØ, Erik Fontenele. (coord.). *Direito das startups*. Curitiba: Juruá, 2017, p. 43.
52. Sobre isso: "(...) a flexibilização das normas de Direito do Trabalho se traduz pela atenuação da rigidez que, supostamente, conteriam, e que impediria alterações contratuais exigidas pela nova realidade econômica. Em consequência, sustentam os prosélitos do modelo neoliberal de Estado e de Economia que o fim dessa rigidez normativa será mais um mecanismo imprescindível para a geração de emprego". LEDUR, José Felipe. *A realização do direito do trabalho*. Porto Alegre: Sergio Antonio Fabris, 1998, p. 139.
53. AGUIAR JÚNIOR, Ruy Rosado de. Contratos relacionais, existenciais e de lucro. *Revista Trimestral de Direito Civil*, Rio de Janeiro, v. 45, p. 91-110, jan./mar. 2011, p. 98. Anota: "O negócio *per relationem* tem sido definido como o negócio jurídico perfeito e incompleto, no qual a determinação do seu conteúdo ou de alguns dos seus elementos essenciais se realiza mediante a remissão a elementos estranhos ao mesmo. A remissão a circunstâncias alheias recebe a denominação de *relatio*. O modelo do contrato relacional é o que melhor se adapta à nova sistemática dos contratos de empresas e entre empresas, nos quais a gestão do risco da superveniência é um problema."

Contratos relacionais, em contraste, propiciam o incremento e a intensificação de relações intercambiáveis de diversos outros comportamentos contratuais comuns, e, por conseguinte, de suas normas. Principalmente em meio a esses, tem-se (1) o papel da integridade, (2) a solidariedade contratual, e (3) a harmonização com a matriz social, especialmente a matriz social interna.[54]

Na exata medida em que o *vesting* se materializa no curso do tempo, sendo marcado pela presença de variáveis que tornem dificultosa a previsibilidade de todos os desfechos possíveis para a relação contratual, parece viável afirmar que a cláusula de *vesting*, quando presente em um acordo de parceria, materializará um contrato relacional.[55]

A depender da forma de consolidação da parceria em que se utilize uma cláusula de *vesting*, ter-se-á uma relação assimétrica condizente com a necessidade de tutela atípica das relações interempresariais de cariz terciário (novamente, enquadráveis no *terzo contratto* descrito por Vincenzo Roppo), e o *vesting* empresarial poderá ser emanação clara dessa modalidade de estruturação contratual relacional caracterizada não por um desequilíbrio intrínseco, como ocorre nas relações de consumo, mas por um desbalanceamento diverso, extraído do caráter prospectivo desses pactos e pelo desnivelamento técnico-informacional entre os partícipes da relação empresarial relacional em rede.

4. CONSIDERAÇÕES FINAIS

Com esse brevíssimo estudo, foi possível visualizar que o chamado "direito das *startups*", no Brasil, ainda revela as particularidades e idiossincrasias de um modelo carente de testagem e aprofundamento jurídico, mas que contabiliza elementos de diversos ramos do direito privado – notadamente do direito dos contratos e do direito societário – no sentido de aglutinar aquilo que melhor se encaixa no propósito de uma *startups*, cuja marca essencial é a presença de um empreendedor novato, usualmente inexperiente.

Após breve digressão conceitual, pela qual se buscou situar o leitor no universo das *startups*, foram analisados três grandes pontos pelos quais o direito privado passa a ser desafiado nesse contexto específico: (i) relações B2B, B2C e a assimetria contratual atípica das relações B2b; (ii) *startups* e redes contratuais; (iii)

---

54. MACNEIL, Ian R. Relational contract theory: challenges and queries. *Northwestern University School of Law Review*, Chicago, v. 94, n. 3, pp. 877-908, 2000, p. 897, tradução livre. No original: "Relational contracts, by contrast, give rise to an intensification in exchange relations of several other common contract behaviors, and hence to their norms. Primary among these are (1) role integrity, (2) contractual solidarity, and (3) harmonization with the social matrix, especially the internal social matrix."

55. Ainda sobre os contratos relacionais, consulte-se: MACEDO JÚNIOR, Ronaldo Porto. *Contratos relacionais e defesa do consumidor*. 2. ed. São Paulo: Ed. RT, 2007; KLEIN, Vinícius. *Os contratos empresariais de longo prazo*: uma análise a partir da argumentação judicial. Rio de Janeiro: Lumen Juris, 2015.

vesting e a teoria dos contratos relacionais. Em todos esses tópicos específicos, foi possível verificar a necessidade de maiores aprofundamentos da ciência jurídica para o adequado enfrentamento dos percalços apresentados pelas peculiaridades das *startups*.

Quanto ao primeiro aspecto, apurou-se que não serão incomuns os cenários em que uma relação jurídica interempresarial apresente disparidade entre seus contratantes, em se tratando, um deles, de uma *startup*. Isso porque, pela pouca experiência, empresários iniciantes que buscam parcerias com investidores e outros empresários, podem participar de relações jurídicas desbalanceadas sob os pontos de vista econômico, informacional e mercadológico, sendo merecedores de tutela em função dessa vulnerabilidade geradora de assimetria, ainda que não seja esta uma relação de consumo. Aqui, defendeu-se a aplicação do *terzo contratto* definido por Roppo como solução adequada ao reconhecimento e à efetivação das relações interempresariais assimétricas, ou B2b (*Business to business*).

Na sequência, anotou-se que, pela própria natureza complexa das atividades baseadas em alta tecnológica, tão comum às *startups*, é possível a formatação de redes contratuais, em função da ampla gama de parceiros que podem se envolver nos trabalhos de alavancagem de determinado modelo de negócio. Para tais casos, a cooperação será fundamental e, em havendo carência regulatória mais específica, constatou-se que a governança será desejável para reafirmar a viabilidade desses empreendimentos.

Finalmente, comentou-se acerca do famigerado *vesting* empresarial, destacando-se não se tratar de uma espécie contratual, mas de uma ferramenta relacional a se utilizar em contratos de parceria (com possibilidade de alocação de seus detalhes até mesmo no contrato social) para o fomento de parcerias nos estágios iniciais de uma *startup*, quando se tem pouco capital e a oferta de participação societária (quotas ou ações) a um potencial parceiro surge como opção para a busca de *know-how* específico e que seja capaz de produzir resultados em prol da nova empresa. Registrou-se, porém, que o modelo usualmente trabalhado para o *vesting* apresenta riscos de ordem tributária, previdenciária e trabalhista que podem ser mitigados a depender da forma de estruturação do pacto. Constatou-se ser preferível a delimitação de metas e *Cliffs* como condições resolutivas (e não suspensivas).

Com isso e, ainda que existam muitas outras particularidades merecedoras de estudos mais aprofundados, cumpriu-se o propósito deste sucinto estudo com o apontamento desses três grandes impactos que as *startups* já trouxeram ao universo dos contratos e do direito societário, apresentando, por outro lado, potencialidades que não se pode simplesmente ignorar.

5. REFERÊNCIAS

AGUIAR JÚNIOR, Ruy Rosado de. Contratos relacionais, existenciais e de lucro. *Revista Trimestral de Direito Civil*, Rio de Janeiro, v. 45, p. 91-110, jan./mar. 2011.

ANSOFF, Igor. *Strategic management*. Nova Jersey: John Wiley & Sons, 1979.

BARAÑANO, Ana Maria. Gestão da inovação tecnológica: estudo de cinco PMEs portuguesas. *Revista Brasileira de Inovação*, Rio de Janeiro, n. 1, v. 4, 2005.

BELCHIOR, Wilson Sales. Executivo apresenta marco legal das startups e do empreendedorismo inovador. *Consultor Jurídico*, 24 out. 2020. Disponível em: https://www.conjur.com.br/2020-out-24/belchior-executivo-apresenta-marco-legal-startups. Acesso em: 25.11.2023.

BESSANT, John; TIDD, Joe. *Inovação e empreendedorismo*. Tradução de Elizamari Rodrigues Becker, Gabriela Perizzolo e Patrícia Lessa Flores da Cunha. Porto Alegre: Bookman, 2009.

BLANK, Steve. *The four steps to the epiphany*: successful strategies for products that win. 3. ed. Sussex: Quad/Graphics, 2007.

BLANK, Steve; DORF, Bob. *The startup owner's manual*: The step-by-step guide for building a great company. Pescadero: K&S Ranch, 2012.

BROWNSWORD, Roger. Network contracts revisited. *In:* AMSTUTZ, Marc; TEUBNER, Gunther (ed.). *Networks*: legal issues of multilateral co-operation. Oxford: Hart Publishing, 2009.

BUONOCUORE, Vincenzo. Contratti del consumatore e contratti d'impresa. *Rivista di Diritto Civile*, Pádua: CEDAM, n. 1, p. 01-41, jan./fev., 1995.

CARVALHO, Ângelo Gamba Prata de. Sociologia do poder nas redes contratuais. *In:* FRAZÃO, Ana; CARVALHO, Ângelo Gamba Prata de. *Empresa, mercado e tecnologia*. Belo Horizonte: Fórum, 2019.

COLLINS, Hugh. The weakest link: legal implications of the network architecture of supply chains. *In:* AMSTUTZ, Marc; TEUBNER, Gunther (ed.). *Networks*: legal issues of multilateral co-operation. Oxford: Hart Publishing, 2009.

CREMADES, Alejandro. *The art of startup fundraising*: pitching investors, negotiating the deal, and everything else. Nova Jersey: John Wiley & Sons, 2016.

DEGEN, Ronald J. *O empreendedor*: fundamentos da iniciativa empresarial. São Paulo: Pearson Prentice Hall, 2009.

DELLI PRISCOLI, Lorenzo. La rilevanza dello status per la protezione dei soggetti deboli nel quadro dei principi europei di rango costituzionale. *Rivista del Diritto Commerciale*, Pádua, n. 2, p. 311-353, jan./dez. 2012.

FALEIROS JÚNIOR, José Luiz de Moura. *Vesting empresarial*: aspectos jurídicos relevantes à luz da teoria dos contratos relacionais. 2. ed. Indaiatuba: Foco, 2022.

FARIAS, Cristiano Chaves de; ROSENVALD, Nelson. *Curso de direito civil*: contratos. 9. ed. Salvador: JusPodivm, 2019, v. 4.

FEIGELSON, Bruno; NYBØ, Erik Fontenele; FONSECA, Victor Cabral. *Direito das startups*. São Paulo: Saraiva, 2018.

GRUBER, Frank. *Startup mixology*: tech cocktail's guide to building, growing & celebrating startup success. Nova Jersey: John Wiley & Sons, 2014.

JABORANDY, Clara Cardoso Machado; GOLDHAR, Tatiane Gonçalves Miranda. Marco legal para startups no Brasil: um caminho necessário para segurança jurídica do ecossistema de inovação.

In: EHRHARDT JÚNIOR, Marcos; CATALAN, Marcos; MALHEIROS, Pablo (coord.). *Direito civil e tecnologia*. 2. ed. Belo Horizonte: Fórum, 2021, t. I.

JÚDICE, Lucas Pimenta; NYBØ, Erik Fontenele. Natureza jurídica do *vesting*: como uma tradução errada pode acabar com o futuro tributário e trabalhista de uma *startup*. *In:* JÚDICE, Lucas Pimenta; NYBØ, Erik Fontenele. (coord.). *Direito das startups*. Curitiba: Juruá, 2017.

KAPLAN, Jerry. *Startup*: a Silicon Valley adventure. Nova York: Houghton Mifflin, 1995.

KAWASAKI, Guy. *The art of the start 2.0*: The time-tested, battle-hardened guide for anyone starting anything. Nova York: Penguin, 2015.

KLEIN, Vinícius. *Os contratos empresariais de longo prazo*: uma análise a partir da argumentação judicial. Rio de Janeiro: Lumen Juris, 2015.

LEDUR, José Felipe. *A realização do direito do trabalho*. Porto Alegre: Sergio Antonio Fabris, 1998.

LIVINGSTON, Jessica. *Founders at work*: stories of startups' early days. Berkeley: Apress, 2007.

LORENZETTI, Ricardo Luis. *Comércio eletrônico*. Trad. Fabiano Menke. São Paulo: Ed. RT, 2004.

MACEDO JÚNIOR, Ronaldo Porto. *Contratos relacionais e defesa do consumidor*. 2. ed. São Paulo: Ed. RT, 2007.

MACNEIL, Ian R. Relational contract theory: challenges and queries. *Northwestern University School of Law Review*, Chicago, v. 94, n. 3, pp. 877-908, 2000.

MIRAGEM, Bruno. Os direitos da personalidade e os direitos do consumidor. *Revista de Direito do Consumidor*, São Paulo, v. 49, p. 258-272, jan./mar. de 2004.

MORETTI, Eduardo. Investimento-anjo: instrumentos legais e os impactos da Lei Complementar 155/2016. *In:* MORETTI, Eduardo; OLIVEIRA, Leandro Antonio Godoy (Org.). *Startups*: aspectos jurídicos relevantes. 2. ed. Rio de Janeiro: Lumen Juris, 2019.

OIOLI, Erik Frederico; RIBEIRO JR., José Alves; LISBOA, Henrique. Financiamento da startup. *In:* OIOLI, Erik Frederico (Coord.). *Manual de direito para startups*. São Paulo: Thomson Reuters Brasil, 2019.

OLIVEIRA, Fabrício Vasconcelos de; RAMALHO, Amanda Maia. O contrato de *vesting*. *Revista da Faculdade de Direito da Universidade Federal de Minas Gerais*, Belo Horizonte, n. 69, pp. 183-200, jul./dez. 2016.

PAGLIANTINI, Stefano. Per una lettura dell'abuso contrattuale: contratti del consumatore, dell'imprenditore debole e della microimpresa. *Rivista del Diritto Commerciale*, Pádua, n. 2, ano CVIII, p. 409/446, jan./dez. 2010.

PATTI, Francesco Paolo. Dai «contratti standard» al «contratto asimmetrico». Considerazioni su metodo e obiettivi delle ricerche di Vincenzo Roppo. *Jus Civile*, Roma: Università Roma Tre, n. 2, p. 226-245, jul./dez. 2018.

PIMENTA, Eduardo Goulart; LANA, Henrique Avelino. Fomento econômico das startups e o novo marco legal. In: BASTOS, Luciana de Castro; PIMENTA, Eduardo Goulart (Org.). *Estudos sobre o Marco Legal das Startups e do Empreendedorismo Inovador*. Belo Horizonte: Expert, 2021.

PORTER, Michael E. *Competitive strategy*. Nova York: The Free Press, 1980.

REIS, Edgar Vidigal de Andrade. *Startups*: análise de estruturas societárias e de investimento no Brasil. São Paulo: Almedina, 2018.

RIES, Eric. *The lean startup*: how today's entrepreneurs use continuous innovation to create radically successful businesses. Nova York: Crown, 2011.

ROPPO, Vincenzo. Ancora su contratto assimmetrico e terzo contratto: le coordinate del dibattito con qualche elemento di novità. *In:* ALPA, Guido; ROPPO, Vincenzo (a cura di). *La vocazione civile del giurista*: saggi dedicati a Stefano Rodotà. Roma: Laterza, 2013.

ROPPO, Vincenzo. *Il contratto del duemila*. Turim: Giappichelli, 2000.

ROSENVALD, Nelson; OLIVEIRA, Fabrício de Souza. *O ilícito na governança dos grupos de sociedades*. Salvador: JusPodivm, 2019.

SCHUMPETER, Joseph A. *Teoria do desenvolvimento econômico*: uma investigação sobre lucros, capital, crédito, juro e o ciclo econômico. São Paulo: Abril Cultural, 1982.

SUTTON, Stanley M. The role of process in a software start-up. *IEEE Software*, Nova York, v. 17, n. 4, p. 33-39, 2000.

TEPEDINO, Gustavo. Os contratos de consumo no Brasil. *In:* TEPEDINO, Gustavo. *Temas de direito civil*. Rio de Janeiro: Renovar, 2006, v. II.

TEUBNER, Gunther. *Coincidentia oppositorum*: hybrid networks beyond contract and organisation. *In:* AMSTUTZ, Marc; TEUBNER, Gunther (ed.). *Networks*: legal issues of multilateral co-operation. Oxford: Hart Publishing, 2009.

WILTBANK, Robert; DEW, Nicholas; READ, Stuart; SARASVATHY, Saras D. What to do next? The case for non-predictive strategy. *Strategic Management Journal*, Nova Jersey, v. 27, n. 10, p. 981-998, 2006.

STARTUPS SOCIAIS: ESTUDOS E CONTRIBUTOS PARA O DESENVOLVIMENTO DE UM ECOSSISTEMA DE INOVAÇÃO SOCIAL

Clarisse Stephan

Professora de Direito Empresarial da Universidade Federal Fluminense (UFF), atualmente realiza pesquisa em nível pós-doutoral, no Instituto Superior de Economia e Gestão (Universidade de Lisboa), sobre Instrumentos de Fomento à Cultura e ESG. Doutora pelo Programa de Pós-graduação em Sociologia e Direito da UFF com pesquisa sobre Negócios de Impacto Social, Economia Criativa e ESG. Mestre em Ciências Jurídico-Econômicas pela Faculdade de Direito da Universidade de Coimbra, com trabalho desenvolvido sobre "Standards Ambientais Internacionais". Consultora do Terceiro Setor e Membro da Academia do Instituto de Cidadania Empresarial (ICE).

E-mail: clarisse.stephan@gmail.com

Pedro Verga Matos

Agregado em Gestão pela Universidade de Lisboa, Doutor em Ciências Empresariais pela Universidade do Porto, MBA e Mestre em Gestão de Empresas pela Universidade Nova de Lisboa e Licenciado em Economia pela Universidade Católica Portuguesa. É professor associado c/agregação no ISEG – *Lisbon School of Business & Economics*, a escola de Economia e Ciências Empresariais da Universidade de Lisboa, onde leciona em programas de mestrado e no doutoramento em Gestão. Actualmente, está a desenvolver investigação nas Finanças Sociais e Sustentabilidade, e em especial sobre os títulos de impacto (*social impact bonds* e *development impact bonds*). Colabora em programa de cooperação universitária e apoio ao desenvolvimento (alguns com financiamento da União Europeia e do Instituto Camões), tendo coordenado e participado em diversos projectos em Angola (em Benguela, no Huambo, em Luanda e no Lubango) e em Moçambique (em Maputo). Actualmente acompanha os programas de cooperação universitária do ISEG em África.

E-mail: pvmatos@iseg.ulisboa.pt

Marcello Borio

Doutorando em Sistemas de Gestão Sustentáveis pela Universidade Federal Fluminense (UFF) onde desenvolve sua pesquisa sobre negócios de impacto socioambiental, investimento de impacto e inovação social. Administrador, possui MBA em estratégia e mestrado em Sistemas de Gestão pela UFF. É Conselheiro de Administração formado pelo IBGC e possui a certificação *Sustainability Reporting Standards* (GRI). Pesquisador membro do GECOPI (Grupo de Pesquisa em Conhecimento, Pessoas e Inovação) da Escola de Engenharia /UFF, atua como professor no MBA ESG Management da PUC-Rio e no curso de extensão Negócios de Impacto Socioambiental. É também consultor de negócios de impacto na incubadora da ESDI/UERJ e avaliador do programa InovAtiva de Impacto, promovido pelo Ministério do Desenvolvimento, Indústria, Comércio e Serviços (MDIC).

E-mail: marcelloborio@id.uff.com.br

CLARISSE STEPHAN, PEDRO VERGA MATOS E MARCELLO BORIO

Sumário: 1. Introdução – 2. *Startups:* empreendedorismo sustentável e inovação social – 3. *Startups* – instrumentos de salvaguarda e fomento ao setor: as leis brasileira e portuguesa (e seus ecossistemas) – 4. Considerações finais – 5. Referências.

1. INTRODUÇÃO

Reconhecendo as empresas[1] como os mais importantes atores dentro da organização produtiva capitalista (ou de mercado), sabe-se que a sua existência e manutenção dependem, hoje, de alguns fatores já conhecidos na literacia econômica e da gestão e de outros novos, trazidos pelas demandas tecnológicas, ambientais e sociais que agora se tornam imperiosas.

A inovação, como fator de alavancagem à competitividade e às vantagens comparativas entre "empresas" e Estados é sabidamente uma importante fonte na etiologia do desenvolvimento econômico. Não obstante as diversas acepções que o termo pode assumir, nos valeremos das contribuições que entendem a inovação "não só através da dimensão tradicional da 'tecnologia dura' – relacionada com o investimento e a infraestrutura –, mas também das 'tecnologias suaves' – mudanças na gestão e na organização – e, em geral, dos valores intangíveis do conhecimento e da criatividade"[2]. Esse conceito de inovação é semelhante àquele trazido nas diversas edições do Manual de Oslo[3], especialmente nas mais recentes, que incluem abordagens como o paradigma da Inovação Aberta.

Portanto, a escolha, no título, do termo "inovação social" remete a dois aspectos: (i) à sustentabilidade socioambiental que as empresas devem ter em mente ao buscarem seus métodos inovativos, sejam eles relativos ao desenvolvimento de tecnologias "meramente" técnicas, quanto sociais, e (ii) à dimensão normativa, que poderia ser entendida como uma ciência social-hermenêutica

---

1. Faz-se aqui a necessária ressalva de que o termo "empresa" será utilizado em seu sentido atécnico, mas corrente como sociedade empresária e não como atividade, a sua acepção legal (Art. 966, Lei 10.406/2002).
2. CARVALHO, José Eduardo; LOPES, José Álvaro Assis; REIMÃO, Cassiano Maria. Inovação, decisão e ética: trilogia para a gestão das organizações. Lisboa: Sílabo, 2011. p. 27.
3. Com dados recolhidos nos países da Organização para Cooperação e Desenvolvimento Econômico (OCDE) e nas economias e organizações parceiras, por meio da sistematização das características das atividades, dos perfis dos atores e dos fatores internos e conjunturais, o escopo último do documento é compreensão e análise de políticas direcionadas à promoção da inovação. Produzido pela mesma organização e publicado pela primeira vez em 1992, o Manual de Oslo é a principal referência internacional na recolha e tratamento de indicadores sobre inovação, abordando temas como a definição dessa e das métricas para a sua avaliação. (OCDE. Manual de Oslo 2018. Disponível em: https://www.oecdilibrary.org/docserver/9789264304604en.pdf?expires=1700052840&id=id&accname=guest&checksum=3C0D43CB5DD4B2ABBAB1C956C7C3936C. Acesso em: 12.09.2023).

que busca responder e instrumentalizar os agentes/atores/*players* à consecução desse objetivo.

As relações entre inovação e tecnologias[4] são, a sua vez, inescapáveis: a primeira depende de um aprimoramento da segunda, seja por meio da "destruição criativa" (conforme Schumpeter[5]), ou entendendo-a como um processo de "fagocitose" técnica. De toda forma, o que se têm, na maioria das vezes, são formas de apropriação de um conhecimento já disponibilizado – razão essa porque a delimitação dos direitos da Propriedade Intelectual é tão importante.

No Brasil, em consonância com o Manual de Oslo, a Lei de Inovação (Lei 10.973/2004, em redação dada pela Lei 13.243, de 2016), conceitua o termo como: "inovação: introdução de novidade, ou aperfeiçoamento no ambiente produtivo e social que resulte em novos produtos, serviços ou processos ou que compreenda a agregação de novas funcionalidades ou características a produto, serviço ou processo já existente que possa resultar em melhorias e em efetivo ganho de qualidade ou desempenho (art. 2º, IV);

Por essa razão, o reconhecimento da inovação como fator de vantagem comparativa e competitividade traz a necessidade de regulamentação e fomento para indústrias nascentes, onde se inserem as políticas de salvaguarda a alguns tipos de empresa, para as quais se reconhece um maior potencial inovativo e, por conseguinte, criador de mercado por meio do uso de novas tecnologias.

Também indissociáveis são a tecnologia e a ciência, que claramente se retroalimentam. Sentados estamos sobre os ombros dos gigantes: o conhecimento técnico promove o científico, que propulsiona o desenvolvimento de novas tecnologias e que, a sua vez, permitem novas observações sobre o mundo, capazes de inspirar e motivar novas reflexões e experiências empíricas.

Outro reconhecimento que hoje se faz presente é a necessidade de adequação das empresas aos Objetivos do Desenvolvimento Sustentável (ODS) e às demandas

---

4. Para essas, também optaremos, neste artigo, por um conceito abrangente, que envolve seus usos funcionais, adequados e apropriados àqueles que as põem em prática. Sobre o conceito de tecnologia apropriada, Pierre Clastres sustenta a não existência de tecnologia superior ou inferior, ou seja, a ausência de hierarquia no campo da técnica, dado que essa verificação só pode ocorrer pelo aval que se dá à utilidade de determinado instrumento/ferramenta sua na capacidade de satisfazer as necessidades de determinada comunidade. A produtividade econômica como economia de subsistência não é a economia da precariedade, mas do suficiente. A desigualdade decorrente da produção de bens em excesso é também indesejada. Isso fica claro quando se introduz nas comunidades indígenas artefatos da tecnologia do Ocidente. (CLASTRES, Pierre. A Sociedade Contra o Estado: pesquisas de antropologia política. São Paulo: Ubu Editora, 2017).

5. SCHUMPETER, Joseph A. The Theory of Economic Development. Cambridge: Harvard University Press, 1983.

do *Environmental Social Governance* (ESG)[6]. Os conceitos representados pelas já reconhecidas siglas, além de corresponderem a um valor social, também manifestam, um imperativo de mercado que impele a que as startups, como "empresas" nascentes, busquem ou devam buscar essa adequação.

A constatação de que os desafios sociais são cada vez mais complexos e de que as políticas públicas têm limitações decorrentes, também, de orçamentos limitados, impele a que uma abordagem inovadora ganhe relevância frente a esses desafios [7,8]. Essa nova abordagem – designada "inovação social" – assenta-se numa articulação entre diferentes parceiros e, mormente, em um diálogo entre a sociedade civil, os governos e as empresas[9,10]. Envolve, portanto, quatro elementos: as pessoas, o desafio (o problema que deve ser resolvido), o processo (como se lida com esse desafio) e o objetivo (resolução desse desafio)[11].

Procura-se, assim, gerar novas ideias, produtos, serviços, ou modelos, com o objetivo de enfrentar os desafios societais, criando mudanças sociais/ambientais positivas[12-13-14], em linha com a inovação social[15-16-17] e os Objetivos de Desenvolvimento Sustentável (ODS). É nesse contexto que surgem as *startups* sociais/ambientais. Trata-se de projetos de um empreendedorismo específico, o

---

6. MACHADO, Renato. Fórum Econômico Mundial aponta compras governamentais e incentivos a financiamentos para destravar economia social. Folha de São Paulo, 8 nov.2023. Disponível em: https://www1.folha.uol.com.br/mercado/2023/11/forumeconomicomundialapontacomprasgovernamentais-e-incentivos-a-financiamentos-para-destravar-economia-social.shtml. Acesso em: 13.11.2023.
7. EDWARDS-SCHACHTER, M.; WALLACE, M. L. Shaken, but not stirred: Sixty years of defining social innovation. Technological Forecasting and Social Change, 2017, p. 64-79.
8. MADURO, Miguel; PASI, Giulio; MISURACA, Gianluca. Social impact investment in the EU. Financing strategies and outcomes-oriented approaches for social policy innovation: narratives, experiences, and recommendations. Publications Office of the European Union, Luxembourg 2018.
9. SOCIAL innovation: New approaches to transforming public services. NESTA Policy & Research Unity, p. 1-4, Janeiro 2008.
10. MURRAY, R.; CAULIER-GRICE, J.; MULGAN, G. The Open Book of Social Innovation. Nesta and The Young Foundation, London, v. 24, 2010.
11. DAWSON, P.; DANIEL, L. Understanding social innovation: a provisional framework. International Journal of Technology Management, v.51 n. 1, p. 9-21, 2010.
12. BESANÇON, E.; CHOCHOY, N.; GUYON, T. L'innovation sociale: Principes et fondements d'un concept. Editions L'Harmattan, 2013.
13. MULGAN, G. Social Innovation: How societies find the power to change. Policy Press, 2019.
14. SCHMIEDEKNECHT, M. H. Social innovation and entrepreneurship supporting the Sustainable Development Goals (SDGs)–fostering social value creation. In: The Future of the UN Sustainable Development Goals. IDOWU, S.O., SCHMIDPETER, R.; ZU, L. Springer, 2020, p. 211-225.
15. NICHOLLS, A. Social entrepreneurship: New models of sustainable social change. OUP Oxford, 2008.
16. PHILLIPS, W.; LEE, H.; GHOBADIAN, A.; O'REGAN, N.; JAMES, P. Social innovation and social entrepreneurship: A systematic review. Group & Organization Management, v. 40, n.3, p. 428-461, 2015.
17. PORTALES, L. Social innovation and social entrepreneurship: Fundamentals, concepts, and tools. Springer, 2019.

denominado empreendedorismo sustentável (*sustainable entrepreneurship*)[18-19-20]. Nesses projetos, combina-se a iniciativa empreendedora com a criação de impacto, procurando soluções financeiramente sustentáveis para problemas sociais ou ambientais relevantes[21-22-23-24-25], o que, logo, abrange também o denominado empreendedorismo ambiental e o social.

Por estarem precisamente inseridos em um contexto de inovações práticas, conceituais e legais, que se colocam entre a necessidade da regulamentação e o entendimento de que essa não deve interferir de forma a dificultar ou tornar mais burocrática a consolidação das startups, iremos analisar criticamente as iniciativas legais que as regulamentam ou tangenciam a sua regulação, bem como os chamados *sandboxes* normativos[26].

Assim, além dos contributos teóricos com o fito de clarificarmos alguns conceitos como inovação e tecnologia, inclusive sociais, valeremo-nos da análise comparativa dos diplomas normativos brasileiro e português, a fim de avaliar como a regulamentação pode promover incentivos a essas empresas e a um ambiente que as fomentem.

---

18. ROSÁRIO, A. T.; RAIMUNDO, R. J.; CRUZ, S. P. Sustainable Entrepreneurship: a literature review. Sustainability, v. 14, n. 9, p. 55-56, 2022.
19. SCHALTEGGER, S.; WAGNER, M. Sustainable entrepreneurship and sustainability innovation: categories and interactions. Business strategy and the environment, v. 20, n. 4, p. 222-237, 2011.
20. TERÁN-YÉPEZ, E.; MARÍN-CARRILLO, G. M.; DEL PILAR Casado-Belmonte, M.; DE LAS MERCEDES Capobianco-Uriarte, M. Sustainable entrepreneurship: Review of its evolution and new trends. Journal of Cleaner Production, v. 252, p. 119-742, 2020.
21. GUPTA, P.; CHAUHAN, S.; Paul, J.; JAISWAL, M. P. Social entrepreneurship research: A review and future research agenda. Journal of Business Research, v. 113, p. 209-229, 2020.
22. MACKE, J.; SARATE, J. A. R.; DOMENEGHINI, J.; DA SILVA, K. A. Where do we go from now? Research framework for social entrepreneurship. Journal of Cleaner Production, v. 183, p. 677-685, 2018.
23. *Idem*, nota 19
24. SAEBI, T.; FOSS, N. J.; LINDER, S.Social entrepreneurship research: Past achievements and future promises. Journal of Management, v. 45, n. 1, p. 70-95, 2019.
25. VEDULA, S.; DOBLINGER, C.; PACHECO, D.; YORK, J. G.; BACQ, S.; RUSSO, M. V.; DEAN, T. J. Entrepreneurship for the public good: A review, critique, and path forward for social and environmental entrepreneurship research. Academy of Management Annals, v. 16, n. 1, p. 391-425, 2022.
26. Entendido de forma simplificada como um ambiente de teste, as políticas de *sandbox* permitem que novos produtos e serviços sejam testados enquanto são observados por entidades reguladoras, para que essas possam, com isso, desenvolver regulamentações mais eficazes e adequadas que equacionem a promoção da inovação com a necessidade de se proteger os consumidores e o mercado, além de garantir a entrada de novos *players* com vistas a um ambiente concorrencial sadio.

2. *STARTUPS:* EMPREENDEDORISMO SUSTENTÁVEL E INOVAÇÃO SOCIAL

O empreendedorismo é visto como um importante instrumento de crescimento e de desenvolvimento económico[27], sendo objeto de políticas públicas nacionais e multilaterais[28]. Para além dos seus efeitos diretos sobre a geração de riqueza, criação de empregos e pagamento de impostos[29,30], o seu impacto ao nível da inovação é particularmente significativo[31]. A cultura do empreendedorismo desenvolve-se de forma bastante pronunciada em pequenas empresas (as *startups*, na linguagem anglo-saxônica), e as especificidades dessa forma de organização produtiva conduz a uma legislação própria. Para além das muito conhecidas startups de pendor mais tecnológico, existem diversos projetos muito relevantes, focalizados no domínio socioambiental, que caracterizam o comumente nomeado empreendedorismo social.

O empreendedorismo social, segundo Nicholls, emergiu como um fenômeno global nos últimos anos, no contexto da geração de valores sociais e ambientais:

> impulsionado por uma nova geração de ativistas sociais pragmáticos, inovadores e visionários e suas redes, o empreendedorismo social se baseia em uma mistura eclética de modelos de negócios, caridade e movimentos sociais para reconfigurar soluções para os problemas da comunidade e entregar um novo valor social sustentável[32].

Sobre as startups sociais, seu universo de atuação pode estar ligado a diferentes formas de intervenção na sociedade. Tais organizações representam

---

27. WIBOWO, B. The role of creative economy-based startups on member economic improvement and economic resilience. Research Horizon, v. 1, n. 5, p. 172-178, 2021.
28. ACS, Zoltan.; ÅSTEBRO, Thomas.; AUDRETSCH, David.; ROBINSON, David. T. Public policy to promote entrepreneurship: a call to arms. Small Business Economics, v. 47, p. 35-51, 2016. HENREKSON, M.; STENKULA, M. Entrepreneurship and Public Policy. Springer New York, p. 595-637, 2010.
    VEIGA, P. M.; TEIXEIRA, S. J.; FIGUEIREDO, R.; FERNANDES, C. I. Entrepreneurship, innovation and competitiveness: A public institution love triangle. Socio-Economic Planning Sciences, v.72, p. 100-863, 2020.
    HENREKSON, M.; STENKULA, M. Entrepreneurship and Public Policy. Springer New York, p. 595-637, 2010.
    VEIGA, P. M.; TEIXEIRA, S. J.; FIGUEIREDO, R.; FERNANDES, C. I. Entrepreneurship, innovation and competitiveness: A public institution love triangle. Socio-Economic Planning Sciences, v.72, p. 100-863, 2020.
29. AUDRETSCH, D. B.; KEILBACH, M. C.; LEHMANN, E. E. Entrepreneurship and economic growth. Oxford University Press, 2006.
30. SALGADO-BANDA, H. Entrepreneurship and economic growth: An empirical analysis. Journal of Developmental Entrepreneurship, v. 12, n. 1, p. 3-29, 2007.
31. DEL SARTO, N.; CAZARES, C. C.; DI MININ, A. Startup accelerators as an open environment: The impact on startups' innovative performance. Technovation, v. 113, p. 102- 425, 2022.
    WEIBLEN, T.; CHESBROUGH, H. W. (2015). Engaging with startups to enhance corporate innovation. California Management Review, v. 57, n. 2, p. 66-90, 2015.
32. NICHOLLS, A. Introduction. In: NICHOLLS, A. Social Entrepreneurship. New Models of Sustainable Social Change, Oxford University Press, 2008.

uma categoria de negócios, dentro de um amplo espectro de empreendimentos, que geram impacto socioambiental positivo de forma intencional, combinando características singulares que, em conjunto, definem uma nova forma de empreender e de resolver problemas socioambientais. Esse diverso universo de arranjos organizacionais, modelos de negócio, abordagens sistêmicas e novas economias coabitam o "ecossistema de impacto" com diferentes nomenclaturas, princípios e fundamentos, como por exemplo: (i) negócios de impacto socioambiental, negócios sociais e empreendimento social, (ii) comércio justo, (iii) negócios regenerativos, (iv) negócios inclusivos, (v) economia circular, (vi) finanças sociais, dentre outros[33].

Exatamente por ter a geração de valor socioambiental como fim, as startups sociais estão diretamente relacionadas à inovação social, como destacam Comini *et al:*

> A maioria dos negócios de impacto socioambiental no Brasil associa um tipo de inovação, seja no mercado seja no produto, a uma modificação em seu modelo de negócio. Isto significa que o empreendimento social aproveita ao máximo a troca de experiências e conhecimento entre parceiros para viabilizar a inovação[34].

Existem exemplos do impacto de projetos de empreendedorismo no combate à fome[35-36] e pobreza[37-38-39], na melhoria do acesso à educação e saúde[40-41], na promo-

---

33. STEPHAN, Clarisse; OLIVEIRA, Fabrício. Negócios de Impacto Social: considerações sobre sua natureza e regulação no Brasil. Boletim de Ciências Econômicas, Coimbra, v. 62, p. 247-282, 2019.
34. COMINI, Graziella Maria; ROSOLEN, Talita; FISCHER, Rosa Maria. Inovações socioambientais: uma análise de soluções e estratégias criadas por negócios de impacto no Brasil. In: Negócios de impacto socioambiental no Brasil: como empreender, financiar e apoiar. Rio de Janeiro: FGV Editora, 2019. Disponível em: http://ice.org.br/wp-content/uploads/2019/11/Negócios-de-impacto-socioambiental-no-Brasil_ebook.pdf. Acesso em: 04.11.2023.
35. BABU, S.; PINSTRUP-ANDERSEN, P. Social innovation and entrepreneurship: Developing capacity to reduce poverty and hunger. 2020 focus brief on the world's poor and hungry people. Washington, DC: International Food Policy Research Institute (IFPRI), out. 2007. Disponível em: https://core.ac.uk/download/pdf/6289215.pdf. Acesso em: 14.10.2023.
36. DHIMAN, Satinder. Sustainable Social Entrepreneurship: Serving the Destitute, Feeding the Hungry, and Reducing the Food Waste. In: MARQUES, Joan; DHIMAN, Satinder (ed.), Social Entrepreneurship and Corporate Social Responsibility. Springer, 2020, p. 193-208.
37. MORADI, M.; IMANIPOUR, N.; ARASTI, Z.; MOHAMMADKAZEMI, R. Poverty and entrepreneurship: a systematic review of poverty-related issues discussed in entrepreneurship literature. World Review of Entrepreneurship, Management and Sustainable Development, v. 16, n. 2, p. 125-152, 2020.
38. SUTTER, C.; BRUTON, G. D.; CHEN, J. Entrepreneurship as a solution to extreme poverty: A review and future research directions. Journal of Business Venturing, v. 34, n. 1, p. 197-214, 2019.
39. TEHUBIJULUW, Z.; YUSRIADI, Y.; FIRMAN, H.; RIANTI, M. Poverty Alleviation Through Entrepreneurship. Journal of Legal Ethical & Regulatory Issues, v. 24, n. 1, 2021.
40. SANDLER, M. R. Social entrepreneurship in education: Private ventures for the public good. R&L Education, 2010.
41. TILLMAR, M. Societal entrepreneurs in the health sector: crossing the frontiers. Social Enterprise Journal, v. 5, n. 3, p. 282-298, 2009.

ção da igualdade de gênero[42-43], no acesso a água potável e saneamento básico[44]-[45], nas alterações climáticas[46-47] e até na construção da paz[48-49]. O empreendedorismo sustentável tem por isso um papel de destaque na prossecução dos ODS[50-51-52]. Neste modelo, frequentemente, conjugam-se princípios de governança do setor não lucrativo com instrumentos de gestão das empresas tradicionais, para se permitir assegurar uma maior sustentabilidade financeira e atingir os objetivos sociais e ambientais[53-54].

Essa concertação de elementos do empreendedorismo mais tradicional – com fins eminentemente lucrativos –, e a busca do impacto social e ambiental, pode gerar dificuldades, associadas à "missão dual" de um empreendimento social/ambiental[55,56]. Com efeito, esta missão dual:

---

42. AGRAWAL, A.; GANDHI, P.; KHARE, P. Women empowerment through entrepreneurship: case study of a social entrepreneurial intervention in rural India. International Journal of Organizational Analysis, v. 31, n.4, p. 1122-1142, 2023.

43. LIBERDA, B.; ZAJKOWSKA, O. Innovation and entrepreneurship policies and gender equity. International Journal of Contemporary Management, v. 16, n. 1, p. 37-59, 2017. Disponível em: https://www.researchgate.net/publication/322194574_Innovation_and_Entrepreneurship_Policies_and_Gender_Equity. Acesso em: 16.11.2023.

44. CHOWDHURY, I. Social entrepreneurship, water supply, and resilience: Lessons from the sanitation sector. Journal of Environmental Studies and Sciences, v. 9, n. 3, p. 327-339, 2019.

45. GERO, A.; CARRARD, N.; MURTA, J.; WILLETTS, J. Private and social enterprise roles in water, sanitation and hygiene for the poor: a systematic review. Journal of Water, Sanitation and Hygiene for Development, v. 4, n. 3, p. 331-345, 2014.

46. DIAZ-SARACHAGA, J. M.; ARIZA-MONTES, A. The role of social entrepreneurship in the attainment of the sustainable development goals. Journal of Business Research, v. 152, p. 242-250, 2022.

47. HILLMAN, J. R.; BAYDOUN, E. An overview of innovation and entrepreneurship to address climate change. Higher Education in the Arab World: Building a Culture of Innovation and Entrepreneurship, 2020, p. 141-181.

48. JOSEPH, J.; VAN BUREN III, H. J. Entrepreneurship, conflict, and peace: The role of inclusion and value creation. Business & Society, v. 61, n. 6, p. 1558-1593, 1 set. 2021.

49. SOTTINI, A.; CIAMBOTTI, G. Social Entrepreneurship toward a Sustainable Peacebuilding. In: Peace, Justice and Strong Institutions. Cham: Springer International Publishing, 2021, p. 841-851.

50. CHAUDHARY, S.; et al. Connecting the dots? Entrepreneurial ecosystems and sustainable entrepreneurship as pathways to sustainability. Business Strategy and the Environment, p. 1-17, 13 jun. 2023.

51. EICHLER, G. M.; SCHWARZ, E. J. What sustainable development goals do social innovations address? A systematic review and content analysis of social innovation literature. Sustainability, v. 11, n. 2, 522 p., 19.01.2019.

52. APOSTOLOPOULOS, Nikolaos et al. Entrepreneurship and the sustainable development goals. In: Entrepreneurship and the sustainable development goals. Emerald Publishing Limited, v. 8, p. 1-7, 8 out. 2018.

53. DEFOURNY, J.; NYSSENS, M. Social enterprise in Western Europe: Theory, models and practice. Routledge, 2021, 368 p.

54. Idem, 24

55. DOHERTY, B.; HAUGH, H.; LYON, F. Social enterprises as hybrid organizations: A review and research agenda. International Journal of Management Reviews, v. 16, n. 4, p. 1-20, fev. 2014.

56. SIEGNER, M.; PINKSE, J.; PANWAR, R. Managing tensions in a social enterprise: The complex balancing act to deliver a multi-faceted but coherent social mission. Journal of Cleaner Production, v. 174, p. 1314-1324, 2018.

a. Legitima a geração de resultados/*cash flow* mas não transforma estas entidades em maximizadoras de lucros, uma vez que a sua missão social/ambiental é muito relevante[57-58].

b. cria complexas tensões e *trade offs* na sua gestão para manter um equilíbrio difícil entre o seu propósito/missão e os valores comerciais (por ex. rentabilidade)[59-60-61-62], obrigando a cautelas acrescidas para evitar o desvio de missão[63].

No que respeita à governança, não basta, porém, que o empreendimento se declare um negócio de impacto. Primeiramente, seu propósito deve estar comprometido com a resolução intencional de um problema social, ou ambiental existente. Ademais, a solução desse problema deve ser a principal atividade do empreendimento, o qual deve, ainda, operar como um negócio economicamente sustentável – com geração de valor econômico – e estar comprometido com o monitoramento e mensuração do impacto positivo preconizado e pactuado com as partes relacionadas[64].

As particularidades e a relevância deste empreendedorismo socioambiental ou "de impacto", levam a que surjam instrumentos públicos destinados a criar um ecossistema robusto, fundamental para o desenvolvimento das startups, de que a Portugal Inovação Social é um bom exemplo[65]. Atualmente vigora a "Portugal Inovação Social 2030" (criada pela Resolução de Conselho de Ministros 54/2023, de 9 de Julho), focalizada no desenvolvimento e dinamização do empreendedorismo, da inovação social e do investimento de impacto, por meio de cinco instrumentos: (1) capacitação para a inovação social, (2) parcerias para a inovação social, (3) centro para o empreendedorismo de impacto, (4) títulos de impacto social e (5)

---

57. SANTOS, F. M. A positive theory of social entrepreneurship. Journal of Business Ethics, v. 111, n. 3, p. 335-351, 2012.

58. WILSON, F.; POST, J. E. Business models for people, planet (& profits): exploring the phenomena of social business, a market-based approach to social value creation. Small Business Economics, v. 40, p. 715-737, 2013.

59. MOSS, T. W.; SHORT, J. C.; PAYNE, G. T., & LUMPKIN, G. T. Dual identities in social ventures: An exploratory study. Entrepreneurship Theory and Practice, v. 35, n. 4, 805-830, 2011.

60. RAWHOUSER, H.; CUMMINGS, M.; NEWBERT, S. L. Social impact measurement: Current approaches and future directions for social entrepreneurship research. Entrepreneurship Theory and Practice, v. 43, n.1, p. 82-115, 2019.

61. Idem 49

62. SMITH, W. K.; GONIN, M.; BESHAROV, M. L. (2013). Managing social-business tensions: A review and research agenda for social enterprise. Business Ethics Quarterly, v. 23, n. 3, p. 407-442, 2013.

63. EBRAHIM, A.; BATTILANA, J.; MAIR, J. The governance of social enterprises: Mission drift and accountability challenges in hybrid organizations. Research in Organizational Behavior, v. 34, p. 81-100, 2014.

64. PIPE SOCIAL. O que são negócios de impacto: características que definem empreendimentos como negócios de impacto. São Paulo: Instituto de Cidadania Empresarial,.11.2019. Disponível em: https://aliancapeloimpacto.org.br/wp-content/uploads/2020/03/iceestudonegociosdeimpacto2019web.pdf. Acesso em: 20.11.2023.

65. PINTO, H.; FERREIRA, S.; GUERREIRO, J. A. The emergence of a Social Innovation Ecosystem in Portugal: An exploratory approach based on the perspective of strategic stakeholders. European Public & Social Innovation Review, v. 6, n. 2, p. 15-34, 2021.

contratos de impacto social. Merece destaque o programa para apoiar a criação de incubadoras, aceleradoras e centros destinados a dinamizar os ecossistemas de inovação e empreendedorismo social. Essas organizações são vistas como muito importantes para a capacitação e o crescimento de startups, com instrumentos tangíveis (como, por exemplo, espaços e equipamentos partilhados e apoio administrativo) e intangíveis (como conhecimentos) de apoio[66-67].

Esse delineamento de negócios está alinhado aos investimentos de impacto – dada (i) sua intencionalidade em gerar valor socioambiental positivo e (ii) sua centricidade no conceito de "valor combinado" (*blended value*), posto que visam retornos social, ambiental e financeiro, fornecendo soluções para problemas ambientais e/ou sociais, em modelos que também perseguem o lucro, por meio de mecanismos de mercado. Como organizações híbridas, as startups precisam, desde a sua modelagem de negócio, alinhar objetivos financeiros com a sua *tese de impacto socioambiental*, normalmente preconizada *ex-ante* em sua teoria de mudança[68].

As experiências brasileira e portuguesa neste domínio são interessantes. Trata-se de dois países com uma história partilhada desde o século XVI, com relações institucionais, culturais e económicas significativas. Se por um lado a globalização e a integração em blocos económicos distintos (o Brasil, membro fundador do Mercosul – Mercado Comum do Sul, e Portugal, membro da União Europeia) podem afetar as suas relações econômicas, por outro, a forte base histórica e cultural (institucionalizada, por exemplo, pela CPLP – Comunidade dos Países de Língua Oficial Portuguesa) permanece como um elo dominante.

Relativamente ao empreendedorismo sustentável, os dois países têm startups muito interessantes e associadas a diferentes ODS. A título meramente exemplificativo (e baseado numa análise *de jure*, isto é, nos objetivos declarados pelas organizações, e não *de facto*, no seu efetivo comportamento) temos[69]:

- *ODS 2 – Fome Zero e Agricultura Sustentável: AgroSmart*: foca em soluções tecnológicas para a agricultura, visando otimizar o uso de recursos

---

66. BERGMAN, B. J.; MCMULLEN, J. S. Helping entrepreneurs help themselves: A review and relational research agenda on entrepreneurial support organizations. Entrepreneurship Theory and Practice, v. 46, n. 3, p. 688-728, 2022.

67. HAUSBERG, J. P.; KORRECK, S. Business incubators and accelerators: a co-citation analysis-based, systematic literature review. The Journal of Technology Transfer, v. 45, p. 151-176, 2020.

68. LEPOUTRE, J. et al. Designing a Global Standardized Methodology for Measuring Social Entrepreneurship Activity: The Global Entrepreneurship Monitor Social Entrepreneurship Study. Small Business Economics, v. 40, n. 3, p. 693-714, 23.11.2011.

69. Outros exemplos de startups sociais podem ser encontrados no site do BNDES, no seu programa "garagem" já na terceira edição, que tanto incentiva a criação quanto impulsiona "startups de impacto", (BNDES. Garagem: negócios de impacto, 2021. Disponível em: https://garagem.bndes.gov.br/. Acesso em: 14.11.2023).

e aumentar a eficiência na produção de alimentos[70]; e *Fruta Feia*: coope-rativa de consumo que combate o desperdício alimentar ao vender frutas e vegetais "feios", que seriam descartados[71].

- *ODS 3 – Saúde e Bem-Estar: Dr. Consulta:* oferece serviços médicos acessíveis e inovadores, utilizando tecnologia para melhorar o acesso à saúde[72]; e *Gympass:* plataforma que oferece acesso flexível a academias e estúdios de ginástica[73].

- *ODS 4 – Educação de Qualidade: Descomplica:* plataforma de ensino on-line que visa democratizar o acesso à educação de qualidade[74]; e *Future EcoSurf:* escola de surf com uma abordagem global à responsabilidade ambiental e social, envolvendo toda a sua cadeia de valor do esporte[75].

- *ODS 7 – Energia Limpa e Acessível: Quero Energia:* oferece soluções susten-táveis para energia solar, contribuindo para a geração de energia limpa[76].

- *ODS 9 – Indústria, Inovação e Infraestrutura: PLUX – Wireless Biosignals:* desenvolve tecnologias inovadoras na área de saúde, incluindo disposi-tivos sem fio para monitoramento de sinais vitais [77]; e *Beeverycreative:* desenha soluções de impressão 3D para empresas, escolas e utilizadores domésticos, contribuindo para soluções sustentáveis na fabricação em diversos sectores (medicina regenerativa, têxtil, aeroespacial etc.)[78]

- *ODS 12 – Consumo e Produção Responsáveis: Eureciclo:* atua na compen-sação ambiental por meio da reciclagem de embalagens, promovendo o consumo responsável[79]; e *Skizo:* dedica-se à produção de vestuário a partir de tecnologias inovadoras. Da limpeza das praias, com a ajuda de volun-

---

70. AGROSMART. Transitioning Food Systems, [s.d.]. Disponível em: https://agrosmart.com.br/. Acesso em: 21.08.2023.
71. FRUTA FEIA. Gente bonita como fruta feia, [s.d.]. Disponível em: https://frutafeia.pt/. Acesso em: 21.08.2023.
72. DR. CONSULTA. Cuidar as pessoas, dar acesso e revolucionar a saúde, [s.d.]. Disponível em:https://drconsulta.com/. Acesso em: 21.08.2023.
73. GYMPASS. Empresas que se reocupam oferecem mais, [s.d.]. Disponível em: https://gympass.com/pt-br/. Acesso em: 04.09.2023.
74. DESCOMPLICA. Cursinho e pré-vestibular Enem, [s.d.]. Disponível em: https://descomplica.com.br/. Acesso em: 02.09.2023.
75. FUTURE ECOSURF SCHOOL. Muito mais que uma escola de surf, [s.d.]. Disponível em: https://future-ecosurf.com/?lang=pt-pt. Acesso em: 05.09.2023.
76. QUERO ENERGIA SOLAR. Energia solar: a mudança que faz a diferença, [s.d.]. Disponível em:https://queroenergiasolar.com/. Acesso em: 05.09.2023.
77. PLUX. Build your Biosignals Kit, [s.d.]. Disponível em: https://www.pluxbiosignals.com/. Acesso em: 05.09.2023.
78. BEEVERYCREATIVE. Imprint change with 3D printing, [s.d.]. Disponível em: https://beeverycreative.com/. Acesso em: 27.11.2023.
79. EURECICLO. Desenvolvendo a cadeia de reciclagem, [s.d.]. Disponível em: https://www.eureciclo.com.br/. Acesso em: 27.11.2023.

tários, e da recolha das redes de pesca descartadas e plástico, com a ajuda de pescadores, transformam o lixo em têxtil e, a seguir, em produtos[80].

- VÁRIOS ODS: *GoParity*: promove o financiamento de projetos com sustentáveis, permitindo (também) a pequenos investidores financiar projetos alinhados com os ODS de forma rentável[81]; *Impactrip*: promove viagens sustentáveis, com atividades com impacto social e ambiental positivo, envolvendo as comunidades locais[82]; e *Theloop*: promove o desenvolvimento de soluções sustentáveis cruzando a tecnologia, a sustentabilidade e a inteligência artificial[83].

Em vista da referida relevância do quadro jurídico no desenvolvimento das startups, na seção seguinte se faz uma análise do contexto legal no Brasil e em Portugal. Embora partilhando muitas características comuns[84], cada um dos Estados tem as suas especificidades, que refletem as necessidades, contextos e história e, claro, as suas opções políticas.

O ecossistema português será usado como paradigma: Portugal apresenta, hoje, um ambiente favorável e próspero em termos de inovação, inclusive de ordem social[85], como visto pelos exemplos acima. Assim como o Brasil, também promulgou lei recente sobre startups, apresentando, entretanto, mais disposições favoráveis a um ecossistema de investimento privado, organizado especialmente através de políticas tributárias. A lei brasileira, a seu turno, acabou por não disciplinar (por veto) algumas disposições que tratavam desse tema e que seriam elementares à constituição de um ecossistema de investimento privado mais robusto, tendo regulamentado os chamados "investidores-anjo", mas não apresentado disposições sobre a taxação dos investimentos – a depender da natureza desses –, ou sobre as *stock options,* que atraem e mantêm *stakeholders.*

Por essa razão, utilizaremos como baliza a mais recente e pormenorizada lei portuguesa, bem como investigaremos brevemente o pujante ecossistema no qual está inserida – qual seja, o da Comunidade Europeia e suas diversas políticas de estímulo ao "empreendedorismo digital" – a fim de analisarmos a lei brasileira e sugerirmos, no que couber, adequações e adaptações que podem vir a ser

---

80. SKIZO. There is no planet B. [s.d.]. Disponível em: https://skizoshoes.com/pt-pt/. Acesso em: 29.11.2023.
81. GOPARITY. Investimentos com impacto, [s.d.]. Disponível em: https://goparity.com/. Acesso em: 29.11.2023.
82. IMPACTRIP. Sustainable and responsible Tour Operator, [s.d.]. Disponível em: https://impactrip.com/. Acesso em: 29.11.2023.
83. THE LOOP. Shaping a circular world, [s.d.]. Disponível em: https://www.theloop.pt/. Acesso em: 27.11.2023.
84. Nomeadamente o sistema *civil law,* com as leis escritas, detalhadas e abrangentes, em linha com o Código Napoleônico de 1804 e com as moderna "Teoria da Empresa", inspirada na doutrina italiana.
85. MATOS, Pedro Vergas; LOPES, José Dias; MUYDER, Cristina F. de. Inovação Social: Casos na Comunidade de Países de Língua Portuguesa. Coimbra: Almedina, 2019.

incorporadas à normativa nacional (especialmente em se considerando que os *sandboxes* consolidam o entendimento de que há um ambiente de experimentação regulamentar).

3. *STARTUPS* – INSTRUMENTOS DE SALVAGUARDA E FOMENTO AO SETOR: AS LEIS BRASILEIRA E PORTUGUESA (E SEUS ECOSSISTEMAS)

As políticas públicas nas suas diversas modalidades de intervenção no domínio econômico desempenham um papel crucial para a formação de um ecossistema de inovação, ao qual as startups estão umbilicalmente ligadas.

A Constituição da República Federativa do Brasil (CF/88), em seu artigo 218, expressa a necessidade de o Estado incentivar o "desenvolvimento científico, a pesquisa, a capacitação científica e tecnológica e a inovação", com vistas à "solução dos problemas brasileiros e para o desenvolvimento do sistema produtivo nacional e regional", bem de apoiar a "formação de recursos humanos nas áreas de ciência, pesquisa, tecnologia e inovação", concedendo "aos que delas se ocupem, meios e condições especiais de trabalho". Ainda estabelece que "a lei apoiará e estimulará as empresas que invistam em pesquisa, criação de tecnologia adequada ao País, formação e aperfeiçoamento de seus recursos humanos e que pratiquem sistemas de remuneração que assegurem ao empregado, desvinculada do salário, participação nos ganhos econômicos resultantes da produtividade de seu trabalho. Ademais, o artigo expressa a possibilidade de o Estado vincular parte da sua receita orçamentária ao fomento da pesquisa tecnológica, bem como a necessidade de articulação para que entes públicos e privados sejam estimulados a "executar" essas atividades.

Também o artigo 219 reconhece o mercado como patrimônio nacional e, em razão disso, expressa a necessidade do Estado em promovê-lo e incentivá-lo, o que se dá, conforme o parágrafo único da mesma norma, mediante o fortalecimento da inovação nas empresas e na "constituição e a manutenção de parques e polos tecnológicos e de demais ambientes promotores da inovação", bem como pelo incentivo à atuação dos atores independentes na criação e transferência de tecnologias. Por sua vez, conforme o Art. 219-B, o Sistema Nacional de Ciência, Tecnologia e Inovação (SNCTI), será organizado em regime de colaboração entre entes públicos e privados, com vistas a promover o desenvolvimento científico e tecnológico e a inovação[86]: afirma-se, portanto (em norma constitucional pro-

---

86. No mesmo sentido, o art. 219- A, estabelece que: "A União, os Estados, o Distrito Federal e os Municípios poderão firmar instrumentos de cooperação com órgãos e entidades públicos e com entidades privadas, inclusive para o compartilhamento de recursos humanos especializados e capacidade instalada, para a execução de projetos de pesquisa, de desenvolvimento científico e tecnológico e de inovação, mediante

gramática), o papel do Estado como estimulador dos agentes de mercado. Por essa mesma razão, nesse âmbito, a incerteza regulatória poderia desencorajar a inovação à medida que as empresas se tornassem relutantes em investir no desenvolvimento de novas tecnologias sem uma clara compreensão de como essas poderiam vir a ser apropriadas e utilizadas pelos seus desenvolvedores.

Por outro lado, a rápida evolução das tecnologias emergentes[87] faz com que as políticas e regulamentações precisem ser constantemente revisadas e atualizadas para garantir que continuem relevantes e eficazes. Assim, em se tratando de tecnologias, as regulamentações precisam ser parcimoniosas para que não tenham efeitos adversos e acabem por impactar de forma indesejada no desenvolvimento e implementação das inovações pelas empresas. Em vista disso, entende-se positiva a adoção dos *sandboxes* regulatórios previstos nas normativas brasileira e portuguesa[88].

À semelhança de alguns princípios já consolidados pelo ordenamento jurídico em ambiente de incerteza, como se dá com a aplicação das tecnologias emergentes, temos que os *sandboxes* regulatórios representam, precisamente, o reconhecimento da incapacidade momentânea de entendimento de todas as variáveis necessárias para uma melhor decisão/regulamentação[89]. É dessa forma que o legislador brasileiro, de maneira expressa, contemplou-os na lei.

---

contrapartida financeira ou não financeira assumida pelo ente beneficiário, na forma da lei. (Incluído pela Emenda Constitucional 85, de 2015)" numa clara assunção da necessidade de dar concretude à Lei de Inovação (Lei 10.973/2004).

87. "As tecnologias emergentes são inovações que, por mais que já estejam sendo utilizadas em certos setores, ainda não estão totalmente disseminadas por toda a população, entretanto possuem potencial para transformar o mercado no futuro próximo" (FCT. Tecnologias emergentes, [s.d.]. Disponível em: ttps://former.fct.pt/dsi/idi/tecnologiasemergentes/#~:text=As%20tecnologias%20emergentes%2C%20 consideradas%2C%20como,Economia%2C%20constituem%20um%20conceito%20que. Acesso em: 30.11.2023).

88. Em Portugal, a lei das startups não trata especificamente do *sandbox*, mas há menção ao instrumento em outros decretos e instrumentos normativos que disciplinam empresas de inovação (NOVA CONSUMER LAB. As zonas livres de tecnológicas e o modelo Português de regulatory sandbox, 2021. Disponível em: https://novaconsumerlab.novalaw.unl.pt/as-zonas-livres-tecnologicas-e-o-modelo-portugues- -de-regulatory-sandbox/. Acesso em: 14.06.2023).

89. Os princípios da Prevenção e da Precaução, no âmbito do Direito Ambiental, reconhecem que o "conhecimento científico poderá estar limitado (...), o que influirá no nível total das incertezas associadas. (...). O princípio da precaução tem, portanto, seu fundamento baseado na incerteza, possibilitando uma ação diante da dúvida em relação à ocorrência de um dano. Consequentemente, permite a adoção de medidas antecipatórias, anteriores à existência de concretas provas científicas". (CASELLA, Ássima; STEPHAN, Clarisse. A Implementação do Princípio da Precaução pela União Europeia no comércio internacional de Organismos Geneticamente Modificados: uma análise ao posicionamento da Organização Mundial do Comércio. In: XXIII Congresso Nacional do CONPEDI, UFPB. Anais Eletrônicos. João Pessoa-PB: CONPEDI, 2014. Disponível em: http://www.publicadireito.com.br/artigos/?cod=d2ee7c802d33276b. Acesso em: 14.06.2023).
Na mesma esteira, os *sandboxes* regulatórios permitem que as empresas inovadoras testem suas ideias e novas tecnologias sem o risco de irem contra as regulamentações existentes, ao mesmo passo que aos reguladores é garantido um melhor entendimento das tecnologias emergentes e de suas implicações.

No Brasil, a Lei complementar 182, de 2021, conhecida como Marco Legal das Startups, preceitua que serão "enquadradas como startups as organizações empresariais ou societárias, nascentes ou em operação recente, cuja atuação caracterize-se pela inovação aplicada a modelo de negócios ou a produtos ou serviços ofertados" (art. 4º.). A lei brasileira admite que, além das sociedades empresárias, as sociedades cooperativas e as sociedades simples, podem o empresário individual e a empresa individual de responsabilidade limitada serem elegíveis para o enquadramento especial como startup (§ 1º), desde que atendam os requisitos obrigatórios e *cumulativos* de: a) valor de faturamento igual ou inferior a 16 milhões/ano, ou o equivalente dividido em meses; b) tempo de existência de 10 anos, e ainda; c) que permitam a verificação *alternada* de algum dos dois requisitos seguintes: c.1) apresentar "inovação" em seu modelo de negócio *ou* c.2) ter optado por se enquadrar no regime tributário *Inova Simples* [90]. Ou seja, não há nenhuma verificação "autárquica" para se estabelecer se a "empresa" é, ou não, uma *startup*, além da autodeclaração.

A Resolução 68/2022 do Comitê para Gestão da Rede Nacional para a Simplificação do Registro e da Legalização de Empresas e Negócios (CGSIM) [91] – que vem a substituir a anterior que disciplinava o tema –, versa sobre o rito simplificado de abertura, alteração e fechamento de empresas sob o regime do Inova Simples [92]

---

90. Portanto, além do faturamento máximo, também consta como exigência para os seu enquadramento como startup, que essas tenham (II) até 10 (dez) anos, no máximo, de inscrição no Cadastro Nacional da Pessoa Jurídica (CNPJ) da Secretaria Especial da Receita Federal do Brasil do Ministério da Economia; e III – que atendam a um dos seguintes requisitos, no mínimo: "declaração em seu ato constitutivo ou alterador e utilização de modelos de negócios inovadores para a geração de produtos ou serviços, nos termos do inciso IV do caput do art. 2º da Lei 10.973, de 2 de dezembro de 2004;" (a já referida Lei da Inovação) *ou* que tenham se enquadrado no regime especial Inova Simples, nos termos do art. 65-A da Lei Complementar 123, de 14 de dezembro de 2006. No caso de adesão ao Inova Simples, essa se faz por autodeclaração. De acordo com o "Art. 65-A fica criado o Inova Simples, regime especial simplificado que concede às iniciativas empresariais de caráter incremental ou disruptivo que se autodeclarem como empresas de inovação tratamento diferenciado com vistas a estimular sua criação, formalização, desenvolvimento e consolidação como agentes indutores de avanços tecnológicos e da geração de emprego e renda (Lei Complementar 182, de 2021) .

    § 3º O tratamento diferenciado a que se refere o **caput** deste artigo consiste na fixação de rito sumário para abertura e fechamento de empresas sob o regime do Inova Simples, que se dará de forma simplificada e automática, no mesmo ambiente digital do portal da Rede Nacional para a Simplificação do Registro e da Legalização de Empresas e Negócios (Redesim), em sítio eletrônico oficial do governo federal, por meio da utilização de formulário digital próprio, disponível em janela ou ícone intitulado Inova Simples".

91. O CGSIM é um órgão colegiado que tem por finalidade gerir a Rede Nacional para Simplificação do Registro e da Legalização de Empresas e Negócios (Redesim).

92. Art. 2º A Resolução CGSIM 55, de 23 de março de 2022, passa a vigorar com a seguinte redação: "Art. 2º Farão jus ao rito sumário de abertura, alteração e fechamento de empresas sob o regime Inova Simples, aquelas que se *autodeclarem* no Portal Nacional da Redesim como empresas de inovação, nos termos do art. 65-A da Lei Complementar 123, de 14 de dezembro de 2006. (...) § 3º É permitida a solicitação de transformação da Empresa Simples de Inovação em empresário individual ou sociedade empresária." Em relação à Resolução CGSIM 51/2019, foi alterado o conceito de nível II – médio risco, "baixo

e tem, a princípio, o objetivo de "desburocratizar" o mercado, na esteira da Lei 13.874/2019, que institui a "Declaração de Direitos de Liberdade Econômica". Observa-se ainda, segundo o mesmo art. 4º, § 2º, que podem as startups resultar de empresas incorporadas, cindidas ou fundidas[93].

A lei brasileira inovou também ao prever um tratamento mais favorecido ao registro das "inovações" *lato sensu*[94], no que tange ao menor tempo previsto para o patenteamento e para o registro marcário, em uma clara assunção da importância da delimitação dos direitos da Propriedade Industrial como política de estímulo e fomento à inovação e às empresas que nessa investem[95].

Por seu turno, a Lei Portuguesa das Startups (Lei 21/2023) "estabelece o regime aplicável às *startups* e *scaleups* e altera o Código do Imposto sobre o Rendimento das Pessoas Singulares, o Estatuto dos Benefícios Fiscais e o Código Fiscal do Investimento". A nova lei portuguesa buscou estabelecer o que se pode entender por *startup* e *scaleup*[96] (esta última não distinguida ou mencionada na normativa brasileira), cujas existências devem ser feitas por comunicação prévia à Startup Portugal (Associação Portuguesa para a Promoção do Empreendedorismo), a quem cabe o monitoramento, acompanhamento e controle das "empresas" assim certificadas. Para além dos conceitos e das alterações no regime de tributação, a

---

risco B" ou risco moderado, que passa a ter a classificação de atividades cujo grau de risco não seja considerado alto e que não se enquadrem no conceito de nível de risco I, baixo risco, "baixo risco A" (dispensa a necessidade de todos os atos públicos), passando a permitir automaticamente após o ato do registro, a emissão de licenças, alvarás e similares para início da operação do estabelecimento. Na redação anterior, as licenças e alvarás eram emitidos de forma provisória (*grifo nosso*) (BLOG CONTMATIC. Fique sempre bem informado sobre o mundo contábil e empresarial, [s.d.]. Disponível em: https://blog.contmatic.com.br/legalizacao-de-empresas/Acesso em: 16.07.2023).

93. Sobre os prazos: "I – para as empresas decorrentes de incorporação, será considerado o tempo de inscrição da empresa incorporadora; II – para as empresas decorrentes de fusão, será considerado o maior tempo de inscrição entre as empresas fundidas; e III – para as empresas decorrentes de cisão, será considerado o tempo de inscrição da empresa cindida, na hipótese de criação de nova sociedade, ou da empresa que a absorver, na hipótese de transferência de patrimônio para a empresa existente." (Lei 182/2021).

94. Também na já mencionada lei de Inovação estão previstos "outros modelos" de propriedade intelectual coparticipada entre o Estado e particulares, como foi explorado no artigo "A democratização do sistema brasileiro de fomento às inovações tecnológicas no âmbito da Lei 10.973/2004. (OLIVEIRA, Fabrício S.; FARHAT, C. S.; CORRÊA, A. L. A democratização do sistema brasileiro de fomento às inovações tecnológicas no âmbito da Lei 10.973/2004. Revista Ética e Filosofia Política, v. 1, n. 16, p. 47-56, junho 2013. Disponível em: https://periodicos.ufjf.br/index.php/eticaefilosofia/article/view/17702. Acesso em: 13.10.2023).

95. O Instituto Nacional da Propriedade Industrial (INPI), por meio do art. 4º. Portaria INPI/PR 365/2020, previu o exame prioritário de marcas e patentes para as "empresas" inscritas como "Empresa Simples de Inovação" no Portal Nacional da Redesim, nos termos dos arts. 3º e 4º da Resolução 55/2020 do CGSIM.

96. "Considera-se *scaleup*, a pessoa jurídica que tenha tido um crescimento médio anual de ao menos 20% nos últimos três anos, com um mínimo de dez colaboradores durante esse período." (Portugal, Lei 21/2023).

lei introduz, ainda, mudanças no Sistema de Incentivos Fiscais em Investigação e Desenvolvimento Empresarial (SIFIDE).

Assim, segundo a lei portuguesa, considera-se startup a pessoa coletiva que:

a. Exerça atividade por um período inferior a 10 anos;

b. Empregue menos de 250 trabalhadores;

c. Tenha um volume de negócios anual que não exceda os *50 milhões de euros*; *(grifo nosso)*

d. Não resulte de uma transformação ou cisão de uma grande empresa e não tenha no seu capital qualquer participação majoritária direta ou indireta de uma grande empresa;

e. Tenha sede ou representação permanente em Portugal ou pelo menos 25 trabalhadores em Portugal; e

f. Cumpra uma das seguintes condições:

• Seja uma empresa inovadora com um elevado potencial de crescimento, com um modelo de negócio, produtos ou serviços inovadores, enquadrando-se nos termos definidos pela Portaria 195/2018, de 5 de julho, ou à qual tenha sido reconhecida idoneidade pela ANI — Agência Nacional de Inovação, S. A., na prática de atividades de investigação e desenvolvimento ou certificação do processo de reconhecimento de empresas do setor da tecnologia;

• Tenha concluído, pelo menos, uma ronda de financiamento de capital de risco por entidade legalmente habilitada para o investimento em capital de risco sujeita à supervisão da Comissão do Mercado de Valores Mobiliários (CMVM) ou de autoridade internacional congénere da CMVM, ou mediante a aportação de instrumentos de capital ou quase capital por parte de investidores que não sejam acionistas fundadores da empresa, nomeadamente por business angels, certificados pelo IAPMEI — Agência para a Competitividade e Inovação, IP (IAPMEI, IP)";

• Tenha recebido investimento do Banco Português de Fomento, S. A., ou de fundos geridos por este, ou por empresas suas participadas, ou de um dos seus instrumentos de capital ou quase capital (...).

Por fim, pode a Startup Portugal, associação reconhecida como de interesse público, suprir, por *declaração prévia*, os requisitos previstos na alínea f) do no. 1, caso estes não se verifiquem. A lei portuguesa prevê também mudanças tributárias no que tange às *stock options,* que são instrumentos de remuneração dos gestores que permitem a esses comprar ações da empresa.

Pelo montante máximo de 50 milhões de euros, observa-se que a arquitetura normativa para as startups portuguesas (inclusive pela previsão expressa das *scaleups*) é orientada para essas possam movimentar um volume expressivo de capital. Diferentemente, o Marco Legal Brasileiro considera a possibilidade de que o Microempreendedor Individual (MEI)[97] seja uma startup, o que revela,

---

97. No Brasil, a figura jurídica do Microempreendedor Individual (MEI), criada pela Lei Complementar 128/2008, é voltada basicamente à pessoa que trabalha por conta própria ou com, no máximo, um

portanto, um entendimento bastante diverso quanto à dimensão do negócio. Além do montante do faturamento, a lei portuguesa exige a chancela de uma instituição (Startup Portugal) para o reconhecimento das pessoas *jurídicas* enquanto tal. Isso ocorre não apenas no momento do enquadramento inicial, posto que exige que a startup seja auditada, de três em três anos, para que os benefícios fiscais sejam mantidos. Exige também que tenha sede em Portugal ou, ao menos, 25 trabalhadores no país.

Assim, mostra-se clara a preocupação em fomentar empresas com elevada margem de "escalabilidade". A figura das *scaleups* não existe no léxico brasileiro, mas é possível perceber a ideia contida no espírito da lei portuguesa, que as inclui em seu regime preferencial: a manutenção dessas empresas em território nacional, a partir da criação de um ambiente mais favorável ao seu desenvolvimento.

Percebe-se também que a lei brasileira visa estimular o ecossistema, sobretudo por meio de compras públicas (através de procedimento licitatório, conforme artigos 12 e 13 da norma), ou ao direcionamento/inversão de tributos por pessoas jurídicas às empresas que tenham por foco a inovação (art. 9º.). A lei portuguesa, por sua vez, é mais direcionada aos investimentos privados e aos estímulos fiscais a esses, criando um ecossistema que poderíamos entender por mais sustentável. No que tange à Governança Corporativa essa visa, *prima face*, o benefício dos *stakeholders* (empregados, incluindo-se entre estes, os gestores), e modificação no regime das *stock options* é uma ferramenta fundamental para alinhar os interesses entre os colaboradores e as empresas. A mudança prevista na lei portuguesa ocorre no fato gerador do imposto, que deixa de ser a atribuição de *stock options*, passando a ser a conversão e venda das mesmas em participações societárias. Com isso, se estabelece que essas sejam apenas tributadas no momento da alienação *e se* houver rendimento efetivo[98].

Abaixo, listamos alguns relevantes aspectos tratados – ou não – pelos diplomas brasileiro e português.

---

contratado e busca a regularização Estadual e Municipal. Representa a forma mais simplificada e menos custosa de se constituir uma "empresa", que pode ser vir a ser uma startup, visto que seus limites de faturamento e de empregados estão contidos no regramento que as disciplina.

98. Antes dessa mudança, havia a necessidade de pagamento de IRS sobre 100% dos títulos detidos pelo trabalhador, à taxa do seu "escalão" de rendimento. A nova lei portuguesa altera o regime de tributação das *stock options* das *startups*, por forma a alinhá-lo com os que vigoram em países como Espanha, Irlanda, Grécia, Itália e Suécia. Tais modificações simplificam o procedimento de atribuição e exercício de *stock options* e tem o claro intuito de tornar Portugal mais atrativo para a fixação e retenção de startups e daqueles que as desenvolveram, visto que o capital humano é considerado essencial a esse tipo de negócio (SAGE ADVICE. Conhecimento para empresas de sucesso, [s.d.]. Disponível em: https://www.sage.com/pt-pt/blog/%EF%BF%BCstartups-em-portugal-um-ecossistema-emcrescimento. Acesso em: 30.11.2023).

Instrumentos Normativos	Marco Legal da *Startups* Lei Complementar 182/2021 – Brasil	Lei das *Startups* Lei 21/2023 – Portugal
Conceito de *Startup*	Art. 4º.	Art. 2º.
Conceito de *Scaleup*	*Não presente*	Art. 2º e art. 4º.
Benefícios fiscais	Art. 4º, § 1º, III, b.	Art.9º.
Enquadramento, Reconhecimento, Cessação e Procedimento para a Concessão de benefícios	Art. 4º.	Arts. 5º, 6º e 7º.
Investidor-Anjo	Art. 2º, II	Art. 3º
Ambiente regulatório experimental (*sandbox* regulatório)	Art. 2º, III e Art. 11	*Não presente* (Manifesto em outros instrumentos como a Resolução do Conselho de Ministros 29/2020)
Fomento a investimentos privados	Arts. 5º a 7º e Art. 9º	Art.9 º
Incentivos do Estado	Arts. 12,13, 14 e 15.	Art. 8º.

Fonte: Elaboração própria.

Sobre o ecossistema de inovação, este pode ser definido como um conjunto de atores (potenciais ou já existentes) e instituições onde, no Brasil, temos o *Programa Nacional Conexão Startup Indústria*[99], uma iniciativa da Agência Brasileira de Desenvolvimento Industrial, com os objetivos de:

Fomentar o nascimento de startups com perfil de mercado: aceleração e/ou incubação, com capacidade de atender aos requisitos industriais (aumentar densidade de startups com perfil industrial). Realizar conexões entre startups e empresas do setor produtivo. Estimular o ecossistema criando um ambiente propício e estimulante ao empreendedorismo de base tecnológica. Promover maior interação entre academia, mercado e indústria, por meio da aproximação entre estudantes, professores, pesquisadores, empreendedores, mentores tecnológicos, de negócio, de indústria e investidores. Apoiar o teste de ideias advindo de projetos de pesquisa aplicada ou desenvolvimento experimental, mas que tenham forte apelo de mercado e demandas da indústria.

O ambiente brasileiro de fomento às startups se apresenta, ainda, bastante incipiente, o que se manifesta mesmo no material que pode ser encontrado em sites oficiais do próprio Estado[100]. Para os negócios de impacto, que claramente podem e devem incluir as startups há, entretanto, iniciativas como decreto 11.646 (de 16 de agosto de 2023), que institui a Estratégia Nacional de Economia de Impacto (Enimpacto) e o Comitê de Economia de Impacto[101]; o BNDES Ga-

---

99. BRASIL. Startup Indústria: Programa Nacional Conexão Startup Indústria. Brasília: ABDI, 2019. Disponível em: https://startupindustria.com.br/ Acesso em: 26.08.2023.

100. DIOUM, L. C. P.; Isabela, G. Programa Nacional Conexão Startup Indústria: um novo jeito de fazer política pública. In: CAVALCANTE, Pedro. Inovação e Políticas Públicas: superando o mito da ideia. Brasília: Ipea, 2019, p. 213-226.

101. Estruturada em cinco eixos estratégicos, que são a ampliação da oferta de capital para a economia de impacto; o aumento do número de negócios de impacto; o fortalecimento de organizações intermedi-

ragem e o InovAtiva de Impacto[102], que apoiam "startups de |impacto", a título de exemplo.

Portugal, a sua vez, apresenta um ecossistema de inovação para empresas mais sólido, o qual possui necessária relação com a UE e seus programas de apoio à digitalização da indústria[103], e também por isso, consequentemente, a governança mostra-se mais presente.

Temos, no âmbito europeu, a chamada "Nova Agenda Econômica para o Consumidor" (2021-2025)[104], que põe a tônica o consumo sustentável para a redução da pegada ecológica, tendo anunciado ainda um Plano de Ação para a Poluição Zero e outro Plano para a Economia Circular. Podemos dizer, pelas exigências de mercado, que seria redundante falarmos em startups sociais ou socioambientais: é um imperativo de mercado que as empresas (nascentes ou "tradicionais") busquem inovações sustentáveis. Foi, também, lançada a Global Gateway, estratégia para promover ligações limpas, seguras e inteligentes para energia, transportes e para o âmbito digital, a fim de reforçar sistemas de saúde, educação e de pesquisa[105]. Destaca-se, ainda, a "Estratégia para a normalização", formulada pela Comissão do Mercado Interno e da Proteção dos Consumidores,[106], que visa apoiar as empresas na década digital, garantindo a interoperabilidade de

---

árias; a promoção de um macroambiente institucional e normativo favorável à economia de impacto; e a articulação com Estados federativos e municípios no fomento à economia de impacto", a Enimpacto "é uma articulação de órgãos e entidades da administração pública federal, do setor privado e da sociedade civil com o objetivo de promover um ambiente favorável ao desenvolvimento de investimentos e negócios de impacto". (BRASIL. Conheça a Enimpacto – Políticas Públicas para uma Nova Economia. Brasília: MDIC, 2018. Disponível em: https://www.gov.br/mdic/pt-br/assuntos/inovacao/enimpacto. Acesso em: 26.08.2023).

102. INOVATIVA. Hub de aceleração, conexão e capacitação de startups brasileiras, [s.d.]. Disponível em: https://www.inovativa.online/inovativa-impacto/. Acesso em: 25.10.2023.

103. As linhas de ação mencionadas são: "Criação de polos de inovação digital, Reforço da liderança através de parcerias e plataformas industriais, Introdução de um quadro regulamentar para a era digital, Preparação dos europeus para o futuro digital" (O PROGRAMA Europa Digital. Comissão Europeia, 2021. Disponível em: https://digital-strategy.ec.europa.eu/pt/activities/digital-programme. Acesso em: 26.08.2023).

104. A NOVA Agenda do Consumidor. Comissão Europeia, 2020. Disponível em: https://commission. europa.eu/system/files/2020-11/nova_agenda_do_consumidor_-_ficha_informativa.pdf. Acesso em: 25.10.2023.

105. COMISSÃO EUROPEIA. Estratégia Global Gateway, [s.d.]. Disponível em: https://commission.europa. eu/strategy-and-policy/priorities-2019-2024/stronger-europe-world/global-gateway_pt. Acesso em: 25.10.2023.

106. COMISSÃO EUROPEIA. Comunicação da Comissão ao Parlamento Europeu, ao Conselho, ao Comitê das Regiões (Estratégia para o Mercado Único Digital na Europa). Bruxelas, 2015. Disponível em: https://eur-lex.europa.eu/legal-content/PT/TXT/HTML/?uri=CELEX:52015DC0192&from=EM. Acesso em: 25.10.2023.

COMISSÕES PARLAMENTO EUROPEU. Comissão do Mercado Interno e da Proteção dos Consumidores, c2020. Disponível em: https://www.europarl.europa.eu/committees/pt/imco/about#:~:-text=A%20Comiss%C3%A3o%20IMCO%20%C3%A9%20respons%C3%A1vel,e%20%C3%A0%20defesa%20do%20consumidor. Acesso em: 25.10.2023.

produtos e serviços, reduzindo os custos e reforçando a segurança das transações a fim de promover a inovação. A mencionada Estratégia tem como escopo apoiar a indústria, em especial as pequenas e médias empresas, no âmbito de programas como o Enquadramento dos auxílios estatais à investigação, desenvolvimento e inovação (Enquadramento IDI) e do Horizonte Europa, ou Europa Digital, como os voltados à Agricultura Digital[107].

Percebe-se, pois, o reconhecimento de que a empresa é um importante agente para a transição a uma economia em que se exige mais atenção a valores sociais e ambientais, postos pelo mercado e/ou Estado. Assim, ainda que sujeita a várias éticas[108], e passível de muitas críticas, a empresa que já é juridicamente "pessoa" precisa agora reconhecer e abraçar seu lugar de "cidadã".[109] As startups, como empresas jovens, podem já nascer com esse DNA.

4. CONSIDERAÇÕES FINAIS

O objetivo primeiro deste capítulo foi o de analisar as startups sociais para pensarmos em modelos "experimentais" possíveis e eficientes, a partir dos am-

---

107. Os esforços de investigação e inovação no âmbito da iniciativa da Comissão Europeia para a digitalização (DEI), no âmbito do programa Horizonte 2020, estabeleceu o desenvolvimento de projetos-piloto de plataformas agrícolas digitais, construção de máquinas agrícolas e sistemas inteligentes de gestão da água, entre os quais temos, como exemplos o IoF2020, o DEMETER, a ATLAS e o SmartAgriHubs. O IoF2020 (Internet da Alimentação e Agricultura 2020), lançado em janeiro de 2017, é um projeto centrado nos agricultores e impulsionado por 33 casos de utilização em 22 Estados-Membros da UE, abrangendo 5 setores diferentes do ensaio agrícola: arável, laticínios, frutas, vegetais e carne. À semelhança do modelo IoF2020, a DEMETER, de 2019, consiste numa implantação em larga escala de plataformas agrícolas inteligentes interoperáveis, realizadas através de 20 projetos-piloto em 18 países diferentes. Tem 60 parceiros em toda a cadeia de valor e conta com 25 locais de implantação, 6000 agricultores e mais de 38 000 dispositivos e sensores, com participantes dos 5 setores de ensaio acima referidos, sistemas de produção e diferentes tipos e dimensões agrícolas. Por sua vez, a Atlas (Sistema de Interoperabilidade e Análise Agrícola), lançada no final de 2019, tem como objetivo desenvolver uma plataforma aberta de serviços digitais para aplicações agrícolas um ecossistema sustentável baseado em dados; já a SmartAgriHubs (criada em 2018), visa fortalecer o ecossistema através da criação de uma rede de PID, integrando a tecnologia e o apoio às empresas numa abordagem de balcão único. Temos ainda a Plataforma inteligente de gestão da água (SWAMP), que reforça a cooperação internacional da UE, no desenvolvimento de tecnologias usam que usam IoT e análise de dados e dispositivos autônomos para reduzir vazamentos e perdas de produtividade (irrigação de precisão) e que teve projeto-piloto no implantado no Brasil, Itália e Espanha. Ainda Fora do programa DEI, foi realizado em projetos agrícolas de precisão PANTHEON (agricultura de precisão de pomares de avelã), ROMI (robótica para microexplorações) e BACCHUS (plataformas robóticas móveis para inspeção ativa e colheita em zonas agrícolas) (PROJETOS-PILOTO de grande escala na digitalização da agricultura. Comissão Europeia, 2022. Disponível em: https://digital-strategy.ec.europa.eu/es/policies/large-scale-pilots-digitisation-agriculture. Acesso em: 27.07.2023).

108. SOARES, Conceição. A ética na Empresa: uma perspectiva Ontológica. Lisboa: Lisbon International Press, 2023.

109. SANTOS, Mário Beja. Sociedade de Consumo e Consumidores em Portugal. Lisboa: Fundação Francisco Manuel dos Santos, 2023.

bientes reais de aprendizagem, no Brasil e em Portugal, comparando os seus respectivos ecossistemas.

Não há, entretanto, um regramento exato para as startups sociais que aqui defendemos, de forma que analisamos a literatura e as práticas que vem sendo aplicadas para esse tipo nascente de empresas. Em uma das perspectivas analíticas propostas – no âmbito das políticas e iniciativas legais –, cabe destacar a rápida evolução dos macroambientes para o desenvolvimento das startups *lato sensu* nos dois países e, a julgar pelos projetos de transição e implementação de políticas públicas em curso e pelos imperativos de mercado, a tendência é que continuem bastante dinâmicos pelos próximos anos.

Buscamos destacar as principais características de cada cenário, elencando diferenças e similaridades e traçando paralelos que nos pareceram relevantes, como o fato de ser a lei brasileira mais restritiva quanto ao volume de capital movimentado e apresentar menos exigências sobre o enquadramento dessas empresas, além de não dispor sobre número mínimo de empregados – podendo, inclusive, serem sociedades unipessoais ou mesmo um microempreendedor individual. A lei portuguesa, diferentemente, faz mais exigências que a legislação pátria sobre o enquadramento legal das startups, posto que essa exige o cumprimento de bem menos requisitos e os quais são feitos por autodeclaração. O tempo de existência é o mesmo previsto pela lei brasileira, contudo, o volume de faturamento a ser observado para a sociedade se enquadrar como startup em Portugal é exponencialmente maior. Exige, também, que a startup não resulte da cisão de uma empresa e não tenha no seu capital qualquer participação maioritária direta ou indireta de outro grande empreendimento, ao mesmo passo se pressupõe que ela pode e deve crescer, o que se demonstra pela preocupação em conceituar e dar incentivos às *scaleups*. Também nos pareceu relevante a análise do regime "preferencial" de fomento para o ecossistema das startups: mais ou menos intensamente dependente de intervenção estatal direta.

Noutra dimensão – fractal e orgânica –, as startups sociais, diante dos múltiplos desafios de sua jornada empreendedora, podem exigir horizontes de tempo mais longos para alcançar seu ponto de equilíbrio econômico e gerar o valor socioambiental que almejam. Isso porque elas têm como propósito abordar os problemas mais desafiadores do mundo contemporâneo e, na maioria das vezes, operam em mercados difíceis e tradicionalmente ignorados, precisando contrapesar duas missões: a geração de retorno financeiro para os investidores e a geração de valor social e/ou ambiental para os beneficiários-alvo, o que pode gerar conflitos e comprometer seu crescimento.

Entretanto, graças ao advento das recentes tecnologias e seu poder descentralizador, há inúmeros movimentos de transformação focados em novos paradigmas

STARTUPS SOCIAIS **307**

econômicos e de inovação social imbricados no contexto das organizações em rede, que apresentam designs econômicos de estruturas sociais e novas economias mais atuais, desafiando os modelos tradicionais de promoção, regulação e fomento.

Nesse quadro, parece ser imperativa a garantia de um macroambiente que promova o desenvolvimento do ecossistema de inovação social e que estimule e incentive os investimentos de impacto, cujo fluxo de capital paciente – orquestrado em toda a cadeia – é requisito fundamental para o sucesso das startups sociais, em função da enorme variedade de contextos em que operam e do que lhe é posto para promover transformações locais, regionais e global.

Como vimos, ademais, a colaboração com diversos atores do ecossistema de inovação é essencial. Parcerias com universidades, empresas, ONGs e governos podem ampliar o impacto das startups sociais, facilitando o acesso a recursos, conhecimentos especializados e redes de apoio, visto que a diversidade de perspectivas e experiências também contribuem para soluções mais abrangentes e eficazes. A inovação social é, igualmente, endógena e retroalimentada. Além disso, políticas públicas favoráveis desempenham um papel crucial na jornada empreendedora. Incentivos fiscais, programas de financiamento e regulamentações que apoiam a inovação social estimulam o crescimento e a sustentabilidade das startups sociais, visto que um ambiente regulatório, quando se mostra favorável, pode reduzir barreiras e criar condições propícias para o desenvolvimento e a difusão de soluções inovadoras.

5. REFERÊNCIAS

ACS, Zoltan; ÅSTEBRO, Thomas; AUDRETSCH, David; ROBINSON, David. T. *Public policy to promote entrepreneurship: a call to arms.* Small Business Economics, v. 47, p. 35-51, 2016.

AGRAWAL, A.; GANDHI, P.; KHARE, P. Women empowerment through entrepreneurship: case study of a social entrepreneurial intervention in rural India. *International Journal of Organizational Analysis*, v. 31, n.4, p. 1122-1142, 2023.

APOSTOLOPOULOS, Nikolaos et al. Entrepreneurship and the sustainable development goals. In: *Entrepreneurship and the sustainable development goals. Emerald Publishing Limited*, v. 8, p. 1-7, 8 out. 2018.

AUDRETSCH, D. B.; KEILBACH, M. C.; LEHMANN, E. E. *Entrepreneurship and economic growth.* Oxford University Press, 2006.

BABU, S.; PINSTRUP-ANDERSEN, P. *Social innovation and entrepreneurship: Developing capacity to reduce poverty and hunger.* 2020 focus brief on the world's poor and hungry people. Washington, DC: International Food Policy Research Institute (IFPRI), out. 2007. Disponível em: https://core.ac.uk/download/pdf/6289215.pdf. Acesso em: 14.10.2023.

BERGMAN, B. J.; MCMULLEN, J. S. Helping entrepreneurs help themselves: A review and relational research agenda on entrepreneurial support organizations. *Entrepreneurship Theory and Practice*, v. 46, n. 3, p. 688-728, 2022.

BESANÇON, E.; CHOCHOY, N.; GUYON, T. *L'innovation sociale: Principes et fondements d'un concept*. Editions L'Harmattan, 2013.

CARVALHO, José Eduardo; LOPES, José Álvaro Assis; REIMÃO, Cassiano Maria. *Inovação, decisão e ética*: trilogia para a gestão das organizações. Lisboa: Sílabo, 2011.

CASELLA, Ássima; STEPHAN, Clarisse. *A Implementação do Princípio da Precaução pela União Europeia no comércio internacional de Organismos Geneticamente Modificados*: uma análise ao posicionamento da Organização Mundial do Comércio. In: XXIII Congresso Nacional do CONPEDI, UFPB. Anais Eletrônicos. João Pessoa-PB: CONPEDI, 2014.

CHAUDHARY, S.; et al. *Connecting the dots? Entrepreneurial ecosystems and sustainable entrepreneurship as pathways to sustainability*. Business Strategy and the Environment, p. 1-17, 13 jun. 2023.

CHOWDHURY, I. Social entrepreneurship, water supply, and resilience: Lessons from the sanitation sector. *Journal of Environmental Studies and Sciences*, v. 9, n. 3, p. 327-339, 2019. p. 27.

CLASTRES, Pierre. *A Sociedade Contra o Estado*: pesquisas de antropologia política. São Paulo: Ubu Editora, 2017

COMINI, Graziella Maria; ROSOLEN, Talita; FISCHER, Rosa Maria. Inovações socioambientais: uma análise de soluções e estratégias criadas por negócios de impacto no Brasil. In: *Negócios de impacto socioambiental no Brasil*: como empreender, financiar e apoiar. Rio de Janeiro: FGV Editora, 2019. Disponível em: http://ice.org.br/wp-content/uploads/2019/11/Negócios-de-impacto-socioambiental-no-Brasil_ebook.pdf. Acesso em: 04.11.2023.

DAWSON, P.; DANIEL, L. Understanding social innovation: a provisional framework. *International Journal of Technology Management*, v.51 n. 1, p. 9-21, 2010.

DEFOURNY, J.; NYSSENS, M. *Social enterprise in Western Europe*: Theory, models and practice. Routledge, 2021, 368 p.

DEL SARTO, N.; CAZARES, C. C.; DI MININ, A. Startup accelerators as an open environment: The impact on startups' innovative performance. *Technovation*, v. 113, p. 102- 425, 2022.

DHIMAN, Satinder. Sustainable Social Entrepreneurship: Serving the Destitute, Feeding the Hungry, and Reducing the Food Waste. In: MARQUES, Joan; DHIMAN, Satinder (ed.). *Social Entrepreneurship and Corporate Social Responsibility*. Springer, 2020, p. 193-208.

DIAZ-SARACHAGA, J. M.; ARIZA-MONTES, A. The role of social entrepreneurship in the attainment of the sustainable development goals. *Journal of Business Research*, v. 152, p. 242-250, 2022.

DIOUM, L. C. P.; Isabela, G. Programa Nacional Conexão Startup Indústria: um novo jeito de fazer política pública. In: CAVALCANTE, Pedro. *Inovação e Políticas Públicas*: superando o mito da ideia. Brasília: Ipea, 2019, p. 213-226.

DOHERTY, B.; HAUGH, H.; LYON, F. Social enterprises as hybrid organizations: A review and research agenda. *International Journal of Management Reviews*, v. 16, n. 4, p. 1-20, fev. 2014.

EBRAHIM, A.; BATTILANA, J.; MAIR, J. The governance of social enterprises: Mission drift and accountability challenges in hybrid organizations. *Research in Organizational Behavior*, v. 34, p. 81-100, 2014.

EDWARDS-SCHACHTER, M.; WALLACE, M. L. Shaken, but not stirred: Sixty years of defining social innovation. *Technological Forecasting and Social Change*, 2017, p. 64-79.

EICHLER, G. M.; SCHWARZ, E. J. What sustainable development goals do social innovations address? A systematic review and content analysis of social innovation literature. *Sustainability*, v. 11, n. 2, 522 p., 19 jan. 2019,

GERO, A.; CARRARD, N.; MURTA, J.; WILLETTS, J. Private and social enterprise roles in water, sanitation and hygiene for the poor: a systematic review. *Journal of Water, Sanitation and Hygiene for Development*, v. 4, n. 3, p. 331-345, 2014.

GUPTA, P.; CHAUHAN, S.; Paul, J.; JAISWAL, M. P. Social entrepreneurship research: A review and future research agenda. *Journal of Business Research*, v. 113, p. 209-229, 2020.

HAUSBERG, J. P.; KORRECK, S. Business incubators and accelerators: a co-citation analysis-based, systematic literature review. *The Journal of Technology Transfer*, v. 45, p. 151-176, 2020.

HENREKSON, M.; STENKULA, M. *Entrepreneurship and Public Policy*. Springer New York, p. 595-637, 2010.

HILLMAN, J. R.; BAYDOUN, E. An overview of innovation and entrepreneurship to address climate change. *Higher Education in the Arab World*: Building a Culture of Innovation and Entrepreneurship, 2020, p. 141-181.

JOSEPH, J.; VAN BUREN III, H. J. Entrepreneurship, conflict, and peace: The role of inclusion and value creation. *Business & Society*, v. 61, n. 6, p. 1558-1593, 1 set. 2021.

LEPOUTRE, J. et al. Designing a Global Standardized Methodology for Measuring Social Entrepreneurship Activity: The Global Entrepreneurship Monitor Social Entrepreneurship Study. *Small Business Economics*, v. 40, n. 3, p. 693-714, 23 nov. 2011.

LIBERDA, B.; ZAJKOWSKA, O. Innovation and entrepreneurship policies and gender equity. *International Journal of Contemporary Management*, v. 16, n. 1, p. 37-59, 2017. Disponível em: ttps://www.researchgate.net/publication/322194574_Innovation_and_Entrepreneurship_ Policies_and_Gender_Equity. Acesso em: 16.11.2023.

MACHADO, Renato. Fórum Econômico Mundial aponta compras governamentais e incentivos a financiamentos para destravar economia social. *Folha de São Paulo*, 8 nov.2023. Disponível em: https://www1.folha.uol.com.br/mercado/2023/11/forumeconomicomundialapontacom prasgovernamentais-e-incentivos-a-financiamentos-para-destravar-economia-social.shtml. Acesso em: 13.11.2023.

MACKE, J.; SARATE, J. A. R.; DOMENEGHINI, J.; DA SILVA, K. A. Where do we go from now? Research framework for social entrepreneurship. *Journal of Cleaner Production*, v. 183, p. 677-685, 2018.

MADURO, Miguel; PASI, Giulio; MISURACA, Gianluca. Social impact investment in the EU. Financing strategies and outcomes oriented approaches for social policy innovation: narratives, experiences, and recommendations. *Publications Office of the European Union*, Luxembourg 2018.

MATOS, Pedro Vergas; LOPES, José Dias; MUYDER, Cristina F. de. *Inovação Social: Casos na Comunidade de Países de Língua Portuguesa*. Coimbra: Almedina, 2019.

MORADI, M.; IMANIPOUR, N.; ARASTI, Z.; MOHAMMADKAZEMI, R. Poverty and entrepreneurship: a systematic review of poverty-related issues discussed in entrepreneurship literature. *World Review of Entrepreneurship, Management and Sustainable Development*, v. 16, n. 2, p. 125-152, 2020.

MOSS, T. W.; SHORT, J. C.; PAYNE, G. T., & LUMPKIN, G. T. *Dual identities in social ventures: An exploratory study*. Entrepreneurship Theory and Practice, v. 35, n. 4, 805-830, 2011.

MULGAN, G. *Social Innovation*: How societies find the power to change. Policy Press, 2019.

MURRAY, R.; CAULIER-GRICE, J.; MULGAN, G. *The Open Book of Social Innovation*. Nesta and The Young Foundation, London, v. 24, 2010.

NICHOLLS, A. Introduction. In: NICHOLLS, A. Social Entrepreneurship. *New Models of Sustainable Social Change*, Oxford University Press, 2008.

NICHOLLS, A. *Social entrepreneurship*: New models of sustainable social change. OUP Oxford, 2008.

OLIVEIRA, Fabrício S.; FARHAT, C. S.; CORRÊA, A. L. A democratização do sistema brasileiro de fomento às inovações tecnológicas no âmbito da Lei 10.973/2004. *Revista Ética e Filosofia Política*, v. 1, n. 16, p. 47-56. junho 2013. Disponível em: https://periodicos.ufjf.br/index.php/eticaefilosofia/article/view/17702. Acesso em: 13.10.2023.

PHILLIPS, W.; LEE, H.; GHOBADIAN, A.; O'REGAN, N.; JAMES, P. Social innovation and social entrepreneurship: A systematic review. *Group & Organization Management*, v. 40, n.3, p. 428-461, 2015.

PINTO, H.; FERREIRA, S.; GUERREIRO, J. A. The emergence of a Social Innovation Ecosystem in Portugal: An exploratory approach based on the perspective of strategic stakeholders. *European Public & Social Innovation Review*, v. 6, n. 2, p. 15-34, 2021.

PORTALES, L. *Social innovation and social entrepreneurship*: Fundamentals, concepts, and tools. Springer, 2019.

RAWHOUSER, H.; CUMMINGS, M.; NEWBERT, S. L. Social impact measurement: Current approaches and future directions for social entrepreneurship research. *Entrepreneurship Theory and Practice*, v. 43, n.1, p. 82-115, 2019.

ROSÁRIO, A. T.; RAIMUNDO, R. J.; CRUZ, S. P. Sustainable Entrepreneurship: a literature review. *Sustainability*, v. 14, n. 9, p. 55-56, 2022.

SAEBI, T.; FOSS, N. J.; LINDER, S. *Social* entrepreneurship research: Past achievements and future promises. *Journal of Management*, v. 45, n. 1, p. 70-95, 2019.

SALGADO-BANDA, H. Entrepreneurship and economic growth: An empirical analysis. *Journal of Developmental Entrepreneurship*, v. 12, n. 1, p. 3-29, 2007.

SANDLER, M. R. Social entrepreneurship in education: Private ventures for the public good. R&L Education, 2010. *Analysis. Journal of Developmental Entrepreneurship*, v. 12, n. 1, p. 3-29, 2007.

SANTOS, F. M. A positive theory of social entrepreneurship. *Journal of Business Ethics*, v. 111, n. 3, p. 335-351, 2012.

SANTOS, Mário Beja. *Sociedade de consumo e consumidores em Portugal*. Lisboa: Fundação Francisco Manuel dos Santos, 2023.

SCHALTEGGER, S.; WAGNER, M. Sustainable entrepreneurship and sustainability innovation: categories and interactions. *Business strategy and the environment*, v. 20, n. 4, p. 222-237, 2011.

SCHMIEDEKNECHT, M. H. Social innovation and entrepreneurship supporting the Sustainable Development Goals (SDGs): fostering social value creation. In: *The Future of the UN Sustainable Development Goals*. IDOWU, S.O., SCHMIDPETER, R.; ZU, L. Springer, 2020, p. 211-225.

SCHUMPETER, Joseph A. *The Theory of Economic Development*. Cambridge: Harvard University Press, 1983.

SIEGNER, M.; PINKSE, J.; PANWAR, R. Managing tensions in a social enterprise: The complex balancing act to deliver a multi-faceted but coherent social mission. *Journal of Cleaner Production*, v. 174, p. 1314-1324, 2018.

SMITH, W. K.; GONIN, M.; BESHAROV, M. L. (2013). Managing social-business tensions: A review and research agenda for social enterprise. *Business Ethics Quarterly*, v. 23, n. 3, p. 407-442, 2013.

SOARES, Conceição. *A ética na Empresa: uma perspectiva Ontológica*. Lisboa: Lisbon International Press, 2023.

SOCIAL innovation: New approaches to transforming public services. *NESTA Policy & Research Unity*, p. 1-4, Jan. 2008.

SOTTINI, A.; CIAMBOTTI, G. Social Entrepreneurship toward a Sustainable Peacebuilding. In: *Peace, Justice and Strong Institutions*. Cham: Springer International Publishing, 2021, p. 841-851.

STEPHAN, Clarisse; OLIVEIRA, Fabrício. Negócios de Impacto Social: considerações sobre sua natureza e regulação no Brasil. *Boletim de Ciências Econômicas*, Coimbra, v. 62, p. 247-282.

SUTTER, C.; BRUTON, G. D.; CHEN, J. Entrepreneurship as a solution to extreme poverty: A review and future research directions. *Journal of Business Venturing*, v. 34, n. 1, p. 197-214, 2019.

TEHUBIJULUW, Z.; YUSRIADI, Y.; FIRMAN, H.; RIANTI, M. Poverty Alleviation Through Entrepreneurship. *Journal of Legal Ethical & Regulatory Issues*, v. 24, n. 1, 2021.

TERÁN-YÉPEZ, E.; MARÍN-CARRILLO, G. M.; DEL PILAR Casado-Belmonte, M.; DE LAS MERCEDES Capobianco-Uriarte, M. Sustainable entrepreneurship: Review of its evolution and new trends. *Journal of Cleaner Production*, v. 252, p. 119-742, 2020.

TILLMAR, M. Societal entrepreneurs in the health sector: crossing the frontiers. *Social Enterprise Journal*, v. 5, n. 3, p. 282-298, 2009.

VEDULA, S.; DOBLINGER, C.; PACHECO, D.; YORK, J. G.; BACQ, S.; RUSSO, M. V.; DEAN, T. J. Entrepreneurship for the public good: A review, critique, and path forward for social and environmental entrepreneurship research. *Academy of Management Annals*, v. 16, n. 1, p. 391-425, 2022.

VEIGA, P. M.; TEIXEIRA, S. J.; FIGUEIREDO, R.; FERNANDES, C. I. Entrepreneurship, innovation and competitiveness: A public institution love triangle. *Socio-Economic Planning Sciences*, v. 72, p. 100-863, 2020.

WEIBLEN, T.; CHESBROUGH, H. W. Engaging with startups to enhance corporate innovation. *California Management Review*, v. 57, n. 2, p. 66-90, 2015.

WIBOWO, B. The role of creative economy-based startups on member economic improvement and economic resilience. *Research Horizon*, v. 1, n. 5, p. 172-178, 2021.

WILSON, F.; POST, J. E. Business models for people, planet (& profits): exploring the phenomena of social business, a market-based approach to social value creation. *Small Business Economics*, v. 40, p. 715-737, 2013.

COMPRA E VENDA DE *STARTUPS*: A RELAÇÃO PÓS-CONTRATUAL ENTRE VENDEDORES E COMPRADORES, CLÁUSULA DE *EARN-OUT* E A FUNÇÃO DA GOVERNANÇA CORPORATIVA

Yago Aparecido Oliveira Santos

Doutorando em Direito Comercial pelo Programa de Pós-Graduação em Direito da Universidade de São Paulo (PPGD/USP). Mestre em Direito Privado pela Universidade Federal do Rio Grande do Sul (UFRGS). Especialista em Direito Empresarial pela Pontifícia Universidade Católica do Rio Grande do Sul (PUCRS). Advogado. E-mail: yagoapoliveira@gmail.com

Sumário: 1. Introdução – 2. A cláusula de *earn-out* nos contratos de m&a envolvendo *startups* – 3. Principais problemas em decorrência do *earn-out* e a relevância da governança corporativa – 4. Considerações finais – 5. Referências.

1. INTRODUÇÃO

Como modelos inovadores e escalonáveis de negócios, os temas de financiamento, captação de investimentos e M&A relacionados a *startups* são de grande relevância para todos aqueles que decidem participar desses empreendimentos, seja na posição de fundador ou de investidor, e para aqueles que assessoram tecnicamente os players participantes dessas operações.

As operações de M&A, compreendidas como aquelas que envolvem a venda parcial ou integral da *startup*, diferenciam-se das transações de investimento pois, enquanto neste último, há uma compra minoritária ou o aporte financeiro sem o imediato ingresso do investidor no quadro societário da empresa, nas operações de M&A, os fundadores vendem parte relevante ou integral das suas cotas ou ações para o comprador, que após a celebração do contrato poderá gerir a empresa da forma que entender mais prudente.

A venda da *startup* integra a estratégia de *exit* para os fundadores e investidores das rodadas anteriores, ao permitir que, com a alienação das participações societárias, os sócios possam reaver os investimentos realizados ao longo dos anos. Para o comprador, o M&A representa uma estratégia de integração com os negócios atualmente desenvolvidos, possibilitando que a *startup* possa aumentar a eficiência das demais empresas detidas pelo comprador, aprimorar seus produtos, ter acesso a uma tecnologia inovadora, adquirir novos talentos, dentre outros propósitos comerciais ligados aos benefícios de se ter uma *startup* no seu portifólio.

A empresa é um organismo vivo e em constante mudança. Se uma empresa tradicional já está sujeita às mais diversas alterações em seus negócios em razão de decisões internas e externas, esse cenário se agrava quando se trata de uma *startup*, cujo modelo de negócio é formatado a partir das premissas de escalabilidade e alto grau de inovação e está suscetível às alterações na economia e em sua gestão.

A incerteza em relação ao atual e futuro valor da *startup* pode ser prejudicial para ambas as partes. Embora se utilize das técnicas mais usuais de avaliação de empresas, tratando-se de empresas cujo modelo de negócio vincula-se a um grande potencial de crescimento através da inovação, as métricas de avaliação tradicionais não refletem de maneira concreta o valor de mercado e o potencial de rentabilidade da *startup*.

Em boa parte dos casos, se trata de um cenário futuro de extremos: ou a *startup* apresenta grande sucesso de mercado ou não consegue dar seguimento aos seus planos, encerrando suas atividades em razão da falta de investimentos ou de clientes. Ambos os cenários são refletidos na negociação e precificação das participações societárias que serão vendidas, cabendo às partes o esforço de adequadamente regular esses riscos no contrato.

O otimismo excessivo do vendedor influencia na sobreprecificação do valor da *startup* e das participações da sociedade, atribuindo ao negócio um valor superior àquele que concretamente há. A aversão ao risco do comprador, por sua vez, tende a influenciar na subprecificação das cotas ou ações detidas pelos atuais sócios da *startup,* ao vislumbrar que a empresa tem um potencial no mercado inferior àquele apresentado pelo vendedor. Diante do impasse acerca do preço a ser pago pela *startup*, vendedores e compradores tendem a utilizar o mecanismo do *earn-out* como solução para a controvérsia.

O *earn-out* é um meio clássico de composição dos interesses das partes em um contrato de M&A, através de cláusula que condiciona o pagamento de uma parcela adicional ao vendedor em caso de acontecimento de fatos futuros e incertos, tal qual o atingimento de meta financeira ou de crescimento da *startup*. A incerteza acerca da implementação da condição estabelecida pelas partes para o "disparo" da cláusula de *earn-out* é primordial para a sua caracterização. Fosse certa a ocorrência da condição estabelecida, não se estaria diante de um *earn-out*, mas de um parcelamento do preço.

Como fato futuro e incerto, a condição para o pagamento do sobrepreço pode sofrer influência, seja ela positiva ou negativa, por fatores internos e externos. Mudanças de inflação, alta de juros, modificação dos interesses de compra dos consumidores e novos players ingressantes no mercado são fatores que, em

COMPRA E VENDA DE *STARTUPS* **315**

regra, fogem do controle da *startup* e dos seus administradores. Também podem influenciar no implemento da condição para o pagamento adicional as alterações promovidas pela própria administração das *startups* em suas estratégias comerciais.

Há um fator que deve ser levado em consideração ao se analisar o tema, que é a mudança na administração por consequência da celebração do contrato de compra e venda das participações. Com a venda de todas ou da maior parte das ações ou cotas da *startup*, o comprador passa a ter poderes para eleger novos administradores, que podem executar modificações na forma com que a *startup* promove seus produtos ou serviços no mercado. De maneira direta ou indireta, todas as essas mudanças poderão influenciar na implementação da condição para o *earn-out*, resultando em um conflito de interesses entre as partes que pode ser adequadamente equilibrado através de práticas de governança contratual e corporativa.

O texto se dedicará ao tema, tratando, na primeira parte, da natureza jurídica do *earn-out* e suas consequências no contrato de compra e venda de participações societárias da *startup* e, na segunda parte, da relevância da governança contratual e corporativa para atenuar os efeitos do conflito de interesses entre as partes na aplicação do *earn-out*.

2. A CLÁUSULA DE *EARN-OUT* NOS CONTRATOS DE M&A ENVOLVENDO *STARTUPS*

A sigla M&A, advinda da expressão *Mergers and Acquisitions*, é costumeiramente atribuída às operações denominadas como Fusões e Aquisições, embora, na prática, esses negócios não se traduzem em apenas um tipo de transação. Em determinados casos, as partes optam pela realização de operações societárias, como a incorporação de sociedades ou de ações visando transferir as participações sociais da sociedade-visada para o adquirente. Em outras, opta-se pela troca de ações, onde o comprador entrega como moeda de pagamento para o vendedor suas próprias ações.

No entanto, na maior parte dos casos, a operação de M&A concretiza-se mediante a realização de um negócio jurídico contratual, a partir da celebração de contrato de compra e venda de ações ou cotas, em que figuram como partes o detentor das participações sociais e o interessado em adquiri-las.

O propósito final é a transferência das participações sociais, sem que ocorra, regra geral, modificações na estrutura patrimonial da sociedade. Vale lembrar que, diante da separação patrimonial e limitação da responsabilidade aplicáveis no sistema jurídico brasileiro, não se confunde a figura do sócio ou acionista com a da sociedade. São entes autônomos, cujo quadro patrimonial também se divide.

Os sócios, enquanto detentores das participações sociais, alienam suas cotas ou ações para terceiros. Outra situação é aquela em que a sociedade decide por dispor dos bens ou direitos que compõem o seu acervo patrimonial, que decorre de ato de gestão da companhia, negócio ao qual se denomina de "trespasse".

Há, assim, eminente diferença entre o regime jurídico da compra e venda de participações sociais e o regime da alienação dos bens da sociedade. Este último, quando representar a alienação do complexo de bens que constitui o estabelecimento comercial, atrai a incidência das regras previstas no Código Civil brasileiro em seus arts. 1.143 a 1.149.

As discrepâncias entre a alienação de cotas ou ações e a venda do patrimônio da sociedade, no entanto, são atenuadas na avaliação da operação pelas partes. Na fase de *valuation*, buscam as partes estabelecerem qual o preço que será pago pelo comprador em razão da aquisição das cotas. Avaliam-se os ativos e passivos da sociedade, sua perspectiva de crescimento e o grau de ingerência do comprador na administração[1].

O preço, em uma aquisição de empresa, é um dos aspectos fundamentais a se definir em uma transação e sua configuração não se resume, tão somente, na cláusula que explicitamente dispõe sobre o preço. Ele está implicitamente espelhado nas cláusulas de indenização, de ajuste no preço e, em especial, na cláusula de *earn-out*, tratada ao longo do presente texto. Significa, na prática, que nem sempre uma operação divulgada, por exemplo, por um milhão de reais, necessariamente envolve o desembolso imediato, pelo comprador, da quantia referida, diante das possibilidades de reajuste desse valor em razão do que vem a ser estabelecido no contrato.

Vale dizer que o comprador não adquire a sociedade pelo valor do complexo de bens que a compõe, mas pela sua visão acerca do potencial de crescimento da atividade empresarial a partir da implementação das estratégias comerciais que serão introduzidas após a transferência das participações sociais.

De acordo com Fabio Konder Comparato e Calixto Salomão Filho, "só uma organização que se quer extinguir é avaliada pelo valor de seu patrimônio líquido, adicionando ou não valor de bens imateriais relevantes", sendo que as partes procuram precificar as participações sociais de acordo com potencial de crescimento do negócio no futuro e não apenas pelo seu valor presente[2].

Na fase de negociações, é natural que existam divergências entre as partes acerca do valor da sociedade. A parte compradora busca obter o maior número de

---

1. ASCARELLI, Tullio. "In tema di vendita di pacchetti di azioni". In: *Studi in tema di società*. Milano: Giuffrè, 1952, p. 63.
2. COMPARATO, Fábio Konder; SALOMÃO FILHO, Calixto. *O poder de controle na sociedade anônima*, 6. ed. rev. e atual. Rio de Janeiro: Forense, 2014, p. 313.

COMPRA E VENDA DE *STARTUPS* **317**

informações para corretamente avaliar o risco envolvido na operação. O vendedor, por sua vez, espera demonstrar ao interessado que a atividade desenvolvida pela sociedade tem um grande potencial, que deve ser espelhado no preço da aquisição[3].

O comprador almeja realizar a compra pelo menor preço possível e com as maiores garantias a serem ofertadas pelo vendedor; o vendedor anseia o maior preço pelas suas participações, comprometendo-se da menor forma possível em relação aos riscos da sociedade após a venda[4].

Diante desse contexto negocial, na prática negocial, desenvolveram-se alguns mecanismos que permitem o alinhamento de interesses das partes em relação ao preço da aquisição. Dentre eles está o *earn-out*, modalidade de pagamento postergado e condicionado a evento futuro, através do qual as partes convencionam que haverá o desembolso de quantia predeterminada caso alguns fatos se concretizem.

Com o *earn-out*, as partes optam pela determinação futura do preço mediante verificação do desempenho da atividade empresarial em um momento posterior à celebração do negócio[5]. Um exemplo comum da utilização do *earn-out* se dá com o estabelecimento de metas financeiras que devem ser atingidas pela sociedade em determinado espaço de tempo, resultando no pagamento de valores adicionais ao vendedor em razão da transferência das suas participações societárias.

O *earn-out* diferencia-se do mero parcelamento do preço da aquisição, pois está atrelado ao acontecimento de fato futuro e incerto. Qualifica-se, assim, como condição suspensiva, por meio da qual a eficácia do pagamento fica subordinada à verificação dos fatos previamente convencionados[6].

Em operações de compra e venda de participações societárias envolvendo *startups*, a figura do *earn-out* tem se mostrado ainda mais relevante, diante da incerteza e do grande potencial de escala que permeiam esses negócios. A incapa-

---

3. Esse conflito é observado pela doutrina especializada no tema, cf. TINA, Andrea. *Il contratto di acquisizione di partecipazioni societarie*. Milano: Giuffrè, 2007, p. 70.
4. Conforme Ronald J. Gilson, "[…] it is also obvious that buyers and sellers often do not share common expectations concerning the business future". GILSON, Ronald J. Value creation by business lawvers: legal skills and asset pricing. *Yale Law Journal*, vol. 94. 1984, p. 262.
5. "As my hypothesis predicts, there is a familiar remedy, commonly called an 'earnout' or 'contingent price' deal, for this failure of the homogeneous expectations assumption. It is intended, as a prominent practitioner has put it, to 'bridge the negotiating gap between a seller who thinks his business is worth more than its historical earnings justify and a purchaser who hails from Missouri'. The solution that business lawyers resort to for this problem is one that economists refer to as state-contingent contracting. Its central insight is that the difference in expectations between the parties as to the probabilities assigned to the occurrence of future events will ultimately disappear as time transforms a prediction of next year's sales into historical fact. If determination of the purchase price can be delayed until next year's sales are known with certainty, the deal can be made". GILSON, Ronald J. Value creation by business lawyers: legal skills and asset pricing. *Yale Law Journal*, vol. 94. 1984, p. 263.
6. Código Civil, art. 125: "Subordinando-se a eficácia do negócio jurídico à condição suspensiva, enquanto esta se não verificar, não se terá adquirido o direito, a que ele visa".

cidade de se determinar de maneira concreta o valor da empresa também contribui para a ampla utilização do mecanismo, incentivando que as partes posterguem para momento futuro a exata definição do preço a ser pago pelas participações societárias, de acordo com as métricas de crescimento previamente estabelecidas.

Outro fator que contribui para o aumento da aceitação das partes em convencionar a cláusula de *earn-out* em *startups* decorre da relevância da figura dos fundadores para o sucesso do negócio, que mesmo após a assinatura e fechamento da operação, permanecem atuando na atividade da empresa com a finalidade de contribuir para o atingimento das metas. O *earn-out*, assim, geralmente está atrelado à cláusula de *lock-up*, que determina a permanência do fundador por um tempo específico.

Condicionado à evento futuro e incerto, a previsão de *earn-out*, não raras vezes, resulta em conflitos entre as partes após a celebração do contrato. Isso porque, em alguns casos, as metas previamente estabelecidas não são concretizadas, havendo divergência entre os contratantes acerca das causas e responsabilidades de cada um pela não ocorrência do evento. Passa-se, então, a analisar os principais problemas relacionados ao *earn-out* e a relevância da governança corporativa para mitigá-los.

3. PRINCIPAIS PROBLEMAS EM DECORRÊNCIA DO *EARN-OUT* E A RELEVÂNCIA DA GOVERNANÇA CORPORATIVA

As sociedades empresariais são um organismo vivo, que sempre passam por alterações. Tais alterações podem ser positivas ou negativas e decorrer de fatores macroeconômicos, como a partir das mudanças no cenário econômico, quanto por modificações no curso dos negócios promovidas pela administração e acionistas.

Uma compreensão relevante sobre a cláusula de *earn-out* é que a sua celebração representa um condicionamento ao pagamento de determinado preço em decorrência do acontecimento de fatos futuros. Não há certeza sobre se esses fatos realmente acontecerão ou, muito menos, se o pagamento adicional será realizado.

De forma geral, o principal problema relacionado com o *earn-out* está na identificação dos motivos que justificam a não ocorrência das metas previstas pelas partes quando da celebração do contrato de alienação de participações sociais. Em parte relevante dos casos em que o conflito se instaura, com a discussão judicial ou arbitral sobre a cláusula, o comprador afirma que as metas não foram atingidas em razão de causas macroeconômicas, baixo desempenho da empresa ou por mudanças naturais no negócio.

O vendedor, por sua vez, reputa o não atingimento das metas às ações promovidas pelo adquirente após se tornar acionista da sociedade, ao alterar administradores, demitir funcionários estratégicos, modificar preços ou a qualidade de produtos, dentre outros fatores que possam ter influenciado no crescimento da *startup*.

Como premissa, têm-se que o comprador não tem a obrigação de conduzir o negócio da forma até então seguida pelo vendedor[7]. A compreensão desse fato é crucial para a análise da viabilidade de se convencionar o complemento do preço por meio de *earn-out*. Além da incerteza do pagamento, o vendedor deve avaliar que as mudanças implementadas pelo comprador após a aquisição poderão influenciar nas probabilidades de ocorrência dos fatos aos quais está condicionado o pagamento do preço adicional.

O comprador está obrigado a conduzir o negócio a partir dos seus melhores esforços visando promover a atividade da sociedade, o que não significa que deve replicar os mesmos métodos de administração que os fundadores utilizavam quando detinham as participações sociais da *startup*. Diferencia-se, portanto, uma condução irresponsável da sociedade, visando unicamente afetar o direito do vendedor em receber a parcela adicional, com a alteração das estratégias negociais implementas pelo comprador, dentro de um critério de diligência e razoabilidade.

De acordo como Código Civil brasileiro, o comprador não pode utilizar de mecanismos com o evidente intuito de evitar que as metas preestabelecidas sejam atingidas, afastando, assim, o pagamento da parcela adicional. Conforme dispõe o art. 129 do Código Civil, "reputa-se verificada, quanto aos efeitos jurídicos, a condição cujo implemento for maliciosamente obstado pela parte a quem desfavorecer, considerando-se, ao contrário, não verificada a condição maliciosamente levada a efeito por aquele a quem aproveita o seu implemento".

É o que ocorre quando o comprador retém a assinatura de novos contratos, desvirtua a destinação de lucros ou aumenta propositalmente e sem necessidade as despesas da sociedade, visando "camuflar" contabilmente os resultados da *startup*. Nesse caso, comprovado que o comprador agiu maliciosamente para afastar o preenchimento das metas, reputa-se preenchida a condição de *earn-out*, sendo devido ao seu pagamento.

Vale analisar que é natural que mudanças ocorram após a venda da *startup*. Com a operação de M&A, espera-se que o know-how do comprador e sua relevância no mercado possam beneficiar a *startup* no pós-deal, permitindo uma integração entre a empresa adquirida e a compradora. Portanto, nem toda ação praticada pelo comprador que, ao final, afasta o atingimento da meta, será maliciosa.

---

7. Nesse sentido: ARAGÃO, Paulo Cezar. Obrigações vinculadas à cláusula de earn-out prevista no contrato. In. PARGENDLER, Mariana; GOUVÊA, Carlos Portugal; LEVI-MINZI, Maurizio. *Fusões e Aquisições*. São Paulo: Almedina, 2022, p. 358.

De um lado, há o interesse do comprador em implementar as alterações necessárias na administração da *startup* visando aprimorar a sua atuação no mercado e acelerar o seu crescimento e, do outro, o interesse do vendedor de que as metas estabelecidas em contrato como condição do *earn-out* sejam atingidas, resultando na exigibilidade da parcela adicional.

Esse conflito de interesses, ainda que não resulte em efetivo prejuízo ou imputação de responsabilidade a uma das partes, demanda que os contratantes utilizem de mecanismos contratuais e de governança corporativa visando alinhar as expectativas, promovendo, ao final, os melhores resultados para a *startup*.

Conforme se infere dos estudos econômicos, o contrato é um instrumento de governança, na medida em que define os limites dos direitos e obrigações de cada parte em determinada relação jurídica e antecipa soluções para o caso de conflitos[8]. Segundo Oliver Williamson, a função de governança promovida pelos contratos demonstra especial relevância como forma de contenção dos comportamentos oportunistas de uma parte[9]. É o que ocorre quando o comprador de uma *startup* altera as dinâmicas do negócio tão somente para afastar o preenchimento das metas que justificam o pagamento do preço adicional.

O contrato é um instrumento de organização que determina "o que" cada parte deve fazer, quando deve fazê-lo e em que momento, além de ajustar as hipóteses de pagamento, inclusive no caso em que ocorram alterações nas premissas fundamentais do contrato[10].

Essa organização se concretiza quando os fundadores da *startup* e o adquirente ajustam regras para a gestão da sociedade após a transação, indicando como o adquirente deve conduzir o negócio ou impedindo a prática de determinados

---

8. "This aspect of planning is governed not just by the law of contract narrowly construed but by all law relating to contracts. The 'power of contract' as an instrument is equated with the availability of legal sanctions adequate to protect reliance on promises, to prevent gain by default, and to protect expectations". VINCENT-JONES, Peter. Contractual governance: institutional and organizational analysis. *Oxford Journal of Legal Studies*, v. 20, n. 3, 2000, p. 320.

9. Note with respect to the first that I do not insist that every individual is continuously or even largely given to oportunism. To the contrary, I merely assume that some individuals are opportunistic some of the time and that differential trustworthiness is rarely transparent ex ante. As a consequence, ex ante screening efforts are made and ex post safeguards are created. Otherwise, those who are least principled (most opportunistic) will be able to exploit egregiously those who are more principled. (Even, moreover, in dealings among those who are known to be oportunistic, there are benefits in mutual restraint, as reflected in the aphorism that there is honor among thieves, although admittedly it invites a more complex interpretation than can be attempted here.)" WILLIAMSON, Oliver E. The economic institutions of capitalism: firms, markets, relational contracting. *Free Press*, 1985, p. 64.

10. Cf. VINCENT-JONES, Peter. Contractual governance: institutional and organizational analysis. *Oxford Journal of Legal Studies*, v. 20, n. 3, 2000, p. 325.

atos[11]. Além da delimitação contratual dos limites para a gestão do comprador, uma medida usual para o período de *earn-out* é a manutenção do fundador em um cargo de gestão na empresa, seja como diretor ou membro do conselho de administração.

Nesse caso, o vendedor mantém-se vinculado à *startup* por período pré-determinando, ocupando um dos cargos de gestão com a finalidade de auxiliar no atingimento das metas previamente estipuladas pelas partes como condição para o pagamento do preço adicional.

Dois exemplos de problemas podem ser constatados na utilização da estratégia em questão. O primeiro deles refere-se à possibilidade de que o comprador destitua do cargo ou exclua o vendedor da sociedade antes do período de *earn-out*. Essa hipótese se mostra concreta em parte relevante das transações, onde o vendedor permanece com um número reduzido de ações, que não lhe permite exercer o denominado "controle" da sociedade, que significa aquela situação em que o sócio ou acionista detém condições de direcionar a atividade empresarial e eleger a maioria dos administradores.

Sem ocupar os cargos de gestão, o vendedor deve contar com a boa direção do comprador às atividades empresariais e ao atingimento das metas estabelecidas como condição para o *earn-out*. Novamente, a governança contratual pode atenuar os riscos de uma situação conflituosa entre as partes. Os contratantes, juntamente com a celebração do contrato de M&A, devem prever como ocorrerá o relacionamento societário após a aquisição e até o período de *earn-out*. Isso acontece através da celebração de um acordo de sócios entre as partes, que irá prever as formas de deliberação entre os sócios, os limites e possibilidades de exclusão de um sócio, a forma de eleição e destituição de administradores, dentre outras matérias que possam ser relevantes para a *startup*.

Se de um lado, a destituição do vendedor do cargo de administração pode impedi-lo de ver concretizadas as metas de *earn-out*, de outro, a sua manutenção poderá representar um risco para a *startup* e comprador. Isso ocorre quando o vendedor, mantido em algum cargo pós-aquisição da empresa, atua visando unicamente atingir as metas para o *earn-out*, em detrimento dos interesses a longo prazo da *startup*.

Se, como condição para o pagamento do preço adicional, as partes estabeleceram uma meta financeira ou determinado número de clientes, adotando uma conduta oportunista, o vendedor pode gerir a *startup* visando celebrar contratos

---

11. ARAGÃO, Paulo Cezar. Obrigações vinculadas à cláusula de earn-out prevista no contrato. In. PARGENDLER, Mariana; GOUVÊA, Carlos Portugal; LEVI-MINZI, Maurizio. *Fusões e Aquisições*. São Paulo: Almedina, 2022, p. 376.

de curto prazo, sem o amadurecimento do seu produto ou serviço que viabilizem a perenidade da atividade comercial da empresa.

Mais uma vez, a governança contratual e corporativa[12] são essenciais para atenuar os riscos de condutas oportunistas e preservar a *startup*. Regras claras que identifiquem as metas financeiras e a gestão a ser conduzida pelo vendedor poderão impedir que objetivos de curto prazo sejam almejados em detrimento do interesse e sobrevivência da *startup* por longo período.

4. CONSIDERAÇÕES FINAIS

Vender e comprar uma *startup* não são tarefas fáceis. Se o vendedor deve ter a cautela devida para não alienar as participações societárias da *startup* por um preço que desconsidere todo o investimento ao longo dos anos e o potencial de crescimento do negócio no futuro, o comprador também deve acautelar-se para não adquirir um negócio que deverá ser encerrado nos meses ou anos posteriores, por falta de alinhamento com os anseios do mercado.

Assim, se uma operação de M&A já é complexa por si mesmo, tratando-se da venda uma *startup*, essa complexidade ganha novos contornos, especialmente pela inexistência de completa clareza acerca do valor da empresa. Uma empresa não é adquirida pelo que ela representa no momento da celebração do negócio, mas pela utilidade que pode representar ao adquirente após a compra.

Por outro lado, muito do potencial da *startup* é incerto e, especialmente em fases iniciais do negócio, há uma relação de dependência do crescimento com a permanência do fundador no negócio por um período determinado para que possa implementar as estratégias necessárias. Dessa forma, a cláusula de *earn-out* tem sido utilizada como mecanismo de equilíbrio dos interesses das partes, permitindo que o preço pago pela aquisição da *startup* seja baseado em critérios mais objetivos relacionados com a sua capacidade de gerar receita, aumentar número de clientes ou apresentar um crescimento viável.

Como modelo de pagamento adicional e condicionado ao acontecimento de fato futuro e incerto, uma premissa básica que o vendedor deve compreender é que não há certeza acerca da ocorrência desse pagamento posteriormente.

---

12. "Pode-se afirmar, portanto, que a governança corporativa é um sistema de normas de estruturação da sociedade anônima, por meio do qual se atribuem responsabilidades aos participantes da atividade empresarial, como o grupo de controle, o conselho de Administração, a diretoria, o conselho Fiscal, assegurando direitos aos acionistas minoritários, aos empregados, fornecedores, clientes e à comunidade em que a empresa atua, permitindo a melhor identificação dos objetivos da empresa e dos meios de atingi-los é propiciando mais eficiente fiscalização do desempenho dos diversos órgãos da sociedade". GARCIA E SOUZA, Thelma de Mesquita. *Governança corporativa e o conflito de interesses nas sociedades anônimas*. Atlas: São Paulo, 2005, p. 23.

Apenas com o preenchimento das condições estabelecidas previamente que o sobrepreço será devido.

Há uma concepção geral de que, embora seja uma ferramenta de extrema utilidade e, em certos casos, imprescindível para que o negócio seja celebrado, o *earn-out* tende a ser problemático e gerar conflito entre as partes. Tal conflito resulta da divergência de visão entre as partes acerca da incorrência das condições previamente estabelecidas ou da responsabilidade de cada contratante pela sua não ocorrência.

O fato é que muitas razões podem influenciar na não concretização das condições estabelecidas na cláusula de *earn-out* para o pagamento do preço adicional. Algumas delas podem estar sim relacionadas com fatores mercadológicos, como a mudança de políticas econômicas, inflação, juros ou alteração dos interesses dos consumidores. Outras decorrem das estratégias equivocadas adotadas pela própria *startup*, ao não conseguir alcançar níveis de crescimento esperados pelos sócios.

Nessa última hipótese, as partes podem divergir sobre a responsabilidade pelo não alcance das metas, sobretudo quando a parte vendedora se afasta completamente das atividades da *startup* após a venda, mantendo sua relação jurídica exclusivamente na expectativa do pagamento do preço adicional.

A manutenção dos fundadores na direção da *startup* após a venda é uma prática usual no período de *earn-out*. Não representa um requisito de validade ou eficácia da cláusula, mas é recomendável em certos casos, beneficiando o vendedor, que poderá empreender esforços para a concretização das metas, e o comprador, que contará com o auxílio dos fundadores nos períodos iniciais em que detém a sociedade para alcançar suas expectativas em relação ao negócio.

Como descrito ao longo do texto, a permanência dos fundadores na *startup* após a venda também poderá resultar em conflitos com os compradores. Frisam-se os casos em que os fundadores adotam estratégias empresariais exclusivamente visando o atingimento das metas para o *earn-out*, privilegiando o crescimento de curto prazo da empresa em detrimento dos resultados futuros ou da sobrevivência do negócio a longo prazo.

Todos esses problemas apresentam uma solução em comum: a governança. Abordou-se o papel da governança contratual como mecanismo fundamental para conter os abusos das partes e os conflitos de interesses. A necessária limitação das ações dos compradores na administração da sociedade após a aquisição visa estabelecer balizas claras sobre quais mudanças devem ser admitidas ou não na gestão do negócio e suas consequências caso resultem em impeditivos para a configuração da condição prevista na cláusula de *earn-out*.

Da mesma forma, a governança contratual auxilia na compreensão dos limites da gestão dos fundadores, caso permaneçam no negócio, oferecendo premissas básicas acerca das responsabilidades desses administradores caso algum objetivo pessoal seja privilegiado em detrimento do interesse de longo prazo da *startup*.

A governança corporativa, por sua vez, beneficia a relação societária no período de *earn-out*, ao permitir que as partes estabeleçam regras sobre a convivência entre os sócios e os administradores, grupos que tanto podem ser formados por compradores quanto por vendedores.

A governança, portanto, contribui para a proteção de ambas as partes em uma compra e venda de participações societárias que contenha a previsão de *earn-out*, privilegiando, como interesse maior, o crescimento e perpetuidade da *startup* no mercado.

5. REFERÊNCIAS

ARAGÃO, Paulo Cezar. Obrigações vinculadas à cláusula de earn-out prevista no contrato. In. PARGENDLER, Mariana; GOUVÊA, Carlos Portugal; LEVI-MINZI, Maurizio. *Fusões e aquisições*. São Paulo: Almedina, 2022.

ASCARELLI, Tullio. "In tema di vendita di pacchetti di azioni". In: *Studi in tema di società*. Milano: Giuffrè, 1952.

COMPARATO, Fábio Konder; SALOMÃO FILHO, Calixto. *O poder de controle na sociedade anônima*. 6. ed. rev. e atual. Rio de Janeiro: Forense, 2014.

GARCIA E SOUZA, Thelma de Mesquita. *Governança corporativa e o conflito de interesses nas sociedades anônimas*. Atlas: São Paulo, 2005.

GILSON, Ronald J. Value creation by business lawvers: legal skills and asset pricing. *Yale Law Journal*, v. 94. 1984.

TINA, Andrea. *Il contratto di acquisizione di partecipazioni societarie*. Milano: Giuffrè, 2007.

VINCENT-JONES, Peter. Contractual governance: institutional and organizational analysis. *Oxford Journal of Legal Studies*, v. 20, n. 3, 2000.

WILLIAMSON, Oliver E. *The economic institutions of capitalism*: firms, markets, relational contracting. Free Press, 1985.

ANOTAÇÕES